ジニ係数の形成

木村和範 著

The Concentration Ratio in Historical Perspective

北海道大学出版会

はしがき

　ジニ係数は，Corrado Gini, "Sulla misura della concentrazione e della variabilità dei caratteri," *Atti del Reale Istituto Veneto di Scienze, Lettere ed Arti*, Tomo LXXIII, Parte seconda, Anno accademico 1913-14 (以下 1914 年論文) において，度数分布の集中を計測する指標として提唱された。ジニの構想では，当初それは所得分布に限定されるものではなかったが，公表以降，とくに所得分布の統計的計測指標として使用されてきた。この 1914 年論文の前にも後にも (そして現在にいたるまで)，所得分布の計測指標は数多く考案・応用されてきた。しかしながら，その発表からおよそ 1 世紀を経た今日においてもなお，ジニ係数は所得分布にかんする現役の計測指標として利用されている。たとえば，「全国消費実態調査」(総務省統計局)，「国民生活基礎調査」(厚生労働省)，「所得再分配調査」(同) では『報告書』のなかにその数値が表章されている。2006 年度版『経済財政白書』(内閣府) は「家計からみた経済的格差」に一節を充てているが，そこでは格差を析出するための指標の 1 つとして，ジニ係数が用いられている。また，最近刊行された *Encyclopedia of World Poverty*, 3 vols, Thousand Oaks, London and New Dehli 2006 においても，ジニ係数は不平等度の計測指標として一項を設けて取り上げられている。このように格差分析手法の定番となっているのは，ジニ係数がローレンツ曲線という視覚に訴える説明手段をもっていることに由来する明瞭性と無縁ではない。

　格差分析に応用されるときの華々しさに較べて，これまでのところ，ジニ係数の理論的形成にかんする学説史的研究には重きがおかれることがなかったように思われる。ジニは，彼に先行する理論をどのように評価してジニ係数を構想するにいたったのか，というその出自にかんして十分に研究がなされてきたと言えるのであろうか。ジニ係数の計算式は幾とおりもあるが，そ

れぞれの数式どうしの関係はどのようになっているのであろうか。ジニ係数を平均差によって定義する仕方もあるが，この平均差についてはジニの独創性にたいして否定的な見解が見受けられる。果たしてそうであろうか。また，ジニの独創性が否定されるとしても，平均差にかんする先行研究との理論的紐帯はないのであろうか。ジニ係数は，平均差を総平均の2倍で除したときに得られる商であり，これは，ローレンツ曲線と所得均等曲線とで囲まれた集中面積の2倍に等しい，という解説は珍しくない。そこでは平均差はジニ係数を定義するときの部品にすぎない。平均差には定義用部品以上の意味はないのであろうか。あるいはまた，集中面積の2倍を計ることをジニは意図したのであろうか。このような疑問にたいする答えは原典に当たれば明らかになる。現実分析においてジニ係数がかくも普及している現状に鑑みて，原典による文献考証を通じ統計学説史のなかにジニの集中比理論を位置づけることの必要性は，一般に学説史研究に意義を見出す読者に多言を要さないであろう。

　このような問題意識から，本書では理論史の間隙を埋めるべく，ジニ係数の形成を考察する。この考察の起点は，19世紀末におけるヴィルフレド・パレートの所得分布研究(1895〜1897年)におかれている。そして，終点は，初めてジニ係数が「集中比(rapporto di concentrazione)」という名で公表されたジニの1914年論文である。したがって，本書における文献考証の対象範囲は狭い。しかし，考察範囲の限定は，理論的紐帯の析出をより鮮明にする。その際，取り上げた論者の執筆時点にタイムスリップして，彼らの理論をその環境のなかにおいて，その理論どうしの関連を明らかにしようと試みた。

　本書刊行の意図がそのように限定的なものであるために，今後に残された課題は少なくない。この点については最終章で言及することにして，ここでは，本書が所得分布の統計的計測にかんする理論と実証を考察・検討するための一里塚でありたいと願って企図されたと述べるにとどめる。

　本書の各章は終章を除いていずれも，筆者が勤務する北海学園大学の定期刊行物(『経済論集』(経済学部)と『開発論集』(開発研究所))に掲載されている。一書にまとめるにあたっても旧稿と同様に，数学に通じた読者には退屈と思われるほどの紙幅を数式展開に費やした。このことは集中比(ジニ係数)の定義・

誘導において典型的に現れている。それは，ジニの集中比が，関数関係 $q=f(p)$（より厳密には，閉区間 $0\leqq p\leqq 1$，$0\leqq q\leqq 1$ において変曲点をもたない単調増加関数）では表現できない離散量として現象する所得分布の集中度にかんする計測指標であることによる（ここに p は世帯の累積相対度数，q は所得の累積相対度数）。その結果，集中比についてのジニの数式展開には冗長性が付帯することになる。筆者はこれを1914年論文におけるジニ理論の特質であると考えているが，それを克服すべき欠陥と見るかどうかについては意見の分かれるところであろう。

　それぞれの論文を執筆する過程で北海学園大学経済学部の諸先生，経済統計学会や社会統計研究会，統計史研究会の諸先生から心温まるご示唆を頂戴することができた。吉田忠京都大学元教授，岩井浩関西大学教授，長屋政勝京都大学元教授には抜き刷りをお送りするたびに，今後の研究につながる督励を賜った。また，美馬孝人北海学園大学教授，芳賀寛中央大学教授，福島利夫専修大学教授，森下宏美北海学園大学教授，田中力立命館大学教授から研究の節目節目で忌憚ないご意見を頂戴したほか，近昭夫西南女学院大学人文学部教授からは，上梓にいたるまで何かとお気遣いを賜った。文献収集では，北海学園大学附属図書館の工藤富美子さんをはじめとするリファレンス・サービス係の皆さん，北海学園大学開発研究所の波松章勝さん，清永麻衣子さんのお世話になった。また，今中智佳子さん（北海道大学出版会）には本書の企画に始まり編集全般はもとより，印刷発行にいたる全過程で行き届いたご高配を賜った。本書の刊行にあたり，これらの方々をはじめとして，陰に陽に研究生活を支えてくださった皆さんに衷心よりお礼を申し上げる。

　2008年1月12日

木 村 和 範

目　次

はしがき

第1章　所得分布とパレート指数 …………………………1

はじめに　1

1. 所得分布モデル　3
    (1) 所得分布の形状　3
    (2) パレート・モデル　5
2. パレート指数の計算　6
    (1) コーシーの補間法(内挿法)　6
    (2) 補間法による所得分布の分析　9

むすび　13

第2章　パレート指数とその数学的含意 …………………19

はじめに　19

1. パレート指数の増大と所得格差の縮小　21
    (1) 図　解　21
    (2) 所得総額を2等分する所得と階級間隔との関係　22
2. 所得階級内世帯数の相対的増減とパレート指数　27
    (1) パレート指数の増大と優位世帯率の減少　27
    (2) パレート指数の増大と劣位世帯率の増加　34

むすび　35

第3章　パレート指数にかんするベニーニの見解 …………43

はじめに　43

1. パレート所得分布論のイタリアにおける受容　44

        (1) 概　　要　44
        (2) イタリアの所得統計（1887年）　45
        (3) コーシーの補間法の適用　45
        (4) パレート・モデルの適合性　49
    2. パレート指数 α にかんするベニーニの解釈　54
        (1) 所得分布の不平等度と α の大小　54
        (2) α の安定性　56
    む　す　び　59

第4章　ジニの集中指数 ……63

    は じ め に　63
    1. パレート・モデルとジニ・モデル　64
        (1) パレート指数をめぐる諸見解　64
        (2) ジニの批判　66
        (3) ジニ・モデルの優位性　67
    2. パレート指数と集中指数（ジニ指数）　70
        (1) 2つの指数（α, β）と δ　70
        (2) 小　　括　73
    3. 集中指数 δ と所得分布の統計的計測　74
        (1) 集中指数 δ の理論　74
        (2) δ の計測　75
    4. α, β, δ の数学的関係　78
        (1) δ と α　78
        (2) α と β　81
    5. 所得の過少申告と δ　83
        (1) 過少申告の検出指標としての δ　83
        (2) 過少申告の検出　85
    6. 集中指数 δ の一般化　86
        (1) 集中指数 δ の感度　86
        (2) 分布の集中指標としての δ　89
    む　す　び　92

第5章　ローレンツ曲線の形成 ……99

    は じ め に　99

1. ローレンツ曲線の特性と先行研究の概要　101
   (1) ローレンツ曲線の特性　101
   (2) 先行研究の概要　104
2. ローレンツの先行研究(1)　105
   (1) ジョージ・J. ゴッシェン(イギリス王立統計協会)　105
   (2) リチャード・T. エリー(アメリカ・ウィスコンシン大学)　107
   (3) ユリウス・ヴォルフ(スイス・チューリヒ大学)　113
   (4) A. セートビア(ドイツ(プロイセン))　118
   (5) ジョージ・K. ホームズ(アメリカ・マサチューセッツ州労働統計局)　123
   (6) トーマス・S. アダムズとヘレン・L. サマー(いずれもアメリカ・ウィスコンシン大学)　129
3. ローレンツの先行研究(2)　133
   (1) パレートの所得分布研究　133
   (2) ローレンツによるパレート批判　135
   むすび　140

補論　ローレンツ曲線の多重化　153

はじめに　153

1. マハラノビスの標本調査　154
   (1) 標本調査と正確さ　154
   (2) 相互貫通標本網　155
2. 標本統計とそのグラフ表示　156
   (1) 相互貫通標本調査と等区分グラフ分析法　156
   (2) 2変量ローレンツ曲線　163

   むすび　174

第6章　ジニの集中比　181

はじめに　181

1. 集中比の定義式　182
   (1) 集中比の定義　182
   (2) 定義式からの誘導　186
2. 強度を同じくする個体が複数ある場合の集中比　190
   (1) 計算式の誘導　190
   (2) 数値例　194

3. 強度別の度数と強度別の強度の総和があたえられている場合の
　　 集中比とその簡便式　196
　　　(1)　計算式の誘導　196
　　　(2)　簡便式の近似性　200
　4. 強度 a_i がゼロとなる個体の個数を系列の項数に算入させない場合の
　　 集中比(R_p)と算入させる場合の集中比(R_t)　203
　　　(1)　強度 a_i がゼロとなる個体の個数を系列の項数に算入させない場合
　　　　　（「正の事例」だけ）の集中比(R_p)　203
　　　(2)　強度 a_i がゼロとなる個体の個数を系列の項数に算入させる場合
　　　　　（「全体事例」）の集中比(R_t)　203
　　　(3)　R_t と R_p の乖離にかんする数学的関係　205
　　む　す　び　206

第7章　ローレンツ曲線とジニ係数　………………………213

　は じ め に　213
　1. ローレンツ曲線をめぐるアメリカにおける論議　214
　　　(1)　G. K. ホームズ　215
　　　(2)　G. P. ワトキンス　215
　　　(3)　W. M. パーソンズ　218
　2. フランスにおけるグラフ法の展開　220
　　　(1)　É. シャトラン　221
　　　(2)　J. セアーユ　224
　3. グラフ法の改良と集中比　227
　　　(1)　グラフ法の問題点　227
　　　(2)　集 中 面 積　228
　　　(3)　別　　解　232
　4. 集中面積と集中比との数学的関係　232
　　　(1)　ジニの作図　232
　　　(2)　ジニの証明　233
　　　(3)　集中比の新しい計算式　236
　　む　す　び　238

第8章　平均差とジニ係数　………………………247

　は じ め に　247
　1. 変動性指数と強度差　248

(1) 変動性指数　248
　　　(2) 強度差の総和　250
　　　(3) 強度差の個数　256
　2．さまざまな平均差　257
　　　(1) 平　均　差　257
　　　(2) 完全非重複平均差　259
　　　(3) 重複平均差　261
　　　(4) さまざまな平均差の数学的関係(簡単な要約)　263
　3．平均差概念の形成　265
　　　(1) 誤差論と平均差　265
　　　(2) W．ヨルダン(1) (1869年)　268
　　　(3) C.G.フォン・アンドレ(1) (1869年)　269
　　　(4) W．ヨルダン(2) (1872年)　271
　　　(5) C.G.フォン・アンドレ(2) (1872年)　274
　　　(6) F.R.ヘルメルト(1876年)　275
　　　(7) V．フルラン(1911年)　280
　　　(8) ジニの平均差理論と誤差論　281
　4．平均差によるジニ係数の再定義　284
　　　(1) 再定義のための準備　284
　　　(2) 平均差と集中比　286
　む　す　び　289

終　章　本書の要約と残された課題——あとがきにかえて——　297

　1．本書の要約　298
　　　(1) 問題意識と課題の限定　298
　　　(2) 概　　要　299
　2．ジニ係数のさまざまな計算式　302
　　　(1) 計算式のバリアント　302
　　　(2) 計算式の誘導　302
　3．ジニ係数の数値そのものの数理的意味　304
　　　(1) ジニ係数と平均差・総平均　304
　　　(2) 平均差と総平均によるジニ係数の解釈　306
　4．ジニ係数の有効性——要因分解法によせて——　308
　　　(1) 総合指標としてのジニ係数　308
　　　(2) 要因分解法　309
　　　(3) ジニ係数の限界　310

5. 残された課題　311
　　(1) データ　312
　　(2) 計測指標　312

初出一覧　321
人名索引　323

図 表 目 次

図 1-1　　パレートの所得分布図　　4
図 1-2　　県庁所在地(23 都市)　　14
図 2-1　　パレート線と所得均等直線　　21
図 2-2　　α の増大と優位世帯率 $\dfrac{N(x_1)}{N(x_0)}$　　29
図 2-3　　$\dfrac{\alpha_L}{\alpha_m}$ と $\dfrac{x'_0}{x_1}$　　34
図 3-1　　所得階級別納税世帯数　　46
図 3-2　　所得階級別納税世帯数の両対数グラフ　　47
図 3-3　　所得分布の模式図　　57
図 4-1　　ジニの集中曲面：$\dfrac{1}{Y}=\left(\dfrac{1}{X}\right)^{\delta}$　　94
図 5-1　　ローレンツ曲線　　101
図 5-2　　ローレンツ曲線の関連研究者　　105
図 5-3(a)　プロイセン(1876〜1888 年)——階級 D——　　122
図 5-3(b)　プロイセン(1876〜1888 年)——階級 E——　　122
図 5-3(c)　プロイセン(1876〜1888 年)——階級 F——　　123
図 5-4　　パレート法則(1945 年,日本)　　135
図 5-5　　プロイセンの所得分布　　138
図 5-6　　ローレンツ曲線の交差　　139
図 1　　　等区分グラフ　　160
図 2　　　複合標本の分離　　163
図 3　　　世帯員 1 人あたり穀類消費支出額(30 日間,ルピー)——インド全国標本調査——　　166
図 4　　　消費支出総額に占める穀類消費支出額の割合——インド全国標本調査——　　167
図 5(a)　 消費支出総額と穀類消費支出額の累積百分率(多重ローレンツ曲線：その 1)——インド全国標本調査第 7 次調査(1953 年 10 月〜1954 年 3 月)——　　168
図 5(b)　 消費支出総額と穀類消費支出額の累積百分率(多重ローレンツ曲線：その 2)——インド全国標本調査第 9 次調査(1955 年 5 月〜11 月)——　　169
図 6(a)　 ローレンツ曲線の交差(その 1)　　170
図 6(b)　 ローレンツ曲線の交差(その 2)　　171

図7	等区分グループ間隔別土地所有面積分布	173
図7-1	マサチューセッツ州における相続による土地所有の集中(1830年〜1890年)	217
図7-2	1905年における相続曲線	222
図7-3	フランスにおける相続の分布曲線(1903年〜1905年，1907年の平均)	224
図7-4(a)	一方の統計が不変でも他方の統計が変化する場合	225
図7-4(b)	両軸の端点が異なる場合	225
図7-5	ローレンツ型の集中曲線	226
図7-6	均等分布直線とローレンツ曲線(その1)	228
図7-7	均等分布直線とローレンツ曲線(その2)	233
図7-8	均等分布直線とローレンツ曲線(その2)	237
図9-1	集中比(ジニ係数)にかんするさまざまな数式	303
図9-2	所得分布にかんするさまざまな統計的計測指標	313

表1-1	コーシーの補間法のための数値例(パレート)(その1)	7
表1-2	コーシーの補間法のための数値例(パレート)(その2)	7
表1-3	内挿直線($M=1.06+0.66\,A$)からの乖離	9
表1-4	イギリスの所得分布(ギッフェンによる)	10
表1-5	イギリスにおける所得分布にかんする計算表(1843年)	11
表1-6	各国(地域)のパレート指数 α	13
表2-1	パレート指数 α と所得倍率 $\dfrac{x_1}{x_0}$	26
表3-1	県庁所在地(23都市)における所得階級別世帯数(1887年)	46
表3-2	コーシーの補間法のための計算表	47
表3-3	内挿直線(6)式($\log N(x)=9.1854-1.45\log x$)と原系列との適合性テスト	50
表3-4	補間法による世帯数 $N(x_1)$ の理論値——パレート指数 α が1.45のとき——	52
表3-5	実測値との乖離(世帯数)	53
表3-6	パレート指数 α と所得階級別人数 $N(x_1)$ との関係($N(x_0)=100$)	55
表3-7	プロイセン王国(1902年)の地域別パレート指数	58
表3-8	人口規模別パレート指数	59
表4-1	オーストリアの所得分布(1904年)	68
表4-2	モデル別所得乖離(オーストリア，1904年)	69
表4-3	δ の実測値(最低所得 $x_0=1{,}200$ クローネ)	72
表4-4	社会の総所得の割合$\left(\dfrac{1}{X}\right)$と世帯数の割合$\left(\dfrac{1}{Y}\right)$	76
表4-5	パレート指数 α と集中指数 δ	77
表4-6	$\alpha,\ \beta,\ \delta$	82
表4-7	集中指数(ジニ指数)の実測値と理論値	83

表 4-8	所得階級別平均所得——実測値 M_1・理論値 M とその乖離率 E ——	86
表 4-9	α と δ	88
表 4-10	数式対照表	91
表 5-1(a)	ローレンツ曲線のデータ(その1)	102
表 5-1(b)	ローレンツ曲線のデータ(その2)	103
表 5-2	所得税納税申告件数	106
表 5-3	所得分布の数値例	108
表 5-4	度数分布表(エリーの数値例)	109
表 5-5	比較時点における所得分布(エリーの数値例)	109
表 5-6(a)	バーデン大公国における所得分布(1886年)	111
表 5-6(b)	バーデン大公国における所得分布(1896年)	112
表 5-7	チューリヒ州における固定資産税納税者数の推移	115
表 5-8	「歴史的考察」による階級間移動	116
表 5-9(a)	ローレンツの仮設例(その1：基準時点)	117
表 5-9(b)	ローレンツの仮設例(その2：比較時点)	117
表 5-10	階級間移動(ローレンツの仮設例)	118
表 5-11(a)	プロイセンにおける所得分布(1876年)	120
表 5-11(b)	プロイセンにおける所得分布(1888年)	120
表 5-12	ホームズの数値例	125
表 5-13	ホームズの分布尺度(「三連尺度」)	126
表 5-14	人口と所得(プロイセン)	128
表 5-15	各国のパレート指数(コーリン・クラークの計算)	136
表 5-16	ローレンツ曲線が交差するときの数値例	139
表 1(a)	標本データ(1)	158
表 1(b)	標本データ(2)——等区分グループの編成——	158
表 2	変量 y の相加平均とその乖離	159
表 3	インド全国標本調査(郡部，関連分のみ)	165
表 4	地域間比較関連情報(調査期間：1954年7月～1955年4月)	172
表 6-1	記号一覧表(その1)	183
表 6-2	記号一覧表(その2)	191
表 6-3	アメリカ先住民の心拍数にかんする集中比を計算するための基礎データ	195
表 6-4	記号一覧表(その3)	197
表 6-5	簡便式のためのデータ(アメリカ先住民の心拍数)	200
表 6-6	階級区分の個数 r と集中比 R'	202
表 7-1	平均週給と変動係数	219
表 7-2	フランスにおける相続の分布(1903～1905年，1907年。4カ年の平均)	223
表 8-1	強度差とその合計(その1)	251

表 8-2	強度差とその合計(その 2)	252
表 8-3	強度差とその合計(その 3)	252
表 8-4	強度差とその合計(その 4)	253
表 8-5	強度差とその合計(その 5)	253
表 8-6	強度差とその合計(その 6)	253
表 8-7	共通強度別強度差合計とその総和	254
表 8-8	共通強度別完全非重複強度差一覧表	260
表 9-1	平均差 Δ と総平均 M_n の変化に対応するジニ係数 R の変化	305
表 9-2	ジニ係数 R の変化に対応する平均差 Δ と総平均 M_n の変化	306
表 9-3	ジニ係数,平均差,平均年収	307

第1章 所得分布とパレート指数

はじめに

　資本主義社会はその構成員の所得を等しく増大させることが可能な経済システムであろうか，資本主義社会のすべての構成員は一様にその経済システムの恩恵を享受することができるのか，あるいは豊かな生活を謳歌できるのは一部の構成員であって，貧苦にあえぐ人々が多数を占めるのではあるまいか，はたまた，社会の構成員の所得は全体的に上昇するが，そのテンポに階級格差はないかなどについては，今日においても，それを検討してみることは少なからず意義深い。このような資本主義経済体制の根幹に触れる問題が，主として19世紀末から20世紀前半にかけて論議された。いわゆる貧困化(窮乏化)論争がそれである[1]。
　ユリウス・ヴォルフ[2]やコスタンチーノ・ブレシアーニ[3]の著作をひもとくまでもなく，この論争にかかわった経済学者は少なくない。ヴォルフによれば，19世紀末のヨーロッパ諸国では「富者はますます豊かに，貧者はますます貧しく」[4]という命題が政府の「公式見解」とされ，所得格差は国民間で拡大する傾向にあると考えられていた。
　事実はどうだったのであろうか。その解明には，統計，とりわけ所得統計が不可欠である。課税の必要から国民各層の所得が捕捉され，それがヨーロッパ諸国で所得統計として整備されたのは，19世紀中葉以降である。この時期は，労働運動の高揚を背景とした上述の貧困化論争の時期と重なっている。そのために，所得分布(所得格差)の統計的研究のなかには，貧困化論争を意識した論述が少なくない[5]。所得分布の統計的研究を19世紀中葉か

ら20世紀初頭に限定してみると，その時期には(所得階級別の人数と所得総額とをクロスさせた統計利用をおくとすれば)大別して次の3種類の手法が研究・開発された。第1は，ジニ係数に代表される単一の数量的指標の考案であり，第2は，ローレンツ曲線その他を用いたグラフ法の提案である。第3は，所得分布に関数関係をあてはめ，そのパラメータの値を計算し，それによって所得分布を時間的空間的に比較しようとする試みである。パラメータも一種の数量的指標であるから，この点だけを捉えれば，これは第1の手法と違うところがない。しかし，第3の試みが所得分布を特定の関数関係として把握しているという点で第1の手法とは異なっている。ヴィルフレド・パレートの創始になるパレート指数 α は，3番目の試みの具体的な表れである。ブレシアーニによれば，指数 α とその名が結びついているパレートは，「この問題[貧困化をめぐる論議]に数学的方法の規則を初めて導入した」[6]。

パレート指数 α は古くは「パレート常数」と言われ，大正期以降にはこの国でもそれを活用して所得分布が統計的に計測された[7]。なかでも，早川三代治は，戦前戦後を通じてパレートの所得分布論にかんする理論と実証の両面に及ぶ研究を積み上げた[8]。早川が研究したパレートの所得分布論はおおむね次の文献によって知ることができる。

① Pareto, Vilfredo, "La legge della domanda," *Giornale degli Economisti*, Serie seconda, Volume X, 1895 [Pareto (1895)].

② ditto, "Il modo di figurare i fenomeni economici (A proposito di un libro del dottor Fornasari)," *Giornale degli Economisti*, Serie seconda, Volume XII, 1896 [Pareto (1896a)].

③ ditto, "La curva delle entrate e le osservazioni del prof. Edgeworth," *Giornale degli Economisti*, Serie seconda, Volume XIII, 1896 [Pareto (1896b)].

④ ditto, *Cours d'Économie Politique*, Tome Second, (Livre III. La répartition et la consommation), Lausanne 1897 [Pareto (1897a)] (Tome Premier は1896年刊行)。イタリア語版は *Corso di Economia Politica*, (Libro Terzo. La ripartizione e il consumo), Secondo Volume, Torino 1942 [Pareto (1942)] (第1巻(Primo Volume)も刊行年は同じ)。

⑤ ditto, "Aggiunta allo studio sulla curva delle entrate," *Giornale degli Economisti*, Serie seconda, Volume XIV, 1897 ［Pareto (1897b)］.

以下ではこれらの文献にもとづいてパレートの見解を

(1) 所得分布モデル

(2) パレート指数の計算

の順に考察する。その際，この分野における先行研究者である早川三代治[9]ならびに森田優三[10]の著作を適宜参照する。

1. 所得分布モデル

(1) 所得分布の形状

パレートは何種類かの類似した図を用いて，所得分布の図示を試みている。それにもかかわらず，次頁に図1-1を引用したのは，それがもっとも詳細なものだからである。以下では，この図に即してパレートの見解を見てゆくこととする。彼は，各国(地域)の税務当局が収集した所得統計について，一方で(世帯や個人の)所得を x とおき，また他方でその所得が x 以上になる世帯(あるいは個人)の数(世帯数・人数)を $N(x)$ とおいて，統計をとりまとめた。そして，横軸に $N(x)$ をとり，縦軸に x をとったグラフを描けば，どの国(地域)の所得分布も同じ形状の図で概観できると考えた[11]。この図において点 M 付近の形状が正規分布に類似しているとオットー・アモン[12]が指摘していることについて，早川三代治は次のように指摘している[13]。「パレートは所得分布曲線を正常［正規］分布曲線とは見てゐない故に，パレートの所論はアムモンの所論に賛同してゐるのではないが，併し明確な批判を敢てしてゐるのでもない。」

図1-1の考察にあたっては直線 PM を境にして，その上部と下部に分ける。まず，上部から見てゆく。縦軸の G は当該所得分布における最高の所得額である。しかし，現実には所得統計がそのときどきの最高所得額を表章することはなく，Q 以上の所得($x \geq Q$)を有する世帯(もしくは個人)の数が表章されるだけなので，図中の線分 Gg は，そうであろうと予想されるにすぎず，

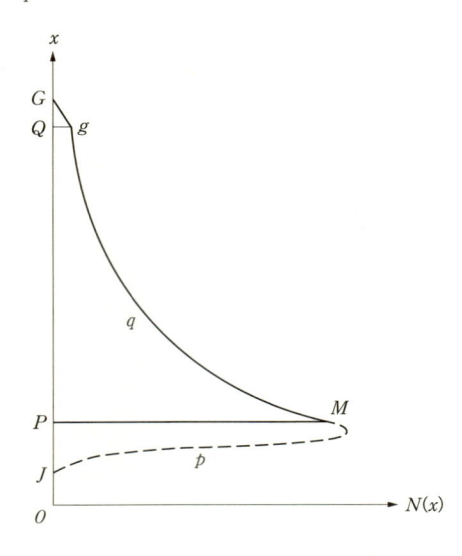

図1-1 パレートの所得分布図

(出所) Pareto, Vilfredo, "La curva delle entrate e le osservazioni del prof. Edgeworth," *Giornale degli Economisti*, Serie seconda, Volume XIII, 1896, p. 439 にもとづく。

　そのためにパレートは，線分 Gg がない図を掲載している論文を執筆したこともある[14]。さらにまた，パレートは，実際には，高額の所得を有する世帯や個人は少ないので，曲線 Mqg を図1-1の左上方に向けて平滑に延長しても，$x=G$ の付近では現実とモデルとの乖離は大きいと予想した。このような事情から，モデルとの適合性を勘案して，パレートは，モデルの現実説明力の及ぶ範囲から線分 Gg を除いた[15]。

　次に，図1-1における直線 PM の下部に点線で描いた曲線 JpM について述べる。縦座標の $x=J$ は世帯(もしくは個人)が生存するのに必要とされる最低限度の所得額である[16]。しかし，生命の維持にとって最低限度の所得の近傍($J≦x<P$)にいる世帯(個人)には，所得税の課税免除が適用されているために，それらの階層にかんする詳細な所得統計は期待できない。結局，税務当局によって公表される統計は P 以上($x≧P$)の所得を有する世帯(個人)についてだけである。他方で，上述した理由から捕捉される所得の上限は Q である。こうして，パレートは図1-1から $x<P$ の部分(曲線 JpM)と $x>Q$ の部分(線分 Gg)を除き，現実の所得統計にもとづいて把捉される所得分布は，曲線 gqM であるとした[17]。

　パレートは，図1-1の曲線 $GgqMpJ$ が，全体として見れば「多様に表出」

する「人間の勤勉さ」に依存し,「諸個人間の精神的・肉体的性質の分布法則」を示す[18]「統計的法則(legge statistica)」の形状であると考えた[19]。そして,「[富の分布という]現象の主たる原因は,人間の本性のなかにもとめられるべきである」とパレートは主張し[20],この曲線全体のうち,とくに,曲線 gqM と直線 MP で作られる図形を「社会的ピラミッド(pyramide sociale[21], piramide sociale[22])」と名づけた[23]。

(2) パレート・モデル

パレートは,「社会的ピラミッド」の曲線 gqM (図1-1)で示される世帯(または個人)の所得分布が次のような関数で表現できると考えた[24]。

$$N(x)=\frac{H}{(x+a)^\alpha} \tag{1}$$

ただし,x は世帯(または個人)の所得,$N(x)$は所得が x 以上の世帯数(もしくは人数),$\alpha(>0)$と H はパラメータ。a は所得の源泉ごとに正負の値をとると考えられている。

彼によれば,その源泉が勤労,土地所有,贈与,遺産相続,救恤,窃盗など,いずれであろうとも,家計を維持する世帯(もしくは個人)収入が x であれば,それは,所得が x であると見なされ,(1)式が妥当すると考えられている[25]。ただし,収入源を異にする各種の世帯(個人)所得(「部分的所得(entrate parziali)」[26])については,(1)式右辺の分母に記載された a は,その源泉ごとに異なった正負の値をとりうるとパレートは考えた。たとえば,勤労による所得では $a<0$,資産による所得では $a>0$ である[27]。しかし,彼は,「部分的所得」を合算した「総合所得(entrate totali)」においては,その正負の a が相殺されて,

$$a=0$$

になると主張した[28]。このとき,(1)式は

$$N(x)=\frac{H}{x^\alpha} \tag{2}$$

となる。この(2)式は,後にコスタンチーノ・ブレシアーニ=チュッローニによって「パレートの第1法則(Pareto's first law)」と名づけられた[29]。一般

に上式の α がパレート指数(Pareto index)と言われるのは，それが(2)式右辺の分母における x の「べき」(指数)だからである。

　パレートにあっては，所得分布にかんする研究の重点は「総合所得」におかれ，それについてのパレート指数 α にもとづいて，諸国・諸地域の所得分布が比較研究された。そして，H の値は地域ごとに異なるが，α の変動は小さいことを確認した。パレートは所得分布を化学物質になぞらえ，「同一の化学物質」は大中小さまざまな大きさの結晶として描くことができるが，それらの形態はすべて同一であることを「たとえ」に，時空を問わずパレート指数 α が安定的であると主張した[30]。このことについては，後に改めて触れる。

2. パレート指数の計算

(1) コーシーの補間法(内挿法)

　パレート指数 α をもとめるには，(2)式の両辺の対数をとって
$$\log N(x) = \log H - \alpha \log x \tag{3}$$
とすればよい[31]。所得統計への(3)式のあてはめは，データの組 (x, y) への直線 $y = a + bx$ のあてはめと同じであり，その場合に，今日では最小二乗法がよく応用されている。したがって，(3)式の切片 $\log H$ と傾き α をもとめようとする場合にも，最小二乗法の応用が考えられる。しかし，パレートは，最小二乗法の計算手続きが複雑煩瑣であることを理由にして，その適用を忌避し，「手軽(spedito)」なコーシーの補間法(内挿法)(il metodo di interpolazione del Cauchy)を採用した。以来，このコーシーの補間法は，イタリアにおける所得分布研究で多用されることになった[32]。

　パレートは次頁の数値を用いて，コーシーの補間法を次のように例解している(次頁表1-1)[33]。

　　　「[表1-1の]数 A の[相加]平均を計算する。この例では3.5である。各々の A からこの平均を引き，その数[平均]のほうが大きいときは負の符号を付す。そうすると，[次頁表1-2の]∇A で示した数を得る。M に

表 1-1　コーシーの補間法のための数値例
　　　　（パレート）（その 1）

	A	M
	1	1.5
	2	3.1
	3	2.5
	4	3.5
	5	4.0
	6	5.5
合計	21	20.1
平均	3.5	3.35

（出所）Pareto, Vilfredo, "Il modo di figurare i fenomeni economici (A proposito di un libro del dottor Fornasari)," *Giornale degli Economisti*, Serie seconda, Volume XII, 1896, p. 84 に加筆。

表 1-2　コーシーの補間法のための数値例
　　　　（パレート）（その 2）

	$\triangledown A$	$\triangledown M$
	−2.5	−1.85
	−1.5	−0.25
	−0.5	−0.85
	+0.5	+0.15
	+1.5	+0.65
	+2.5	+2.15
合計*	9.0	5.9

（訳注）＊負の符号を反転させた後の合計。
（出所）表 1-1 に同じ（p. 84 に加筆）。

ついても同様の操作を行うと，$\triangledown M$ で示した別の数を得る。ここで，負の $\triangledown A$ についてそのすべての符号を変え，［それとともに］この $\triangledown A$ の隣に記載した $\triangledown M$ のすべての数の符号を変えて合計する。こうすると，すべての $\triangledown M$ は正となる。……ゼロになる $\triangledown A$ があれば，それに隣り合う $\triangledown M$ は除外しなければならない。すなわち，そのような $\triangledown M$ をゼロと見なすのである。［表 1-1 の数値例では］$\triangledown A$ の合計は 9 であり，$\triangledown M$ の合計は 5.9 である。後者［$\triangledown M$ の合計 5.9］を前者［$\triangledown A$ の合計 9.0］で割ると，この現象を表現する……直線の**傾き**（inclinazione）を得る。この傾きが正であれば，現象は増加し，負のときには減少している。さらにまた，

この直線は縦軸 M の平均と横軸 A の平均を通る。こうして，すべてが定まる。」（ゴシック体による強調はパレートによるが，傍点による強調は引用者による）

要するに，パレートによれば，元のデータが表 1-1 であたえられるときにコーシーの補間法を応用する場合には，内挿直線(補間式)は次のような手順を経て特定されることになる。

i．横座標の系列 A の平均値(相加平均)を求める($\overline{A}=3.5$)。

ii．系列 A の各項について，「個別値－平均値」($A-\overline{A}$)によって，平均値との乖離($\triangledown A$)をもとめる(表 1-2)。

iii．縦座標の系列 M についても，系列 A と同様に平均値($\overline{M}=3.35$)との乖離($\triangledown M$)をもとめる(表 1-2)。

iv．系列 A と M のそれぞれについて次の手順で平均値との乖離が全体としてどれだけの大きさであるかを計算し，内挿直線の傾きをもとめる。

① 横方向のデータ(系列 A)について ii でもとめた乖離を絶対値に変換して，その合計をもとめる($\Sigma\triangledown A=9.0$)。

② 上と同様の操作を系列 M についても行う。ただし，表 1-2 に示した元の乖離のなかで，その符号を負から正へと変換した系列 A の各項(全部で 3 個)に対応する系列 M の 3 つの項については，その符号を負から正へと変換して，乖離の合計をもとめなければならない(前頁引用文における傍点箇所参照)。こうして，乖離の合計が得られる($\Sigma\triangledown M=5.9$)。

③ 上述した操作で求めた 2 つの乖離について，横方向の系列の乖離の合計を分母とし，縦方向の系列の乖離の合計を分子とすれば，次のようになる。すなわち，

$$\frac{縦方向の乖離の合計}{横方向の乖離の合計}=\frac{5.9}{9.0}$$

となる[34]。これがもとめるべき内挿直線の傾きである。

v．内挿直線は 2 つの系列(A, M)の平均値($\overline{A}$, $\overline{M}$)=(3.5, 3.35)を通る。一般に，任意の点(x_0, y_0)を通り，その傾きが b である直線 $y=a+bx$ は，

表 1-3　内挿直線 ($M=1.06+0.66\,A$) からの乖離

A	M	$M'=1.06+0.66A$	$M'-M$
1	1.5	1.72	0.22
2	3.1	2.38	-0.72
3	2.5	3.04	0.54
4	3.5	3.70	0.20
5	4.0	4.36	0.36
6	5.5	5.02	-0.48

$$y_0 = a + bx_0$$

を満たすので，切片 a は

$$a = y_0 - bx_0$$

である。この式に

$$(x_0,\ y_0) = (\overline{A},\ \overline{M}) = (3.5,\ 3.35),\quad b = \frac{5.9}{9.0}$$

を代入すると，

$$a = y_0 - bx_0 = 3.35 - \frac{5.9}{9.0} \times 3.5 = 1.06$$

そして，

$$b = \frac{5.9}{9.0} = 0.66$$

であるから，元の系列の記号 A と M を用いれば，もとめるべき内挿直線は，

$$M = 1.06 + 0.66\,A$$

となる。

vi. 上にもとめた内挿直線があたえる (M の) 値を M' とする。そして，参考までに原系列 M と内挿直線で補間された M' との乖離 ($M'-M$) を，表 1-3 にまとめておく[35]。

(2) 補間法による所得分布の分析

パレートは，数値例(上述)によってコーシーの補間法を例解した直後に，ギッフェンがイギリスの所得分布についてまとめたデータにたいしてコー

表 1-4　イギリスの所得分布（ギッフェンによる）

(人)

所得(ポンド)	1843年	1879-80年
150	106,637	320,162
200	67,271	190,061
300	38,901	101,616
400	25,472	61,720
500	18,691	45,219
600	13,911	33,902
700	11,239	27,008
800	9,365	22,954
900	7,923	19,359
1,000	7,029	17,963
2,000	2,801	7,611
3,000	1,566	4,480
4,000	1,040	3,050
5,000	701	2,292
10,000	208	853
50,000	8	68

(訳注) 人数は，左欄に記載した金額以上の所得を有する者の数。
(出所) 表1-1に同じ(p.85)。

シーの補間法を応用した。ギッフェンのデータは表1-4のとおりである。

　パレートによれば，このデータは(2)式で表される「統計的法則」(ブレシアーニ=チュッローニのいわゆる「パレートの第1法則」)に従う。具体的な所得統計データからこの関数の H と α をもとめるには，(2)式の両辺の対数をとって(3)式に変形し，それに上で例解したコーシーの補間法を適用すればよい。

　ところで，コーシーの補間法を例解したときにあてはめた内挿直線は $y=a+bx$ であった。すなわち，x の係数 b の符号は正であった。パレートは，コーシーの補間法を対数変換した所得分布関数の特定にあたって利用したときも，これと同様に $\log x$ の係数 α の符号をひとまずは正であるとして，

$$\log N(x) = \log H + \alpha \log x \tag{3}'$$

をあてはめた。内挿直線を特定するためにそのようにしても，後に見るように，計算の結果，負の値の α がもとめられ，問題は生じない。

　パレートは，コーシーの補間法を適用するために，表1-4に示したイギリ

表1-5 イギリスにおける所得分布にかんする計算表(1843年)

所得 (ポンド) x	人数 $N(x)$	$\log x$	$\triangledown \log x$ $[\log x - \overline{\log x}]$	$\triangledown \log x$ (補正後)	$\log N(x)$	$\triangledown \log N(x)$ $[\log N(x) - \overline{\log N(x)}]$	$\triangledown \log N(x)$ (補正後)
150	106,637	2.17609	−0.91853	0.91853	5.02791	1.35536	−1.35536
200	67,271	2.30103	−0.79360	0.79360	4.82783	1.15528	−1.15528
300	38,901	2.47712	−0.61750	0.61750	4.58996	0.91741	−0.91741
400	25,472	2.60206	−0.49257	0.49257	4.40606	0.73351	−0.73351
500	18,691	2.69897	−0.39566	0.39566	4.27163	0.59908	−0.59908
600	13,911	2.77815	−0.31647	0.31647	4.14336	0.47081	−0.47081
700	11,239	2.84510	−0.24953	0.24953	4.05073	0.37818	−0.37818
800	9,365	2.90309	−0.19154	0.19154	3.97151	0.29896	−0.29896
900	7,923	2.95424	−0.14038	0.14038	3.89889	0.22634	−0.22634
1,000	7,029	3.00000	−0.09463	0.09463	3.84689	0.17434	−0.17434
2,000	2,801	3.30103	0.20640	0.20640	3.44731	−0.22524	−0.22524
3,000	1,566	3.47712	0.38250	0.38250	3.19479	−0.47776	−0.47776
4,000	1,040	3.60206	0.50743	0.50743	3.01703	−0.65552	−0.65552
5,000	701	3.69897	0.60434	0.60434	2.84572	−0.82683	−0.82683
10,000	208	4.00000	0.90537	0.90537	2.31806	−1.35449	−1.35449
50,000	8	4.69897	1.60434	1.60434	0.90309	−2.76946	−2.76946
合計		49.51401		8.42080	58.76078		−12.61856
平均		3.09463			3.67255		

(出所) 表1-1に同じ(p.86にもとづく)。原表訂正済み。

スの所得分布を示すデータ,すなわち所得 x と人数 $N(x)$ についてその対数をもとめた。そのうえで,$\log x$ と $\log N(x)$ について平均をもとめ,さらに対数変換した個別値との乖離を計算し,その乖離について符号を変換するなどして,必要なデータを整えた。このような一連の計算結果が表1-5 である。

これにより,イギリス(1843年)の所得分布にたいする内挿直線の傾き α は,

$$\alpha = \frac{-12.61856}{8.42080} = -1.498 \tag{4}$$

となった[36]。同様にして,パレートは1879〜80年のイギリスについて,$\alpha = -1.353$ ともとめている。

1843年の α の値(−1.498)を(3)′式に代入すれば,

$$\log N(x) = \log H - 1.498 \log x$$

となる。このように，補間法を適用する最初の段階で，α の符号をプラスとして内挿直線をあてはめても，計算を続けてゆけば，最終的には負の値の α が得られて，所得分布にかんする「統計的法則」としての元の関数（α の符号は正，(2)式参照）とその両辺の対数をとった式（α の符号は負，(3)式参照）との間の関係は維持されることになる。

　パレートは 1843 年と 1879～80 年の α の値として $\alpha_{1843}=-1.498$ と $\alpha_{1879-80}=-1.353$ を得て，計算を終えているが，ここでは，さらに進んで，一般に $\log H$ で示される切片の値をもとめることにしよう。1879～80 年のイギリスについても同様の計算によって，切片 $\log H$ をもとめることができるが，以下では 1843 年についてだけ計算することにする。

　(3)式で表現される内挿直線は，$\log x$ の平均値 3.09463 と $\log N(x)$ の平均値 3.67255 を通るので（表 1-5 の各平均欄参照），この値を(3)式に代入することができる。このとき，

$$3.67255 = \log H - 1.498 \times 3.09463$$

となり，もとめるべき切片は

$$\log H = 8.3038 \tag{5}$$

である。したがって，(3)式は

$$\log N(x) = 8.3038 - 1.498 \log x$$
$$= 8.3038 - \log x^{1.498} \tag{6}$$

となる。この(6)式を両対数グラフで表示すれば直線になることから，この直線は一般にパレート(直)線と言われている。

　また，(5)式から

$$H = 201,279,710.9 \tag{7}$$

となる。したがって，最終的な所得分布関数として次式を得る。

$$N(x) = \frac{201,279,710.9}{x^{1.498}} \tag{8}$$

　これが 1843 年のイギリスの所得分布にかんする「統計的法則」である。このように，パレートはコーシーの補間法を応用して，各国(地域)のパレート指数を計算し，それを表にまとめた（次頁表 1-6）。この表からパレートは所得分布の傾向が「整然」としていることを読み取り，それにもとづいて，α

第 1 章　所得分布とパレート指数　　13

表 1-6　各国 (地域) のパレート指数 α

国 (地域)	パレート指数 α	国 (地域)	パレート指数 α
イギリス　(1843年)	1.50	ペルージャ　　　　　　　　　(都市部)	1.69
(1879～80年)	1.35	(郡部)	1.37
プロイセン　(1852年)	1.89	アンコーナ, アレッツォ, パルマ, ピサ (計)	1.32
(1876年)	1.72	イタリア23都市[1]	1.45
(1881年)	1.73	バーゼル　　　　　　　　　(1887年)	1.24
(1886年)	1.68	パリ	1.57
(1890年)	1.60	アウクスブルク　　　　　　(1471年)	1.43(*)[2]
(1894年)	1.60	(1498年)	1.47(*)
ザクセン　　(1880年)	1.58	(1512年)	1.26(*)
(1886年)	1.51	(1526年)	1.43(*)
フィレンツェ	1.41	ペルー[3]　　　　　　　　　(18世紀末)	1.79(*)

(訳注)　1)　Ancona, Arezzo, Belluno, Bologna, Cuneo, Ferrara, Firenze, Foggia, Grosseto, Mantova, Massa, Modena, Parma, Pavia, Perugia, Pesaro, Pisa, Reggio nell Emilia, Siena, Sondrio, Treviso, Udine, Vicenza. この 23 都市はいずれも県庁所在地 (図 1-2 参照)。α の値は 1887 年のデータにもとづいた Benini, Rodolfo, "Di alcune curve descritte da fenomeni economici aventi relazione colla curva del reddito o con quella del patrimonio," *Giornale degli Economisti*, Serie seconda, Volume XIV, 1897, p. 179 の計算による。
　　　　2)　(*) は「不正確」であるとパレートが注記しているデータである。
　　　　3)　18 世紀末, スペイン統治下のペルーでは「十字軍」(Croisade (仏), Crociata (伊)) という名称の「魔よけ」(bulle (仏), bella (伊)) (歴史上, ローマ教皇が発行する bulle はとくに「大勅書」と言う) が発売された。この「魔よけ」は購入者の所得に応じて価格が異なっていた。この販売記録から W. Robertson は所得別の人数を下のように推定した (この表の出所は表 1-6 に同じ。ただし, 掲載頁は p. 311 (フランス語版), p. 343 (イタリア語版) である)。

所得 (レアル)	人数
3	1,171,953
4	503,352
13.5	93,027
27	14,205

(出所)　Pareto, Vilfredo, *Cours d'Économie Politique*, Tome Second, Lausanne 1897, p. 312; ditto, *Corso di Economia Politica*, Secondo Volume, Torino 1942, p. 344.

は安定的であって, いささかも国々の経済条件に左右されることがないと主張した[37]。

むすび

所得統計が整備された 19 世紀中葉以降の理論状況をブレシアーニは次のように記している[38]。

① Ancona, ② Arezzo, ③ Belluno,
④ Bologna, ⑤ Cuneo, ⑥ Ferrara,
⑦ Firenze, ⑧ Foggia, ⑨ Grosseto,
⑩ Mantova, ⑪ Massa, ⑫ Modena,
⑬ Parma, ⑭ Pavia, ⑮ Perugia,
⑯ Pesaro, ⑰ Pisa,
⑱ Reggio nell Emilia,
⑲ Siena, ⑳ Sondrio, ㉑ Treviso,
㉒ Udine, ㉓ Vicenza.

図 1-2　県庁所在地(23 都市)
(注) 地図上の都市((①〜㉓)は表 1-6 訳注 1)に対応している。

「これまでのところ，所得と資産にかんする統計は，真っ向から対立する論考を支持するために引用されてきた。ある者は，諸個人の経済条件の不平等性が小さくなる傾向を強く世人に訴えるための証拠としてその統計を引き合いに出し，社会主義学派の演繹が誤りであると主張した。他方で，その統計は資本主義社会における経済的対立がつねに，またより激化し，不断に続いていることを確証させると，別の人々は，最近になってもまだ考えている。」

このような2つの見解が相対立して論争が行われていた時代にあって，パレートは所得分布の解明に「数学的方法」を応用した。これについての本章における考察は次のように要約できる。

(1) パレートは所得分布を数理モデル(関数関係)として把握した。そのモデルがパレート法則(厳密にはパレートの第1法則)である。このモデルには2つのパラメータがある。パレートは，そのうちの一方によって所得分布を統計的に計測することができると考えた。所得分布の計測指標としてのパラメータが，いわゆるパレート指数 α である。

(2) パレートは，α の値を計算するとき，簡便性を理由にコーシーの補間法を採用した。

(3) さまざまな時期における各国(地域)について α を計算したパレートは，α の値が安定的であると結論した(α にたいする「常数」という訳語はこの考え方に符合する)。貧困化論争の渦中にこの結論をおくならば，それは，社会が平等な方向に進んでいることはないが，かと言って不平等な方向に進んでいるわけでもないことを意味する。時空を超えた所得分布の安定性が「人間の本性」に由来するとパレートは考えた。このように検出された「統計的規則性」が，貧困化論争にたいするパレートの解答であったと言えよう。

従来，明らかになっているように，通説によれば，パレート指数 α が大きいほど，所得分布は均等になると言われている。パレートの解釈はこれとは逆に，α の増大が所得分布の不平等度の強化を意味する。α の変動をどのように解釈すべきかについては，先行研究によって，通説が正しいということになっている。その点にかんする限り，異論はないが，パレート法則の数学的な含意を検討すれば，さらに明らかになる事柄もある。

パレート理論が発表された後，彼の見解は，①パレート指数 α の解釈と②所得分布モデルの適合性[39]の2点から，批判を受けることになった。これらの論点と関連させて，パレート法則の数学的含意を検討し，パレートの所得分布分析を方法論的に考察することがさしあたり次章の課題である。

1) たとえば，美馬孝人「労働者の貧困と社会政策」荒又重雄・小越洋之助・中原弘

二・美馬孝人『社会政策(1)』有斐閣，1979年，第1章，参照。

2) Wolf, Julius, *System der Sozialpolitik, Erster Band: Grundlegung. Sozialismus und kapitalistische Gesellschaftsordnung. Kritische Würdigung beider als Grundlegung einer Sozialpolitik*, Stuttgart 1892, pp. 223ff. [Wolf (1892)]. 本書第5章2節(3)参照。

3) Bresciani, Costantino, "Sull'interpretazione e comparazione di seriazioni di redditi o di patrimoni," *Giornale degli Economisti*, Serie seconda, Volume XXXIV, 1907 [Bresciani (1907)].

4) このことは，イギリスでは The rich richer, and the poor poorer，ドイツでは Die Reichen immer reicher, die Armen immer ärmer，イタリアでは I ricchi siano divenuti più ricchi, i poveri più poveri と表現された。ヴォルフ [Wolf (1892), p. 225] によれば，イギリスの労働運動家ジョージ・ハウエル (Howell, G.) が "The Rich Richer, and the Poor Poorer: An Essay on the Distribution of Wealth," *The Co-operative Wholesale Society Annual for 1892*, p. 191 のなかで，この命題の典拠は『新約聖書』であると示唆しているとのことである。ヴォルフもハウエルも『新約聖書』の文言を特定してはいないが，おそらく，次の箇所であろう。「持っている人はさらに与えられ，持たぬ人は，持っているものまでも取り上げられるのである」(マルコ福音書，4. 25, p. 18以下)。「だれでも持っている人はさらに与えられて余りあるが，待たぬ人は，持っているものまでも取り上げられるのである」(マタイ福音書，13. 12, p. 108; 25. 29, p. 152)。「持っている人はさらに与えられ，持たぬ人は，持っていると思うものまでも取り上げられるのである」(ルカ福音書，8. 18, p. 203)。引用はいずれも『新約聖書 福音書』(塚本虎二訳，岩波文庫版，1963年) による。なお，ハウエルについては，美馬孝人『イギリス社会政策の展開』(現代経済政策シリーズ3)日本経済評論社，2000年，p. 114以下参照。

5) cf. Bresciani (1907).

6) Bresciani (1907), p. 20.

7) 小倉金之助『統計的研究法』積善館，1925年，p. 445。

8) 早川三代治『パレート法則による所得と財産の分布に関する研究』。これは早川が早稲田大学に提出した学位請求論文である。これには1932年9月から1959年5月までに公表したパレート分布(パレート法則)にかんする理論的ならびに実証的研究の成果が収録されている。早川は，これにより1960年1月18日付けで経済学博士の学位を授与された。したがって，上記著書は1960年頃に刊行されたと考えられるが，上記著書には奥付がないので，正確な刊行年月日は不詳である。このために，以下では，早川(*)と略記する。

9) ①早川三代治「パレートの所得分配論」(第1章第1節)；②同「所得ピラミッドの端初的形態」(第1章第6節)；③同「Charlier の B 型頻度曲線による所得分布」(第1章第7節)；④同「所得ピラミッド下層部の形状並に才能分布と所得分布との関聯に就いて」(附論1)。章節等は早川(*)による。

10) 森田優三『国民所得の評価と分析』東洋経済新報社，1949年，p. 120以下，p. 138

以下 ［森田(1949)］。

11) Pareto (1896b), p. 439.
12) Ammon, Otto, *Die Gesellschaftsordnung und ihre natürlichen Grundlagen*, Jena 1895, p. 83, p. 86, esp. pp. 129ff. ただし，引用は Pareto (1897a), p. 314 ［Pareto (1942), p. 347］による。
13) 早川(＊)，p. 112。
14) ① Pareto (1897a), p. 315 (Pareto (1942), p. 347)；② Pareto (1897b), p. 16.
15) Pareto (1896b), p. 439.
16) Pareto (1896b), p. 439.
17) このことが典型的に現れた例としてパレートはスイス中部のウーリ(Uri)州の所得統計を挙げている［Pareto (1897b), p. 25］。
18) Pareto (1897b), p. 17f.
19) Pareto (1897b), p. 26.
20) Pareto (1897a), p. 304 (Pareto (1942), p. 334). この点については，①早川前掲「所得ピラミッド下層部の形状並に才能分布と所得分布の関聯に就いて」；②森田 (1949)，p. 122 以下も参照。
21) Pareto (1897a), p. 316.
22) Pareto (1942), p. 353.
23) パレートの「社会的ピラミッド」については，①早川前掲「パレートの所得分配論」；②同前掲「所得ピラミッドの端初的形態」；③森田(1949)，p. 121 以下も参照。
24) パレートは，より厳密には，所得分布が

$$N(x) = \frac{H}{(x+a)^\alpha} e^{-\beta x}$$

であると考えた。しかし，オルデンブルク大公国(ドイツ北西部の北海に面した地域で現ニーダーザクセン州の一部)のデータを例外として，β は無視できる(ゼロと見なしてよい)と考えて，(1)式を誘導した(Pareto (1897a), p. 307f. (Pareto (1942), p. 335f.))。オルデンブルク大公国の所得分布については Pareto (1896b), p. 440 参照。
25) ① Pareto (1896b), p. 439；② Pareto (1897b), p. 15.
26) Pareto (1897b), p. 15.
27) Pareto (1897a), p. 309 (Pareto (1942), p. 342).
28) Pareto (1897b), p. 16. なお，Pareto (1895), p. 60 ではザクセン，プロイセン，イギリスなどの所得分布研究が(2)式にもとづいて行われている。したがって，研究の端緒においては(2)式が構想されていたと考えられる。
29) Bresciani-Turroni, Costantino, "On Pareto's Law," *JRSS* (New Series), Vol. 100, Pt. 3, 1937, p. 422. この「第1法則」にたいしてブレシアーニ＝チュッローニは，(1)式を「パレートの第2法則」と命名している。この論文の執筆者は，注3に掲げた Costantino Bresciani と同一人物である。
30) Pareto (1897a), p. 305f. (Pareto (1942), p. 338). 本書第3章2節(2)参照。
31) (3)式は(2)式と同じなので，(3)式がパレート(の第1)法則と言われることもある。

32) パレート理論をイタリアに紹介し，普及させたロドルフォ・ベニーニもまた，基本的にはコーシーの方法を採用した。e.g. Benini, Rodolfo, "Principii di Statistica Metodologia," *Biblioteca dell'Economista*, Serie V, Volume XVIII, Dispensa 1ª, 1905, pp. 141ff., pp. 146ff., pp. 185ff. 本書第3章参照。

33) Pareto (1896a), p. 84. 原データをグラフで表示すれば，次のようになる。

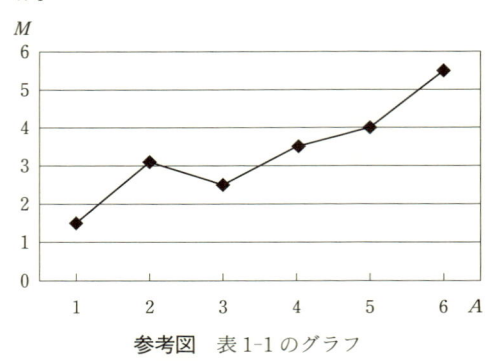

参考図 表1-1のグラフ

34) これは，縦方向の平均的な乖離を横方向の平均的な乖離で割ったときの商

$$\frac{縦方向の平均的な乖離}{横方向の平均的な乖離}=\frac{\frac{5.9}{6}}{\frac{9.0}{6}}=\frac{5.9}{9.0}$$

と同値である。

35) これにたいして最小二乗法を同一のデータの組に適用したときには，内挿直線として

$$M=-0.78+1.28\,A$$

を得る。

36) パレートの計算によれば，$\alpha=-1.499$ であり（Pareto (1896a), p. 86），本文とは小数第3位が異なるが，これはパレートが掲げた元の表の対数に若干の誤りがあるからである。

37) Pareto (1897a), p. 312 (Pareto (1942), p. 344).

38) Bresciani (1907), p. 13.

39) ① Gini, C., "Il diverso accrescimento delle classi sociali e la concentrazione della ricchezza," *Giornale degli Economisti*, Serie seconda, Volume XXXVIII, 1909; ② ditto, "Indici di concentrazione e di dipendenza," *Atti della Società Italiana per il Progresso delle Scienze, Terza Riunione, Padova, Settembre 1909*, Roma 1910; ③ ditto, "Sulla misura della concentrazione e della variabilità dei caratteri," *Atti del Reale Istituto Veneto di Scienze, Lettere ed Arti*, Tomo LXXIII, Parte seconda, Anno accademico 1913-14; ④ ditto, "Indici di concentrazione e di dipendenza," *Biblioteca dell'Economista*, Serie V, Vol. XX, 1922. なお，④の刊行年については本書第4章注8参照。

第2章　パレート指数とその数学的含意

はじめに

ヴィルフレド・パレートは，その源泉を問わず家計に入る一切の収入の合計を「総合所得」(以下，所得)と言った。ここで，所得を x で表し，所得が x 以上となる世帯数を $N(x)$ で表すことにする[1]。このとき，彼は，所得分布を関数

$$N(x) = \frac{H}{x^a} \tag{1}$$

で表すことができると考えた。この(1)式がいわゆるパレート法則(厳密にはパレートの第1法則)である。(1)式右辺のパラメータ H と a は，データによってさまざまな値をとるが，とくに「べき」a は後にパレート指数と呼ばれるようになった。パレートは指数 a によって，所得分布の時空的比較が可能であると考えて，その手始めに，イギリスの所得分布データ(1843年と1879～1880年)にコーシーの補間法を適用して，

$$a_{1843} = -1.498$$
$$a_{1879-80} = -1.353$$

ともとめたことは前章で述べた。一般に，パレート指数 a は正の数で表され，パレートが上のように負の数で表記しているのは，調べた限りでは，コーシーの補間法を簡単な数値によって例解した後でこの補間法をイギリスにおける所得分布データへ応用した論文[2]だけである。

本章では，パレート指数の変動がどのような数理的な意味をもつか(パレート指数の数学的含意)について考察する。その際，慣例によって a を正の数と

して取り扱う。すでに早川三代治[3]や森田優三[4]が紹介しているように，α の解釈をめぐっては対立する2つの見解がある。ベニーニ説[5]（α の値が大きいほど，不平等度が弱まり，所得分布はより平等になる）が通説である。これによれば，イギリスでは不平等度が強まったことになる[6]。通説とは逆に，パレートは α の値が大きいほど不平等度が強まると考えた[7]。彼の解釈によれば，イギリスにおいては1843年に較べて1879～80年の α がより小さい（1.498→1.353）ので，不平等度が弱まったことになるはずである。しかし，パレートは各国（各地域）のデータから α を計算し，その最低が1.24（バーゼル，1887年）で，最高が1.89（プロイセン，1852年）となったことにもとづいて，α が安定的であると主張した[8]。したがって，α の変動がイギリスに見られる程度の範囲に留まるのであれば，彼は，不平等度に著しい変化があったとは認めないであろう[9]。

本文で述べるように，パレート指数 α の増大にたいする解釈としては通説が適切であるが，α の増大は，比較的高い所得を得る世帯の相対的減少（比較的低い所得を得る世帯の相対的増加）を随伴するとも言われている。このことは，パレート法則から演繹される1つの数学的帰結である。ただし，この帰結は一定の条件のもとでのみ成立する。この一定の条件については，寡聞のせいか，先行研究を見出すことができない。以下では，この条件が何であるかを考察し，パレート指数の含意を明らかにしたい。そのために，パレート指数の増大が所得分布の均等化傾向を意味するという通説を，旧聞に属すことではあるが，予備的考察もかねてあえて取り上げる。その後，上述の「条件」を検討して，パレート指数が所得分布の変化をどのように反映する指標であるかを考察する。叙述の順序は次のとおりである。

(1)　パレート指数の増大と所得格差の縮小
(2)　所得階級内世帯数の相対的増減とパレート指数

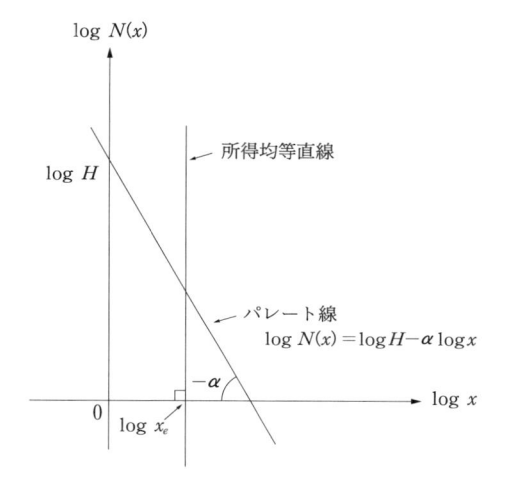

図 2-1 パレート線と所得均等直線

（注）α が大きくなるにつれて，パレート線は所得均等直線に近づき，所得分布がより均等になる。
（参考）都留重人編『岩波小辞典　経済学』岩波書店，2002 年，p. 217。

1. パレート指数の増大と所得格差の縮小

(1) 図　　解

　α が大きくなるにつれて，所得分布の不平等性が是正され，均等分布に近づくという通説を説明する仕方は 1 とおりではない[10]。ここでは視覚に訴える比較的理解しやすい方法でそれを解説する(図 2-1)。パレート法則((1)式)についてその対数をとれば

$$\log N(x) = \log H - \alpha \log x \tag{2}$$

となる。これを両対数グラフで図示すれば，切片 $\log H$，傾き $-\alpha$ の直線（パレート線）になる。このとき，パレート指数 α の値が大きくなり，その極限においてパレート線が横軸と直交するとしよう。この場合には，$\log N(x)$ の如何にかかわらず，$\log x$ は一定である($\log x = \log x_e$)。どの世帯の所得も一様に x_e となるときに，このような現象が生じ，世帯間に所得格差は見られない。このことから，α が大きくなって，パレート線が $\log x$ 軸と直交す

るとき，その直線は所得均等直線に一致することが分かる。このために，パレート指数が大きければ，それだけ所得分布の平等度が強まるとするベニーニ説は正鵠を射ていると考えられる。

しかるに，パレートは，α が大きいほど不平等度が強まると主張した。このパレートの見解をコッラド・ジニは次のように解釈している[11]。

「この根拠は，おそらく，特権をもつ者が少なくなるにつれて，富の不均衡がより強く感じられるという心理学的な考えであろう。」

この引用文でジニが指摘するように(また後述するように)，パレート法則という数理モデル(これに従う所得分布をとくにパレート分布と言う)からその数学的含意を析出すれば，α の増大は，一方で，比較優位の所得階級に属す世帯の相対的減少を伴うことが分かる(ただし，ジニの指摘が妥当するには一定の条件を必要とする。この点については後述する)。また，これと同じことではあるが，他方では，α の増大が比較劣位の所得階級に属す世帯の相対的増加を伴う。しかも，この相対的増加は，劣位世帯がより狭い範囲の所得階級へと集中することを伴う。次に項を改めて，この集中化が α の増大(所得分布の均等化)とともに進行することを述べ，次節への予備的考察とする。

(2) 所得総額を2等分する所得と階級間隔との関係

パレートは，指数 α の増大が(彼の意図には反して)所得分布の均等化を伴うということを考察するうえで示唆に富む論文を執筆した。彼の論文「需要法則」(1895年)[12] がそれである。この論文はその翌年に刊行を控えた『政治経済学教程(*Cours d'Économie Politique*, Lausanne 1896-97)』(ただし，所得分布論を取り扱った第2巻の刊行は1897年[13])の予告という役割を果たし，パレートの所得分布モデル((1)式)とともにパレート指数 α の計算結果(ザクセン，プロイセン，イギリスなど)があたえられている。以下では，この論文を参考にして，α が増大するときの数理的意味を解析的に考察する。なお，ここでの考察は，結果的には，その大筋において前項での結論(α の増大＝所得分布の均等化)と異なるものではないことを断っておく。その意味では，次節における考察の必要上とは言え，あえて本項に紙幅を割くことにたいしては，屋上屋を架するとのそしりをまぬがれえない。しかし，α の増大の数理的意味を解析的に考

察することによって，図解では明らかにならない含意が陽表化される。

所得を x で，またその所得が x 以上である世帯数を $N(x)$ で表したとき，パレートの所得分布モデルが，

$$N(x)=\frac{H}{x^{\alpha}} \qquad (1)\text{［再掲］}$$

であることはすでに述べた[14]。

関数 $N(x)$ が連続量にかんする単調減少関数であるとすれば，所得が x から $x+\mathit{\Delta} x$（ただし，$\mathit{\Delta} x$ の大きさは十分微小であるとする）までの間にある世帯数は，

$$N(x)-N(x+\mathit{\Delta} x)=-\{N(x+\mathit{\Delta} x)-N(x)\} \qquad (3)$$

である。

ここで，関数 $N(x)$ が微分可能であるとする。そして，十分微小な $\mathit{\Delta} x$ について平均増加率

$$\frac{N(x+\mathit{\Delta} x)-N(x)}{\mathit{\Delta} x} \qquad (4)$$

を考える。(4)式について $\mathit{\Delta} x \to 0$ とすれば，(4)式は関数 $N(x)$ を x で微分したことと同義である。したがって，(4)式は次のように書くことができる。

$$\frac{N(x+dx)-N(x)}{dx}=N'(x) \qquad (5)$$

(5)式の両辺に $-dx$ を掛けると，次式を得る。

$$-\{N(x+dx)-N(x)\}=-N'(x)\cdot dx$$
$$\therefore \quad N(x)-N(x+dx)=-N'(x)\cdot dx \qquad (6)$$

(6)式の左辺は，(3)式との形式的類似性から明らかなように，所得が x から $x+dx$ までの間にある世帯数である。dx は十分に小さいので，その世帯数が $-N'(x)dx$ で表されるどの世帯についても所得はすべて等しく x であると考えることができる。したがって，所得が x から $x+dx$ までの間にある全世帯の所得の合計は，一般に次式であたえられる。

$$x\cdot\{-N'(x)dx\}\ [\text{＝所得}\times\text{世帯数}] \qquad (7)$$

ところで，

$$N(x)=\frac{H}{x^{\alpha}} \qquad (1)\,[再掲]$$
$$=Hx^{-\alpha}$$

なので，(1)式を x で微分すると次式を得る。
$$N'(x)=-\alpha Hx^{-\alpha-1} \qquad (8)$$

(8)式を(7)式に代入すると，
$$x\cdot\{-N'(x)dx\}=x\cdot\{-(-\alpha Hx^{-\alpha-1})dx\}$$
$$=\alpha Hx^{-\alpha}dx$$

となる。

したがって，所得 x が任意の区間内にある全世帯の所得総額にかんする一般式は不定積分

$$\int \alpha Hx^{-\alpha}dx \qquad (9)$$

であたえられる。

ここで，x_0 が統計によって把捉できる最低所得であることを確認して，次に進む。所得が x_0 から任意の所得 x_1 までの間にある世帯の所得総額を $S_{x_0 \sim x_1}$ とすると，(9)式により，$S_{x_0 \sim x_1}$ は $\alpha \neq 1$ のもとでは，次のようになる。

$$\begin{aligned}S_{x_0 \sim x_1} &= \int_{x_0}^{x_1} \alpha Hx^{-\alpha}dx \\ &= \alpha H\left[\frac{1}{1-\alpha}x^{1-\alpha}\right]_{x_0}^{x_1} \\ &= \frac{\alpha H}{1-\alpha}(x_1^{1-\alpha}-x_0^{1-\alpha}) \\ &= \frac{\alpha H}{\alpha-1}(x_0^{1-\alpha}-x_1^{1-\alpha}) \\ &= \frac{\alpha H}{\alpha-1}\left\{\left(\frac{1}{x_0}\right)^{\alpha-1}-\left(\frac{1}{x_1}\right)^{\alpha-1}\right\} \qquad (10)\end{aligned}$$

同様に，所得が x_1 から最高限度の所得 $x_{\max}$ (理念的には無限大)までの世帯の所得総額 $S_{x_1 \sim x_{\max}}$ は，次のようになる(ただし $\alpha \neq 1$)。

$$S_{x_1 \sim x_{\max}} = \int_{x_1}^{\infty} \alpha H x^{-\alpha} dx$$
$$= \frac{\alpha H}{\alpha - 1} \left(\frac{1}{x_1}\right)^{\alpha - 1} \tag{11}$$

かりに，最低所得 x_0 から任意の所得 x_1 までの所得階級に属する世帯の所得総額 $S_{x_0 \sim x_1}$ が，任意の所得 x_1 以上の所得を有する世帯からなる所得階級の所得総額 $S_{x_1 \sim x_{\max}}$ の k 倍になっているとする。すなわち，$S_{x_0 \sim x_1}$ と $S_{x_1 \sim x_{\max}}$ には

$$S_{x_0 \sim x_1} = k \times S_{x_1 \sim x_{\max}} \tag{12}$$

という関係が成り立っているものとする。(12)式に(10)式と(11)式を代入して整理すると，

$$\frac{\alpha H}{\alpha - 1} \left\{ \left(\frac{1}{x_0}\right)^{\alpha - 1} - \left(\frac{1}{x_1}\right)^{\alpha - 1} \right\} = k \cdot \frac{\alpha H}{\alpha - 1} \left(\frac{1}{x_1}\right)^{\alpha - 1}$$

$$\left(\frac{1}{x_0}\right)^{\alpha - 1} - \left(\frac{1}{x_1}\right)^{\alpha - 1} = k \cdot \left(\frac{1}{x_1}\right)^{\alpha - 1}$$

$$\left(\frac{1}{x_0}\right)^{\alpha - 1} = (1 + k) \cdot \left(\frac{1}{x_1}\right)^{\alpha - 1}$$

$$\frac{\left(\frac{1}{x_0}\right)^{\alpha - 1}}{\left(\frac{1}{x_1}\right)^{\alpha - 1}} = 1 + k$$

となり，結局，次式が得られる。

$$\left(\frac{x_1}{x_0}\right)^{\alpha - 1} = 1 + k \tag{13}$$

(13)式の両辺を $\frac{1}{\alpha - 1}$ 乗すれば，次式を得る。

$$\frac{x_1}{x_0} = (1 + k)^{\frac{1}{\alpha - 1}} \tag{14}$$

すでに述べたように，上式の k は，$S_{x_0 \sim x_1}$(最低所得 x_0 から任意の所得 x_1 までの所得階級に属する世帯の所得総額)にたいする $S_{x_1 \sim x_{\max}}$(任意の所得 x_1 以上の所得を有する世帯からなる所得階級の所得総額)の倍率であった((12)式参照)。ここで，社会全体の所得総額が所得 x_1 で2等分され，$S_{x_0 \sim x_1}$ と $S_{x_1 \sim x_{\max}}$ とが等しいものとする。すなわち，

表 2-1 パレート指数 a と所得倍率 $\frac{x_1}{x_0}$

a	x_1/x_0
1.4	5.66
1.5	4.00
1.6	3.17

(注) $S_{x_0 \sim x_1} = S_{x_1 \sim x_{\max}}$ のとき。

$$S_{x_0 \sim x_1} = S_{x_1 \sim x_{\max}} \tag{12}'$$

が成立しているとしよう。これは(12)式の k が 1 であること，すなわち

$$k = 1 \tag{15}$$

を意味する。この(15)式を(14)式に代入すれば，次式を得る。

$$\frac{x_1}{x_0} = 2^{\frac{1}{a-1}} \tag{16}$$

この(16)式により，パレート指数 a が所与の値をとるときに，社会全体の所得総額をちょうど2等分する所得 x_1 が，最低所得 x_0 の何倍であるか(所得倍率)を知ることができる。(16)式をグラフで示せば，a の特定の値について考察しなくても，このことを一般的に論ずることはできるが(章末補注参考図参照)，数値的に特定することによって事柄をより明確にできると期待されるので，ここでは試みに a が 1.5 ± 0.1 の範囲内にある場合を取り上げる(表2-1参照)。

この数値例から，社会全体の所得総額をちょうど2等分する所得 x_1 が，$a = 1.4$ のときには，最低所得 x_0 の 5.66 倍であったのにたいして，$a = 1.6$ のときには，その倍率が 3.17 となって，所得階級の範囲 $(x_0 \sim x_1)$ がおよそ半分に圧縮されていることが分かる。換言すれば，a の増大に伴って，その所得階級内の密度が高まり，それだけ所得格差が縮小する(すなわち，比較劣位の所得階級内の所得分布が均等化傾向にある)ことが分かる。

これまでは x_1 は社会全体の所得総額を2等分する所得であるとしてきたが，そうではなくて，x_1 が社会全体の所得総額を単に二分する所得であると規定しても，同様のことが言える。すなわち，a の増大とともに所得倍率 $\frac{x_1}{x_0}$ は縮小し，結局，所得分布の均等化が意味される。

以上，パレート指数 a の増大が所得分布の均等化を伴うという通説を，前項とは異なった解析的な仕方で解説した。これを予備的考察として，次に

節を改めて，増大する α の数理的意味をさらに考察する。

2. 所得階級内世帯数の相対的増減とパレート指数

ジニの指摘[15]から明らかなように，パレート・モデルにおいては，所得分布を所得 x_1 で二分したとき，α の増大は，一方では，比較優位の所得階級に属す世帯数の相対的減少を意味する(ここに言う「二分」は「2等分」と考えてもよいが，必ずしもそうでなくてもよい。さしあたり以下では，「2等分」を包含する，文字どおり2つに分けるという意味で用いることにする)。他方で，α の増大は，比較劣位の所得階級に属す世帯数の相対的増加を意味するとも言われている。これら2つの事柄は同一メダルの表裏と同じ関係にあるように思われるが，各々の場合を分けて考察することによってパレート・モデルの含意がより明確になる。この考察を通じて，α の増大は高額所得者の割合の減少を伴うとするジニの指摘が一定の条件のもとでのみ妥当することを明らかにしたい。

(1) パレート指数の増大と優位世帯率の減少

パレート法則((1)式)において，最低所得 x_0 以上の世帯数を $N(x_0)$ とおき，所得が $x_1 (x_0 < x_1)$ 以上の世帯数を $N(x_1)$ とおくと，

$$N(x_0) = \frac{H}{x_0^\alpha} \qquad (1)'$$

$$N(x_1) = \frac{H}{x_1^\alpha} \qquad (1)''$$

となる。x_0 を最低所得としたので，x_0 以上の所得を有する世帯数 $N(x_0)$ は，捕捉された世帯の全数である。したがって，比率 $\dfrac{N(x_1)}{N(x_0)}$ は，特定の大きさの所得 x_1 以上の世帯(すなわち，比較優位の所得階級に属す世帯であり，その数は $N(x_1)$)が全世帯のなかに占める割合(以下，優位世帯率)を意味する。この優位世帯率は，(1)′式と(1)″式から

$$\frac{N(x_1)}{N(x_0)} = \frac{\dfrac{H}{x_1^\alpha}}{\dfrac{H}{x_0^\alpha}}$$

$$=\left(\frac{x_0}{x_1}\right)^{\alpha} \tag{17}$$

となる。$0<x_0<x_1$ であるから，明らかに $0<\frac{x_0}{x_1}<1$ である。このとき，少なくとも $\frac{x_0}{x_1}=$const. であれば，$\alpha(>0)^{16)}$ が大きくなるにつれて $\left(\frac{x_0}{x_1}\right)^{\alpha}$ は小さくなり，したがって，(17)式の左辺 $\frac{N(x_1)}{N(x_0)}$（優位世帯率）も小さくなる。

ところが，(17)式の含意を考察してみると，言われるように α の増大が優位世帯率の減少をもたらすには，x_0 が一定の条件を満たさなければならないことが分かる。以下では，このことを考察する。

(17)式から明らかなように，その左辺 $\frac{N(x_1)}{N(x_0)}$ の値の変動に影響を与えるのは，α と $\frac{x_0}{x_1}$ である。しかしながら，たとえば，α の値が2から4へと増加した場合に，x_1 は不変であるが，x_0 の値を大きくとったことによって，$\frac{x_0}{x_1}$ が $\frac{1}{4}$ から $\frac{2}{4}\left(=\frac{1}{2}\right)$ へと増大するときには，(17)式右辺の値は

$$\left(\frac{1}{4}\right)^2[\alpha=2\text{ の場合}]=\left(\frac{1}{2}\right)^4[\alpha=4\text{ の場合}]$$

となって，優位世帯率 $\frac{N(x_1)}{N(x_0)}$ の値には変化がない。このように，α の増大が，つねに優位世帯率の減少を伴うとは限らない。

このことを一般的に示すために，(17)式の両辺の対数をとる。すなわち，

$$\log\frac{N(x_1)}{N(x_0)}=\log\left(\frac{x_0}{x_1}\right)^{\alpha}$$
$$=\alpha\log\frac{x_0}{x_1} \tag{17}'$$

(17)′式において，

$$0<\frac{N(x_1)}{N(x_0)}<1 \quad \text{かつ} \quad 0<\frac{x_0}{x_1}<1$$

なので，

$$\log\frac{N(x_1)}{N(x_0)}<0 \quad \text{かつ} \quad \log\frac{x_0}{x_1}<0$$

となり，このため，(17)′式で示される描線を両対数グラフに描けば，それは第3象限における直線になる（次頁図2-2）。

この図2-2において，直線 ll' は $\alpha=\alpha_l$ の場合を示している。また，直線

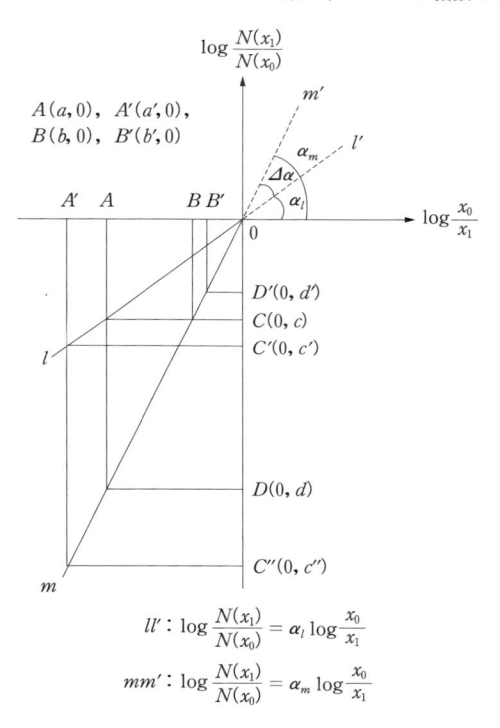

図 2-2　α の増大と優位世帯率 $\dfrac{N(x_1)}{N(x_0)}$

ll': $\log \dfrac{N(x_1)}{N(x_0)} = \alpha_l \log \dfrac{x_0}{x_1}$

mm': $\log \dfrac{N(x_1)}{N(x_0)} = \alpha_m \log \dfrac{x_0}{x_1}$

mm' は α が $\Delta\alpha$ だけ大きくなって，$\alpha = \alpha_m (= \alpha_l + \Delta\alpha)$ になった場合を示している。

　直線 ll' において，優位世帯率 $\dfrac{N(x_1)}{N(x_0)}$ の対数 $\log \dfrac{N(x_1)}{N(x_0)}$ を一意的に決定する $\log \dfrac{x_0}{x_1}$ の位置を点 A で示した。そして，その座標を $(a, 0)$ とする。図 2-2 では，点 A に対応した優位世帯率の対数を縦軸上の点 $C(0, c)$ で示した。

　ここで，α の値が $\Delta\alpha$ だけ大きくなって，$\alpha = \alpha_m$ となったとしよう。このとき，(17)′式の直線は mm' となる。この直線において，$\log \dfrac{x_0}{x_1}$ の値が変わらずに，$A(0, a)$ のままであったとすれば，$\log \dfrac{N(x_1)}{N(x_0)}$ は，点 C から点 D へと移動し，その座標は $(0, d)$ となる。図 2-2 より明らかに $c > d$ であり，この場合には，α の増大によって，$\log \dfrac{N(x_1)}{N(x_0)}$ が小さくなり，したがって，$\dfrac{N(x_1)}{N(x_0)}$ も減少することになる。すなわち，所得分布を二分する所得 x_1 が不

変であり，かつ最低所得 x_0 も同一のまま（$\frac{x_0}{x_1}$ が不変）であれば，α が $\varDelta\alpha$ だけ増大して，α_l から α_m へと変化した場合には，優位世帯率が減少する。α の増大が比較優位の所得階級に属する世帯の相対的減少を伴うとパレートが考えたのはこのような状況である（これをジニは少数の豊かな者が目立つ状態と見なし，不平等度の強化が意識されるようになると指摘した）。

では，$x_1 =$ const. という条件のもとで，基準時点における x_0 が比較時点では x_0' に変化するとき，優位世帯率 $\frac{N(x_1)}{N(x_0)}$ はどのような変化を示すであろうか。このことについては，α の値が変化しないか，増大するかに応じて，次の4つの場合に分けて考察する必要がある。

　ⅰ．α が不変で x_0 が小さくなる場合（$x_0' < x_0$）
　ⅱ．α が不変で x_0 が大きくなる場合（$x_0' \geq x_0$）
　ⅲ．α が増大して x_0 が小さくなる場合（$x_0' < x_0$）
　ⅳ．α が増大して x_0 が大きくなる場合（$x_0' \geq x_0$）

いずれの場合においても，基準時点の $\frac{x_0}{x_1}$ は比較時点では $\frac{x_0'}{x_1}$ である。$x_0' < x_0$ の場合には，$\frac{x_0'}{x_1} < \frac{x_0}{x_1}$ となって，縦軸で示される優位世帯率の対数を特定する横座標 $\log \frac{x_0}{x_1}$ の値は小さくなり，点 A は左方に移動する（図2-2参照）。これにたいして，$x_0' \geq x_0$ の場合には，$\frac{x_0'}{x_1} \geq \frac{x_0}{x_1}$ となり，点 A は同じ位置に留まるか，あるいは，右方に移動する（図2-2参照）。このことを確認しておいて，以下，順に考察する。

　ⅰ．α が不変で x_0 が小さくなる場合（$x_0' < x_0$）（直線 ll'）

　　x_1 が不変であったとしても，x_0 がそれよりも小さな x_0' となったとき（点 A から点 A' へと移動したとき）には，優位世帯率の対数 $\log \frac{N(x_1)}{N(x_0')}$ を示す点が C' となり，その位置は点 C よりも下方に移動する。すなわち，α の値が変わらなくても最低所得 x_0 を小さくすれば，優位世帯率 $\frac{N(x_1)}{N(x_0)}$ は小さくなる。

　ⅱ．α が不変で x_0 が大きくなる場合（$x_0' \geq x_0$）（直線 ll'）

　　このときは直線 ll' において $\log \frac{x_0}{x_1}$ が点 A の位置に留まるか，あるいはそれよりも右方に移動し，それに伴って優位世帯率の対数を示す縦軸上の点は C のままか，それよりも上方に位置することになる。すなわち，α が不変のままであっても，比較時点で最低所得 x_0 を以前より

も大きくとって($x_0'>x_0$)，優位世帯率を測定すれば，その値は大きくなる。

iii. a が増大して x_0 が小さくなる場合($x_0'<x_0$)(直線 mm')

　図2-2では横軸上の位置が点 A' となり，縦軸上の位置が C'' となるような場合がこれである。$a=a_l$ のときに，優位世帯率の対数を示す縦軸上の点は C であったのに較べて，$a=a_m$ のときにはそれよりも下方の点 C'' になり，a の増大が優位世帯率の減少を伴っているかのように見える。しかし，上のiで述べたように，$a=a_l$ のときに，x_0 を小さな値にすれば，それだけで，優位世帯率の対数を示す縦軸上の位置が C' となって，優位世帯率は減少してしまう。したがって，a の増大と x_0 の減少とが同時に起こるときには，優位世帯率の減少は，a の増大と x_0 の減少の両方の作用によると考えられ，優位世帯率の減少が a の増大だけによってもたらされたとは言いがたい。

iv. a が増大して x_0 が大きくなる場合($x_0'\geqq x_0$)(直線 mm')

　a の増大と $\log\dfrac{x_0'}{x_1} \geqq \log\dfrac{x_0}{x_1}$ がともに起こる場合がこれである。これはさらに次の3つの場合に分かれる。

① $\log\dfrac{x_0'}{x_1}$ が点 A から点 B までの範囲にある場合(ただし，端点 A を含むが，端点 B を含まない)：このときは，優位世帯率 $\dfrac{N(x_1)}{N(x_0)}$ の対数を示す縦軸上の位置は点 C から点 D までの区間内にある。すなわち，a の増大は優位世帯率の減少を伴う。ただし，x_0 の増大とともに，優位世帯率の減少幅は小さくなる。

② $\log\dfrac{x_0'}{x_1}$ が点 B の位置にある場合：このときは，優位世帯率 $\dfrac{N(x_1)}{N(x_0)}$ の対数は縦軸上の点 C にあって，a が増大する前($a=a_l$のとき)と優位世帯率は同一になり，たとえ，a が Δa だけ増大しても，優位世帯率の減少を検出することはできない。

③ $\log\dfrac{x_0'}{x_1}$ が点 B を越えて原点に近づく場合：図2-2における横軸の位置が B' になる場合がこれである。このとき，優位世帯率 $\dfrac{N(x_1)}{N(x_0)}$ の対数は縦軸上の点 D' となり，優位世帯率は増加を示すことになる(図2-2)。

以上を要約すると，x_1 が一定，$\dfrac{x_0}{x_1}$ が一定不変(すなわち，x_0 も不変)であれ

ば，a の増大は優位世帯率 $\dfrac{N(x_1)}{N(x_0)}$ の減少を伴うと言うことができる。あるいは，たとえ x_0 が増加して x_0' になったとしても，少なくとも $\log\dfrac{x_0'}{x_1}$ が点 B を越えて原点に近づかない(そして，点 B の位置に留まることもない)という条件が満たされてはじめて，a の増大は優位世帯率 $\dfrac{N(x_1)}{N(x_0)}$ の減少を伴うと言うこともできる。

しかも，x_0 が小さくなる場合($x_0'<x_0$)には，それだけで(すなわち，a が増大しなくても)優位世帯率が減少するので (i と iii による)，a の増大が優位世帯率の減少と結びつくには，$x_0' \geqq x_0$ でなければならない。x_0' の変動が a の増大と優位世帯率 $\dfrac{N(x_1)}{N(x_0)}$ の関係を規制する条件の1つであるのは，このことによる(これについては，後にも触れる)。

以上要するに，a の値が $\varDelta a$ だけ増加して，a_l から a_m になるとき，パレートが考えたように(また，ジニがその考え方を解釈したように)，比較優位の所得階級に属する世帯数が相対的に減少するには，所得分布を二分する任意の所得 x_1 が変わらないとしても，x_0 (最低所得)のとりうる範囲は一定の制約を受けることになる。以下ではこの制約がいかなるものであるかをさらに考察する。

図 2-2 において題意に整合的な(すなわち，a の増大が優位世帯率の減少を伴うような)縦座標の2つの値 c と d の大小関係は

$$c = a_l \log \frac{x_0}{x_1}$$

$$d = a_m \log \frac{x_0'}{x_1}$$

について

$$c > d$$

である。

ゆえに

$$a_l \log \frac{x_0}{x_1} > a_m \log \frac{x_0'}{x_1} \tag{18}$$

ここで

$$0 < a_l < a_m,$$

$$0 < \frac{x_0}{x_1} < 1, \quad \therefore \quad \log \frac{x_0}{x_1} < 0,$$

$$0 < \frac{x_0'}{x_1} < 1, \quad \therefore \quad \log \frac{x_0'}{x_1} < 0$$

なので，(18)式を整理すると

$$\frac{a_l}{a_m} < \frac{\log \frac{x_0'}{x_1}}{\log \frac{x_0}{x_1}}$$

底の交換公式により，

$$\frac{a_l}{a_m} < \log_{\frac{x_0}{x_1}} \frac{x_0'}{x_1} \tag{19}$$

(19)式右辺の底は $0 < \frac{x_0}{x_1} < 1$ なので，この式が規定する領域の境界線 $\frac{a_l}{a_m} = \log_{\frac{x_0}{x_1}} \frac{x_0'}{x_1}$ は下に凸である。また，

$$0 < \frac{a_l}{a_m} < 1 \quad \text{かつ} \quad 0 < \frac{x_0'}{x_1} < 1$$

であり，しかも前述のi～ivで明らかにしたように，a が増大しても $c > d$ となるのは $\frac{x_0'}{x_1} \geqq \frac{x_0}{x_1}$ のときであるから，(19)式を満たす領域は図2-3(次頁)の斜線部分となる。なお，対数の数学的性質から，縦座標が $\frac{a_l}{a_m} = 1$ のときには境界線 $\frac{a_l}{a_m} = \log_{\frac{x_0}{x_1}} \frac{x_0'}{x_1}$ の横座標の値は，その境界線を示す(19)式の右辺の底 $\frac{x_0}{x_1}$ に等しいので，図2-3ではそれも表示した(次頁)。

すでに述べたように，$c > d$ であるためには，$\frac{x_0'}{x_1} \geqq \frac{x_0}{x_1}$ でなければならないが，図2-3を見れば，$\frac{a_l}{a_m}$ の値によって $\frac{x_0'}{x_1}$ がとりうる値の範囲はさらに制約を受けることが分かる。すなわち，$\frac{a_l}{a_m}$ が小さければ小さいほど (a の増大が大きければ大きいほど)，$\frac{x_0'}{x_1}$ の値は限りなく1に近づいても，(19)式が満たされる。x_0' の値は x_1 に近い値をとることができるのである。他方で，$\frac{a_l}{a_m}$ が大きくなればなるほど (a の増大が小さければ小さいほど)，$\frac{x_0'}{x_1}$ がとりうる値は $\frac{x_0}{x_1}$ に近い値でなければならない。換言すれば，a の増加が軽微なときには，それだけ x_0' の値を x_0 に近づけるようにしなければ，a の増大と優位世帯率の減少とは両立しないことになる。

以上の考察により，(19)式を満たす領域内で所得限界 x_0' を定めなければ，

図2-3 $\dfrac{\alpha_l}{\alpha_m}$ と $\dfrac{x_0'}{x_1}$

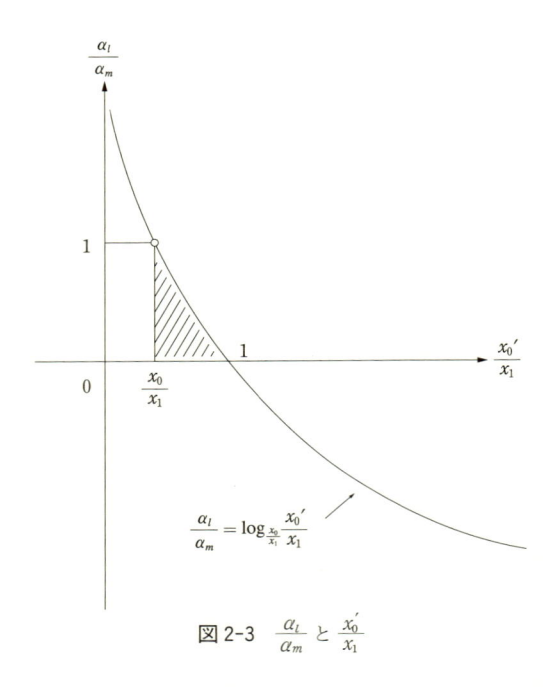

パレート指数 α の増大が優位世帯率の減少を伴わないことが分かる。x_1 の値は所与であり、しかも、所得統計を用いて計算すれば、α_l と α_m が定まる。したがって、(19)式を満たす x_0' を見出すことはさほど困難ではない。ここでは、α の増大が、一定の条件のもとでのみ比較優位の所得階級に属す世帯数の相対的な減少を伴うことを確認して、次項に進む。

(2) パレート指数の増大と劣位世帯率の増加

$\dfrac{N(x_1)}{N(x_0)}$ は、世帯総数のなかに占める所得が x_1 以上となる世帯の割合 (優位世帯率) である。このとき、所得が最低所得 x_0 から (それ以上の) 任意の所得額 x_1 までの間にある世帯が、全世帯のなかに占める割合 (以下、劣位世帯率) は次式で示される。

$$1 - \frac{N(x_1)}{N(x_0)} \qquad (20)$$

前項で述べたように、一定の制約のもとで α の増大は優位世帯率の減少

を伴うが，そのとき，それは(20)式の値(劣位世帯率)の増大として現象する。a の増大と劣位世帯率の増大が並んで発現するための条件は，前項で述べたことと異なるところがない。劣位世帯率にかんしても，最低所得 x_0 の変動が所定の条件を満たしてはじめて，a の増大が劣位世帯率の増大を伴うと言うことができる。

これまでの考察から，x_0 の変動が一定の範囲内にある限りにおいて，パレート指数 a が大きくなれば，上位の所得階級の相対的減少(下位の所得階級の相対的増加)という現象が見られるようになる。また，このことから，パレートの見解では，ある特定の所得 x_1 を基準にして，その基準以上の所得階級が増えるか減るかで，所得分布が統計的に計測されていることが分かる[17]。

このことにかんして，森田優三は次のように述べている[18]。

　「……パレート常数 a の値は所得分布の不平等に反比例して変化することは明らかである。もっともパレート自身の a の説明は不平等の意味に関してパレートの定義の仕方をとる限り誤[り]でないことは前に述べた通りである。唯問題は定義の仕方が現実の問題に対する解答に適しているかどうかということである。もし所得額の変化の範囲が限定されているならばパレートのような定義の仕方でも差支えはない。例えば同一国民所得について家族所得の分布と個人所得の分布を比較する場合の如きである。しかし多くの比較において所得分布の範囲は同一ではなく，特にその上限界は同一ではない。故にパレートのように一定所得額を分界点としてその上下の所得人員の大小変化を比較する考え方では所得分布の不平等性は正確に把握できないのである。」

む　す　び

これまでの考察にもとづけば，パレート・モデルの適合性を問わない限りにおいて，パレート理論を次のように要約することができる。

(1)　パレートは，捕捉された所得総額を二分する所得 x_1 を基準にして，所得格差(平等度・不平等度)を判定しようとした。パレート指数 a は，このた

めの指標になると考えられた。

(2) パレート・モデルを数学的に展開すれば，一定の条件のもとで，パレート指数 α の増大が，一方では優位世帯率の減少を意味し，他方では劣位世帯率の増加を意味することが分かる。比較劣位の所得階級に属す世帯が相対的に増加するということは，より貧しい生活を余儀なくされる人々が増加しているということである。パレートは，このことが α の増大で示されるならば，増大した α は，所得分布の不平等度の高まりを意味すると考えた。このパレートの見解を解釈して，ジニは豊かな生活を謳歌する者の数が減少することによって，それらの少数の人々が目立ち，不平等感が募るからであろうと述べた。

(3) パレート指数 α の増大が不平等度の強化を意味すると考えたパレートの解釈は不適切である。α の増大は，通説(ベニーニ)のように，所得分布が均等化に向かっていることを示すと考えられる。

(4) 一定の条件のもとでのみ，α の増大と劣位世帯率の増加とは同時に現象する(上記(2)参照)。その条件とは，最低限度の所得 x_0 の変動が一定の範囲内におさまっていることである。パレートは x_0 を基準時点と比較時点とのいずれにおいても同一と見なしているように思われ，その限りでは，パレートが考えたように(またジニが解釈したように)，α の増大は劣位世帯率の増大を伴って表出する。しかし，x_0 が数学的に規定される所定の範囲を逸脱して増加するときには，α の増大は，比較劣位の所得階級に属する世帯の相対的減少(比較優位の所得階級に属す世帯の相対的増加)を伴うことになる。しかも，α の増大によってパレート線は一般に所得均等直線に近づくので，このような場合には，所得分布の均等化とともに，優位世帯率が増大することになる。

(5) パレート指数 α は，ベニーニ(通説)の意味で所得分布の平等度・不平等度(所得格差)の検出機能を果たす。それとともに，α は，最低所得 x_0 を基準時点と比較時点の両方で，同一の値に固定する(あるいは x_0 の変動を少なくとも所定の範囲内に留める)という条件のもとで，比較劣位の所得階級に属す世帯の相対的増減(貧困化・富裕化の度合い)を検出する機能を果たす。言うまでもなく，物価水準や賃金水準など社会経済的条件の変化によって，

x_0 が限度を越えて増大する場合には，その限りではない。

α の増大にたいするパレートによる解釈の是非はおくとしても，彼の意図は，基準所得 x_1 を定め，それ以上の所得階級に属する構成員の相対的増減を判断の根拠として，不平等度を計測することにあった。そこにパレートの所得分布論の特質がある。すでに指摘されていることではあるが，これは，パレートの所得分布モデルが社会全体の所得分布を概観して導き出されたにもかかわらず，特定の所得階級だけに着目して，所得分布の不平等度を計測しようとする試みであったことを意味する。このため，パレートの分析方法は社会全体の所得分布の総体的認識にかんしては不十分であることを否めない。

それだけではなく，（いわゆるパレート法則の現実説明力を不問に付すとしても）パレート指数が言われるような機能を果たすには，最低所得 x_0 のとりうる値に制約がある。その制約を越えて x_0 が変動するときには，たとえ実際に劣位世帯率が上昇したとしても，パレート指数では，劣位世帯率の増大を検出することはできない。最低所得 x_0 のとりうる値にたいするこのような制約のために，パレート指数で所得分布の時空的比較を試みようとすれば，場合によっては，最低所得 x_0 の値を比較の前後で同一に固定せざるをえない事態も想定される。$\frac{x_0}{x_1}$ が基準時点と比較時点で同一の場合には，α の増大が直截的に優位世帯率の減少に作用するが，限度を越えて $\frac{x_0}{x_1}$ が増大すれば，α の増大による優位世帯率の減少が減殺されるからである。これは，所得分布の時空的比較において所得階級の限界値を固定させることにつながる。このように考えるとき，所得階級を固定させて所得分布を考察しようとした論者の1人としてパレートの名を挙げて，論難したローレンツ[19] の指摘は含蓄が深い。

パレート法則は現実の所得分布を数理モデル化した。当初からパレートは彼のモデルが上位と下位の所得階層で適合的ではなく，その説明力が脆弱であることを自覚しており，この弱点については古くから論議されている。パレート・モデルによる所得分布研究は，その後ジニによって新たな展開を見た。この点については第4章で取り上げる。

1) 人数でもよいが，以下では世帯数で統一する。
2) Pareto, Vilfredo, "Il modo di figurare i fenomeni economici (A proposito di un libro del dottor Fornasari)," *Giornale degli Economisti*, Serie seconda, Volume XII, 1896 [Pareto (1896)], pp. 85ff.
3) 早川三代治「我邦耕地の分配状態に就いて」『高岡熊雄教授在職三十五年記念論文集　農政と経済』1932年。ただし，引用は，早川『パレート法則による所得と財産の分布に関する研究』(早稲田大学に提出した学位請求論文)所載の「我邦耕地の分配状態」第5章(p.402以下)による。上記『研究』は1960年頃に刊行されたと考えられるが，刊行年月日が不詳のために，以下では，早川(*)と略記する(第1章注8参照)。
4) 森田優三『国民所得の評価と分析』東洋経済新報社，1949年[森田(1949)]，p.138以下。
5) ① Benini, Rodolfo, "Di alcune curve descritte da fenomeni economici aventi relazione colla curva del reddito o con quella del patrimonio," *Giornale degli Economisti*, Serie seconda, Volume XIV, 1897, p.178; ② ditto, "I diagrammi a scala logaritmica," *Giornale degli Economisti*, Serie seconda, Volume XXX, 1905, p.227; ③ ditto, "Principii di Statistica Metodologia," *Biblioteca dell'Economista*, Serie V, Volume XVIII, Dispensa 1ª, 1905, p.187f. 本書第3章参照。
6) aの値が大きいほど，所得の不平等度が強まるという通説について，森田優三は，ブレシアーニ＝チュッローニによる証明を紹介している(森田(1949)，p.142以下)。cf. ① Bresciani-Turroni, Costantino, "On Pareto's Law," *JRSS* (New Series), Vol.100, Pt.3, 1937; ② ditto, "Annual Survey of Statistical Data: Pareto's Law and the Index of Inequality of Incomes," *Econometrica*, Vol.7, 1939.
7) 「h[パレート指数]の値の減少は，所得の不平等性が小さくなる傾向を示している」(Pareto, V., "La legge della domanda," *Giornale degli Economisti*, Serie seconda, Volume X, 1895 [Pareto (1895)], p.61)。同趣旨の主張はPareto, V., *Cours d'Économie Politique*, Tome Second, (Livre III. La répartition et la consommation), Lausanne 1897 [Pareto (1897)] (Tome Premierは1896年刊行), p.312(イタリア語版は *Corso di Economia Politica*, (Libro Terzo. La ripartizione e il consumo), Secondo Volume, Torino 1942 [Pareto (1942)] (第1巻(Primo Volume)も刊行年は同じ), p.344)にも見ることができる。なお，この点については次も参照。早川三代治「パレートの所得分配論」(早川(*)，p.14以下)。
8) Pareto (1897), p.312 (Pareto (1942), p.344). 本書第1章表1-6(p.13)参照。
9) 本書第1章参照。
10) 森田(1949)，p.138以下。
11) Gini, Corrado, "Il diverso accrescimento delle classi sociali e la concentrazione della ricchezza," *Giornale degli Economisti*, Serie seconda, Vol. XXXVIII, 1909 [Gini (1909)], p.69.
12) Pareto (1895).

13) Pareto (1897).
14) Pareto (1895), pp. 63ff. 以下の数式展開における基本方針はパレートに準拠しているが，Pareto (1895) における論述の劈頭におかれた所得分布モデルは(1)式とは異なっているので，細部にわたってはパレートによる展開と同一ではない(章末の補注参照)．
15) Gini (1909), p. 69.
16) $a>0$ となることは，(17)式をグラフで表示した次の参考図から明らかである．任意の x_0/x_1 について変数 a は実線で示した曲線上の値をとる．

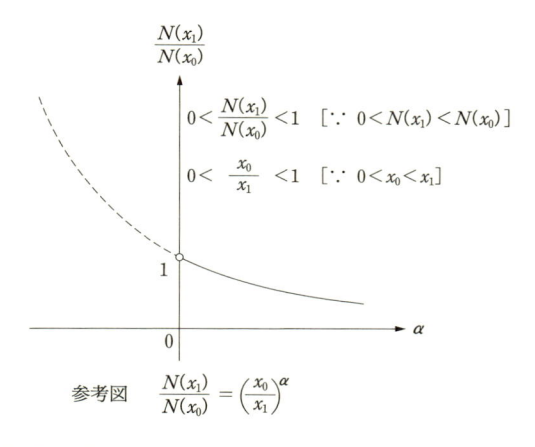

$$0 < \frac{N(x_1)}{N(x_0)} < 1 \quad [\because \ 0 < N(x_1) < N(x_0)]$$

$$0 < \frac{x_0}{x_1} < 1 \quad [\because \ 0 < x_0 < x_1]$$

参考図 $\quad \dfrac{N(x_1)}{N(x_0)} = \left(\dfrac{x_0}{x_1}\right)^{a}$

17) パレートは「「(金額) x 以下の所得人員が x 以上の所得人員に較べて減少したときに所得の不平等が減じた」と考えるのである」(森田(1949), p. 139)．この点は後にジニによって批判された(本書第4章参照)．
18) 森田(1949), p. 147.
19) Lorenz, Max O., "Methods of Measuring the Concentration of Wealth," *Publications of the American Statistical Association*, No. 70, 1905. 本書第5章参照．

[補注]
　本文は，Pareto (1895), pp. 60ff. の叙述とは異なっている．パレートがこの1895年論文において立論の出発点に措定した所得分布関数は

$$N = \frac{H}{x^a} \quad \text{①}$$

である．この左辺の N は，本文で述べてきた「パレート法則」とは違い，所得が x と・なる世帯数であって，所得を x 以上とする世帯数ではない・・・・・・・・ことに注意を要する．N をこのように捉えるほうが数学的には簡単であるが，そうなれば，そのときに措定された所得分布関数がいわゆる「パレート法則」ではないために，以下に紹介するパレートによる数式展開には，論理的一貫性の点で無理があるように思われる．以上の理由から，

本文では，あえてパレートみずからの数式展開をそのまま引用するのではなくて，その基本理念だけを生かすように努め，彼の見解はこの補注で紹介することにした。

所得分布関数が①式のとき，所得が x である N 世帯の所得総額は
$$N \times x$$
である。

ここで，関数 $N = H/x^\alpha$ (①式)が積分可能であるとする。そして，統計によって捕捉できる最低所得を x_0 とおき，所得が最低所得 x_0 から任意の所得 x_1 までの間にある世帯の所得総額を $S_{x_0 \sim x_1}$ とすると，$S_{x_0 \sim x_1}$ は $\alpha \neq 2$ のもとでは次式となる。

$$\begin{aligned}
S_{x_0 \sim x_1} &= \int_{x_0}^{x_1} N \times x \, dx \\
&= \int_{x_0}^{x_1} \frac{Hx}{x^\alpha} \, dx \quad\text{(①式による)} \\
&= H \int_{x_0}^{x_1} x^{1-\alpha} \, dx \\
&= \frac{H}{2-\alpha} [x^{2-\alpha}]_{x_0}^{x_1} \\
&= \frac{H}{2-\alpha} (x_1^{2-\alpha} - x_0^{2-\alpha}) \\
&= \frac{H}{\alpha-2} (x_0^{2-\alpha} - x_1^{2-\alpha}) \\
&= \frac{H}{\alpha-2} \left\{ \left(\frac{1}{x_0}\right)^{\alpha-2} - \left(\frac{1}{x_1}\right)^{\alpha-2} \right\}
\end{aligned} \quad ②$$

他方で，所得が x_1 以上(理念的には x_1 から無限大まで)の所得を有する世帯の所得総額 $S_{x_1 \sim \max}$ は，同様にして，次式であたえられる(ただし $\alpha \neq 2$)。

$$S_{x_1 \sim \max} = \frac{H}{\alpha-2} \left(\frac{1}{x_1}\right)^{\alpha-2} \quad ③$$

ここで，最低所得 x_0 から任意の所得 x_1 までの所得階級に属する世帯の所得総額 $S_{x_0 \sim x_1}$ が，任意の所得 x_1 以上の所得を有する全世帯の所得総額 $S_{x_1 \sim \max}$ の m 倍になっているとする。すなわち，$S_{x_0 \sim x_1}$ と $S_{x_1 \sim \max}$ には

$$S_{x_0 \sim x_1} = m \times S_{x_1 \sim \max} \quad ④$$

という関係が成り立っているものとする。④式に②式と③式を代入して整理すると，

$$\left(\frac{1}{x_0}\right)^{\alpha-2} - \left(\frac{1}{x_1}\right)^{\alpha-2} = m \left(\frac{1}{x_1}\right)^{\alpha-2} \quad ⑤$$

となる。本文で(14)式を誘導したときと同様にすれば，⑤式は

$$\frac{x_1}{x_0} = (1+m)^{\frac{1}{\alpha-2}} \quad ⑥$$

となる。

ここで，社会全体の所得総額が任意の所得額 x_1 で2等分されているとしよう。すなわち，

$S_{x_0 \sim x_1} = S_{x_1 \sim \max}$

であるとしよう。このときは、④式において

$$m = 1 \qquad ⑦$$

である。この⑦式を⑥式に代入すれば、次のようになる。

$$\frac{x_1}{x_0} = 2^{\frac{1}{\alpha-2}} \qquad ⑧$$

この⑧式を用いて、パレートは補注参考表に示すような計算を行い、いわゆるパレート指数 α の値が 2.4～2.6 のときに、社会全体の所得総額を 2 等分する所得 x_1 が、最低所得 x_0 の何倍であるか（所得倍率）を示した。

なお、⑧式について x_1/x_0 が変化する α とどのように対応するかを示す目的で補注参考図を作成した。本文における(16)式は⑧式を横軸の方向に -1 だけ平行移動させた方程式なので、(16)式にかんする横軸の値を上方に記し、併せて参考に供した。

補注参考表 パレート指数 α と所得倍率 $\frac{x_1}{x_0}$

α	x_1/x_0
2.4	5.66
2.5	4.00
2.6	3.17

（注） $S_{x_0 \sim x_1} = S_{x_1 \sim \max}$ のとき。
（出所）Pareto, V., "La legge della domanda," *Giornale degli Economisti*, Serie seconda, Volume X, 1895, p. 63 の叙述から作成。

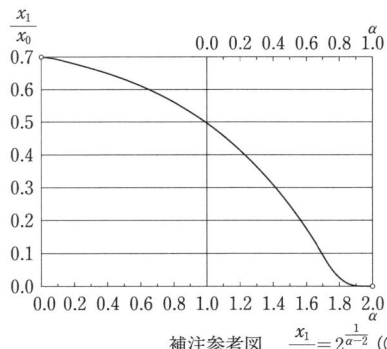

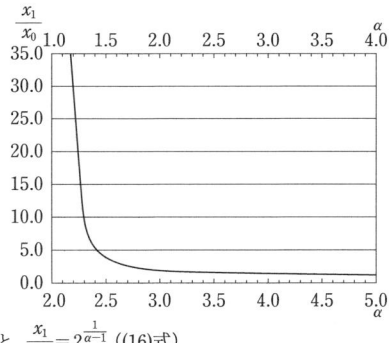

補注参考図　$\frac{x_1}{x_0} = 2^{\frac{1}{\alpha-2}}$（⑧式）と　$\frac{x_1}{x_0} = 2^{\frac{1}{\alpha-1}}$（(16)式）

（注）1. 左右の参考図とも下方の横軸上の α は⑧式に対応する。
　　　2. 左右の参考図とも上方の横軸上の α は(16)式に対応する。
　　　3. 両式のいずれにおいても $\alpha > 0$ であるが、⑧式にあっては $\alpha \neq 2$、(16)式にあっては $\alpha \neq 1$ である。
　　　4. 両式のいずれにおいても α の増大とともに所得倍率 x_1/x_0 は減衰する。

第3章　パレート指数にかんするベニーニの見解

はじめに

　所得分布に関数関係をあてはめ，その関数のパラメータによって所得分布を時間的空間的に比較しようとした最初の試みは，ヴィルフレド・パレートによってなされた。このパラメータとは，いわゆるパレート法則におけるパレート指数(Pareto index) α のことであって，古くは「パレート常数」と呼ばれていた。この α の数値的特定にパレートはコーシーの補間法を援用した。パレートの研究は，イタリアの統計学者ロドルフォ・ベニーニを経て，コッラド・ジニによって批判的に継承された。ジニの所得分布研究は，①パレート・モデル(所得分布関数)の適合性と②パレート指数の有効性のいずれについても，パレートとは別の結論になった。

　さらにまた，ジニの見解とそれに直接先行するベニーニの見解とを比較してみると，上記の第1論点(モデルの適合性)にかんしては，ベニーニがパレートを支持しているのにたいして，ジニはそうではなかった。第2論点(パレート指数の有効性)について批判的であったジニは，パレート指数 α の解釈こそパレートとは異なりつつも α の有効性を受容したベニーニとは見解を異にした。このように，ジニとベニーニの見解は，パレート評価の点で同一であるとは言いがたい。それにもかかわらず，ジニは，所得分布を研究するにあたって，彼の直接先行者の1人にベニーニの名を挙げている。そこで，ジニによるパレート批判は次章で取り上げ，本章ではその予備的考察としてベニーニの見解を紹介・論評する。

　本章における叙述の順序は以下のとおりである。

(1) パレート所得分布論のイタリアにおける受容
(2) パレート指数 α にかんするベニーニの解釈

1. パレート所得分布論のイタリアにおける受容

(1) 概　　要

パレートは『政治経済学教程』(第2巻，1897年刊)の「所得曲線」という章でそれまでの彼の所得分布研究を総括的に展開した[1]。この刊行直後にベニーニは，パレートの研究が所得分布研究の分野を切り開くものとして，それを肯定的に評価した[2]。そして，パレートの研究が所得だけでなく，資産の分布にも適用できると述べた。ベニーニは，自然尺度(scala naturale)によるグラフ表示と対数尺度(scala logaritmica)によるグラフ表示を比較検討し，後者の有効性を主張して，イタリアの所得分布にパレートの所得分布関数をあてはめ，コーシーの補間法によってパレート指数を計算した[3]。このことを述べた論文を公刊した同じ年(1905年)に，ベニーニは，所得分布の統計的計測を含めてみずからの統計理論を体系的にまとめた別の論文「統計学方法論原理」を執筆・公表した[4]。これは「総論」と「各論」の2部編成(VII+353頁)で，『経済学』誌第18巻第1号の全体がこの論文に充てられている。以下では，この論文を中心にして，ベニーニの見解を見ることとする。あらかじめ，その内容を概観すると次のようになる。

ベニーニはまずイタリアの所得統計を自然尺度のグラフに表示して，その形状がパレートのいわゆる「社会的ピラミッド(pyramide sociale)」[5]によく符合していることを示した(ただし，ベニーニは「社会的ピラミッド」という言葉を使用してはいない)。

次に，そのデータにパレートの所得分布関数

$$N(x) = \frac{H}{x^\alpha} \qquad (1)$$

ただし，x は所得額，$N(x)$ は所得が x 以上の世帯数(もしくは人数)

をあてはめ，さらに(1)式を次のように対数変換した．
$$\log N(x) = \log H - \alpha \log x \tag{2}$$
そして，パレートにならいコーシーの補間法を適用して，H と α の値をもとめた．ベニーニは，このようにして特定された所得分布関数が実際の所得分布とよく符合していることを確かめた．

以上に概観したベニーニの研究目的は，第1に，パレートの構想をイタリアの所得統計に適用することにあった．第2は，パレート理論を統計的に検証することにおかれた．第3は，パレート理論をイタリアの統計学界に受容することであった．

しかし，いわゆるパレート指数 α の解釈についてはベニーニとパレートとは正反対の関係にある．パレートは，α の減少が不平等度の緩和を意味する(逆に言えば α の増大は不平等度の強化を意味する)と考えた．これにたいして，ベニーニは，今日，通説となっている見解を主張した．すなわち，α の増大に伴って，平等度が高まると考えた．α の解釈をめぐるベニーニの見解については，次節で述べることとする．

(2) イタリアの所得統計(1887年)

パレートにならって所得分布関数をイタリアの所得統計に応用した論文として，ベニーニは少なくとも3篇，執筆している[6]．そのいずれにおいても彼は県庁所在地(23都市，1887年)[7]における世帯を課税単位とした同一の所得統計を利用している(次頁表3-1参照)．

ベニーニは表3-1からグラフ(縦軸が所得階級で，横軸は納税者(世帯)数)を作成した(次頁図3-1)．この図は，積み上げられた(5つの)長方形と曲線(点線)からなっている．その曲線は，それぞれの長方形について右側の辺の中点を結んだ平滑線である．

(3) コーシーの補間法の適用

ベニーニは表3-1から，ある所得額 x を下限としてそれ以上の所得を有する累積世帯数 $N(x)$ を表3-2(47頁)にまとめた．なお，データから表3-2を作表するとき，彼は，コーシーの補間法を適用するために，関連項目につ

表 3-1 県庁所在地(23 都市)における所得階級別世帯数(1887 年)

世帯の所得 x	世帯数 N
1,000～ 2,000(リラ)	32,518
2,000～ 4,000	17,202
4,000～ 7,000	5,502
7,000～10,000	1,867
10,000～15,000	1,087
15,000～25,000	665
25,000～	645
合　計	59,486

(出所) ① Benini, Rodolfo, "Di alcune curve descritte da fenomeni economici aventi relazione colla curva del reddito o con quella del patrimonio," *Giornale degli Economisti*, Serie seconda, Volume XIV, 1897, p. 179; ② ditto, "I diagrami a scala logaritmica," *Giornale degli Economisti*, Serie seconda, Volume XXX, 1905, p. 224; ③ ditto, "Principii di Statistica Metodologia," *Biblioteca dell'Economista*, Serie V, Volume XVIII, Dispensa 1ª, 1905, p. 141.

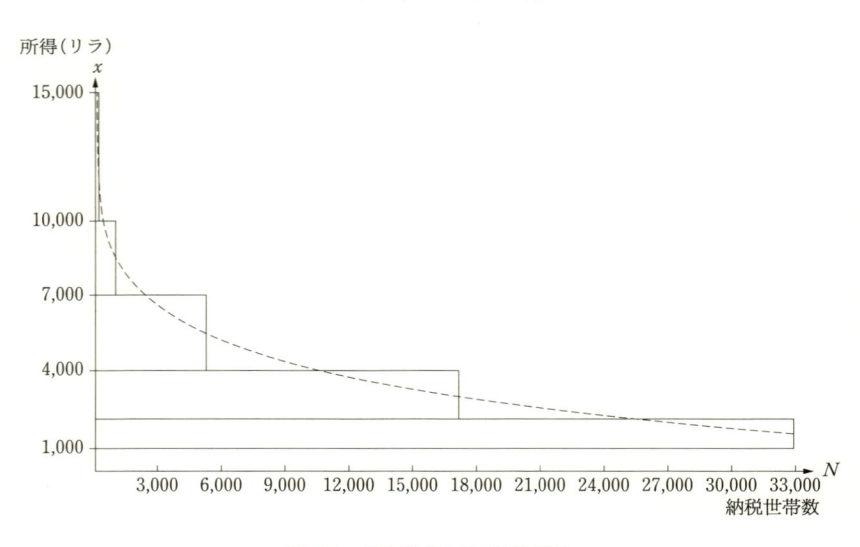

図 3-1　所得階級別納税世帯数

(出所) 表 3-1 の③に同じ(p. 142)。ただし，表 3-1 のデータによって訂正した。

表 3-2　コーシーの補間法のための計算表

| 所得(リラ) x | 世帯数(累積)* $N(x)$ | $\log x$ | $\log N(x)$ | 平　均　偏　差 ||
				$\varDelta \log x$	$\varDelta \log N(x)$
1,000	59,486	3.00000	4.77441	−0.76032	1.04137
2,000	26,968	3.30103	4.43085	−0.45929	0.69781
4,000	9,766	3.60206	3.98972	−0.15826	0.25667
7,000	4,264	3.84510	3.62982	0.08478	−0.10323
10,000	2,397	4.00000	3.37967	0.23968	−0.35337
15,000	1,310	4.17609	3.11727	0.41577	−0.61577
25,000	645	4.39794	2.80956	0.63762	−0.92348
平　均		3.76032	3.73304	−1.37786	1.99585
				1.37786	−1.99585

合　計（符号ごと）

（訳注）＊この欄の左に記した所得額(x)を下限とする納税世帯数。
（出所）表 3-1 に同じ（ただし引用は①p. 179；②p. 225；③p. 185）。数値の誤りは引用者が訂正した。

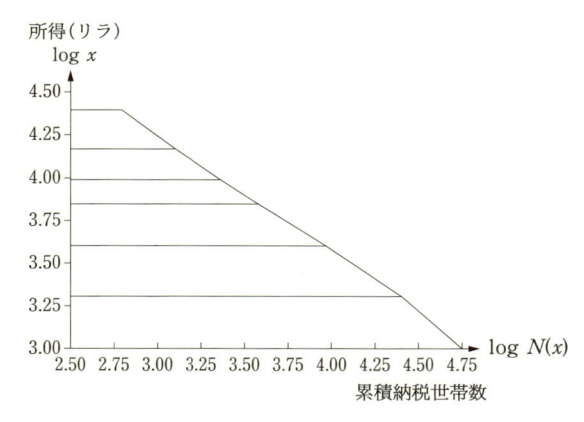

図 3-2　所得階級別納税世帯数の両対数グラフ

（出所）表 3-1 の③に同じ(p. 147)。

いてはその対数も表章した。ベニーニはこの表 3-2 から，所得と世帯数を両対数グラフに描いた(図 3-2)。そして，そこに描かれた原系列がほぼ直線状になることを確認した。このことによって，モデルの適合性を確信した。そのうえで，ベニーニはコーシーの補間法を適用して，所得分布関数を特定した。

本書第 1 章で述べたように，パレートが援用したコーシーの補間法では，$(x, N(x))$ の組における各項の値を対数に変換して，$(\log x, \log N(x))$ を

得，これに

$$\log N(x) = a + b \log x \tag{2}'$$

をあてはめたときの傾き b の算出が当面の課題とされている。b は，「横座標にかんする平均偏差（$\Delta \log x$）の絶対値の合計」で，「縦座標にかんする平均偏差（$\Delta \log N(x)$）の絶対値の合計」を除したときに得られる商としてあたえられるとするのがコーシーの補間法である。パレートはこの補間法によって所得分布を対数変換したときに得られる一次式の傾き b をもとめた[8]。

これにたいして，ベニーニは，平均偏差の合計がゼロになること，すなわち正の平均偏差の合計と負の平均偏差の合計を足せば，ゼロになるということ（正・負の平均偏差のそれぞれの合計の絶対値が等しいこと）に着目した。そして，$\Delta \log x$ については正の平均偏差だけに着目し，他方で，$\Delta \log N(x)$ の平均偏差については着目した正の $\Delta \log x$ と隣り合う項についてその合計をもとめれば（表3-2の平均偏差合計欄の斜体数字参照），パレートがコーシーの補間法を適用したときと同様に，所得分布関数を対数変換して得られた一次式の傾きをもとめることができると考えた。この工夫によって，傾きをもとめるときの手間は半減した。以上の手続きによって，ベニーニは，イタリアの所得統計にたいする所得分布関数の傾き b を

$$b = \frac{-1.99585}{1.37786}$$
$$= -1.45$$

ともとめた[9]。この b の値を(2)'式に代入すれば

$$\log N(x) = a - 1.45 \log x \tag{3}$$

となる。(3)式の a を

$$a = \log H$$

とおき(1)式の形式で(3)式を表現すれば，もとめるべき所得分布関数として

$$N(x) = \frac{H}{x^{1.45}} \tag{4}$$

を得る。

さらに，ベニーニは所得分布関数（(3)式）が平均（$\overline{\log x}, \overline{\log N(x)}$）＝ (3.7603, 3.7330) を通ることから，この座標を(3)式に代入して a をもとめ，

$$\log H = 9.1854 \tag{5}$$

ただし，$a = \log H$

を得た。したがって，対数変換したときの所得分布関数は

$$\log N(x) = 9.1854 - 1.45 \log x \tag{6}$$

である。

また，(5)式から

$$H = 1{,}532{,}498{,}259$$

となり，最終的に1887年におけるイタリアの県庁所在地(23都市)における所得分布関数は次式となる。

$$N(x) = \frac{1{,}532{,}498{,}259}{x^{1.45}} \tag{7}$$

(4) パレート・モデルの適合性

ベニーニは，グラフ上に表示される関数関係が放物線(二次式)や双曲線のような曲線で示されるような場合，データとそれにたいするあてはめ線との適合性にかんする判定は，グラフを概観しただけでは困難であると考えた。しかし，直線をあてはめた場合には，データとその直線との間の適合性の判定で欺かれることはありえないと主張した。そして，ベニーニは，原系列を対数変換したグラフ(図3-2)から，所得分布が「ほぼ直線」になっていることを確認した。これにもとづいて，「自然尺度によるグラフ[図3-1]よりもこのグラフ[図3-2]によるほうが，統計系列の法則は非常に明白になる」と述べ，データとそれにあてはめた所得分布関数との整合性を示唆し，もって，パレート・モデルの有効性がイタリアのデータにおいても確認できると考えた[10]。

しかし，モデルとデータとの適合性をグラフから「明白」に読み取ることができるとしても，あてはめた内挿直線(補間式)と原系列との乖離を実測して，それを対照することのほうが，モデルの適合性についての説得力は高まる。このことから，ベニーニは，イタリアの所得分布データにたいしてパレート・モデルをあてはめて得た内挿直線(6)式と原系列との乖離を若干の所得金額について計算し，その結果をモデルと原系列との適合性の論拠とし

表 3-3　内挿直線(6)式($\log N(x) = 9.1854 - 1.45 \log x$)と原系列との適合性テスト

所得 (リラ) x	納税世帯数* $N(x)$ (1)	対数変換後の実測値		理　論　値		乖離 $N(x)' - N(x)$ (3) $[(2)-(1)]$	乖離率(%) (4) $\left[\dfrac{(3)}{(1)} \times 100\right]$
		$\log x$	$\log N(x)$	$(\log N(x))'$	$N(x)'$ (2)		
1,000	59,486	3.00000	4.77441	4.83540	68,454	8,968	15.1
2,000	26,968	3.30103	4.43085	4.39891	25,056	−1,912	−7.1
4,000	9,766	3.60206	3.98972	3.96241	9,171	−595	−6.1
7,000	4,264	3.84510	3.62982	3.61001	4,074	−190	−4.5
10,000	2,397	4.00000	3.37967	3.38540	2,429	32	1.3
15,000	1,310	4.17609	3.11727	3.13007	1,349	39	3.0
25,000	645	4.39794	2.80956	2.80839	643	−2	−0.3

(注)　＊所得が左欄の金額以上となる世帯数。
(出所)　基礎データの出所は表3-2に同じ。ただし、いずれの強調も引用者による。

ている[11]。ここではそのときに行われたベニーニの計算手続きに沿って、その結果を表にまとめることとする(表3-3)。

　ベニーニは表3-3に示したデータのうち、$x = 10,000$ リラのときと、$x = 25,000$ リラのときを取り上げた。そして、コーシーの補間法にもとづく内挿直線があたえる理論値と実測値との間の乖離(表3-3で白抜きした箇所参照)が小さいことを確認して、「計算と観察との差異は非常に小さい」と指摘した。しかし、所得階級の下方限界が下がるにつれて、乖離(および乖離率)が大きくなっている(表3-3(3)(4)欄参照)。ベニーニはこのことを不問に付すことなく、次のように述べている[12]。

　「[計算と観察の間の]より顕著な差異は少額の所得に見られる。だがしかし、ここでは、課税免除の限界の近傍に降るにつれて、首尾よく課税を免れた人々の数が多くなるということに留意したい。したがって、おそらく理論曲線は何らかの仕方でデータ収集時の欠陥をうまく補正してくれるであろう。」

　要するに、ベニーニの見解は次のようになろう。すなわち、所得階級の下限を下げるにしたがって、当該所得階級に所属するとされる世帯数については、実測値と理論値の間に「顕著な差異」が認められる。しかし、それは、モデルの現実説明力の脆弱性によるものではなく、必要データが不足しているからである。モデルの現実説明力には瑕疵がないばかりか、モデルには欠損データによって把捉しえない現実を復元する力能がある、とベニーニは考

えたのである。

　以上に見たように，ベニーニは，パレートの所得分布関数をイタリアの所得統計に応用した結果，そのパレート・モデルが現実説明力の点で遜色のないことを主張した。モデルの適合性について，ベニーニは別の手法によって統計的に検証している。この項の最後にそのことに触れておく。

　すでに述べたように，パレートの所得分布関数は

$$N(x) = \frac{H}{x^\alpha} \tag{1}[再掲]$$

である。ここで所得が x_0 以上の世帯数を $N(x_0)$，x_1 以上の世帯数を $N(x_1)$ とおくと，(8)式と(9)式を得る(ただし，$x_0 < x_1$ とする)。

$$N(x_0) = \frac{H}{x_0^\alpha} \tag{8}$$

$$N(x_1) = \frac{H}{x_1^\alpha} \tag{9}$$

(8)式と(9)式から

$$\frac{N(x_0)}{N(x_1)} = \frac{\frac{H}{x_0^\alpha}}{\frac{H}{x_1^\alpha}}$$

$$= \left(\frac{x_1}{x_0}\right)^\alpha \tag{10}$$

を得る。

　この(10)式を次のように変形すれば，その含意がより明確になる。ベニーニによる別の手法によるモデルの適合性にかんする検討では，この(11)式が用いられているからである。

$$N(x_1) = \frac{N(x_0)}{\left(\frac{x_1}{x_0}\right)^\alpha} \tag{11}$$

　さて，現実の所得統計は 2,000 リラ以上の所得になる世帯数が 26,968 であることを示している(表3-3(1)欄網掛け数字参照)。さらにまた，これまでの計算からコーシーの補間法は，$\alpha = 1.45$ をあたえている。ここで，かりに基準

表3-4　補間法による世帯数 $N(x_1)$ の理論値
──パレート指数 α が 1.45 のとき──

基準所得 x_0 (リラ)	所得 x_1(リラ)						
	1,000	2,000	4,000	7,000	10,000	15,000	25,000
1,000	−	21,773	7,969	3,540	2,111	1,172	559
2,000	−	−	9,871	4,385	2,614	1,452	692
4,000	−	−	−	4,338	2,586	1,437	685
7,000	−	−	−	−	2,542	1,412	673
10,000	−	−	−	−	−	1,331	635
15,000	−	−	−	−	−	−	625
25,000	−	−	−	−	−	−	−
[参考]累積世帯数 (実測値)(表3-3(1)欄)	59,486	26,968	9,766	4,264	2,397	1,310	645

(注) この表の理論値は(11)式にもとづくので，表3-3(2)欄の数値とは異なる。ベニーニが，モデルの適合性を確かめるために計算したのは，白抜きで強調した世帯数(9,871)と□で囲んだ世帯数(4,338)だけである。

所得(x_0)を2,000リラとすれば，その2倍の所得額は4,000リラ($=x_1$)である。以上から関連データをまとめれば，

$$\begin{cases} x_0 = 2{,}000 \\ x_1 = 4{,}000 \end{cases} \therefore \frac{x_1}{x_0} = 2$$
$$\alpha = 1.45$$
$$N(x_0) = 26{,}968$$

となる。これらのデータを(11)式に代入すれば，

$$N(x_1) = 9{,}871$$

となる(表3-4の白抜き数字参照)。実際に4,000リラ以上の所得がある世帯数 $N(4{,}000)$ は9,766である(表3-3(1)欄の斜体数字参照)。

また，$x_0 = 4{,}000$, $x_1 = 7{,}000$ についてもこのように計算すれば，所得が7,000リラを上回る世帯数は4,338となる(表3-4の□で囲んだ数字参照)。この計算結果についてベニーニは「計算された数字は観測値4,264［表3-3(1)欄の太字による強調数字］とわずかしか異なっていない」と結論した[13]。ベニーニは，これら一連の計算が，一方ではパレート・モデルの適合性を統計的に検証するとともに，他方では内挿直線を特定するための方法としてのコーシーの補間法の有効性を確認すると考えた。

ここでは以上に述べたベニーニの方法にならって，さらに計算の範囲を拡

表 3-5 実測値との乖離(世帯数)

基準所得 x_0 (リラ)	所得 x_1(リラ)						
	1,000	2,000	4,000	7,000	10,000	15,000	25,000
1,000	−	−5,195	−1,797	−724	−286	−138	−86
2,000		−	105	121	217	142	47
4,000			−	74	189	127	40
7,000				−	145	102	28
10,000					−	21	−10
15,000						−	−20

(注) 乖離は, [理論値−実測値]でもとめた。これによって, 世帯数の実測値(表3-3(1)欄)にたいする理論値((11)式による)の過不足が分かる。

張し, その計算結果を一覧に供する(前頁表3-4)。表3-4の表側は基準となる所得金額(x_0:基準所得)である。表頭は比較される所得金額(x_1)である。表のなかの数字は, コーシーの補間法を適用して得られた α (パレート指数)が 1.45 である場合に, 所得分布モデル((6)式・(7)式)があたえる世帯数の理論値である。たとえば白抜き数字9,871は, 2,000リラ(表側)を基準所得としてその2倍の4,000リラ以上(表頭)の所得を有する世帯に着目したときの, その世帯数にかんする理論値である。また, □で囲んだ数字(4,338)は, 4,000リラを基準所得としたときに, 所得が7,000リラ以上になる世帯数(理論値)である。

この表3-4にもとづいて, さらにモデルの適合性にかんする分析を続けるために, 理論値が所得階級別の実際の世帯数(実測値)に較べて, どれだけ乖離しているかを

理論値−実測値

によって調べてみる(表3-5)。

この表3-5からは, 基準所得 x_0 を課税所得最低限度額(1,000リラ)まで下げた場合には, 推計の誤りが大きいことが分かる。それにたいして, 基準所得 x_0 を引き上げるにしたがって, 推計の誤りは減衰する傾向にある。このことは, 低額所得世帯数の把捉が正確性に欠けているからであって, モデルの現実説明力の脆弱性を意味するものではないというベニーニの主張を支持しているかのように思われる。

しかし, ベニーニによって利用された統計は, とくに上位の所得階級にかんしてのみパレート・モデルに適合的だったからであって, 所得分布が一般

にパレート・モデルに従っているということを確証できるかどうかは，解明されたわけではないという反論が成り立ちうる余地はあろう。パレート・モデルの適合性をめぐる問題がその後どのように取り扱われ，論議されたかについては，ジニ理論を取り上げる次章で検討する。ここでは，パレートの所得分布関数によるモデル分析法をイタリアの統計学界が受容するにあたって重要な役割を演じたベニーニの所説を確認するにとどめる。そして，項を改めて，パレート指数 α にたいするベニーニの解釈について考察する。

2. パレート指数 α にかんするベニーニの解釈

(1) 所得分布の不平等度と α の大小

ベニーニは，パレートの所説を全面的に肯定して，受容したわけではない。パレート指数 α の解釈については，パレートとは正反対である。すなわち，パレートは，α の増大が所得分布の不平等性の強化を意味すると述べている[14] のにたいして，ベニーニは，それとは逆に α の増大は所得分布がより平等になり，不平等度が弱まったことを意味すると解釈した。このことはすでに述べたことであるが，ここではベニーニの言を参照して，彼の見解をさらに読み解くことにする。ベニーニは次のように述べている[15]。

「α の値が大きくなるときには，それぞれの所得等級尺度［所得階級］にいる所有者の減少が急激である。要するに，所得分布の不平等は小さくなる。実際，$\alpha=2$ のときには，所有者の人数は所得限界度 (redditi-limite) の逆数の平方の範囲で変化すると言えるであろう。…… $\alpha=3$ とすれば，所有者の人数は，所定の所得限界度の逆数の立方に従って変化するであろう。α の値がさらに大きくなれば，低位の所得尺度［所得階級］にいる人々が増加し，もはや［見るべき］納税名義人 (titolare) がいなくなってしまうことは明らかであって，経済条件にかんする人口の各階層間の違いはすこぶる軽微になると結論せざるをえない。」

このベニーニの主張におけるキーワードは，「所得限界度 (redditi-limite)」である。ここでは，この言葉は，基準所得 x_0 と比較所得 x_1 との比 $\left(\dfrac{x_1}{x_0}\right)$ を

表3-6 パレート指数 α と所得階級別人数 $N(x_1)$ との関係($N(x_0)=100$)

パレート 指数(α)	所得倍率 (x_1/x_0)								
	2	3	4	5	6	7	8	9	10
0.5	**70.7**	57.7	**50.0**	44.7	40.8	37.8	35.4	33.3	31.6
1.0*	50.0	33.3	25.0	20.0	16.7	14.3	12.5	11.1	10.0
2.0	**25.0**	**11.1**	**6.3**	**4.0**	**2.8**	**2.0**	**1.6**	**1.2**	**1.0**
3.0	12.5	3.7	1.6	0.8	0.5	0.3	0.2	0.1	0.1
4.0	6.3	1.2	0.4	0.2	0.1	0.0	0.0	0.0	0.0
5.0	3.1	0.4	0.1	0.0	0.0	0.0	0.0	0.0	0.0

(注) ＊ $\alpha \neq 1$ であるので，これは α が十分 1 に近い場合を示すものとする．

意味する[16]。したがって，これは「所得倍率」と言い直すことができる。この所得倍率は，パレートの所得分布関数から x_0 と x_1 のときの世帯数 $N(x_0)$ と $N(x_1)$ をもとめて誘導した

$$N(x_1) = \frac{N(x_0)}{\left(\dfrac{x_1}{x_0}\right)^\alpha} \qquad (11) \text{[再掲]}$$

の右辺の分母に見出すことができる。ここで，上に引用したベニーニによる α についての解釈を理解するために，基準所得を x_0 とする（これは捕捉できる最低限度の所得と考えてもよいが，必ずしもそうである必要はない）。そして，この所得額を上回る任意の所得額 x_1 が基準所得 x_0 の 2 倍，3 倍，……，10 倍となっている場合を想定する。すなわち，所得倍率（ベニーニのいわゆる「所得限界度」）が，2, 3, ……, 10 であるとする。さらにまた，基準所得以上の所得を有する世帯数 $N(x_0)$ を 100 とする。このとき，パレート指数 α の値に応じて，所得が x_1 を超える世帯数はどのように変化するかを考えてみたい。そのためには，関連データを(11)式に代入すればよい。その結果は表 3-6 のようになる。

前頁に引用した文章のなかでベニーニは，パレート指数 α が $\alpha=2$ のとき，各々の所得階級の人数は「所得限界度」(所得倍率)の逆数の平方に従って変化すると述べた。表 3-6 で強調した箇所から明らかなように，$\alpha=2$ の場合，「所得限界度」(所得倍率)が 2 であるときの世帯数 $N(x_1)$ は，基準所得 x_0 以上の所得の世帯数 $N(x_0)$ を 100 とすれば，25.0 となっている。これは，100 に 2（「所得限界度」=所得倍率）の逆数(1/2)の 2 乗を乗じた値 $[100 \times \left(\dfrac{1}{2}\right)^2]$ に等

しい(この「べき(2)」をあたえるのがパレート指数である)。$\alpha=3$ の場合も, 同様に考えれば, ベニーニの言わんとすることが理解できる。

以上のような道具立てをしておいて, パレート指数 α についてのベニーニの見解を検討する。表3-6から明らかなように, α の値が大きくなるにつれて, 所得が基準所得 x_0 から大きく乖離した階層に属す世帯数は減衰する。たとえば, $\alpha=0.5$ の場合には, 基準所得以上の世帯数が 100 であるとき, 基準所得 x_0 の 2 倍以上の所得を得ている世帯数は約 70 世帯である(基準所得 x_0 の 4 倍以上の所得があるのは 50 世帯である)。すなわち, $\alpha=0.5$ のときには, 基準所得の 4 倍の所得が, 基準所得以上の世帯(全世帯と考えてもよい)を 2 等分しているのである。これにたいして, $\alpha=5$ のときには, 基準所得 x_0 の 2 倍以上の所得を得る世帯数は, 全体の 3.1% となって, 圧倒的大多数の世帯は基準所得からその 2 倍の所得までの所得階級に集中していることになる。所得 x_0 を基準にして, それぞれの所得階級に属す世帯数を計算すれば, パレート指数 α が大きいほど, それぞれの世帯が所属する所得階級が限定されるようになると言うことができる。すなわち, α が大きいほど, 世帯間の所得格差は小さい。このことから, ベニーニは, α が大きいほど, 所得の不平等度が減衰すると考えたと解釈することができる。

(2) α の安定性

① パレート(ベニーニ)の見解

ベニーニはイタリアにおける県庁所在 23 都市[17] の所得統計(1887 年)から $\alpha=1.45$ ともとめた[18]。またパレートはイギリス(1843 年)の所得統計から $\alpha=1.50$ ともとめた[19]。そして, パレートは, イギリスについての彼の計算結果とイタリアにかんするベニーニの計算結果を, 次頁の図 3-3 で模式的に示した。

パレートによれば, 図 3-3 の直線 mn はイギリスを示し, 直線 pq はイタリアを示している。通貨単位が異なるので, この図の読み方には注意を要すると述べつつも, パレートは, 「直線 mn と pq の形状, ならびに AB にたいするこれらの直線の傾きが, 採用された尺度[通貨単位]に依存しない」ことに注目した。そして, 次のように指摘した[20]。

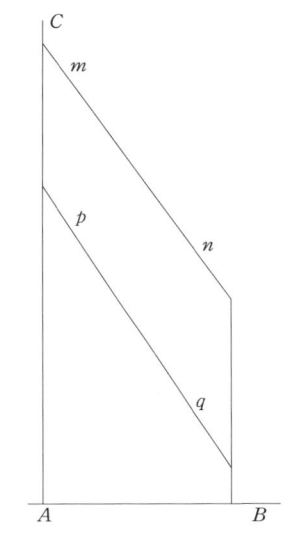

図 3-3 所得分布の模式図

(訳注) 1. 直線 mn はイギリス，pq はイタリア。
2. 横軸(AB)は人数(世帯数)。
3. 縦軸(AC)は所得額。

(出所) ① Pareto, Vilfredo, *Cours d'Économie Politique*, Tome 2, Lausanne 1897, p. 305; ② ditto, *Corso di Economia Politica*, Secondo Volume, Torino 1942, p. 335.

「同一の化学物質は沢山の描き方でその結晶を表現することができる。大きな結晶もあれば，並の大きさの結晶もあり，小さな結晶もあるが，それらの形態は皆，同一である。」

さらに，パレートは国(地域)ごとの所得分布について

$$\log N(x) = \log H - \alpha \log x \qquad (2)\,[再掲]$$

をあてはめて，傾き α (パレート指数)をもとめた。そして，それらの値から「イギリス，アイルランド，ドイツ，イタリア諸都市，ペルーなどのように，経済条件が非常に異なっている地域でもほぼ同一である」ことを確認した[21]。切片 $\log H$ の大きさに違いはありつつも，傾き α が安定的であることに注目したのである。

パレートがとりまとめたデータからいくつかの国(地域)を抜き取ってパレート指数 α の平均値を計算すれば，それがおよそ 1.5 になるからであろうか，ベニーニは次のように述べた[22]。

「パレート(『政治経済学教程』第2巻所載の「所得曲線」の章)は……さまざまな地域について，また時を隔てて，所得の分布が同一の単純な法則に従っていることを証明した。言うなれば，[所得の分布が]対数尺度では明白に直線(sensibilimente retta)になるような描線(linea)で，また自然尺度

表 3-7　プロイセン王国(1902年)の地域別パレート指数

都市部	1.441	郡部	1.647
ブランデンブルク	1.390	西プロイセン	1.839
ライン州	1.462	ポメラニア	1.779
ウェストファリア	1.532	東プロイセン	1.768
		ポーゼン	1.670

(出所) Bresciani, Costantino, "Dell'influenza delle condizioni economiche sulla forma della curva dei redditi," *Giornale degli Economisti*, Serie seconda, Volume XXXI, 1905, p. 118.

では双曲線(iperbole)で示されることを証明したのである。その直線の傾きは，その値が1.50のまわりで変動する係数 α によってあたえられる。」

② ブレシアーニの見解

ジニは，パレート指数 α が安定的であるとするパレート(ベニーニ)の見解にたいして，安定的に見えるのは，所得分布の統計的計測指標としての α の感度が低いためであり，別な指標によれば，所得分布が安定的であるとは言いがたいことが分かると批判した。彼は「集中指数(indici di concentrazione)」によってこのことを明らかにしようとした[23]。ジニの見解については次章で検討することとして，ここでは，パレート指数 α の値を計算すれば，それが安定的であると見ることはできないと述べたコスタンチーノ・ブレシアーニの批判[24]を取り上げる。あらかじめ，α の解釈についてブレシアーニはベニーニと同様に，α の値が小さいほど，不平等度が強まると考えていることを確認しておく。

ブレシアーニはベニーニの方法(所得分布式 $\log N(x) = \log H - \alpha \log x$ にコーシーの補間法を応用するパレートの手法)を適用した。そして，プロイセン王国(1902年)，ザクセン王国(1898年)，オーストリア帝国(1898年)，バーデン大公国(1898年)，ヘッセン選侯国(1898～99年)の所得統計にもとづいて，パレート指数 α を計算した。上記のいずれの国についても類似した傾向が見られるので，ここでは地域区分がもっとも詳細に表章されているプロイセンだけを引用する。

表3-7の左側に記載した地域は「際立った工業的性格を色濃く」もってい

表 3-8 人口規模別パレート指数

国	人口(人)	パレート指数 α
プロイセン	25,000 － 50,000	1.70
	50,000 － 100,000	1.566
	100,000 － 200,000	1.386
	200,000以上	1.301
ザクセン	200,000以上	1.333
オーストリア	100,000 － 200,000	1.444
	(ウィーン)	1.423

(出所) 表3-7に同じ(p. 121)。

る。これにたいして，右側の地域は「農業的性格が強い」。地域的特性をこのように規定したうえで，ブレシアーニは次のように述べている[25]。

「α の値(所得曲線の形状)にたいする経済体制の影響はこの数字から明白である。このことは，完全に一致し，また完全なる規則性をもって，工業的要因の影響が優勢なところではどこでも，すなわち資本主義経済が急速に進展しているところでは，個々の階級の納税者の分布はより不平等になることを示している。」

さらにまた，ブレシアーニは，プロイセン，ザクセン，オーストリアの都市について人口規模別に α の値を計算した。そして，いずれの国においても「人口が増大するにつれて，驚くべき規則性をもって，α が小さくなる」傾向を確認した(表3-8)。

ブレシアーニは，人口集中が工業化(資本主義化)の進展を反映すると述べ，このことが，資本主義の発展に伴って所得分布はより不平等になるという先の主張を補強していると考えた。彼は，資本主義の発展テンポと所得分布の変化の関係を統計的に検証し，もって所得分布が一般に「人間の本性(natura dell'uomo)」に規定されるというパレートの見解[26]を批判した。

むすび

一般に，所得分布関数による所得分布の研究はパレートに始まり，それがジニによる検討を経て，ジブラ[27]にいたったと言われている[28]。ジニに限

定して見ると，所得分布の研究は，パレート理論の批判的検討を経て，ジニ指数(集中指数)に結実した。さらに，その後，いわゆるジニ係数が構想されるようになった。この一連のジニの研究を触発したのがベニーニであった。ベニーニは，ジニに先んじて，パレート理論を検討し，所得分布モデルの構築から(コーシーの補間法の適用による)パレート指数 α の数値的特定にいたる一連の手法の全体を受容して，イタリアの統計学界にパレート理論を普及させた。その意味でベニーニは，理論史上ではパレートとジニをつなぐ環としての位置にいる。

本章では，パレートの所得分布関数による所得分析がイタリアに受容されるにあたって，このように小さくない役割を演じたベニーニの見解を紹介・論評してきた。その検討から明らかになったことは，ベニーニはパレートによるこの分野の研究を基本的には肯定的にかつ高く評価しているということである。内容的に言えば，いわゆるパレート法則の受容(ただし，α の解釈を除く)とコーシーの補間法の援用の点で，ベニーニは，パレートとジニとを結びつける位置にいる。ところが，その反面でベニーニは，パレート指数 α の解釈についてはパレートとは正反対の見解に立っている。ベニーニは，パレート指数 α の解釈をめぐる論点を特記し，パレートを名指しで批判することは回避している。ベニーニの著作を通じてパレートを学ぼうとする者は，パレートがあたかも

$$\alpha \text{ の増大} = \text{所得分布の均等化}$$

と考えているのではないかと，誤解しかねない。それほどまでにベニーニによるパレート批判は深い慎みの姿勢を保持して行われているかのように思われる。1930年代になってもパレート指数の解釈をめぐっては論議が重ねられているが[29]，ベニーニはこの種の問題を，パレートの見解が公表された当時において検討した。その意味から言えば，ベニーニはパレート理論をイタリアの統計学界に導入し，ジニの先行研究者となっただけでなく，パレート理論の基本性格をめぐる論点を，早い段階で取り上げた理論家の1人と位置づけることができる。

1) Pareto, Vilfredo, *Cours d'Économie Politique*, Tome Second, (Livre III. La

répartition et la consommation), Lausanne 1897 [Pareto (1897a)]. (イタリア語訳 (*Corso di Economia Politica*, (Libro Terzo. La ripartizione e il consumo), Secondo Volume, Torino) は 1942 年に刊行された [Pareto (1942)]。)

2) Benini, Rodolfo, "Di alcune curve descritte da fenomeni economici aventi relazione colla curva del reddito o con quella del patrimonio," *Giornale degli Economisti*, Serie seconda, Volume XIV, 1897, p. 177 [Benini (1897)].

3) Benini, R., "I diagrami a scala logaritmica," *Giornale degli Economisti*, Serie seconda, Volume XXX, 1905 [Benini (1905a)].

4) Benini, R., "Principii di Statistica Metodologia," *Biblioteca dell'Economista*, Serie V, Volume XVIII, Dispensa 1ª, 1905 [Benini (1905b)].

5) Pareto (1897a), p. 313 (Pareto (1942), p. 346). なお, 早川三代治「所得ピラミッドの端初的形態」『商学討究』(小樽商科大学)第 2 巻第 1 号, 1951 年も参照。

6) ① Benini (1897); ② Benini (1905a); ③ Benini (1905b). 以下の叙述は主として③にもとづき, 適宜①と②を参照する。

7) Ancona, Arezzo, Belluno, Bologna, Cuneo, Ferrara, Firenze, Foggia, Grosseto, Mantova, Massa, Modena, Parma, Pavia, Perugia, Pesaro, Pisa, Reggio nell Emilia, Siena, Sondrio, Treviso, Udine, Vicenza. 本書第 1 章図 1-2 (p. 14) 参照。

8) たとえば, Pareto, V., "Il modo di figurare i fenomeni economici (A proposito di un libro del dottor Fornasari)," *Giornale degli Economisti*, Serie seconda, Volume XII, 1896, p. 84 [Pareto (1896)].

9) パレートの方法では負となる $\varDelta \log x$ の符号を正に換え, さらにそれに伴ってその項に隣接する $\varDelta \log N(x)$ の符号を逆転させる。そして, $\varDelta \log x$ と $\varDelta \log N(x)$ の合計をもとめる($\Sigma \varDelta \log x = 2.75572$, $\Sigma \varDelta \log N(x) = 3.9917$)。この結果, もとめる b は $\Sigma \varDelta \log N(x) / \Sigma \varDelta \log x = 1.45$ となる。これは, ベニーニの結果と同じである(たとえば, Pareto (1896), pp. 84ff. 参照)。

10) Benini (1905b), p. 146.

11) これと同様趣旨のモデルの適合性にかんする「検証(verificare)」は Benini (1905a), p. 225f. にも見ることができる。

12) Benini (1905b), p. 186.

13) Benini (1897), p. 180. ただし, ベニーニの計算の誤りは訂正した。

14)「h [パレート指数]の値の減少は, 所得の不平等性が小さくなる傾向を示していることに注意したい」(Pareto, V., "La legge della domanda," *Giornale degli Economisti*, Serie seconda, Volume X, 1895, p. 61)。本書第 2 章注 7 参照。

15) Benini (1905b), p. 187f. なお, 同様趣旨の見解は Benini (1905a), p. 227 にも見ることができる。しかし, それよりも早い段階で, α の増大は,「[所得の]限界ないし水準が上昇するにつれて, その限界値以上の所得になる人数が, どの程度, 多かれ少なかれ, 急激に減少するかを示している」とベニーニは指摘している(Benini (1897), p. 178)。

16) ベニーニは redditi-limite を $\frac{x_1}{x_0}$ という比率(所得倍率)を表す概念として使ってい

るが，ブレシアーニは所得階級を $x_0 \sim x_1$, $x_1 \sim x_2$, $x_2 \sim x_3$, ……とするとき，その階級の下限（もしくは上限）と言う意味で redditi-limite を用いている (Bresciani, Costantino, "Sull'interpretazione e comparazione di seriazioni di redditi e di patrimoni," *Giornale degli Economisti*, Serie seconda, Volume XXXIV, 1907, p. 32)。

17) 注7参照。本書第1章表1-6(p. 13), 図1-2も参照。
18) ① Benini (1897), p. 179; ② Benini (1905a), p. 225; ③ Benini (1905b), p. 186.
19) Pareto (1897a), p. 309 (Pareto (1942), p. 340). 本書第1章(p. 9以下)参照。
20) Pareto (1897a), p. 305 (Pareto (1942), p. 335).
21) Pareto (1897a), p. 312 (Pareto (1942), p. 344).
22) Benini (1905a), p. 226f. パレートの表（本書第1章表1-6）からベニーニが抜き出した α の値は，イギリス (1879年, 1.35)，プロイセン (1894年, 1.60)，ザクセン (1886年, 1.51)，バーゼル (1887年, 1.24)，イタリア諸都市 (1887年, 1.45)，パリ (1905年, 1.42)，パリ (1292年, 1.32)，アウクスブルク (1498年, 1.47)，ペルー (18世紀末, 1.79) の9個である（パリについてはパレートの原表とは異なっている）。これらの α の平均は，1.46 となる。確かにパレートは α が安定的であると主張してはいるが，α の安定的結果が数値的に特定されて，それが1.5 であると主張したのは，ベニーニである。
23) Gini, C., "Indici di concentrazione e di dipendenza," *Atti della Società Italiana per il Progresso delle Scienze, Terza Riunione, Padova, Settembre 1909*, Roma 1910.
24) Bresciani, C., "Dell'influenza delle condizioni economiche sulla forma della curva dei redditi," *Giornale degli Economisti*, Serie seconda, Volume XXXI, 1905 [Bresciani (1905)].
25) Bresciani (1905), p. 119.
26) 「[富の分布という]現象の主たる原因は，人間の本性のなかにもとめられるべきである」(Pareto (1897a), p. 304 (Pareto (1942), p. 334))。なお，同趣旨の発言については以下も参照。Pareto, V., "Aggiunta allo studio sulla curva delle entrate," *Giornale degli Economisti*, Serie seconda, Volume XIV, 1897 [Pareto (1897b)]. 本書第1章(p. 5)参照。
27) Gibrat, Robert Pierre Louis, *Les Inégalités Économiques*, Paris 1931.
28) 高山憲之「分配」『経済学大辞典（第2版）』第Ⅰ巻，東洋経済新報社，1980年，p. 474。
29) Cf. ① Bresciani-Turroni, Costantino, "On Pareto's Law," *JRSS* (New Series), Vol. 100, Pt. 3, 1937; ② ditto, "Annual Survey of Statistical Data: Pareto's Law and the Index of Inequality of Incomes," *Econometrica*, Vol. 7, 1939. なお，この論文の著者は，表3-7, 表3-8, 注16, 24, 25 で取り上げた Costantino Bresciani と同一人物である。

第 4 章　ジニの集中指数

はじめに

ヴィルフレド・パレートは所得分布を

$$N(x)=\frac{H}{x^\alpha} \tag{1}$$

ただし，$N(x)$ は所得が x 以上の世帯(個人)の数。α がパレート指数。なお，(1)式はその両辺の対数をとって
$$\log N(x)=\log H-\alpha \log x \tag{1}'$$
としても同じである。

という関数関係(以下，パレート・モデル)[1] で表すことができると考えた。そして，(1)式右辺の分母における x の「べき」α (いわゆるパレート指数)を，所得分布の時間的空間的な比較のための指標と見なした[2]。ロドルフォ・ベニーニは，パレートにならい α の計算にコーシーの補間法を応用し，パラメータが特定された所得分布関数は現実説明力の点で瑕疵がないとして，基本的にパレートの見解を支持した。パレートの見解はベニーニを通じてイタリアの統計学界に受容されることになった[3]。——以上が前章までの要約である。

　ベニーニを経て受容されたパレート理論はその後，コッラド・ジニによる批判を受けた。ジニ理論はイタリアで支持を得て，その理論と応用がさまざまに検討され，普及した。

　本章では，このジニ理論をパレート理論と対比させながら，所得分布の統計的計測のための理論としてのパレート理論を，ジニがどのように継承・批

判したか，また，どのようにその難点を克服しようと試みたかを次の順序で明らかにする。

「1. パレート・モデルとジニ・モデル」では，ジニによるパレート・モデルにたいする評価の点から，2つのモデルの違いを明らかにする。

「2. パレート指数と集中指数(ジニ指数)」では，パレート指数 α とは $\delta=\frac{\alpha}{\beta}$ (β はジニ・モデルのパラメータ)という数学的関係にあるとされる集中指数 δ の数学的導出過程に言及する。ここに，集中指数は，分布の集中度を測定するための指標としてジニが考案した測度の1つであるが，今日では(ジニ係数を G で表すのにたいして) g で表され，その考案者の名にちなんでジニ指数とも呼ばれている。

「3. 集中指数 δ と所得分布の統計的計測」では，δ が所得分布の集中度の統計的計測手段として，その機能を果たすとされるときの理論的な根拠を述べる。

なお，δ は $\delta=\frac{\alpha}{\alpha-1}$ とも規定されている。そこで，「4. α，β，δ の数学的関係」では，この数式を取り上げる。

「5. 所得の過少申告と δ」では，$\delta=\frac{\alpha}{\alpha-1}$ と定義される δ が過少申告の有無やその程度を判定するための指標としての機能をも果たすとされるときの，その論拠について述べる。

最後に，「6. 集中指数 δ の一般化」では，所得分布の統計的計測の指標としてはパレート指数 α よりも高感度とされる δ が，所得分布を含む，それ以外の分布の集中度を計測するための指標として拡張されたことを述べる。

1. パレート・モデルとジニ・モデル

(1) パレート指数をめぐる諸見解

パレート理論の基本構想はベニーニによってイタリアに導入された。しかし，パレート指数 α の解釈についてだけは，ベニーニはパレートと見解を異にする。パレートは，α の増大が所得の不平等度の強化を意味する(α が小さくなるほど，所得分布はより平等になる)と考えた[4]。これにたいして，ベニー

ニは，その逆に α の増大こそが平等性に向かうことを示すと考えた[5]。このように両者の見解は相対立しているが，その出発点にあるのは，いずれも(1)式に示されるパレート・モデルである。

α にかんする相異なる2つの解釈については前章で述べた。以後の叙述の必要からここでも2つの見解を対照する。前章と同様に，所得を x_0 と x_1 (ただし $x_0 < x_1$)で示すこととする。また，それぞれの所得を上回る所得の世帯数を $N(x_0)$, $N(x_1)$ とする。このときには，

$$N(x_0) = \frac{H}{x_0^\alpha} \tag{2}$$

$$N(x_1) = \frac{H}{x_1^\alpha} \tag{3}$$

となる。また，(2)式と(3)式から

$$\frac{N(x_1)}{N(x_0)} = \frac{\dfrac{H}{x_1^\alpha}}{\dfrac{H}{x_0^\alpha}}$$

$$= \left(\frac{x_0}{x_1}\right)^\alpha \tag{4}$$

となる。$x_0 < x_1$ であるから，$\frac{x_0}{x_1} < 1$ となる。したがって，(4)式において α が大きくなるとき，その右辺の値は，全体として，小さくなる。かりに所得 x_0 が捕捉しうる最低所得額であるとすれば，$N(x_0)$ はその社会で補足しえた世帯の総数を意味する。この場合，(4)式の左辺は，対象となった全世帯のなかで，所得が x_1 以上になる世帯が占める割合を示す。すなわち，より高額の所得階級に属す世帯の割合を示す(このことは，パレートの分析が x_1 以上の所得をもつ特定の階級に限定されていることを意味する。この点が後にジニによって批判された)。この世帯割合 $\frac{N(x_1)}{N(x_0)}$ が小さくなるということと，α が大きくなるということとは同義である(このことが特定の条件のもとでのみ成立することについては本書第2章参照)。そのようなとき，なぜパレートは所得分布の不平等性が強まると考えたのであろうか。また，同じ現象を見て，ベニーニはなぜ逆に所得分布がより平等になると考えたのであろうか。これについてはジニの指摘が参考になる。

ジニは1909年に所得分布の統計的計測にも言い及んだ論文を公表した[6]。この論文は，その考察を本来の目的とするものではなく，社会階級ごとに異なる人口増加率が階級間の所得格差に由来すると主張することに，その目的をおいている。この考察のためには所得分布の統計的計測の問題は避けて通ることができないと考えたジニは，この論文の一部をその検討に充てた。ジニは次のように述べている[7]。

「まず，最初に，富の集中というものを定義しておく必要がある。

富者の数が貧者の数に較べて相対的に少ないほど，富の分布がより不平等であると考える人がいる。この根拠は，おそらく，特権をもつ者が少なくなるにつれて，富の不均衡がより強く感じられるという心理学的な考えであろう。

これとは反対に，富者の数が貧者に較べて相対的に多いほど，富の分布が不平等であると考える人もいる。絶対的平等(uguaglianza assoluta)に近い状態というのは，ただ1人だけが裕福で，残りの人々の資産(あるいは所得)が同一であると考えられているのであろう。」

ジニは上に引用した見解に立つ論者の名を挙げてはいない[8]。しかし，(4)式にたいするパレート[9]とベニーニ[10]の見解を顧みれば，ジニが取り上げた第1の見解に立つのはパレートであり，第2の見解がベニーニの名前と結びついていることは明らかである。

(2) ジニの批判

ジニは上の引用文に続けて，次のように述べている[11]。

「私にはこれらの両方ともが不完全であるように思われる。富者と貧者の人数という，富の分布にかんする単一の要因だけが考慮されて，その他の要因，すなわち資産や所得の総額が考慮されていないからである。

かりに，ただ1人の富者が平均をわずかに上回る富を保有しているとすれば，そのような状態より以上に，絶対的な平等に近い状態は存在しないであろう。しかし，この唯一の人間がその地域の富の大半を占有しているときには，このような状態ほど平等から遠くかけ離れた状態というものはないであろう。

第4章　ジニの集中指数　67

地域(もしくは時点)A において，国民の富(ricchezza nationale)の $\frac{1}{X}$ を保有している人々の人口割合 $\frac{1}{Y}$ が，地域(もしくは時点)B よりも小さい場合には，富の集中は B よりも A のほうが強い[たとえば，富の50%を占有している人口割合が A では20%，B では40%であるとすれば，集中は A のほうが強い]。しかし，$\frac{1}{Y}$ の人口が保有する富の割合が，A よりも B のほうで小さければ，逆になるように思われる[たとえば，人口の下位50%によって占有された富が，A においては富の全体の40%であるのにたいして，B においては30%である場合には，B のほうがより集中している]。」

このように，ベニーニもパレートもその出発点において，所得分布の統計的計測にとって重要な所得総額という要因を見落としていたとジニは批判している。

(3)　ジニ・モデルの優位性

ジニは，上に引用した文章に続けて，$\frac{1}{X}$ と $\frac{1}{Y}$ とを関係づける「しかるべき指数(un indice appropriato)」の追求が重要であると指摘し，指数 δ を考案した。この δ が，パレート指数 α とは

$$\delta = \frac{\alpha}{\alpha - 1}$$

という関係にあるとされる「集中指数(indici di concentrazione)」である[12]。この δ の導出については次節で述べる。また，δ と α の間の数学的関係についても後に言及する(「4. α, β, δ の数学的関係」参照)。ここでは，まず，1909年論文(Gini, C., "Il diverso accrescimento delle classi sociali e la concentrazione della ricchezza," *Gironale degli Economisti*, Serie seconda, Volume XXXVIII, 1909)にもとづいてジニ・モデルの概要とその優位性についてのジニの見解を見る。そこで，δ を定式化するに先立って，彼はどのようにパレート批判を展開したかについて述べることにする。

ジニは，(1)式で表されるパレート・モデルにたいして，次のようなモデル(以下，ジニ・モデル)を想定した。

表 4-1　オーストリアの所得分布(1904 年)

所得(クローネ) x	納税者数(人) $N(x)$	所得総額(クローネ) $A(x)$
200,000	307	156,200,000
100,000	883	235,100,000
20,000	9,980	570,800,000
12,000	22,138	755,300,000
5,200	92,085	1,267,700,000
2,400	308,814	2,003,100,000
2,000	396,403	2,195,500,000
1,600	569,555	2,516,800,000
1,300	788,219	2,830,100,000
1,200	919,769	2,995,700,000

(出所) Leiter, F., *Die Verteilung des Einkommens in Oesterreich*, Braumüller, Wien und Leipzig 1907. ただし，引用は Gini, Corrado, "Il diverso accrescimento delle classi sociali e la concentrazione della ricchezza," *Giornale degli Economisti*, Serie seconda, Volume XXXVIII, 1909, p. 73 による．

$$A(x)=\frac{K}{x^\beta} \tag{5}$$

ただし，$A(x)$は所得がx以上となる全世帯の所得の合計，βとKはデータによってさまざまな値をとるパラメータ．

したがって，所得分布に関数関係をあてはめるという基本的な構想そのものは，パレートと同様である．ここで，(5)式の両辺の対数をとって整理すれば，次式を得る．

$$\log A(x)=\log K-\beta \log x \tag{5'}$$

ジニはフランス(時期は不詳であるが，20 世紀初頭と考えられる)とオーストリア(1904 年)の所得統計(表 4-1)を用いて，パレート指数αとみずからのモデルに措定したパラメータβの値を求めた．なかでもオーストリアの所得分析はそれ以降もジニによって，しばしば引用されているので[13]，ここでは，それを取り上げることにする．

表 4-1 のデータについて，パレート・モデル((1)'式)とジニ・モデル((5)'式)をあてはめ，コーシーの補間法を適用して，それぞれのパラメータを計算すれば，次のようになる[14]．

$$\text{パレート・モデル：}\log N(x)=10.8249-1.5803 \log x \tag{6}$$

$$\text{ジ　ニ・モデル：}\log A(x)=11.2611-0.5805 \log x \tag{7}$$

表 4-2　モデル別所得別乖離（オーストリア，1904 年）

所得 x （クローネ）	乖　　　　　　離	
	パレート・モデル(6)式[1] $\log N(x)' - \log N(x)$	ジニ・モデル(7)式[2] $\log A(x)' - \log A(x)$
200,000	-0.03953	-0.00994
100,000	-0.02263	-0.01276
20,000	0.02879	0.00777
12,000	0.03337	0.01492
5,200	-0.01174	0.00086
2,400	-0.00659	-0.00290
2,000	0.01010	0.00324
1,600	0.00585	0.00018
1,300	0.00724	0.00157
1,200	-0.00485	-0.00294

（訳注）　1) $\log N(x)'$ は(6)式右辺の $\log x$ の x に表 4-1 の x を代入すれば，得ることができる。また，$\log N(x)$ は表 4-1 に表章された $N(x)$ の実測値からもとめられる。
　　　　2) 上の注記と同様の手続きによって，$\log A(x)'$ と $\log A(x)$ を得ることができる。
（出所）　Gini, Corrado, "Il diverso accrescimento delle classi sociali e la concentrazione della ricchezza," *Giornale degli Economisti*, Serie seconda, Volume XXXVIII, 1909, p. 73. ただし，引用者による検算にもとづいてジニの結果を訂正した。

(6)式と(7)式に，所得 x（表 4-1）の対数（$\log x$）を代入し，$\log N(x)$ の理論値 $\log N(x)'$ と $\log A(x)$ の理論値 $\log A(x)'$ をもとめ，さらにそれぞれの理論値から（表 4-1 に表章された）実測値 $N(x)$ と $A(x)$ の対数（$\log N(x)$ と $\log A(x)$）を減ずる。そして，この差を理論値からの乖離とする。

表 4-2 の□で強調した箇所を例にして，このことを説明すれば，次のようになる。パレート・モデルにたいしてコーシーの補間法を適用する。そうすると，表 4-1 の原系列から(6)式が特定される。この式の $\log x$ の x に 200,000 を代入して（$\log 200,000 = 5.3010$），(6)式の値を計算すると，所得が 200,000 クローネ以上である世帯数 $N(200,000)'$ の対数の理論値が得られる（$\log N(200,000)' = 2.4476$）。

ところが，前頁の表 4-1 は所得が 200,000 クローネ以上である世帯の実測値 $N(200,000)$ として307 をあたえている。この対数 $\log N(200,000)$ は 2.4871 である（$\log N(200,000) = 2.4871$）。先に計算した理論値（2.4476）からこの実測値（2.4871）を減ずると，両者の乖離が $-0.0395 (= \log N(200,000)' - \log N(200,000))$ ともとめられる。ジニ・モデルについてもこのような計算をして，両方のモデルの関連データ（小数第5位まで）を一覧にまとめたものが表 4-2 である。

表4-2にもとづいて，所得分布については，所得xと所得総額$A(x)$との間の関係を(5)式や(5)′式($\log A(x) = \log K - \beta \log x$)のような関数関係として把握するほうが，パレートのように所得xと世帯数(人数)$N(x)$との間の関係を，(1)式や(1)′式($\log N(x) = \log H - \alpha \log x$)に示される関数関係として把握するよりも，現実説明力の点で優れているとジニは主張した[15]。しかし，彼は，パレート・モデルの有効性が根本から否定されるものではないとも考えている。

2. パレート指数と集中指数(ジニ指数)

(1) 2つの指数(α, β)とδ

ジニは1909年論文[16]のなかで，

$$\frac{N(x_1)}{N(x_0)} = \left\{\frac{A(x_1)}{A(x_0)}\right\}^{\delta} \tag{8}$$

を掲げた(ただし，本章における他の表記に合わせた)。

この(8)式のδは，1910年論文で，ジニによって「集中指数」[17]と命名された。これは，後に世人が「ジニ指数」と呼ぶようになった「べき」であるが，1909年論文では，まだ特別の名称を付けられてはいなかった。しかし，それでも，1909年論文では，このδが所得分布の集中度を統計的に計測するために有効であると主張されている。δの意義については，次節で述べる。

そして，ここでは，話を元に戻して，(8)式の集中指数δがどのようにして誘導されるかについて考察する。この点については，ジニの叙述は簡潔をきわめ，ただ(8)式をあたえているだけと言ってもよい。以下の叙述はたぶんに筆者の解釈にもとづいていることをあらかじめ断っておく。すでに述べたようにパレートは所得分布について次のモデルを構想した。

$$N(x) = \frac{H}{x^{\alpha}} \tag{1}[再掲]$$

これにたいして，ジニのモデルは

$$A(x)=\frac{K}{x^\beta} \qquad (5)\,[再掲]$$

である。以下のように考えれば，(1)式と(5)式から δ が誘導される。

(1)式からは，所得 x_0 と $x_1\,(x_0<x_1)$ について次式が誘導される。

$$\frac{N(x_1)}{N(x_0)}=\left(\frac{x_0}{x_1}\right)^\alpha \qquad (4)\,[再掲]$$

(4)式の両辺を $\dfrac{1}{\alpha}$ 乗すれば，次式を得る。

$$\left\{\frac{N(x_1)}{N(x_0)}\right\}^{\frac{1}{\alpha}}=\frac{x_0}{x_1} \qquad (9)$$

他方で，(5)式から所得 x_0 と x_1 については

$$\frac{A(x_1)}{A(x_0)}=\frac{\dfrac{K}{x_1^\beta}}{\dfrac{K}{x_0^\beta}}$$

$$=\left(\frac{x_0}{x_1}\right)^\beta \qquad (10)$$

が誘導される。この(10)式の両辺を $\dfrac{1}{\beta}$ 乗すれば，次式を得る。

$$\left\{\frac{A(x_1)}{A(x_0)}\right\}^{\frac{1}{\beta}}=\frac{x_0}{x_1} \qquad (10)'$$

(9)式と(10)′式から

$$\left\{\frac{N(x_1)}{N(x_0)}\right\}^{\frac{1}{\alpha}}=\left\{\frac{A(x_1)}{A(x_0)}\right\}^{\frac{1}{\beta}} \qquad (11)$$

となり，この(11)式の両辺を α 乗すれば，次式を得る。

$$\frac{N(x_1)}{N(x_0)}=\left\{\frac{A(x_1)}{A(x_0)}\right\}^{\frac{\alpha}{\beta}} \qquad (12)$$

ここで

$$\delta=\frac{\alpha}{\beta} \qquad (13)$$

とおけば，(12)式は

$$\frac{N(x_1)}{N(x_0)}=\left\{\frac{A(x_1)}{A(x_0)}\right\}^\delta \qquad (8)\,[再掲]$$

表 4-3　δ の実測値(最低所得 $x_0 = 1,200$ クローネ)

$$\frac{N(x_1)}{N(x_0)} = \left\{\frac{A(x_1)}{A(x_0)}\right\}^\delta \quad [(8)式]$$

所得 (クローネ) x	納税者数 (人) $N(x_1)$	所得総額 (クローネ) $A(x_1)$	左辺 $\frac{N(x_1)}{N(x_0)}$	右辺 $\frac{A(x_1)}{A(x_0)}$	δ^*
	(1)	(2)	(3)	(4)	(5)
200,000	307	156,200,000	0.0003337795	0.0521414027	2.710
100,000	883	235,100,000	0.0009600237	0.0784791535	2.730
20,000	9,980	570,800,000	0.0108505505	0.1905397737	2.728
12,000	22,138	755,300,000	0.0240690869	0.2521280502	2.705
5,200	92,085	1,267,700,000	0.1001175295	0.4231732149	2.676
2,400	308,814	2,003,100,000	0.3357516942	0.6686584104	2.712
2,000	396,403	2,195,500,000	0.4309810398	0.7328838001	2.708
1,600	569,555	2,516,800,000	0.6192370041	0.8401375305	2.751
1,300	788,219	2,830,100,000	0.8569749578	0.9447207664	2.714
(参考)				平　均	2.715
x_0	$N(x_0)$	$A(x_0)$		(参考) $\delta = \frac{\alpha}{\beta}$	2.722
1,200	919,769	2,995,700,000			

(注)　＊(8)式は $N = A^\delta$ と書き換えることができる。この式の対数をとれば，$\log N = \delta \log A$ となる。この式は $\delta = \log N / \log A$ と同値であるから，この関係によって δ の値((5)欄の数値)を得ることができる。

(出所)　Gini, Corrado, "Il diverso accrescimento delle classi sociali e la concentrazione della ricchezza," *Giornale degli Economisti*, Serie seconda, Volume XXXVIII, 1909, p. 74 および Gini, Corrado, "Indici di concentrazione e di dipendenza," *Biblioteca dell'Economista*, Serie V, Vol. XX, 1922, p. 17 にもとづいて作成。ただし，ミスプリントは正した。

となる。こうして，パレート・モデル((1)式)とジニ・モデル((5)式)から(8)式が誘導され，しかも，パレート・モデルのパラメータ(指数)α とジニ・モデルのパラメータ(指数)β は，δ とは(13)式のような関係 $\left(\delta = \frac{\alpha}{\beta}\right)$ にあることが明らかとなった。

オーストリア(1904年)のデータから，(13)式の α と β については，コーシーの補間法によって

　　　　　　パレート・モデル：$\alpha = 1.5803$ ((6)式参照)
　　　　　　ジ　　ニ・モデル：$\beta = 0.5805$ ((7)式参照)

となる。したがって，(13)式にこれらの値を代入すると

$$\delta = 2.722$$

である。この δ の値 2.722 がオーストリア(1904年)の所得統計に適合的かど

うかは，$\frac{A(x_1)}{A(x_0)}$ の δ 乗が $\frac{N(x_1)}{N(x_0)}$ と等しくなるような δ の値を現実の所得統計から計算し，この実測値を理論値（$\delta=2.722$）と比較してみればよい。このときの計算結果は，おおむね表 4-3（前頁）のようにまとめることができる。

この表 4-3 の(5)欄は，所得ごとに個別に計算された 9 個の δ（2.710, 2.730, ……, 2.714）とその相加平均（2.715）を表章している。この個別の δ について，ジニは「δ の実測値[表 4-3 (5)欄]が[$\alpha=1.5803$, $\beta=0.5805$, $\delta=\frac{\alpha}{\beta}$ によってもとめた]理論値 2.722 の周りを変動している」と述べた。そして，オーストリア（1904 年）においては人数 $N(x)$ と所得総額 $A(x)$ との間には，理論上，次の関係があると主張した[18]。

$$\frac{N(x_1)}{N(x_0)}=\left\{\frac{A(x_1)}{A(x_0)}\right\}^{2.722} \tag{14}$$

(2) 小 括

前節と本節における考察を要約すれば，次のようになる。

i．パレートが所得分布を所得 x と世帯数（人数）$N(x)$ の間の関数関係（$\log N(x)=\log H-\alpha \log x$）として把握したのにたいして，ジニは所得総額 $A(x)$ と世帯数（人数）$N(x)$ の間の関数関係としても捉えるべきであると主張した。

ii．そのために，ジニは
1. $\log A(x)=\log K-\beta \log x$ というモデル（ジニ・モデル）を構築した。
2. コーシーの補間法により K と β の値を求め，上記モデルのあたえる理論値と現実の所得統計とを対照して，ジニ・モデルの適合性を確認した。
3. ジニ・モデルのほうがパレート・モデルよりも優れていると主張した（しかし，パレート・モデルをその根本から否定しているわけではない）。
4. パレート・モデルとジニ・モデルから $\delta=\frac{\alpha}{\beta}$（(13)式）の関係にある集中指数 δ（ジニ指数）を導出した。

iii．δ が現実の所得統計と適合的であると判断したジニは，所得総額 $A(x)$ と世帯数（人数）$N(x)$ とを関係づけて，所得分布の集中度を統計的に計測しようとした当初の構想を実現するには，次式が活用できると考

えた．

$$\frac{N(x_1)}{N(x_0)} = \left\{\frac{A(x_1)}{A(x_0)}\right\}^{\delta} \qquad (8)\,[再掲]$$

3. 集中指数 δ と所得分布の統計的計測

(1) 集中指数 δ の理論

ジニは，社会的富の何％（あるいは $\frac{1}{X}$）が何％の人口（あるいは $\frac{1}{Y}$）によって占有されているかが明確にならなければ，富の集中について適切な判断ができないと考えて，パレートを批判した．そして，$\frac{1}{X}$ と $\frac{1}{Y}$ とを結びつけるための「しかるべき指数」を追求した．後述するように，それが(8)式右辺の「べき」δ である．この δ が果たすと期待された機能は，所得分布の集中度を統計的に計測することである．

以下では δ のこの機能に言及するが，数式展開の点でジニの説明は省略的で，そのために難解な側面をもつ．そこで，ジニの所説に補足を加えながら，その理解を進めることとする．

明らかに，

$$\frac{N(x_1)}{N(x_0)} = \frac{1}{\frac{N(x_0)}{N(x_1)}} \quad かつ \quad \frac{A(x_1)}{A(x_0)} = \frac{1}{\frac{A(x_0)}{A(x_1)}}$$

である．

$$\frac{N(x_0)}{N(x_1)} = Y \quad および \quad \frac{A(x_0)}{A(x_1)} = X$$

とおけば，(8)式は

$$\frac{1}{Y} = \left(\frac{1}{X}\right)^{\delta} \qquad (8)'$$

となる．ここで，(8)′式の意味を考える．そのために，(8)′式の左辺 $\left(\frac{1}{Y}\right)$ は世帯割合 $\frac{N(x_1)}{N(x_0)}$ を示し，右辺の $\left(\frac{1}{X}\right)$ は当該社会の総所得にたいする特定所得階級の合計所得の割合 $\frac{A(x_1)}{A(x_0)}$ を示すことを確認しておく．

$\delta=1$ のときは，(8)′式は

$$\frac{1}{Y}=\frac{1}{X}$$

となる。これは，どのような世帯の割合をとってみても，一般に，その世帯の割合と所得の割合が等しいことを意味する。このような社会では，世帯間の所得格差がまったく存在しないという意味で所得分布の均等性が確保されている。

これにたいして，$\delta=2$ のときはどうなるであろうか。ここで，$\frac{1}{X}=\frac{1}{2}$，すなわち全世帯の所得総額の 50％ に着目しよう。$\frac{1}{X}=\frac{1}{2}$ のとき，(8)′式は，

$$\frac{1}{Y}=\left(\frac{1}{2}\right)^2$$

であるから，$\frac{1}{Y}=\frac{1}{4}$ になる。これは，全世帯数の 25％ に該当する。

次に，$\delta=5$ の場合において，全世帯の所得総額の 50％ $\left(\frac{1}{X}=\frac{1}{2}\right)$ に着目し，その所得が全世帯の何％によって領有されているかを考える。$\delta=5$ で，$\frac{1}{X}=\frac{1}{2}$ のとき，(8)′式は

$$\frac{1}{Y}=\left(\frac{1}{2}\right)^5$$
$$=0.031$$

である。これは，全世帯の所得の 3.1％ に該当する。

以上から，$\delta=2$ のときには，全世帯数の 25％ が全世帯の所得の 50％ を領有していたのにたいして，$\delta=5$ のときには，全世帯数の 3.1％ が全世帯の所得の 50％ を領有しているということが分かる。したがって，同一の所得世帯数（より厳密にはその割合）に着目したとき，δ が大きくなるにつれて，当該世帯数（より厳密には，全世帯に占める割合）は小さくなり，集中度が強まると予想される。このことは，δ（集中指数）と $\frac{1}{X}$（所得の割合），$\frac{1}{Y}$（世帯数の割合）との間にある数量的関係を次頁にまとめれば，より明確になる（表 4-4）。

(2) δ の 計 測

上述したように δ は，その値が大きくなるにつれて，少数の世帯に所得が集中することを示す。このことから，ジニは δ を所得分布の集中度の尺

表 4-4　社会の総所得の割合 $\left(\frac{1}{X}\right)$ と世帯数の割合 $\left(\frac{1}{Y}\right)$

1/X	δ				
	2	3	4	5	6
1/6	1/36	1/216	1/1,296	1/7,776	1/46,656
1/3	1/9	1/27	1/81	1/243	1/729
1/2	**1/4**	**1/8**	**1/16**	**1/32**	**1/64**
2/3	4/9	8/27	16/81	32/243	64/729
5/6	25/36	126/216	625/1,296	3,125/7,776	15,625/46,656

(出所) Gini, Corrado, "Indici di concentrazione e di dipendenza," *Biblioteca dell'Economista*, Serie V, Vol. XX, 1922, p. 40. ただし, 引用者による強調は本文の叙述に対応する。

度として使用するよう提言し, さまざまな国について δ を計測した[19]。そのとき, (8)′式の δ が $\frac{\alpha}{\beta}$ ((13)式)であたえられることを活用した。そして, 計測結果を次頁の表にまとめた(表 4-5)。

　ジニに直接先行するベニーニは, 所得階級区分の上限と下限の変更あるいは階級区分の数の変更などが, パレート指数 α の値に影響をあたえると指摘している[20]。ジニもこのことを認め, 利用できる統計では国ごとに階級区分が異なり, そこには統一性がなく, したがって, α の値によって軽々に国際比較はできないと述べている。それだけでなく,「さまざまな国々にかんして得られた α, β, δ の値は, 厳密には, 比較することができない」とさえ述べている[21]。しかし, このことは, 一国における時間的比較が不可能であるということを意味するものではない。その証拠に, ジニはオーストリアを例外として, 残りの国では一様に δ の値が上昇していることから, それらの国々では所得分布の集中が傾向的に昂進していると指摘した[22]。

　そのうえで, ジニは次のように主張している[23]。

　　「所得や資産の累進的集中は社会的な危険状態(un pericolo sociale)を示すかどうかを知りたいと願っている人がいる。

　　思うに, このような質問には議論の余地のない解答というものはない。富の集中は, 富の所有を絶対的に減少させている貧しい人々の不満を助長するばかりか, また, 富者にたいして過度にまでその力をあたえるものであるから, ある地域の平均的な富が横ばいであるときには, 確かにその問いにたいする答えはイエスになるはずである。だがしかし, ふつ

第4章 ジニの集中指数　77

表 4-5　パレート指数 α と集中指数 δ

地　域	財政年度	α	β	$\delta\left[\dfrac{\alpha}{\beta}\right]$
フランス	1906	1.584	0.739	*2.145*
ザクセン	1884	1.57	0.638	*2.46*
	1888	1.54	0.614	*2.51*
	1894	1.51	0.577	*2.62*
	1902	1.17	0.496	*2.96*
	1904	1.50	0.517	*2.89*
オーストリア	1898	1.5594	0.5644	*2.76*
	1900	1.5591	0.5677	*2.75*
	1902	1.5593	0.5641	*2.83*
	1904	1.5803	0.5805	*2.72*
プロイセン	1892	1.54	0.604	*2.553*
	1896	1.55	0.609	*2.553*
	1902	1.52	0.552	*2.751*
	1905	1.46	0.516	*2.836*
ノルウェー	1895-1896	1.50	0.525	*2.85*
	1897-1898	1.49	0.515	*2.90*
	1899-1900	1.47	0.499	*2.95*
ハンブルク	1895	1.240	0.3943	*3.146*
	1897	1.223	0.3735	*3.273*
	1899	1.230	0.3756	*3.274*
イングランド[1]	1881	1.343	0.381	*3.524*
	1893	1.313	0.373	*3.524*
	1895	1.307	0.393	*3.320*
	1898	1.288	0.354	*3.636*
イタリア	1895[2]	1.59	0.594	*2.68*
	1902[2]	1.51	0.524	*2.87*
	1894[3]	—	—	*1.86*
	1902[3]	—	—	*1.71*

（原注）1）商業従事者と専門職業従事者
　　　　2）労働と資本からの収入
　　　　3）労賃
（訳注）表中の δ は必ずしも α/β とは一致しないが，元のデータが不明なので訂正していない。
（出所）表 4-2 に同じ(pp.76ff.)。δ の数値を斜体で強調したのはジニである。

うに見られるように地域の平均的な富が増大している場合には，このイエスという答えは疑わしいものとなる。実際に，平均的な富が上昇するにつれて，富が不平等であるという話はあまり耳にしなくなる。このことに疑いを挟む人はいない。(最高に幅広い研究だけがこの問いに解答をあたえることになるが)生物学的規模で見れば，有機体が巨大になり，また複雑になるにつれて，神経系統の優位性がそれだけ際立つようになるのと同様に，富の集中は社会進化の過程では平均的な富の増大と並行して生ずる自然現象(un fenomeno naturale)である，と言うこともできよう。」

こうして，ジニは富の集中化を一般的な傾向として認めつつも，一方で，それが「危険な(pericoloso)」現象かどうかの判断を回避し，他方で，社会的な不満の解消には平均的な所得の上昇が効果的であることを示唆した。

4. α, β, δ の数学的関係

(1) δ と α

パレート・モデルの α とジニ・モデルの β との間には $\delta=\dfrac{\alpha}{\beta}$ ((13)式)という関係があることはすでに指摘した。しかし，また，パレート指数 α と集中指数(ジニ指数) δ との間には，$\delta=\dfrac{\alpha}{\alpha-1}$ という「理論的関係」があるとも言われている。以下では，$\delta=\dfrac{\alpha}{\alpha-1}$ という数学的関係について述べるが，その際，ジニみずからの説明を基本にして，適宜，森田優三著『国民所得の評価と分析』(東洋経済新報社，1949年)[24] を参照する。

ジニは $\alpha=2$, $x=300$ を例にして，α が小さく，x が大きいほど，次の(15)式が成り立つと述べている[25]。

$$1-\left(\frac{x}{x+1}\right)^{\alpha}=\frac{\alpha}{x} \tag{15}$$

ジニは，δ と α の間の数学的関係 $\left(\delta=\dfrac{\alpha}{\alpha-1}\right)$ を確定するために，この(15)式[26] をその出発点としている。(15)式の両辺に $\dfrac{H}{x^{\alpha}}$ を掛けると，次式を得る。

$$\frac{H}{x^\alpha} - \left(\frac{x}{x+1}\right)^\alpha \cdot \frac{H}{x^\alpha} = \frac{\alpha}{x} \cdot \frac{H}{x^\alpha}$$

したがって,

$$\frac{H}{x^\alpha} - \frac{H}{(x+1)^\alpha} = \frac{\alpha H}{x^{\alpha+1}} \tag{16}$$

ところで, パレート・モデル((1)式)により,

$$N(x) = \frac{H}{x^\alpha} \quad かつ \quad N(x+1) = \frac{H}{(x+1)^\alpha}$$

であるから, (16)式は

$$N(x) - N(x+1) = \frac{\alpha H}{x^{\alpha+1}} \tag{17}$$

となる。

　この(17)式の左辺は所得が x から $x+1$ までの世帯数である。この世帯数を次のように n とおく。

$$n = N(x) - N(x+1)$$

　また, 所得 x と $x+1$ については, x が十分に大きければ, $x \fallingdotseq x+1$ と見なしてよい。したがって, 所得が x から $x+1$ までの n 世帯の所得の合計 S_n は

$$S_n = nx$$

である。よって,

$$\begin{aligned}
S_n &= nx \\
&= \{N(x) - N(x+1)\}x \\
&= \frac{\alpha H}{x^{\alpha+1}} \cdot x \quad\quad\quad [(17)式による] \\
&= \frac{\alpha H}{x^\alpha} \\
&= \alpha H x^{-\alpha}
\end{aligned}$$

　ここで所得が x_1 以上となる全世帯(その総数は $N(x_1)$)の所得総計を $A(x_1)$ とおく。このとき, $\alpha \neq 1$ とすれば, 次のようになる。

$$A(x_1) = \int_{x_1}^{\infty} S_n \, dx$$

$$= \int_{x_1}^{\infty} \alpha H x^{-\alpha} dx$$

$$= \left[\frac{\alpha H}{1-\alpha} x^{1-\alpha} \right]_{x_1}^{\infty}$$

$$= \frac{\alpha H}{\alpha - 1} x_1^{1-\alpha} \qquad (18)$$

$$\therefore \quad A(x_1) = \frac{\alpha}{\alpha - 1} H \cdot \frac{1}{x_1^{\alpha}} \cdot x_1 \qquad (18)'$$

(18)式の x_1 を一般化して x で表した式について，その対数をとると，

$$\log A(x) = \log \frac{\alpha}{\alpha-1} H + (1-\alpha) \log x$$

$$= \log \frac{\alpha}{\alpha-1} H - (\alpha-1) \log x$$

$$\therefore \quad \log x = \frac{\log \frac{\alpha}{\alpha-1} H - \log A(x)}{\alpha - 1} \qquad (19)$$

また，パレート・モデル((1)式)より

$$\log N(x) = \log H - \alpha \log x \qquad (1)' [再掲]$$

$$\therefore \quad \log x = \frac{\log H - \log N(x)}{\alpha} \qquad (20)$$

(19)式と(20)式より，

$$\frac{\log \frac{\alpha}{\alpha-1} H - \log A(x)}{\alpha - 1} = \frac{\log H - \log N(x)}{\alpha}$$

両辺に α を掛けると，次式を得る。

$$\frac{\alpha}{\alpha-1} \left\{ \log \frac{\alpha}{\alpha-1} H - \log A(x) \right\} = \log H - \log N(x)$$

$$\therefore \quad \log N(x) = \frac{\alpha}{\alpha-1} \log A(x) - \frac{\alpha}{\alpha-1} \log \frac{\alpha}{\alpha-1} H + \log H \qquad (21)$$

ここで

$$\delta = \frac{\alpha}{\alpha - 1} \qquad (22)$$

とおくと，(21)式は次のようになる。

$$\log N(x) = \delta \log A(x) - \delta \log \delta H + \log H$$

さらに $\delta H = T$ とおくと，上式は

$$\log N(x) = \delta \log A(x) - \delta \log T + \log H$$

となる。これは，次のようになる。

$$\log N(x) = \delta \log A(x) - \log C \qquad (23)$$

ただし，$\log C = \delta \log T - \log H$

$$\therefore \quad N(x) = \frac{\{A(x)\}^{\delta}}{C} \qquad (23)'$$

この(23)式(または(23)′式)で表現される所得分布関数は「ジニ法則」とも言われている(これにたいして本章に言うパレート・モデルは「パレート法則」と言われることが多い)[27]。

以上から，パレート・モデル($\log N(x) = \log H - \alpha \log x$)を前提して，

$$\delta = \frac{\alpha}{\alpha - 1} \qquad (22)[再掲]$$

と定義すれば，「ジニ法則」((23)式)が誘導されることになる[28]。

要するに，ジニの所得分布関数 $\log N(x) = \delta \log A(x) - \log C$ のなかのパラメータ δ（ジニ指数）は，パレート・モデル $\log N(x) = \log H - \alpha \log x$ を前提して，「ジニ法則」を誘導するために数式を展開するときに不可欠な定義式((22)式)としてあたえられている。

(2) α と β

すでに述べたように，パレート・モデルとジニ・モデルの両方が成立していることを前提すれば，パレート指数 α とジニの指数 β ならび δ との間には，

$$\delta = \frac{\alpha}{\beta} \qquad (13)[再掲]$$

の関係がある。

表 4-6 α, β, δ

地域	年	β	$\alpha-1$	δ'(実測値)(1) $\delta'=\dfrac{\alpha}{\beta}$	δ(理論値)(2) $\delta=\dfrac{\alpha}{\alpha-1}$	乖離*(3) [(2)−(1)]	乖離率*(4) $\dfrac{(3)}{(2)}$
ハンブルク	1883	0.391	0.212	3.11	5.72	2.61	0.46
	1895	0.394	0.240	3.15	5.17	2.02	0.39
	1897	0.374	0.223	3.27	5.48	2.21	0.40
	1899	0.376	0.230	3.27	5.35	2.08	0.39
オーストリア	1898	0.564	0.559	2.76	2.79	0.03	0.01
	1900	0.568	0.559	2.75	2.79	0.04	0.01
	1902	0.564	0.559	2.76	2.79	0.03	0.01
	1904	0.581	0.580	2.72	2.72	0.00	0.00
ノルウェー	1895-1896	0.525	0.50	2.85	3.00	0.15	0.05
	1897-1898	0.515	0.49	2.90	3.04	0.14	0.05
	1899-1900	0.499	0.47	2.95	3.13	0.18	0.06

(訳注) *引用者の計算による。
(出所) 表 4-4 に同じ(p.44)。

$\delta=\dfrac{\alpha}{\beta}$((13)式)と $\delta=\dfrac{\alpha}{\alpha-1}$((22)式)はその誘導過程が異なるが，これらの2式が同時に成立していれば，

$$\beta=\alpha-1$$

という関係が成り立つ。α と β の間にこのような関係が実際に成立しているかどうかを検討する目的で，ジニは，パレート・モデルのもとで α と β を計算して，その結果を表にまとめた(表 4-6)。

言うまでもなく，対数変換した原系列があたえられ，(1)'式と(5)'式を用い α と β を計算すれば，(13)式にもとづいて δ の値をもとめることができる(表4-5参照)。このとき，もとめられる δ の実測値を δ' で表すことにする。表 4-6 ではそれとともに，δ の理論値((22)式による)も表章されている。この表の(1)欄と(2)欄からは，オーストリアとノルウェーでは，$\beta\fallingdotseq\alpha-1$ であることが分かる。また，ハンブルクでは $\beta\neq\alpha-1$ となって，(13)式と(22)式が両立していないことも明らかである。

表 4-7 集中指数(ジニ指数)の実測値と理論値

	実測値 $\dfrac{\alpha}{\beta}$	理論値 $\dfrac{\alpha}{\alpha-1}$
ハンブルク(1883年)	3.11	5.72
オーストリア(1904年)	2.72	2.72

(出所) 表4-6から一部抜粋。

5. 所得の過少申告と δ

(1) 過少申告の検出指標としての δ

表4-6から分かるように，δ の実測値 δ'((1)欄)と $\delta=\dfrac{\alpha}{\alpha-1}$ という関係式でもとめた δ の理論値((2)欄)とを比較してみると，オーストリアやノルウェーのように両者の間に特記すべき大きさの乖離がない場合もあれば，ハンブルク(1883年)では，理論値が実測値の約2倍となって，実測値から理論値が46%も乖離している場合もあることが確認できる。

ジニは，表4-6に見られるようなハンブルクにおける δ の実測値と理論値との間の乖離が，どのような原因に由来すると考えているのであろうか。彼は，「思うに，δ の理論値と実測値とのこの食い違いは，さまざまな所得水準で税金逃れ(evasione：脱税)の強度が異なることに，その原因がある」と主張している[29]（この指摘は，かつてベニーニ[30]がとくに低額所得階級において，データとパレート・モデルとの不適合は，当該所得階級の所得捕捉が不十分であることによると述べたことを想起させる）。そこで，上の引用文で述べられた「税金逃れ」をめぐるジニの見解を検討する[31]。

ハンブルク(1883年)とオーストリア(1904年)を比較する目的で，集中指数(ジニ指数)の実測値と理論値を抜き出して表4-7にまとめてみる。この表によれば，ハンブルクでは集中指数の理論値が実測値よりも大きい。このために，ジニは，ハンブルクでは下位の所得階級における申告率が低い(税金逃れが多い)と予想した。しかし，この予想を実証するには，低額所得階級の平均所得の理論値と，その所得階級における平均所得の実測値との乖離が大きいことを示さなければならない。そこで，ジニは，次のような測度を考案して，

このことを検討した。

$$E = \frac{M_1 - M}{M} \tag{24}$$

ここに，M_1 はある所得階級における世帯の実際の平均所得である。この実測値 M_1 は，実際の所得統計があたえる所得階級ごとの世帯数(人数)でその所得階級の所得総額を割ることによってもとめることができる。

他方，(24)式の M はその所得階級にいる世帯の「理論的平均所得」である。この理論値 M は次式によってあたえられる。

$$M = \frac{\alpha}{\alpha - 1} \cdot \frac{x_1 x_2{}^\alpha - x_2 x_1{}^\alpha}{x_2{}^\alpha - x_1{}^\alpha} \tag{25}$$

ただし，所得階級の下限が x_1 で，上限は x_2 である。

(25)式の誘導にかんするジニの叙述は簡潔にすぎて難解である[32]。そこで，以下ではジニとは別の仕方による誘導を試みる。所得が x_1 以上の全世帯の所得総計を $A(x_1)$ とおいたとき，$A(x_1)$ は次の(18)′式で表された。

$$N(x_1) \text{世帯の所得の合計}: A(x_1) = \frac{\alpha}{\alpha - 1} H \cdot \frac{1}{x_1{}^\alpha} \cdot x_1 \tag{18′[再掲]}$$

ここで，所得が x_2 (ただし，$x_1 < x_2$) 以上の世帯の所得総計を $A(x_2)$ で表す。このとき，x_2 以上の世帯数を $N(x_2)$ とすると，次式を得る。

$$N(x_2) \text{世帯の所得の合計}: A(x_2) = \frac{\alpha}{\alpha - 1} H \cdot \frac{1}{x_2{}^\alpha} \cdot x_2 \tag{18″}$$

(18)′式と(18)″式によって，所得が x_1 から x_2 までの世帯 (x_1 を下限，x_2 を上限とする所得階級に入る世帯) の所得の合計は

$$A(x_1) - A(x_2) \tag{26}$$

である。また，所得が x_1 から x_2 までの間にある世帯数は，明らかに

$$N(x_1) - N(x_2) \tag{27}$$

である。このために，所得が x_1 から x_2 までの世帯の平均的な所得 M は，

$$M = \frac{A(x_1) - A(x_2)}{N(x_1) - N(x_2)} \tag{28}$$

である。M にかんするこの(28)式は，(18)′式と(18)″式から次のように整理することができる。

$$M = \frac{A(x_1) - A(x_2)}{N(x_1) - N(x_2)}$$

$$= \frac{\dfrac{\alpha}{\alpha-1} H \cdot \dfrac{1}{x_1{}^\alpha} \cdot x_1 - \dfrac{\alpha}{\alpha-1} H \cdot \dfrac{1}{x_2{}^\alpha} \cdot x_2}{N(x_1) - N(x_2)}$$

$$= \frac{\dfrac{\alpha}{\alpha-1} H \cdot \dfrac{1}{x_1{}^\alpha} \cdot x_1 - \dfrac{\alpha}{\alpha-1} H \cdot \dfrac{1}{x_2{}^\alpha} \cdot x_2}{\dfrac{H}{x_1{}^\alpha} - \dfrac{H}{x_2{}^\alpha}} \quad \left(\because \text{パレート・モデルでは,} \atop \text{一般に} N(x) = \dfrac{H}{x^\alpha} \right)$$

$$= \frac{\dfrac{\alpha}{\alpha-1} H \left(\dfrac{1}{x_1{}^\alpha} \cdot x_1 - \dfrac{1}{x_2{}^\alpha} \cdot x_2 \right)}{H \left(\dfrac{1}{x_1{}^\alpha} - \dfrac{1}{x_2{}^\alpha} \right)}$$

$$= \frac{\alpha}{\alpha-1} \cdot \frac{\dfrac{x_1}{x_1{}^\alpha} - \dfrac{x_2}{x_2{}^\alpha}}{\dfrac{1}{x_1{}^\alpha} - \dfrac{1}{x_2{}^\alpha}}$$

$$= \frac{\alpha}{\alpha-1} \cdot \frac{x_1 x_2{}^\alpha - x_2 x_1{}^\alpha}{x_2{}^\alpha - x_1{}^\alpha} \tag{29}$$

このような展開によって得られた(29)式は(25)式に等しく,これで(25)式が導出されたことになる。現実の所得統計にパレート・モデルを適用して,パレート指数 α をもとめれば,(25)式によって任意の所得階級に属す世帯の「理論的」な平均所得 M がもとめられる。ここにいたって,「理論的」とは,(ジニ・モデルとともに)パレート・モデルが成立していることを理論的前提にするという意味であることが分かる。

(2) 過少申告の検出

ジニは,ハンブルク(1883年)とオーストリア(1904年)について所得階級別平均所得の実測値 M_1 と((25)式にもとづく)理論値 M を計算して表4-8にまとめた(次頁)。この表からハンブルクでは低額所得階級において理論値と実測値の間の乖離がオーストリアに較べて大きいことが確認できる。そして,「ハンブルク(1883年)においては税金逃れがより少額の所得で強く表れているが,オーストリア(1904年)では所得の高低と税金逃れとの間の関係は見出すことができない」とジニは述べ[33],「$\delta < \dfrac{\alpha}{\alpha-1}$ もしくは $\beta > (\alpha-1)$ とい

表 4-8 所得階級別平均所得——実測値 M_1・理論値 M とその乖離率 E——

	ハンブルク(1883年)(マルク)				オーストリア(1904年)(クローネ)			
所得階級	実測値 M_1 (1)	理論値 M (2)	乖離率 E (3) $\left[\frac{(1)-(2)}{(2)}\right]$		所得階級	実測値 M_1 (4)	理論値 M (5)	乖離率 E (6) $\left[\frac{(4)-(5)}{(5)}\right]$
1,000 – 2,000	1,460	1,380	0.06		1,200 – 2,000	1,530	1,510	0.01
2,000 – 3,500	2,710	2,600	0.04		2,000 – 3,600	2,640	2,600	0.02
3,500 – 5,000	4,260	4,150	0.03		3,600 – 5,200	4,300	4,270	0.01
5,000 – 10,000	7,180	6,870	0.05		5,200 – 12,000	7,330	7,420	−0.01
10,000 – 25,000	15,760	15,050	0.05		12,000 – 20,000	15,180	15,130	0.00
25,000 – 50,000	35,060	34,360	0.02		20,000 – 40,000	27,310	27,100	0.01
50,000 – 100,000	69,250	70,720	−0.02		40,000 – 100,000	59,340	58,730	0.01

(訳注) この表の実測値 M_1 の値には，原表と不整合の箇所もあるが，検算のために必要なデータのすべてが原表であたえられているわけではないので，訂正していない。
(出所) 表 4-4 に同じ (p. 48)。

う不等式を劣位の所得におけるより強い税金逃れの指標と見なすことができる」[34] と主張した[35]。納税者が洩らさず所得を申告していれば，実測値 M_1 はもっと小さくなるべきところ，理論値 M よりも大きい値を示すのは，納税者，とりわけ低所得納税者の過少申告によると考えたのである。

6. 集中指数 δ の一般化

前節では δ には過少申告の検出機能があることを述べた。ここでは，パレート指数 α と較べてみて，集中指数 δ のほうが所得分布の変化にたいする感度が高いとするジニの見解を紹介する。そして，その集中指数 δ が，所得分布だけでなく，それ以外の分布の集中度を計測する指標としての機能を果たすと言われるまでに拡張されたことを述べる。

(1) 集中指数 δ の感度

所得分布が問題となるときは，集中指数 δ の値は所得統計に
$$\log N(x) = \delta \log A(x) - \log C \qquad (23)\,[再掲]$$
をあてはめても，直接的に計算可能である。すなわち，(23)式はそのものとしてみれば，パレート・モデルとジニ・モデルの両方もしくはいずれか一方

を必ず前提するというものではない。ジニは次のように述べている[36]。

「実際に，
$$\log N = \log H - \alpha \log x \qquad (\text{VII})$$
という式[パレート・モデル]から必然的に
$$\log N = \delta \log A - \log K \qquad (\text{VI})$$
という式[本章では(23)式がこれに対応する]が出てくるが，(VI)式から(VII)式は生じない。このことは証明されている。」

彼は，集中指数（ジニ指数）を構想するとき，その劈頭では，パレート・モデルを前提とした。このために，ジニの集中指数は，パレート・モデルと数学的整合性をもっている。そして，パレート・モデルとジニ・モデルを前提する場合には，

$$\delta = \frac{\alpha}{\alpha - 1} \qquad (22)[再掲]$$

が成り立つ。より正確には，この(22)式は $\log N(x) = \log H - \alpha \log x$ で表現されるパレート分布を前提して，ジニ分布 $\log N(x) = \delta \log A(x) - \log C$ を導出するための条件となっていると言うことができる。

しかし，パレート・モデルやジニ・モデルが成立しない場合にも，ジニの集中指数は，独自に計算することができる。このことのうちに，ジニの δ はパレート指数 α から相対的に独立しうる契機がある。

このような δ を所得分布の統計的計測の測度として見た場合，それはパレートの α にたいしてどのような優位性をもっているのであろうか。ジニは次のように述べている[37]。

「指数 δ は指数 α に較べて所得分布の差異にたいして鋭敏（sensibile）である。α の値によって伝えられるものは所得分布の著しい差異についてはわずかしかない。とくに α の値が小さいときにはそうである。いわれのないことのように思われるが，このことから，富の分布があらゆる地域，あらゆる時期でほぼ等しいという見解がもたらされてしまうのである。」

表4-9（次頁）は，δ が α よりも鋭敏であること，すなわち所得分布の集中度の違いを α よりも δ のほうが大きく表現することを示すために作成され

表4-9　α と δ

α	1.200	1.300	1.400	**1.500**	1.600	1.700	1.800	1.900
δ	6.000	4.333	3.500	**3.000**	2.667	2.429	2.250	2.111

（注）$\delta = \dfrac{\alpha}{\alpha - 1}$

た。この表では，パレート・モデルを前提するとき，$\alpha=1.5$ を中心に δ の値がどのように変化するのかが表章されている。とくに $\alpha=1.5$ を取り上げたのは，どの地域，どの時期にも，指数 α の値はほぼ等しいとして α の安定性を主張したパレートの見解[38]を受けたベニーニが α の安定的な値を 1.5 であると主張したからである[39]。

この表4-9からは，パレート指数 α が 1.5 から 1.6 に上昇するとき，$\delta = \dfrac{\alpha}{\alpha - 1}$ という関係が成立しているもとでは，ジニ指数 δ は 3.0 から 2.667 に減少することを示している。これは，$\alpha=1.5$（したがって $\delta=3.0$）を基準にして α の値が 6.3% 上昇したときには，δ が 12.5% 減少することを意味する。

このことから，δ は α の小さな変動を増幅して表現することが分かる。すなわち，α の値の小さな違いが，δ によって大きな違いとして表される。α に較べて δ はより「鋭敏」であると，ジニが述べたことの意味をこのように解釈したい。この論点はパレート批判に通ずる。すでに述べたように，パレートはさまざまな国について α を実測し，その値がほぼ一定であることを確認した。「このことから，彼[パレート]は，一国における富の分布は経済の仕組みから独立しているか，あるいはほぼ独立しているという決定的に重要な結論を引き出した」とジニは述べた[40]。しかし，ジニによれば，パレート指数 α はジニ指数 δ に較べて，所得分布の計測指標としては感度が低いから，所得分布を α で計れば安定的に見えても，α を δ に換算してみると，パレートとは異なって，どの国も一定であるという結論にはならないと指摘されている。

以上，要するに，ジニはみずから考案したモデル $\log A(x) = \log K - \beta \log x$（ジニ・モデル）とパレート・モデル $\log N(x) = \log H - \alpha \log x$ とを合成して，(8)式 $\left(\dfrac{N(x_1)}{N(x_0)} = \left\{\dfrac{A(x_1)}{A(x_0)}\right\}^{\delta}\right)$ を導出した。ジニの 1909 年論文と 1910 年論文が公刊されて以降は，それまでにパレート・モデルの適合性・現実説明

力に疑問を覚えていた研究者のなかで，とくにパレート・モデルが高額所得者層と低額所得者層の説明力において脆弱であると見ていた論者は，パレート・モデルのあたえるパレート指数 α に替わる尺度としてジニ指数 δ に期待を寄せた。その結果，ジニの集中指数を用いた所得分布の統計的計測が普及することになった[41]。

それだけでなく，ジニは，δ を所得分布の統計的計測指標からさらに一般化して，δ にたいして広く分布の集中度を計測する機能を付与した。次に項を改めてこのことについて述べる。

(2) 分布の集中指標としての δ

すでに述べたように，ジニは，社会の総所得の割合 $\frac{1}{X}$ と人口割合 $\frac{1}{Y}$ とを結びつけるための「しかるべき指数」を追求した（本章1節(3)）。この指数 δ が初めて公表されたのは1909年である。その指数 δ は，後に「ジニ指数」と呼ばれ，今日にいたっているが，ジニみずからは，1909年の時点では，特別の名称をつけることはなかった。しかし，その翌年の1910年になって，ジニは，その指数 δ を「集中指数(indici di concentrazione)」と名づけて，分布の集中度を特徴づけるための1つの統計的尺度として定式化したことはすでに述べた。このことにかんする彼の見解は同一タイトルの次の2つの論文で公表された[42]。

① Gini, C., "Indici di concentrazione e di dipendenza," *Atti della Società Italiana per il Progresso delle Scienze, Terza Riunione, Padova, Settembre 1909*, Roma 1910.

② ditto, "Indici di concentrazione e di dipendenza," *Biblioteca dell'Economista*, Serie V, Vol. XX, 1922.

これらの論文では，元来，所得分布の統計的計測指標として考案された「集中指数」の適用が，以下の(30)式と(31)式で特徴づけられる分布にまで拡張されている[43]。

このことを示すために，今ここで，集団現象 A を構成する n 個の個体の数量的規定性（これをジニは「強度(intensità)」と言っている）を一般に a_i で表す。ただし，$a_j \geq a_{j-1}$ とする（$j \geq 2$）。なお，ジニの「強度」は「集団性の強度」

と言うときの「強度」ではない。

このとき，すべての個体の「強度」の合計と平均は次のようになる。

$$強度の合計：\sum_{i=1}^{n} a_i$$

$$強度の平均：\frac{\sum_{i=1}^{n} a_i}{n} \tag{30}$$

また，強度がもっとも大きい個体から数えて m 個の個体についても同様に，その強度の合計と平均をもとめれば，次のようになる。

$$強度の合計：\sum_{i=n-m+1}^{n} a_i$$

$$強度の平均：\frac{\sum_{i=n-m+1}^{n} a_i}{m} \tag{31}$$

(30)式と(31)式の大小を比較すれば，明らかに，

$$\frac{\sum_{i=n-m+1}^{n} a_i}{m} > \frac{\sum_{i=1}^{n} a_i}{n}$$

となる。また $m < n$ なので次式を得る。

$$\frac{m}{n} < \frac{\sum_{i=n-m+1}^{n} a_i}{\sum_{i=1}^{n} a_i} \tag{32}$$

ここで(32)式の右辺を δ 乗することによって左辺と等しくなるような δ (>1)を考える。このとき，(32)式は次のようになる。

$$\frac{m}{n} = \left(\frac{\sum_{i=n-m+1}^{n} a_i}{\sum_{i=1}^{n} a_i} \right)^{\delta} \tag{33}$$

ジニはこの(33)式を満たす「べき」δ のことを「集中指数」と言っている。とくにこの(33)式のように右辺の「べき」が単一の要素からなるとき，その「べき」のことを「単純集中指数(indici di concentrazione semplici)」と名づけている[44]。

この(33)式(集中指数の一般式)が(8)式(所得分布の集中度にかんする数式)と同値

表 4-10　数式対照表

(33)式	$\dfrac{m}{n} = \left(\dfrac{\sum_{i=n-m+1}^{n} a_i}{\sum_{i=1}^{n} a_i} \right)^{\delta}$	(8)式	$\dfrac{N(x_1)}{N(x_0)} = \left\{ \dfrac{A(x_1)}{A(x_0)} \right\}^{\delta}$
a	個体の強度 ($a_j \geqq a_{j-1},\ j \geqq 2$)	x	所得 ($x_1 > x_0$)
n	個体総数	$N(x_0)$	所得が x_0 以上の世帯数
m	強度がある値 a_{n-m+1} 以上になる個体の個数	$N(x_1)$	所得が x_1 以上の世帯数
$\sum_{i=1}^{n} a_i$	全個体の強度の和	$A(x_0)$	所得が x_0 以上となる世帯の所得の合計
$\sum_{i=n-m+1}^{n} a_i$	強度が a_{n-m+1} 以上となる個体の強度の和	$A(x_1)$	所得が x_1 以上となる世帯の所得の合計

であることは，対照表(表4-10)から明らかである。

ここで最後に，一般化された集中指数と所得分布の関係について述べておく。ジニはパレート・モデル($\log N(x) = \log H - \alpha \log x$)とジニ・モデル($\log A(x) = \log K - \beta \log x$)にもとづいて

$$\dfrac{N(x_1)}{N(x_0)} = \left\{ \dfrac{A(x_1)}{A(x_0)} \right\}^{\delta} \qquad (8)\,[再掲]$$

を誘導し，さらにそれを一般化して(33)式とした。しかし，(8)式は（したがって(33)式が）つねにパレート・モデルとジニ・モデルの両方もしくはいずれか一方を前提しなければ誘導できないというものではない。確かに，それらの2つのモデルを前提にすれば，(8)式を誘導することができる。他方で，(8)式と同値の関係にある(33)式は，そのものとしては，パレート・モデルならびにジニ・モデルとは独立に，(32)式で特徴づけられる分布にたいしてあてはめたモデルであると考えることもできる。(33)式の誘導はこのことを示している。それだけでなく，たとえば，オーストリア(1904年)の所得統計に(8)式（その一般式としての(33)式）をあてはめて，ジニが所得階級ごとに δ を計算した結果(表4-3(5)欄)を見れば明らかなように，δ の値はパレート・モデルとジニ・モデルの両方から独立して所得階級ごとに計算することができる。このとき，その δ は，所得階級別にその値が特定されているという意味で「個別集中指数(indici di conzentrazione particolari)」とも言うべき性質のものである。ジニはこの意味での「個別集中指数」を計算した後に，それらの相加平均を求め，それもまた集中指数と言っている。これには「総合集中

指数(indici di concentrazione sintetici)」という名称をあたえれば，事柄はいっそう明確になる[45]。要するに，「個別」と「総合」を問わず，いずれの集中指数であろうとも，パレート・モデルとジニ・モデルを前提することなく，(33)式(もしくは(8)式)をあてはめて，具体的なデータから集中指数 δ の値を特定することが可能である。

むすび

　パレートは指数 α によって所得分布の比較を試みた。これは，所得分布を関数関係(モデル)で表そうとした最初の試みであった。そのパレート理論がベニーニを介してイタリアに受容された早い段階で，パレート・モデルの現実説明力の低さが問題視されて，ジニ・モデルが構想された。また，ジニは，所得分布の統計的計測指標としてのパレート指数 α の低い感度を論難した。

　さらにジニは，パレート分布を前提とするときに，パレート指数 α と集中指数 δ(ジニ指数)との間には，$\delta = \dfrac{\alpha}{\alpha-1}$ という数学的関係があることを明らかにした(より厳密には，$\delta = \dfrac{\alpha}{\alpha-1}$ を媒介にしてはじめて，パレート分布とジニ分布が結びつけられることを明らかにした)。この δ は，パレート指数 α よりも鋭敏に所得分布の違いを反映する。このことにもとづいて，彼は各地域の δ を計測して，所得分布が「経済の仕組み」から独立して安定的であるとするパレートの見解を批判した。

　このように，ジニの δ は，パレート批判のなかで所得分布の統計的計測指標として構想されたが，その後，所得分布にとどまらない分布の集中度の計測指標としての機能を果たす集中指数 δ として一般化された。ここでは，この一般化された集中指数 δ について，所得分布の計測指標としての機能に限定し，その特徴を要約する。すなわち，集中指数 δ は，第1に，所得分布の集中度を計測する測度としての機能を果たすと考えられた。また，第2には，所得申告率が言われるように低位の所得階級において低いか(税金逃れが低位の所得階級で多いか)どうかの判定基準としても機能するとされた。そして，δ によってハンブルク(1883年)における低位所得階級の低申告率が実

証できたとジニは主張した。

　以上のような意義をもつ集中指数 δ(ジニ指数)は，(23)式($\log N(x) = \delta \log A(x) - \log C$)をそれとして見れば，パレート・モデルを前提とすることなく，コーシーの補間法やその他の補間法(内挿法)(たとえば最小二乗法)によって，独自に統計データから計算することが可能である。そればかりか，表4-10で対照した(8)式や(33)式によれば，所得階級ごとの δ(個別集中指数)とその相加平均たる δ(総合集中指数)は補間法によることなく計算することができる。このために，ジニ指数 δ は，パレート・モデルが成立しているか否かに関係なく，計測可能な指標となりうる可能性を内包している。それは，パレート・モデルへの批判とジニ指数の計測とが併存していることの理由でもある。

　ひるがえって，

$$\frac{1}{Y} = \left(\frac{1}{X}\right)^{\delta} \tag{8}'[再掲]$$

としても定義される所得分布の集中指数 δ の意義を別の側面から考察する。(8)′式からは，δ が $\frac{1}{X}$ と $\frac{1}{Y}$ の関数であると定義し直すことができる。すなわち，(8)′式は

$$\delta = f\left(\frac{1}{X}, \frac{1}{Y}\right) \tag{8}''$$

と書き直すことができる。こうすることによって，所得分布を統計的に計測する指数 δ は，$\frac{1}{X}$(ある社会の総所得のなかに占める特定所得階級の全所得の割合)と $\frac{1}{Y}$(ある社会の総世帯(総人口)のなかに占める当該特定所得階級の世帯数(人数)の割合)の関数として一般化されたことがより明確となる。(8)′式で，個別の所得階級ごとに δ を実測し(これを本書では個別集中指数と名づけた)，さらにこの個別集中指数の相加平均(これを本書では総合集中指数と名づけた)をもとめて，これが社会全体における所得分布の集中度を示す指標になるとジニは考えた。

　これにたいして，パレートの指数 α は分析を特定の所得階級($x > x_1$)に限定する考え方にもとづいている。かくして，ジニは「[パレートの]指数 α は所与の限界を上回る所得についてだけの分布を描くのに適している。この指数は富の全体にかんする分布の不平等性を計測するのではなく，その一部

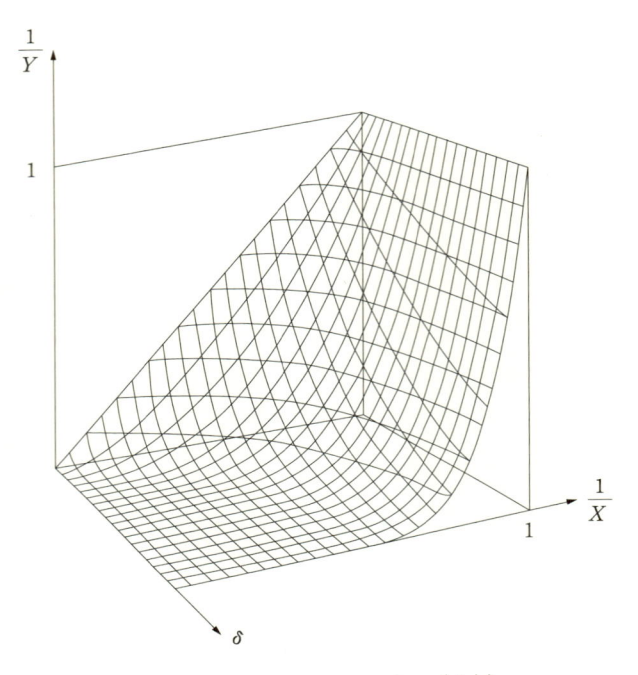

図 4-1　ジニの集中曲面：$\dfrac{1}{Y}=\left(\dfrac{1}{X}\right)^{\delta}$

(注) 理論上，δ 軸の値には上限はないが ($\delta \geqq 1$)，$\dfrac{1}{X}$ と $\dfrac{1}{Y}$ については $0<\dfrac{1}{X}<1$，$0<\dfrac{1}{Y}<1$ である。

分を計測しているだけである」と批判した[46]。

　ここで最後に，(8)′式で表現される所得分布は，$\dfrac{1}{X}$，$\dfrac{1}{Y}$，ならびに総合集中指数としての δ の値に応じて上に示すような曲面でその分布が特定される1つの数理モデルでもあることに注目しておく(図4-1参照)。

　いったい，所得割合$\left(\dfrac{1}{X}\right)$と世帯の割合$\left(\dfrac{1}{Y}\right)$の間の関係として把握される所得分布は，一般には，図4-1に示されるように，総合集中指数 δ の値に応じて一意的に定まるものであろうか。逆に言えば，所得分布はこの図以外にはありえないのであろうか。ジニが集中指数を構想した頃，アメリカではすでに，ローレンツがあの有名な曲線による所得分布の分析手法を公表していた(1905年)[47]。そこでは，関数関係で表現される特定の数学的なモデルを前提とすることなく，所得分布が記述的に分析されている。

このローレンツの研究は，ジニにどのような影響をあたえたのであろうか。ジニは 1914 年に，後にジニ係数と呼ばれる「集中比(rapporto di concentrazione)」R を定式化して，所得分布の統計的計測にかんする研究に新たな地平を開いた[48]。ジニ指数 δ を考案したジニが，さらにジニ係数 G を構想したのは何故であろうか。第 6 章以降ではこれを考察する。

1) ブレシアーニ゠チュッローニはこれを「パレートの第 1 法則」と名づけた(Bresciani-Turroni, Costantino, "On Pareto's Law," *JRSS* (New Series), Vol. 100, Pt. 3, 1937, p. 422)。
2) ① Pareto, Vilfredo, "La legge della domanda," *Giornale degli Economisti*, Serie seconda, Volume X, 1895 [Pareto (1895)]; ② ditto, "La curva delle entrate e le osservazioni del prof. Edgeworth," *Giornale degli Economisti*, Serie seconda, Volume XIII, 1896 [Pareto (1896)]; ③ ditto, *Cours d'Économie Politique*, Tome Second, (Livere III. La répartition et la consommation), Lausanne 1897 [Pareto (1897a)] (イタリア語版：*Corso di Economia Politica*, (Libro Terzo. La ripartizione e il consumo), Secondo Volume, Torino 1942 [Pareto (1942)]); ④ ditto, "Aggiunta allo studio sulla curva delle entrate," *Giornale degli Economisti*, Serie seconda, Volume XIV, 1897 [Pareto (1897b)]。
3) Benini, Rodolfo, "Principii di Statistica Metodologia," *Biblioteca dell'Economista*, Serie V, Volume XVIII, Dispensa 1ª, 1905 [Benini (1905)], p. 186.
4) Pareto (1895), p. 61.
5) Benini, R., "Di alcune curve descritte da fenomeni economici aventi relazione colla curva del reddito o con quella del patrimonio," *Giornale degli Economisti*, Serie seconda, Volume XIV, 1897 [Benini (1897)], p. 178.
6) Gini, Corrado, "Il diverso accrescimento delle classi sociali e la concentrazione della ricchezza," *Giornale degli Economisti*, Serie seconda, Volume XXXVIII, 1909 [Gini (1909)]。これは，本章で考察する「集中指数」(いわゆるジニ指数)が初めて論じられた論文である。
7) Gini (1909), p. 69.
8) Gini, C., "Indici di concentrazione e di dipendenza," *Biblioteca dell'Economista*, Serie V, Vol. XX, 1922 [Gini (1922)], p. 49 では，これらの見解に立つ論者がそれぞれパレートとベニーニであると特定されている。なお，上で Gini (1922) と略記した論文を引用している文献のなかには，その刊行年を 1910 年としているものもある。たとえば，① Savorgnan, Franco, "La distribuzione dei redditi nelle provincie e nelle grandi città dell'Austria," *Pubblicazioni del Museo Commerciale di Trieste*, 1912 [Savorgnan (1912)], p. 5; ② Gini, C., "Sulla misura della concentrazione e della variabilità dei caratteri," *Atti del Reale Istituto Veneto di Scienze, Lettere ed*

Arti, Tomo LXXIII, Parte seconda, Anno accademico 1913-14, p. 1205 [Gini (1914)]; ③ ditto, "Measurement of Income," *Economic Journal*, Vol. 31, 1921, p. 720; ④ Bresciani-Turroni, C., "Annual Survey of Statistical Data: Pareto's Law and the Index of Inequality of Incomes," *Econometrica*, Vol. 7, 1939, p. 118.

9) ① Pareto (1895), p. 61; ② Pareto (1897b), p. 25.
10) Benini (1905), p. 187.
11) Gini (1909), p. 69f. 本章における表記を統一するために，原文の x, y を各々 X, Y とした。
12) Gini (1922), p. 42.
13) たとえば，Gini (1922), pp. 16ff.
14) Gini (1909), p. 73. ただし，明らかなミスプリントや計算の誤りは訂正した。なお，以下で取り扱う対数は，すべて常用対数である。
15) Gini (1909), p. 73.
16) Gini (1909), p. 39.
17) Gini, C., "Indici di concentrazione e di dipendenza," *Atti della Società Italiana per il Progresso delle Scienze, Terza Riunione, Padova, Settembre 1909*, Roma 1910 [Gini (1910)], p. 455.
18) Gini (1909), p. 71. ここに言う「理論値」は，別の箇所では δ の「実測値」として取り扱われている（表 4-6 参照）。
19) Gini (1909), pp. 76ff.
20) Benini (1897), p. 187.
21) Gini (1909), p. 78.
22) Gini (1909), p. 77.
23) Gini (1909), p. 81f.
24) 以下，森田 (1949) と略記。参照頁は p. 142 以下，p. 148 以下である。
25) Gini (1922), p. 42. なお，以下の参考表も参照。

参考表 (15)式の適合性

α	x	(15)式 左辺の値	右辺の値
2.0	300	0.00663348	0.006666666
2.0	500	0.00398803	0.004
2.5	1,000	0.00249563	0.0025
2.5	2,000	0.00124891	0.00125

$\alpha=2.0$, $x=300$ はジニの計算による。

26) (15)式は次のようにすれば，証明できる。

$$1-\left(\frac{x}{x+1}\right)^\alpha = \frac{\alpha}{x} \tag{15}$$

から次のようになる。

$$左辺 - 右辺 = 1 - \left(\frac{x}{x+1}\right)^\alpha - \frac{\alpha}{x}$$
$$= 1 - \left(\frac{1}{1+\frac{1}{x}}\right)^\alpha - \frac{\alpha}{x}$$

ここに，xが大きくなるとき，αの値の如何にかかわらず，第2項は1に収束する。また，前提からαは小さく，xは大きいので，xが十分に大きくなるとき，第3項は0（ゼロ）に収束する。したがって，極限では，「左辺－右辺」の値は，1－1－0となって，ゼロである。このとき，左辺＝右辺となって，結局，(15)式が証明される。

q. e. d.

27) 森田(1949), p. 124以下, p. 128以下；②高山憲之「分配」『経済学大辞典(第2版)』第Ⅰ巻，東洋経済新報社，1980年, p. 424。
28) 森田(1949), p. 148以下。なお，(22)式の証明はCzuber, Emanuel, "Beitrag zur Theorie statistischer Reihen," *Versicherungswissenschaftlichen Mitteilungen*, Neue Folge, Vol. 9, 1914, p. 160f. で試みられている。
29) Gini (1922), p. 44. ここに言う「実測値」は，Gini (1909), p. 71ではδの「理論値」とされていた(注18参照)。
30) Benini (1905), p. 186. 本書第3章(p. 50)参照。
31) Gini (1922), pp. 44ff.
32) Gini (1922), p. 47.
33) Gini (1922), p. 48.
34) すでに指摘したように，$\delta = \frac{\alpha}{\beta}$でもあるから，$\delta = \frac{\alpha}{\beta} < \frac{\alpha}{\alpha-1}$であれば，$\beta > (\alpha-1)$である。なお，引用文中の$\delta$は実測値$\delta'$のことである。
35) Gini (1922), p. 47.
36) Gini (1922), p. 49. ここに(Ⅵ式)と(Ⅶ)式のNおよび(Ⅵ)式のAは本章の表記法ではそれぞれ$N(x)$と$A(x)$である。また(Ⅵ)式のKは(23)式のCである。
37) Gini (1922), p. 49.
38) ① Pareto (1895), p. 61; ② Pareto (1897a), p. 312 (Pareto (1942), p. 344).
39) 「このような方法によって，パレートはさまざまな場所や時期における所得分布が同一の単純な法則に従っているということを明らかにした。……内挿直線の傾きは係数αによってあたえられ，その値は1.5の付近で変動する」(Benini (1905), p. 187)。
40) Gini (1922), p. 40. 資本主義経済の発展にともなってαが減少する(不平等が強まる)ことについてはBresciani, Costantino, "Dell'influenza delle condizioni economiche sulla forma della curva dei redditi," *Giornale degli Economisti*, Serie seconda, Volume XXXI, 1905および本書第3章参照。上記論文の執筆者BrescianiはDtD 1のBresciani-Turroni, Costantinoと同一人物である。
41) 「ジニの式のほうがパレートの式よりも，富の集中を計測するには好ましいものである。なぜならば，各所得階級の人数と所得の総合計が直接(direttamente)に考慮されており，これら2つの要素が集中の概念のなかに取り込まれているからである」

(Porru, Emanuele, "La concentrazione della ricchezza nelle diverse regioni d'Italia," *Studi Economico-Giuridici Pubblicati per Cura della Facoltà di Giurisprudenza*, Istituto Economico-Giuridico, R. Università di Cagliari, Anno IV, Parte prima, 1912, p. 114. 強調はポッルー)。この点は後の論文(Gini (1922))ではさらに論旨が鮮明になった。なお，上に引用したポッルーの見解と同趣旨の論述については，次も参照。① Furlan, V., "Neue Literatur zur Einkommensverteilung in Italien," *Jahrbücher für Nationalökonomie und Statistik*, III. Folge, 42. Band, 1911; ② Savorgnan (1912).

42) ①の冒頭ページ (p. 453) には，その論文が「すでに公刊された」論文②の要約であるという趣旨の脚注がある。また，文献②が *Biblioteca dell'Economista*, Serie V, Vol. XX に収録されていることについては，確認済みである。②を引用している論文のなかには，その刊行年が 1910 年となっているものもあることは，すでに注 8 で述べた。

43) ① Gini (1910), pp. 454ff.; ② Gini (1922), pp. 6ff.

44) これにたいして，「べき」が複数の要素からなっているときには，その「べき」を「複合集中指数 (indice di concentrazione compresso)」と言っている (Gini (1922), p. 7)。

45) 「個別集中指数」と「総合集中指数」は筆者の造語である。

46) Gini (1922), p. 48.

47) Lorenz, Max O., "Methods of Measuring the Concentration of Wealth," *Publications of the American Statistical Association*, No. 70, 1905.

48) Gini (1914).

第5章　ローレンツ曲線の形成

はじめに

　所得分布研究のための統計的手法は次のように2つに大別されることがある[1]。第1は「所得の大いさと所得者の員数との間の函数的な関係を，一般化して一つの法則を確立しようとする試み」である。所得分布を数理モデルで表現しようとしたパレート法則は，この試みの嚆矢であり，また，その代表格でもある。所得分布研究のための第2の手法は，「所得分布の不均等度を測る単一の尺度を見出そうとする試み」である。この数値尺度として著名なものの筆頭に挙げられるべきは，イタリアの統計学者コッラド・ジニの名にちなんで命名された指標(ジニ係数)であろう[2]。

　ローレンツ曲線による所得分布の研究はこの2つのいずれにも属さない。なぜならば，第1に，パレート法則によるようなモデル分析ではないからである。また，第2には，ローレンツ曲線はグラフによって所得分布を総体として記述的に表現しており，単一の数値尺度——統計学的な表現によれば単一の誘導統計値——の導出・計算を目的とするものではないからである。このように考えるとき，ローレンツ曲線による所得分布研究は，上述の2つの手法とは別の第3の手法と見るべきである[3]。

　それでは，このようなローレンツ曲線によるグラフ分析法は，今日ではどのように取り上げられているのであろうか。ローレンツ曲線は，所得分布(分配)の不平等性を視覚に訴えて表現する。このために，それが初めてアメリカ統計学会の機関誌に公表された1905年[4]以降，所得分布を時間的・場所的に比較する目的で活用されてきた。しかし，最近では，そのような現実

分析の手法としてというよりはむしろ，ローレンツ曲線と所得均等直線で作られる図形の面積(λ)を2倍したものがジニ係数(G)に等しい($G=2\lambda$)という数学的性質を利用し，ジニ係数を視覚的に説明するための用具としてローレンツ曲線が用いられることが多い[5]。また，2本のローレンツ曲線が交差する場合においても，ジニ係数によれば2つの所得分布にかんする時間的・場所的比較を数値で明証的になしうるとして，あえてローレンツ曲線を描くまでもないと考えられることも少なくない。ローレンツ曲線による所得分布研究は，ジニ係数が登場する前段の試みとして，言わば序論的好題目としてのみ言及されることもある。

しかしながら，所得分布にかんする研究の理論史では，ローレンツ曲線で表現される所得分布の不平等性を「社会厚生関数」によって理論的に解明しようとする試みがアトキンソンによってなされている[6]。そして，その研究にもとづいて彼はアトキンソン尺度[7]と命名された指標を構想した。

さらにまた，P. C. マハラノビス(インド)は「等区分グラフ分析法(fractile graphical analysis)」を応用して，ローレンツ曲線を2変量(たとえば家計における消費支出総額と穀類消費支出額)に拡張した[8]。現在では，「等区分グラフ分析法」は，特筆すべき彼の業績として評価されている[9]。

ローレンツ曲線の適用領域を拡充する試みはそれにとどまらない。たとえば，ジェネラル・エレクトリック社の在庫管理にH. フォード・ディッキーが考案したABC分析のためのグラフ[10]や工業製品の品質管理(QC)分野におけるJ. M. ジュランの「パレート図」[11]はローレンツ曲線のバリアントと見ることができる。

以上に述べたように，ローレンツ曲線は，アトキンソンの研究を誘発しただけでなくて，所得分布研究以外の分野でも研究を進展させ，新たなグラフ分析法を生み出している。

その考案者ローレンツは，ゴッシェン(イギリス王立統計協会会長)，エリー(アメリカ・ウィスコンシン大学)，ヴォルフ(スイス・チューリヒ大学)，セートビア(ドイツ(プロイセン))，ホームズ(アメリカ・マサチューセッツ州労働統計局)，アダムズとサマー(いずれもアメリカ・ウィスコンシン大学)，パレート(スイス・ローザンヌ大学)の業績を検討して，あの曲線を構想するにいたった。そして，彼は，

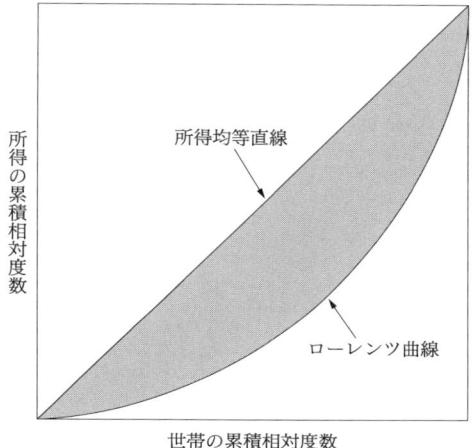

図 5-1 ローレンツ曲線

1905 年論文のなかでその曲線の有効性を主張した。そこで，本章では，上にその名を掲げた論者の所説を取り上げ，それらにたいするローレンツの見解について紹介する。そして，ローレンツ曲線とその先行研究との関係を明らかにしてローレンツ曲線の形成を考察する。

1. ローレンツ曲線の特性と先行研究の概要

(1) ローレンツ曲線の特性

よく知られているようにローレンツ曲線は図 5-1 で示される。以下でローレンツによる諸家の見解にたいする批判的検討を考察するに先立って，あらかじめ，この曲線の特性について述べておく[12]。

① **所得階級別の人数・所得額の変化があたえる影響**
ⅰ．所得階級別の所得額は不変であるが，どの階級でも人数が等しく r 倍に変化する場合（$r>0$）。

　この場合にローレンツ曲線がどのように変化するかを考えるために，表 5-1(a)(次頁)を用いることにする。所得階級別の所得額 f_i が，どの階

表5-1(a) ローレンツ曲線のデータ(その1)

所得階級	基準時点				比較時点*		
	人数	所得	人数の相対度数	人数の累積相対度数 (1)	人数	人数の相対度数	人数の累積相対度数 (2)
1	N_1	f_1	N_1/N	N_1/N	rN_1	$rN_1/rN=N_1/N$	N_1/N
2	N_2	f_2	N_2/N	$(N_1/N)+(N_2/N)$	rN_2	$rN_2/rN=N_2/N$	$(N_1/N)+(N_2/N)$
⋮	⋮	⋮	⋮	⋮	⋮	⋮	⋮
i	N_i	f_i	N_i/N	$(N_1/N)+\cdots+(N_i/N)$	rN_i	$rN_i/rN=N_i/N$	$(N_1/N)+\cdots+(N_i/N)$
⋮	⋮	⋮	⋮	⋮	⋮	⋮	⋮
n	N_n	f_n	N_n/N	$(N_1/N)+\cdots+(N_n/N)=1$	rN_n	$rN_n/rN=N_n/N$	$(N_1/N)+\cdots+(N_n/N)=1$
合計	N	F	1		rN	1	

＊ $0<r<1$ のときは人数の減少，$r>1$ のときは人数の増加を意味するが，いずれの場合でも(すなわち $r>0$ のとき)，この表は妥当する。

級についても不変であれば，所得の累積相対度数もまた不変である。このとき，階級別の人数だけがすべての階級で一律に r 倍増加した($N_i \to rN_i$)としても，表5-1(a)の(1)欄と(2)欄を比較すれば明らかなように，人数の累積相対度数に変化はないことが分かる。すなわち，このような場合には，所得についても人数についてもその累積相対度数は不変である。したがって，ローレンツ曲線は基準時点と比較時点で変わることがなく，同一の曲線となる[13]。

ⅱ．所得階級別の人数は不変であるが，どの階級でも所得額が等しく k 倍に変化する場合($k>0$)。

ⅰと同じことは，所得階級別の人数は不変であるが，階級別の所得額が，どの階級も一律に k 倍だけ増加したときにも妥当する。次頁の表5-1(b)から明らかなように，所得額の累積相対度数は，基準時点と比較時点とでは同一だからである((1)′欄，(2)′欄参照)。

ローレンツ曲線のこのような特性について，高山憲之は「すべての構成員の所得が一律に a 倍になっても不平等度は変化しない。いわばパイの切り方だけが問題で，パイそのものの大きさは問わない。これは貧しきを憂えず，等しからざるを憂うという社会の判断である」と述べている[14]。これは，ローレンツ曲線が，(累積)相対度数を用いた不平等度の測定を企図したものだからである[15]。

表5-1(b)　ローレンツ曲線のデータ（その2）

所得階級	基準時点				比較時点*			
	人数	所得	所得の相対度数	所得の累積相対度数(1)′	所得	所得の相対度数	所得の累積相対度数(2)′
1	N_1	F_1	F_1/F	F_1/F	kF_1	$kF_1/kF = F_1/F$	F_1/F
2	N_2	F_2	F_2/F	$(F_1/F)+(F_2/F)$	kF_2	$kF_2/kF = F_2/F$	$(F_1/F)+(F_2/F)$
⋮	⋮	⋮	⋮	⋮	⋮	⋮	⋮
i	N_i	F_i	F_i/F	$(F_1/F)+\cdots+(F_i/F)$	kF_i	$kF_i/kF = F_i/F$	$(F_1/F)+\cdots+(F_i/F)$
⋮	⋮	⋮	⋮	⋮	⋮	⋮	⋮
n	N_n	F_n	F_n/F	$(F_1/F)+\cdots+(F_n/F)=1$	kF_n	$kF_n/kF = F_n/F$	$(F_1/F)+\cdots+(F_n/F)=1$
合計	N	F	1		kF	1	

＊ $0<k<1$ のときは所得の減少，$k>1$ のときは所得の増加を意味するが，いずれの場合でも（すなわち $k>0$ のとき），この表は妥当する。

② 匿名性

ローレンツ曲線の特性として高山憲之は以下のことも指摘している。ローレンツ曲線では，特定の個人の所得や特定の個人間の所得格差は問題とされない。そこでは，「パイの切り方が同じでさえあれば，だれがどの部分を受け取ろうとそれは考慮しない……」。この特性を高山は「匿名性」と名づけ，「ある特定の個人がつねにもっとも小さなパイを受け取っているということは重大な経済問題である。ローレンツ曲線による判定はこの問題を対象としていない」と指摘している[16]。

③ ローレンツ曲線の交差

ローレンツ曲線で所得分布の時間的・場所的な比較を行おうとするとき，2本あるいはそれ以上の曲線が交差することがある。この場合には，比較が困難である。この悩ましい特性については，ローレンツはすでに1905年論文を執筆したときに気づいていたが，ローレンツ曲線の特性ないし難点としてしばしば指摘されている[17]。

④ ローレンツ曲線とジニ係数

すでに述べたように，ジニ係数 G は，ローレンツ曲線と所得均等直線で囲まれた領域の面積（λ：ジニの「集中面積」）の2倍に等しい（$G=2\lambda$）。言い尽くされていることであるが，そうであればこそ，これもまた，ローレンツ曲線の特性として，ここでは，あえて指摘しておく。

(2) 先行研究の概要

今日，一般的に見られるローレンツ曲線は，すでに図5-1に示したとおりである。しかし，1905年のローレンツ論文のグラフでは，横軸に所得の累積相対度数が，また，縦軸に人員の累積相対度数が表示されていて，図5-1とは逆に上に凸となっている(後掲の図5-5と図5-6参照)。この違いを別とすれば，いずれの様式のグラフにおいても，ローレンツ曲線の形状については次の2つの特徴が確認できる。第1は，所得階級を媒介として所得と人員(世帯)とが対応しているということである。ローレンツ曲線のこの特徴は，ゴッシェン，エリー，ヴォルフ，セートビア，ホームズ，アダムズとサマーの見解を検討することから生まれた。

ローレンツ曲線の第2の形状的特徴は，横軸の数値と縦軸の数値(累積相対度数)がいずれも対数変換されていないということである。この特徴は，「パレート法則」の批判的検討の帰結であると考えられる。

本章では，これらの特徴をもつローレンツ曲線の構想を生み出した先行研究を取り上げて考察する。それに先立って，以上のような2つの形状的特徴をもつグラフ分析法を構想したローレンツに先行する論者を，ローレンツが1905年論文で取り上げた論者に限って，あらかじめ論点ごとに整理しておく。

図5-2には，ローレンツの1905年論文で言及されている論者の名前を記載した(次頁)。(1)欄はローレンツと同一基調にある直接先行者である。

(2)欄～(4)欄の論者は，(3)欄のボーレー，アダムズ＝サマーを除いて，ローレンツが1905年論文で批判した先行研究者である。すなわち，(2)欄には，所得階級別に所得分布を研究した論者を入れた。(3)欄には，相加平均やメディアンなどの単一の誘導統計値によって所得分布を研究した論者を記入した。そのうち，セートビアだけは上記2つの方法を併用したので，欄央に記載した。最後に，(4)欄には分布モデルによって所得分布を研究したパレートの名を記した。

以上を予備的考察として，以下では，各々の論者の見解にたいするローレンツの見解を検討する。すなわち，「2．ローレンツの先行研究(1)」では，

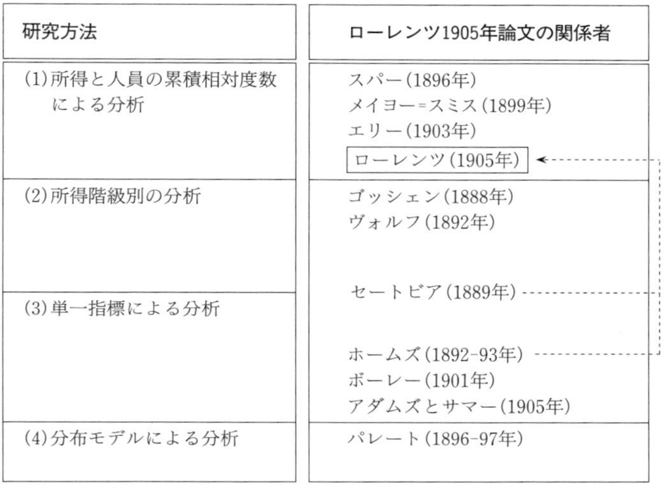

第 5 章　ローレンツ曲線の形成　　105

研究方法	ローレンツ1905年論文の関係者
(1) 所得と人員の累積相対度数による分析	スパー (1896年) メイヨー＝スミス (1899年) エリー (1903年) ローレンツ (1905年)
(2) 所得階級別の分析	ゴッシェン (1888年) ヴォルフ (1892年)
(3) 単一指標による分析	セートビア (1889年) ホームズ (1892-93年) ボーレー (1901年) アダムズとサマー (1905年)
(4) 分布モデルによる分析	パレート (1896-97年)

図 5-2　ローレンツ曲線の関連研究者
(注) 本章で言及した論者に限定した。(　) 内は関連論文の刊行年。

ローレンツ曲線がもっている 2 つの形状的特徴のなかから，その第 1 の特徴 (所得と人員の結合) を取り上げ，それにかかわる論者の見解を検討する (図 5-2 の (1) 欄～(3) 欄参照)。また，「3．ローレンツの先行研究 (2)」では，ローレンツ曲線の第 2 の特徴 (対数変換されていない目盛) にかかわる論点 (パレートの見解) を取り上げる (図 5-2 の (4) 欄参照)。

2．ローレンツの先行研究 (1)

(1)　ジョージ・J. ゴッシェン[18] (イギリス王立統計協会)

「もっとも古典的な為替理論」[19] の創唱者として著名なゴッシェンは，1887 年 12 月 6 日に王立統計協会において会長就任記念講演を行った。彼は，この講演において同国国民の所得分布にかんする各種の官庁統計 (とくに所得税や相続税にかんする税務統計) を活用して，当時よく言われていたような，一部の豊かな国民への富の集中は認められず，むしろ，中産階級の富裕化の進行だけでなくて，諸国民への富の拡散も確認できると述べた[20]。そしてゴッ

表 5-2　所得税納税申告件数

所得(ポンド)	1877 年	1886 年	増加率(%)
150～500	285,754	347,021	＋21.4
500～1,000	32,085	32,033	なし
1,000～5,000	19,726	19,250	－2.5
5,000 超	3,122	3,048	－2.3

(出所) Goschen, G. J., "The Increase of Moderate Incomes," being the Inaugural Address of the President of the Royal Statistical Society, Session 1887-88, Delivered 6th December, 1887, at Wallis's Room, *JRSS*, Vol. 50, 1887, p. 605.

　シェンは,「社会主義的な基礎の上に社会を人為的に再構築しようと主張する人もいるが, しかし, 私に言わせれば, 現実にはある種の静かなる社会主義が進行している。富をより広い範囲にわたって分配しようとする静かな動きが進んでいるのであって, それはどのような観点から見ても, 私には国民的な慶事であるように思われる」[21]と述べている。

　このゴッシェンの講演があった年は, チャールズ・ブースによって後に実施された大規模なロンドン調査の「パイロットサーベイ」(イーストホープ)と位置づけられている港湾荷役労働者居住地域(イースト・エンド：東部ロンドン)の調査結果が『王立統計協会雑誌』に掲載された年でもある。この調査は, ロンドン市民の25％が貧困状態にあると主張した社会民主同盟のH. M. ハインドマンの見解を快く思わなかったブースが, ロンドン市民の暮らし向きを実際に確かめようとして始まったと言われている[22]。このブース調査とゴッシェン講演を重ね合わせてみれば, 講演のなかでハインドマンの名は挙げられていないものの, ゴッシェンは彼の見解を意識し, 統計をもってそれに反論しようとしたのではあるまいかという推理が成り立つ余地もあろう。

　ゴッシェンは富の(集中ではなくて)拡散が進行していることを統計で示そうとして, およそ20葉の統計表を引用している。ローレンツは1905年論文ではそのなかから1枚の統計表(表5-2)だけを引用して, ゴッシェンの見解を批判的に検討している。

　ゴッシェンは表5-2から,「比較的多数の人々の手には比較的少額の富しか分配されていない傾向」を読み取っている[23]。それにもかかわらず, 彼は別の多数の統計表を用いて富の拡散を統計的に実証しようとした。これにた

いして，ローレンツはゴッシェンの主張そのものには論評を加えることなく，ゴッシェンの分析手法に限定して，これを批判的に検討する目的で，表5-2のみを取り上げた。そして，そのような形式の統計表に依拠する分析の欠陥を次のように指摘した。すなわち，表5-2のように表側に所得金額を記載する形式の統計表によれば，各所得階級ごとの富の「絶対的増加ないし減少」を把握することが可能ではあるが，「上のような表[表5-2]からは，富が集中しているか拡散しているかを判断することはできない。なぜならば，第2時点[1886年]における5,000ポンド超の所得者[3,048人]は，全所得者[401,352人]のなかでは比較的小さい割合[0.8%]となっているものの，その層の所得[総額]は全所得のなかで相当大きな比率を占めているからである」[24]。要するに，表5-2のような形式の統計表では少人数による富の集中的占有が隠蔽されてしまうとローレンツは考えたのである。彼によれば，表5-2と同じ形式の統計表を用いた所得分布の研究は，他の論者によっても行われている。所得階級別の人数(実数と構成比)による分析がゴッシェンに特有ではないことから，ローレンツは，最初にそのような手法を取り上げて，それによっては事態の正確な把握にはいたらないと批判した。そして，ローレンツは，この論点については，1905年論文の読者にエリーの業績を参照するよう要請している。そこで，次に項を改めて，エリーの見解を見ることにしたい。

(2) 　リチャード・T. エリー[25] (アメリカ・ウィスコンシン大学)

① 所得の階級区分の固定化

1905年論文でローレンツはエリーの著作のタイトルを記載して，読者にはそれを参照するようにもとめているだけで，それについて紹介や論評を行ってはいない。しかし，直接，エリーの著書をひもとくことによって，ゴッシェンにたいするローレンツによる批判の趣旨がより明確になる。

以下ではゴッシェン批判との関係でエリーの見解を見るが，その前に，エリーの基本的な考え方について触れておく[26]。エリーは，社会構成員のすべてにたいして所得が等分配される社会の実現を望んではいない。むしろ「特別の努力」をした人には「特別の報酬」があたえられる社会に是非の余地はなく，したがって，「所得の不平等性」を特徴とする社会のありようを当然

表 5-3 所得分布の数値例

基準時点		比較時点	
所得(ドル)	人数(人)	所得(ドル)	人数(人)
1	1	2	1
3	1	6	1
5	1	10	1
7	1	14	1
9	1	18	1
11	1	22	1
13	1	26	1
15	1	30	1
17	1	34	1
19	1	38	1

(出所) Ely, R. T., *Studies in the Evolution of Industrial Society*, New York and London 1903, p. 258 より作成。

のことと見ている。しかし，エリーは，「産業の有力者たちはリーダーシップを発揮しているのだから，そのことにたいして報酬を支払わなければならないが，社会は必要以上に高額の代価を彼らに支払っているということはありそうにないことではない」と婉曲な表現をして，アメリカでは富の拡散（均等化）ではなくて，富の集中化傾向が見られることを示唆している[27]。このような現実を踏まえて，エリーはその著書『産業社会の発展にかんする研究』(1903年)の第6章「富の集中と拡散」で次のような課題をみずからに課して，所得分布の不平等度の統計的計測にかんする考察を進めている[28]。

　「前世紀には富の生産が著しく増大したことについては，大方が一致した意見にいたっている。……しかし，この富が実際にどのように分配されているか，そしてまたどのように分配されるべきかという2つの問いにたいしてはまったく意見は一致していない。もちろん富が平等には分割されていないということを，われわれはみな知っている。ある者はすこぶる裕福で，またある者はとても貧しい。これらの人々は例外であろうか。裕福な人々は大量に存在しているのだろうか。多くの人々が貧しいのは，少数の人々が非常に豊かだからなのであろうか。事実がどうであるにせよ，不平等の規模はどの程度であろうか。」

　エリーはこの課題に取り組むためには統計による計測が必要であるとして，

表 5-4　度数分布表(エリーの数値例)

所得階級(ドル)	基準時点(人)	比較時点(人)
0 以上〜 5 未満	2	1
5 以上〜10 未満	3	1
10 以上〜15 未満	2	2
15 以上	3	6

(出所) 表 5-3 に同じ(p. 259)。

表 5-5　比較時点における所得分布(エリーの数値例)

所得階級(ドル)	人数
0 以上〜10 未満	2
10 以上〜20 未満	3
20 以上〜30 未満	2
30 以上	3

(出所) 表 5-3 に同じ(p. 259)。

所得分布の不平等度の統計的計測にかんする方法を考察した。以下では，エリーの見解を，ローレンツによるゴッシェン批判との関連で見ることにする。

　エリーは，社会の構成員の所得が一様に 2 倍になった場合を，数値例として挙げている(前頁表 5-3)。エリーによれば，もっとも豊かな人ともっとも貧しい人の所得額の比は，基準時点においても比較時点においてもいずれも等しく，19：1 となっており，したがって，1 人あたりの富が一律に 2 倍になっても，集中の度合いには変化がなかったと見ることができる。

　しかし，表 5-4 のような度数分布表を作成してみると，基準時点よりも比較時点のほうが所得は上方にシフトして，全体として豊かになったように見ることもできる。この表 5-4 についてエリーはこのような階級区分は正しくなく，構成員全体の所得が 2 倍に上昇した比較時点では，「1 人あたりの富の増加にしたがって，階級区分を変えなければならない」と述べて，表 5-5 のような度数分布表を掲げた。この表 5-5 の階級区分の個数(4 個)は表 5-4(基準時点)と同一であり，しかも各階級内の度数もまた基準時点における度数とまったく同一である。このことから，エリーは比較時点では「変化がないことが分かる」と主張した[29]。このエリーの見解は，所得階級の区分を固定して 2 時点で所得分布を比較するときの難点にたいする批判と見ることができる。ローレンツは，上述したエリーの見解に依拠して，ゴッシェン

(所得階級区分の固定化)を批判したのである。

② 2つの方法

上に見たように,エリーは時間の変化とともに所得階級区分を変えて(換言すれば,所得階級を時間的変化とともに相対化して),所得分布を研究することの意義を強調した。そして,そのような指摘に続けて,次のように述べている[30]。

「大富豪の増加を研究するとき,[所得階級区分の変更にかんする]これらの考察の実際的応用にかんする意義が明らかになる。その人数の増加はそれ自体,集中が強まっていることを示す証拠ではない。疑うまでもなく,1人あたりの富は前世紀に増大した。しかし,今では大富豪階級の意味は往時とは異なっている。今日における100万ドルクラスの富豪の人数を1850年の所得者と較べるには,[当時の]50万ドルクラスの富豪の人数と対照するほうが,より正確であると言えよう。これと似たような理由で,比較的貧困な階級の絶対的改善は富の集中の強化と並行して進行すると言える。労働者は,絶対額で見ればより高い賃金を得るようになっているが,しかし,それが富の増加に十分に見合う額とはなっていない。たとえば,ある時期の全生産物10単位のうち賃金が5単位であり,その後,全生産物が30単位となって,そのうち賃金が10単位となったとすれば,賃金は2倍になったとはいえ,分け前は2分の1から3分の1へと減少したことになるであろう。」

このようにエリーは述べて,所得分布(の集中と拡散)を考察するときには,所得の絶対額だけではなくて,相対的な見方を見失わないように注意している。エリーは,所得の絶対額に着目して所得分布を考察する方法のことを「直接的方法(direct method)」と言い,他方,ある所得階級が社会全体に占める重みに注目して,所得分布を研究する方法のことを「間接的方法(indirect m.)」と言っている。ローレンツ曲線の構想は,この後者の方法(相対度数を用いる所得分布研究法)にもとづいている。ローレンツ曲線が描かれるグラフでは,横軸と縦軸の両方に累積相対度数が尺度として設けられているからである。

エリーはこの「間接的方法」を,1886年と1896年におけるバーデン大公

表 5-6(a)　バーデン大公国における所得分布(1886年)

所得階級(マルク)	人数 実数(人)	構成比(%)	所得額 実数(マルク)	構成比(%)
I.　　 500-　　 900	202,034	63.70	127,362,100	31.58
II.　 1,000-　 1,400	53,703	16.93	62,289,900	15.44
III.　 1,500-　 2,900	42,144	13.29	82,948,800	20.57
IV.　 3,000-　 4,900	11,635	3.67	43,125,900	10.69
V.　 5,000-　 9,900	5,482	1.72	36,065,200	8.94
VI.　10,000- 19,500	1,582	0.50	20,719,500	5.14
VII.　20,000- 24,500	206	0.06	4,517,000	1.12
VIII.　25,000- 29,000	122	0.04	3,293,500	0.82
IX.　30,000- 39,000	105	0.03	3,540,000	0.88
X.　40,000- 49,000	59	0.69* 0.02	2,546,000	12.78* 0.63
XI.　50,000- 74,000	70	0.02	4,154,000	1.03
XII.　75,000- 99,000	17	0.00	1,435,000	0.36
XIII. 100,000-149,000	22	0.01	2,625,000	0.65
XIV. 150,000-199,000	11	0.00	1,809,000	0.45
XV. 200,000-	18	0.01	6,864,000	1.70
合計	317,196	100.00	403,294,900	100.00

(訳注)　＊引用者による(破線も同様)。
(出所)　*Handwörterbuch der Staatswissenschaften*, 2nd edn., Vol. III, p. 369f. ただし，引用は，表5-3に同じ(p. 261)。

国の所得統計に適用した。彼が掲げた表5-6(a)からは，1886年のバーデン大公国においては第VI階級以降(年収10,000マルク以上の階級)に属する人口が全体の1％未満(0.69％)であること，そして，次頁の表5-6(b)からは，1896年に同じ所得階級グループに属する人口が，同様に1％に満たない(0.78％)ことが分かる。エリーによれば，「これらの統計表から保守的な考えの人たちは1886年と1896年のいずれにおいても，富はさほど集中していないと結論するかもしれない」[31]。しかし，エリーは，ここでチャールズ・B. スパー[32]の方法に従って，特定の所得階級に属する人口割合とその所得階級に属する人口が占有する富の割合とを組み合わせて，この統計表を読むべきであると主張した。そして，エリーは「1886年においてはもっとも貧しい3分の2 [63.70％]の人々[第I階級]が全所得の約3分の1 [31.58％]を有し，他方で，もっとも富裕な0.69％の人々[10,000マルク以上の所得階級(第VI階級より上の所得階級)]は[全所得の] 12.78％を占有している」と述べ，富が少数の者の手中に集中していることを示唆した[33]。

　エリーによれば，このようにある所得階級(もしくは所得階級群)に属する人口

表 5-6(b)　バーデン大公国における所得分布(1896年)

所得階級(マルク)	人数 実数(人)	人数 構成比(%)	所得額 実数(マルク)	所得額 構成比(%)
I.　　500-　　　900	235,729	59.37	155,468,100	28.48
II.　　1,000-　　1,400	78,319	19.73	90,263,900	16.54
III.　　1,500-　　2,900	57,252	14.42	112,868,000	20.67
IV.　　3,000-　　4,900	15,234	3.84	56,249,800	10.30
V.　　5,000-　　9,900	7,395	1.86	49,054,700	8.99
VI.　　10,000-　19,500	2,103	0.53	27,836,500	5.10
VII.　　20,000-　24,500	280	0.07	6,166,500	1.13
VIII.　25,000-　29,000	161	0.04	4,317,000	0.79
IX.　　30,000-　39,000	188	0.05	6,372,000	1.17
X.　　40,000-　49,000	116	0.03 (0.78*)	5,098,000	0.93 (15.02*)
XI.　　50,000-　74,000	116	0.03	7,023,000	1.29
XII.　　75,000-　99,000	39	0.01	3,407,000	0.62
XIII.　100,000-149,000	47	0.01	5,753,000	1.05
XIV.　150,000-199,000	21	0.00	3,532,000	0.65
XV.　　200,000-	28	0.01	12,481,000	2.29
合計	397,028	100.00	545,890,500	100.00

(訳注)　＊引用者による(破線も同様)。
(出所)　*Handwörterbuch der Staatswissenschaften*, 2nd edn., Vol. III, p. 369f. ただし，引用は，表5-3に同じ(p. 261)。

の相対度数(もしくは累積相対度数)と当該所得階級に属す人口が占有する富の割合またはその累計(すなわち相対度数もしくは累積相対度数)という2つの標識を組み合わせて，所得分布の集中ないし拡散を研究しようとする試みは，彼が依拠したスパーに特有の方法ではない[34]。本章の課題はローレンツの1905年論文のなかでその先行研究として引用されている文献にもとづいて，諸家の見解を回顧し，ローレンツ曲線の出自を明らかにすることにあるので，この点についてはこれ以上の言及は差し控える。そして，ここでは，エリー(およびその先行研究者)が，ローレンツに先立ってすでに人口と所得を組み合わせて(累積相対度数によって)所得分布を，その総体において捉えようとしていたことを確認するにとどめたい。ローレンツはその1905年論文のなかで「社会の構成員をより豊かな半分とより貧しい半分という2つの階級に単純に分割し，そして全所得ないしすべての富の割合の変化に着目すれば，限定的ではあるが，しかし，きわめて一般的な結果に，つねに到達することができる」[35]と述べて，この箇所には，この考え方がエリーの著書によって示唆を受けたという趣旨の注記がある。このことからも，ローレンツ曲線の形成

第 5 章　ローレンツ曲線の形成　　113

にとってエリーの業績は重要な役割を演じたことが分かる。

(3)　ユリウス・ヴォルフ[36]（スイス・チューリヒ大学）

① **基本的な考え方**

　以下で取り上げる『社会政策体系』(シュツットガルト，1892 年)をヴォルフが執筆した頃,「富者はますます豊かに，貧者はますます貧しくなる。この社会的対立はいっそう激化する」という考え方が，ドイツはもとより，イギリス，アメリカ，ロシアなど，各国の「公式見解」となっていた。たとえば，1892 年 1 月 6 日付けの『アルゲマイネ・ツァイトゥンク』紙には,「労働者階級の 90％にのぼる人々の生活は困窮しており，極度の窮乏生活を送っている。これにたいして，われわれ無為徒食の人々は，芸術に，科学にと金銭を費消し，毎年，安楽で裕福に治安を守られて生活している」というトルストイの発言が掲載された[37]。この見解と同一基調にあるものとして，ヴォルフは,「土地共有によってのみあらゆる社会的弊害は除去され，神の意志＝自然法に合致する真の共和国が建設され得ると考えた」[38]と言われているアメリカのヘンリー・ジョージの著作から次の文章を引用している[39]。

　　「いわゆる物質的進歩の影響は，最下層の人々の状態を，望ましい幸福な生活の本質的なニーズに合うように改善するには，けっして役立たないように私には思われる。それだけでなく，社会進歩の狙いはそれらの人々の状態をさらに悪化させることにあるようにも思われる。新しいさまざまな力は，当然ながら，非常に高揚してはきているが，長らく望まれ，また信じられてきたように，社会構造の下層階級から作用しはじめるのではなくて，中位あるいはそれよりも上位の階層にたいして作用するのである。社会を貫通して打ち込まれる巨大なくさびのようなものが存在している。くさびが打ち込まれた境目から上にいる人々は，高められる。しかし，それよりも下の人々は抑圧されている。」

　ヴォルフは「富者はますます豊かに，貧者はますます貧しく (die Reichen immer reicher, die Armen immer ärmer)」という考え方が「公式見解」となっていることを例証しようとして，以上に引用した以外にも他の論者からの引用を重ねている[40]。そのうえで，言われるように，低所得者層，とりわけ労働

者階級が絶対的に貧困化し，さらに中産階級が没落しつつあるという見解が正しいかどうかを検討している。ヴォルフの結論は，労働者階級が絶対的に貧困化しているという考え方は「事実からほど遠いのであって，今一度その姿を包括的に把握する」必要があるというものであった。

ヴォルフによれば，『クロイツツァイトゥンク』紙は中産階級の没落を報じ，「中産階級を維持するための迅速な措置」が必要であると主張した。この報道を受けて，『フォアヴェルツ』紙は「だがしかし，救済はない。弱者は強者によってむさぼり食い尽くされてしまうことになる。弱者はいっそう身を粉にして働きはするが，飢餓のくびきになお強く縛られ，それに『甘んじ』，それを『よしとしている』。弱者はこの状態から逃れることはできない」と主張した。ヴォルフは，このような見解が「社会民主主義陣営」だけでなく，「それに敵対する陣営」の「公式見解」でもあって，それには「世界中に身方がいる」と述べた[41]。

ヴォルフは，これを批判した。この見解を代表する論者としてヴォルフがその名を挙げたのは，フライブルク大学の教授職にあった社会政策学者ハインリヒ・ヘルクナーである。ヘルクナーは「著しい所得格差の均等化傾向は存在していない。しかし，貧者がつねにより貧しくなってゆくという考えは正しくない。彼らもまた福祉の増進に与っている。ただ，富んでいる者に較べて，その程度はかなり小さい」と述べた[42]。ヘルクナーのこの主張を引用した後で，ヴォルフは次のように言っている[43]。

　「『フォアヴェルツ』紙の常軌を逸した見解はおくとしても，これ［ヘルクナーの見解］は，時の経過とともに国民経済の生産性は上昇するが，しかし，労働者の分け前はそれに較べて小さいとする今日の社会主義者の主張そのものである。富んだ者が二歩前進したとしても，労働者はわずかに一歩進むだけであって，それ以上には進まない，というわけである。」

ヴォルフは労働者階級の絶対的貧困化だけでなく，相対的貧困化にたいしても疑義を提起した。次に項を改めて，ヴォルフの積極的な見解を見ることにする。

表5-7 チューリヒ州における固定資産税納税者数の推移

固定資産税 (フラン)	1848年 (人) (1)	1888年 (人) (2)	増減 (3) [(2)−(1)]	増加率(%) $\frac{(3)}{(1)} \times 100$
Ⅰ． 100〜 2,000	25,991	21,108	−4,883	−19
Ⅱ． 2,100〜20,000	13,959	24,406	10,447	75
Ⅲ． 21,000〜25,000	2,409	6,584	4,175	173
Ⅳ． 25,000〜	81	484	403	498

(出所) Wolf, Julius, *System der Sozialpolitik, Erster Band: Grundlegung. Sozialismus und kapitalistische Gesellschaftsordnung. Kritische Würdigung beider als Grundlegung einer Sozialpolitik*, Stuttgart 1892, p. 234 から作成。

② 在来方法の批判と「歴史的考察(die historische Betrachtung)」

　ヴォルフが統計によって所得分布を研究するときの典型例として挙げて批判しているのは次のとおりである。チューリヒ州(Kanton Zürich)における固定資産税の納税者数は，1848年から1888年までの40年間に表5-7のように変化した。ヴォルフによれば，高額納税者層の増加率の増大は富の高位偏在を意味し，したがって，従来は，このことは，「[経済の]発展が最高度に不都合なものとして現象している」ことを示す証左であると言われてきた。「高額の資産層は40年が経過する間，異常なまでに増加し，中位の資産層はかなり控えめの増大となったが，低位の資産層は，経済発展がもたらした利得のなかでもっとも少額の利得を得ることになった。高額の資産の増加は低額の資産の増加よりも7倍も大きかったのである。これまで数字を読むときに活用されてきた方法が要請する解釈というのは，そのような類のものであったであろう。算術的には確かにそのとおりかもしれない！」とヴォルフは述べた[44]。そして，彼は，このような方法によれば，ひとり高額所得者層だけが「もっとも祝福」されていると見なすことになるが，それは，経済発展の「ありよう(Bild)」についての正しい認識ではないと批判した。

　では，正しい認識をもたらすものとしてヴォルフが推奨する方法とはどういうものであろうか。それは「歴史的考察」による方法である。それによれば，階層間の移動に着目して所得分布の「歴史的」変化を見ると，豊かな社会が経済発展によってもたらされているかどうかを統計的に検証できると考えられている。

表 5-8 「歴史的考察」による階級間移動

1848 年から 1888 年まで	移動人数(人)	移動人数比(%)*
階級Ⅰから階級Ⅱへ	14,622	56
階級Ⅱから階級Ⅲへ	4,578	33
階級Ⅲから階級Ⅳへ	403	17

（訳注）＊1848 年における下位階級人数にたいする移動人数の割合。
（出所）表 5-7 に同じ(p. 235 から作成)。

　ヴォルフは，この「歴史的考察」を表5-7(前頁)に示したチューリヒ州の統計に適用して，次のように例解している。表5-7の(3)欄からは，階級Ⅱに属す納税者は40年間に10,447人増加したことが分かる。ヴォルフはこの増加人数を，階級Ⅰから上方移動した納税者数であると見なした。この人数(10,447人)は1848年における階級Ⅰの人数の約40％にあたる。階級Ⅰから階級Ⅱへ移動したのは，それだけであろうか。ここで，ヴォルフは階級Ⅲの納税者数が4,175人(2,409人から6,584人へ)増加したことに着目した。そして，これらの人々は，元々，階級Ⅱに属していた納税者であって，それらの納税者が階級Ⅲへと上方移動し，そのために階級Ⅱに属していた納税者がそれだけ減少した，とヴォルフは考えた。彼によれば，それでもなお，1888年には階級Ⅱの増加数は10,447人であったのだから，実際の増加人数は，この人数(10,447人)だけではなく，階級Ⅲに上方移動した人数(4,175人)に見合うだけの納税者が階級Ⅰから上方移動したと考えて，この人数(4,175人)を統計表(表5-7)に表れた増加人数(10,447人)に加えた。この合計は14,622人(＝10,447人＋4,175人)である。ヴォルフは，表5-7の階級Ⅱ(3)欄が示す10,447人ではなくて，上でもとめた合計人数(14,622人)が実際に階級Ⅰから階級Ⅱに上方移動した正確な人数である，と考えたのである。これは，1848年に階級Ⅰに属していた納税者数(25,991人)の56％にあたる。以上のような計算からヴォルフは表5-8を作成した。

　ヴォルフはこの結果について，「このありようは，これまでに言われてきたこととは正反対である。少額の資産層からの上昇が最高の規模で起きた。中位の資産層の増加はそれに較べれば小さいが，それでも高額資産層の増加よりは大きい」[45]。そして，ヴォルフは，「どの層でどれだけ増加したか」ということを問題にするのではなくて，「どの層からどの層へどれだけ増加し

第 5 章　ローレンツ曲線の形成　117

表 5-9(a)　ローレンツの仮設例(その 1：基準時点)

所得階級(ドル)	左の階級に属する人々の個人所得(ドル)	人数(人)
I. 0～9	1, 3, 5, 7, 9	5
II. 10～24	10, 12, 14, 16, 18	5
III. 25～49	25, 28, 31, 34, 37	5
IV. 55～99	50, 60, 70, 80, 90	5
V. 100～	100, 110, 120, 130, 140	5

(出所) Lorenz, Max O., "Methods of Measuring the Concentration of Wealth," *Publications of the American Statistical Association*, No. 70, 1905, p. 212.

表 5-9(b)　ローレンツの仮設例(その 2：比較時点)

所得階級(ドル)	左の階級に属する人々の個人所得(ドル)	人数(人)
I. 0～9	2, 6	2
II. 10～24	[10], [14], [18], 20, 24	5
III. 25～49	[28], [32], [36]	3
IV. 55～99	[50], [56], [62], [68], [74]	5
V. 100～	[100], [120], [140], [160], [180], 200, 220, 240, 260, 280	10

(出所) 表 5-9(a)に同じ(p. 212)。ただし，四角による強調は引用者。

たか」にかんする「歴史的考察」の必要性を主張し，実際にそれを適用することによって，当時の社会主義陣営の論者だけでなく，欧米各国の「公式見解」ともなっていた貧困化論を批判した。

③　ローレンツによるヴォルフ批判

　ローレンツは「ヴォルフの解釈方法は正しくない」と断じて，それを表 5-9(a)(b)に示す仮設例にもとづいて説明している。この数値例においては，基準時点(表 5-9(a))でも比較時点(表 5-9(b))でも所得を有する社会構成員の数は，同一の 25 名であり，比較時点においては各構成員の所得が基準時点に較べて一律に 2 倍になっている(表 5-9(b)で四角に囲まれた数字は，下位の階級から上方移動した人々の所得(ドル)である)。ローレンツによれば，このような場合には，「諸個人間の富の占有関係には変化がない。したがって，集中の程度も同一であるはずである」[46](表 5-1(b)参照)。

　これにたいして，ヴォルフの「歴史的考察」にならって表 5-9(b)から階級間移動の人数を計算した結果は表 5-10 のようになる(次頁)。すでに述べたように，ローレンツは仮設例(表 5-9(a)(b))を作ったときに，基準時点と比

表 5-10 階級間移動(ローレンツの仮設例)

移動	移動人数(人)	移動した構成員が元の階級に占める割合(%)
ⅠからⅡへ	3	60
ⅡからⅢへ	3	60
ⅢからⅣへ	5	100
ⅣからⅤへ	5	100

(出所) 表 5-9(a)に同じ(p.212)。

較時点は集中の程度は同一であると考えた。しかるに，ヴォルフの「歴史的考察」にもとづく表5-10によれば，所得の上位に向かってより多くの構成員が移動し，豊かになったかに見える。この見方にたいして，ローレンツは次のように批判した。すなわち，2時点間では集中と拡散のいずれもが認められないにもかかわらず，表5-10によってあたかも(所得上位階級への人口の)集中が進行したかのように見えるのは，ヴォルフの研究方法が「根本的な誤り(root fallacy)」を犯しているからである。その「根本的な誤り」とは，富の総体が変化していることを度外視して，所得階級区分を固定化してしまい，その結果，かかる分類のもつ意味に時点間で変化が生じたにもかかわらず，それを無視したことである。このローレンツによる批判は，すでに取り上げたゴッシェン批判とも軌を同じくするものである。所得階級の分類基準を，所得分布の総体的な変化と関連づけて再定式化することが，ローレンツにとっては重視されているのである。

ローレンツはヴォルフ批判ではローレンツ曲線を示していない。したがって，表5-9(a)と表5-9(b)とでは2本の曲線が一致するとも述べてはいない。しかし，すでに本章1節(1)①(ⅱ)で述べたように，所得階級別の所得がどの階級についても一律に k 倍に変化したときに，階級別人数に変化がなければ，ローレンツ曲線は一致し，所得分布には集中も拡散もなかったことになる。このことを想起すれば，ローレンツのヴォルフ批判の趣旨がより明確になるであろう。

(4) A. セートビア[47](ドイツ(プロイセン))

① 所得統計の分析

ローレンツは，1905年論文におけるヴォルフ批判の文脈のなかでセート

ビアを取り上げて,これを批判している。しかし,その取り扱いは簡単すぎて,結論だけが際立っている。そこで,ここではセートビアの見解をその1889年論文に即して紹介したうえで,それにたいするローレンツの見解を紹介することにしたい。あらかじめセートビアの見解の要点を述べておく。彼の結論は,プロイセンの税務統計では所得の集中を確認することができないというものであった。

セートビアによれば,プロイセンで税務統計をもとにして全国規模の所得統計が整備され,利用可能な形式を整えて提供されるようになったのは,1876年以降のことである。ローレンツが批判的に取り上げたセートビアの1889年論文では,分析の起点を1876年として,論文が公刊された1889年の前年(1888年)までの13年間におけるプロイセンの所得分布が対象になっている。彼は年間所得額に応じて,所得階級を次のように6区分した[48]。

　階級A［不十分な所得(dürftige Einkommen)］:525マルク以下(世帯人員が複数の場合)。ただし,単身者世帯の場合は350マルク以下。
　階級B［少額所得(kleine E.)］:526〜2,000マルク。
　階級C［そこそこの所得(mässige E.)］:2,001〜6,000マルク。
　階級D［中位の所得(mittlere E.)］:6,001〜20,000マルク。
　階級E［高額所得(grosse E.)］:20,001〜100,000マルク。
　階級F［最高額所得(sehr grosse E.)］:100,000マルク超。

納税台帳(Steuerrolle)によれば,1876年と1888年の2カ年分について所得階級別に集計した結果は次頁の表5-11(a)(b)のようになった。セートビアは,これらの表からそれぞれの所得階級の動向について次のように述べた[49]。所得階級Aについては,当該期間の12年間に納税者1人あたりの平均所得は横ばいであった(1876年400マルク,1888年402マルク)。所得階級Bについては,いずれの年においてもこの階級には全体の約半数が属しているが,1876年に較べれば,1888年における平均所得は(926マルクから914マルクへと)減少していることが分かる。「しかし,喜ばしくも注目に値するのは,それ以上の高額所得階級C〜Fに属す人々が相当程度,増加したことである」。

セートビアはこのように述べてから,所得階級CからFまでについて次のように指摘した[50]。すなわち,所得階級Cについては,1876年には納税

表5-11(a) プロイセンにおける所得分布(1876年)

所得階級	人員(人・%) 納税者のみ	比率	世帯人員計	比率	所得金額(マルク・%) 合計	比率	納税者1人あたり	世帯人員1人あたり
A	3,311,752*	39.11	6,369,856*	25.65	1,324,701,000	16.86	400	208
B	4,704,757	55.57	16,840,444	67.82	4,354,426,600	55.42	926	258
C	384,248	4.53	1,381,044	5.56	1,219,543,600	15.52	3,174	833
D	58,286	0.69	212,200	0.85	559,639,100	7.12	9,601	2,637
E	7,501	0.10	27,300	0.12	285,736,000	3.64	38,093	10,467
F	532		1,940		113,146,000	1.44	212,681	58,323
合計	8,467,076	100.00	24,832,784	100.00	7,857,192,300	100.00	928	316

(訳注) ＊うち単身者は 2,177,806 人。
(出所) Soetbeer, A., "Volkseinkommen in Preussischen Staaten, 1876 und 1888," *Jahrbücher für Nationalökonomie und Statistik*, Bd. 52 (Neue Folge, Bd. 18), 1889, p. 417.

表5-11(b) プロイセンにおける所得分布(1888年)

所得階級	人員(人・%) 納税者のみ	比率	世帯人員計	比率	所得金額(マルク・%) 合計	比率	納税者1人あたり	世帯人員1人あたり
A	4,101,550*	41.36	8,285,164*	29.20	1,650,454,250	17.68	402	199
B	5,259,805	53.04	18,052,480	63.62	4,805,038,628	51.49	914	266
C	458,692	4.63	1,702,610	6.00	1,486,368,591	15.93	3,240	873
D	83,823	0.85	292,381	1.03	806,162,125	8.64	9,617	2,757
E	11,029	0.11	38,470	0.14	417,131,250	4.47	37,821	10,843
F	840	0.01	2,930	0.01	166,933,800	1.79	198,731	56,973
合計	9,915,739	100.00	28,374,035	100.00	9,332,088,644	100.00	941	329

(訳注) ＊うち単身者は 2,668,805 人。
(出所) 表5-11(a)に同じ(p. 418)。

者数が約 38 万人で，所得総額は約 12 億マルクであり，1888 年には納税者数は約 46 万人と構成比が(4.53％から 4.63％へと)微増し，また所得総額は約 15 億マルクとなった。

これにたいして，「上位 3 階級(D～F)は，これまで述べてきた所得階級を超える増加を示している」[51]。所得階級 D においては，納税者が約 5 万 8000 人から約 8 万 4000 人へと 44％の増加を示し，所得総額は約 5 億 6000 万マルクから約 8 億 1000 万マルクへと，これも同様に 44％増加した。所得階級 E においては納税者が 47％増加し，所得総額は 46％増加した。さらに所得階級 F では，それぞれ 58％増(納税者)，48％増(所得総額)となった。このよ

うな顕著な増加率は所得階級のDからFまでを合算しても同様に確認できる。これらの一連の計算は、富める者がますます富み、貧しい者はますます貧しくなるという「悲しむべきありよう」を示しているかに見えると、セートビアは言っている[52]。

　しかし、そうではないと彼は主張した。彼は1876年から1888年までの所得上位階級(階級D〜F)について、所得階級別の納税者数と納税者1人あたりの平均所得を抜き出した統計表を示すことによって、ヴォルフが「公式見解」と名づけて批判した考え方(「富者はますます豊かに、貧者はますます貧しく」)を、別の角度から論難している。グラフ表示は統計表に較べて視覚的な効果が大きいと期待できるので、ここでは、セートビアの統計表をもとにして作成した図を次頁以降に掲げることにする(図5-3(a)〜(c)参照)。

　これらの図から明らかなように、いずれの所得階級においても納税者数は漸増傾向を示しているが、納税者1人あたりの平均所得は「例外なく、不思議と同じような値になっている」(セートビア)。彼は、階級内の納税者数が増大した「原因」は「主として全般的な豊かさが現実に増進したことにあると見るべきであり、これは誠に喜ばしい現象として称讃すべきである。他方で、比較的高額の所得階級における平均的な個人所得に変化はないということが示されるのであるから、少数の人々の手中に資産が漸次的に累積しているという先入見は論駁されることになる」と主張した[53]。

② ローレンツのセートビア批判

　セートビアにたいするローレンツの1905年論文における取り扱いは、至極、簡単である。ローレンツは、上に引用したセートビアの文章で傍点によって強調した部分を引用した。そして、それにもとづいて「セートビアは、1876年から1888年までの期間にプロイセンでは集中はなかったということを示そうとした。しかし、平均的な所得というものが安全な基準たりえないということは、集中度に変化がないにもかかわらず、ちょうど今、示したばかりの、最高額所得階級の平均的な所得が顕著な増加を示している仮設的な事例が教えるとおりである」とローレンツはセートビアを批判した[54]。ここに「ちょうど今、示したばかりの……仮設的な事例」とは、ローレンツがヴォルフを批判したときに用いた(先に引用した)数値例(表5-9(b))である。そ

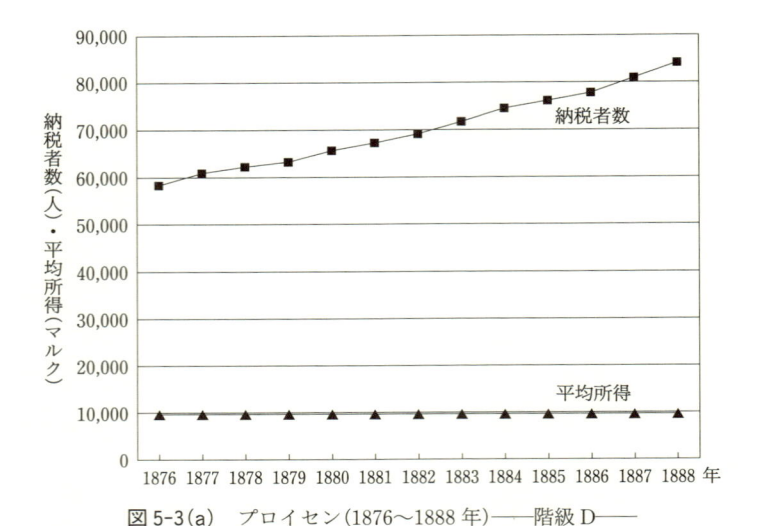

図 5-3(a)　プロイセン(1876〜1888 年)────階級 D────

(訳注) 納税者数は 58,286 人(1876 年)から 83,823 人(1888 年)へと増加した(表 5-11(a)(b)参照)。しかし，平均所得は最高が 9,617 マルク(1886 年，1887 年，1888 年の 3 ケ年が同額)，最低が 9,505 マルク(1879 年)となり，ほぼ横ばいであった。
(出所) 表 5-11(a)に同じ。ただし，p. 420 より作成。

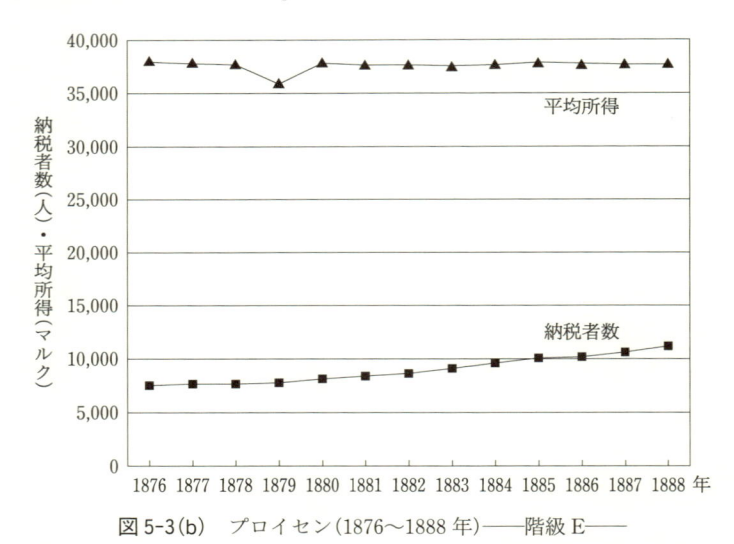

図 5-3(b)　プロイセン(1876〜1888 年)────階級 E────

(訳注) 納税者数は 7,501 人(1876 年)から 11,029 人(1888 年)へと増加した(表 5-11(a)(b)参照)。しかし，平均所得は最高が 38,093 マルク(1876 年)，最低が 36,027 マルク(1879 年)となり，ほぼ横ばいであった。
(出所) 表 5-11(a)に同じ。ただし，p. 420 より作成。

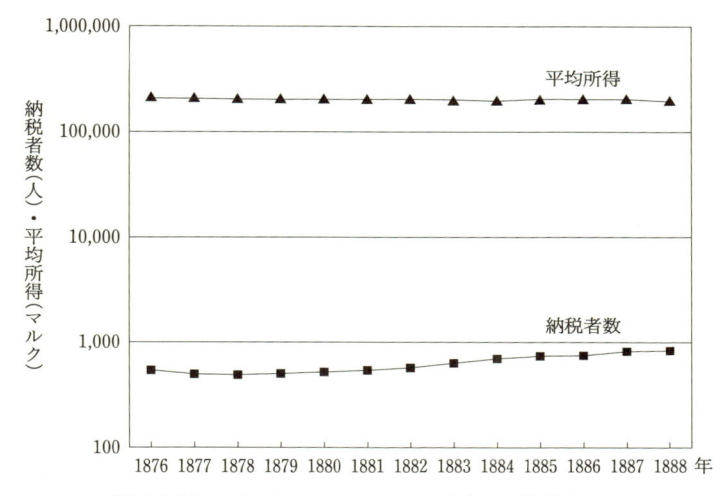

図 5-3(c)　プロイセン(1876〜1888年)──階級 F──

(訳注) 1. 納税者数は532人(1876年)から840人(1888年)へと増加した(表5-11(a)(b)参照)。しかし、平均所得は最高が212,681マルク(1876年)、最低が196,476マルク(1884年)となり、ほぼ横ばいであった。
2. 縦軸にとった納税者数と平均所得の数値が極端に隔たっているので、この表だけは縦軸を対数尺度で表示した。
(出所) 表5-11(a)に同じ。ただし、p.420より作成。

の数値例では、それぞれの所得階級における構成員の所得が一律に2倍になった(したがって、最高額所得階級(100ドル以上の第Ⅴ階級)における構成員1人あたりの平均所得は120ドルから190ドルに増加した)が、そのような場合にも、その期間内に集中度に変化はなかったと判断された。ローレンツによるセートビア批判の要点は、そもそも所得階級における平均所得が所得分布の集中や拡散を計測するための尺度たりえない、ということに尽きる。

単一の数値尺度による集中・拡散の測定にたいするローレンツの批判はさらにホームズの見解にも向けられている。次にこのことを取り上げる。

(5)　ジョージ・K. ホームズ[55](アメリカ・マサチューセッツ州労働統計局)

① 「三連尺度(triple measure)」
社会における富の分布を測定・比較するための「厳密な分布尺度」にかん

する必要性が1884年に提起され，この研究をマサチューセッツ州労働統計局が受託したのは1886年のことであった。ところが，1885年に実施された連邦センサスの結果公表が優先されたために，言うところの「厳密な分布尺度」研究の優先順位は下げられた。しかし，その間もマサチューセッツ州労働統計局においては研究が進められ，その成果として得られた「分布尺度」をアメリカの所得分布研究に応用する見通しが立った。そこで，マサチューセッツ州労働統計局による成果公開に先立ち，同統計局長ホーレス・G. ワドリン(Horace G. Wadlin)の許可を得て，ホームズはその論文「分布尺度」を公表することになった。ローレンツが1905年論文で，所得分布の研究分野における先行研究の1つとしてセートビアの次にその名を挙げているのは，このホームズである[56]。

ホームズによれば，「この論文[「分布尺度」]の課題は，人間のあるグループと他のグループとを，富の分布にかんして数学的に比較するための尺度を見出すことである」。ここでホームズが強調していることは，特定個人のグループ内の順位を明らかにしたり，特定個人の富がグループの平均からどれだけ乖離しているかを明らかにしたりすることが考察の目的ではないということである。解答が期待されているのは，たとえば，マサチューセッツ州のほうがニューヨーク州よりも富が拡散して平等であるかとか，富が集中して不平等であるかというような課題であるとホームズは述べている。

この課題に解答をあたえるためにマサチューセッツ州労働統計局が研究し，同労働統計局による公表に先立って公開することが認められた比較尺度とはどのようなものであろうか。ホームズがその論文「分布尺度」(前掲)で述べた所得分布研究のための比較尺度をローレンツは「三連尺度」と命名している。この尺度をローレンツは「信頼できない」と評価した。ローレンツの見解[57]については後に見ることにして，まずホームズの「三連尺度」を取り上げる。

ホームズは数値例(次頁表5-12)を掲げて手法を説明し，その後に実際のアメリカにおける所得分布の研究に適用している。彼の数値例は，①ある所得階級に属する人の数と②その階級に属す人々の所得総額という，2つの数値系列からなる。ホームズは，この2つの数値系列から2個のメディアン(所

表5-12 ホームズの数値例

所得階級(ドル)	事例1 人数(人)	事例1 総所得(ドル)	事例2 人数(人)	事例2 総所得(ドル)	事例3 人数(人)	事例3 総所得(ドル)	事例4 人数(人)	事例4 総所得(ドル)	事例5 人数(人)	事例5 総所得(ドル)
1	1	1	1	1	15	15	2	2	8	8
2	2	4	2	4	14	28	2	4	7	14
3	3	9	3	9	13	39	2	6	6	18
4	4	16	4	16	12	48	2	8	5	20
5	5	25	5	25	11	55	2	10	4	20
6	6	36	6	36	10	60	2	12	3	18
7	7	49	7	49	9	63	2	14	2	14
8	8	64	8	64	8	64	2	16	1	8
9	7	63	9	81	7	63	2	18	2	18
10	6	60	10	100	6	60	2	20	3	30
11	5	55	11	121	5	55	2	22	4	44
12	4	48	12	144	4	48	2	24	5	60
13	3	39	13	169	3	39	2	26	6	78
14	2	28	14	196	2	28	2	28	7	98
15	1	15	15	225	1	15	2	30	8	120
合計*	64	512	120	1,240	120	680	30	240	71	568
平均*		8.00		10.33		5.67		8.00		8.00

(訳注) ＊合計・平均欄は引用者による。
(出所) Holmes, G. K., "Measures of Distribution," *Publications of the American Statistical Association*, Nos. 18-19, 1892, p. 144.

得額であたえられる中央値)をもとめた。いわゆる三連尺度を構成する3つの尺度のうち2つは，これらのメディアンである。そして，残った第3番目の尺度はこれら2つのメディアンの差である。この第3番目の尺度によって，2つあるいはそれ以上のグループにおける所得分布を比較しようとするのが，ホームズの方法である。以下，表5-12に示した彼の数値例を用いて，さらに詳しく三連尺度について考察する。

ホームズの三連尺度を構成する第1は，所得階級別の人数の系列におけるメディアン──すなわち，所得の大きさの順に並べられた人々の人数をちょうど半分にしたときに，その真ん中の人が得ている所得──である。ホームズは，「事例1」における第1の系列(所得階級別の人数)についてメディアン[58]を計算し，その結果，人数の系列の中央に位置する人の所得は8.50ドルであるともとめた。

三連尺度を構成する第2は，所得階級別の所得総額にかんして計算される

表5-13　ホームズの分布尺度(「三連尺度」)　　　　(ドル)

尺度	事例1	事例2	事例3	事例4	事例5
人口数から見たメディアン(1)	8.50	11.45	5.54	8.50	8.50
所得総額から見たメディアン(2)	9.82	12.79	8.50	11.45	13.15
2つのメディアンの差(2)-(1)	**1.32**	**1.33**	**2.95**	**2.95**	**4.65**
平均所得	8.00	10.33	5.67	8.00	8.00

(出所)　表5-12に同じ。ただし，p.144より関係分のみ抜粋(強調は引用者)。

メディアンである。ホームズは，同様の計算により，この値として9.82ドルを得た。

　三連尺度の第3は，上でもとめた2つのメディアンの差である。以上の三連尺度を事例ごとに計算してまとめたのが，表5-13である。

　三連尺度と言うと3つの尺度がそれぞれ所得分布の比較研究に独自の役割を果たしているかのように思われがちであるが，実際にはそうではない。ここで取り上げた第3番目の尺度(2つのメディアンの差)こそが，異なる所得分布を比較するときの指標であるとホームズは捉え，その差が「分布の不平等性の尺度」になると主張している[59](表5-13の強調部分参照)。以下では，この2つのメディアンの差を狭義の「三連尺度」と言うことにする。そして，この意味での三連尺度の有効性にかんするホームズの見解に言及する。

　すでに述べたように，メディアンとは，総度数をちょうど半分に分割する項の値(この場合は所得)である。上位の階級に属する項の度数が増加すれば，それだけ，このメディアンは大きい値になる。逆に，下位の階級で度数の増加が見られれば，それだけメディアンは小さくなる。この関係を所得分布に適用してみる。ホームズの挙げるどの事例(表5-12)についても同じことが言えるが，ここでは極端な例として，ホームズの事例3を取り上げることにする。

　事例3において最高額所得(15ドル)を得る人が1人増えたとする。このとき，総人口は120人から1人増えて，121人になる(0.8%増)。しかし，所得階級別に構成員を並べたときに中央に位置する構成員の順位そのものには変化がない。したがって，この場合，総人口を2等分する位置にいる構成員の所得(すなわち，人口数から見たメディアンの値(第1の尺度))には，ほとんど変化がない。これにたいして，所得総額から見たメディアン(第2の尺度)についてはそうは言えない。最高額所得者が1人増えたということは，それだけ社会

全体の総所得が増大したこと(2.2%増)を意味する。この場合には，社会全体の総所得を2等分する位置にある所得(所得総額から見たメディアン)は，所得総額が増加したために，それに応じて，以前よりも大きくなっているはずである。第2の尺度としてのメディアンの値の変化はこのような動向を反映する。そして，第1の尺度としてのメディアンの値はほとんど変わらないにもかかわらず，第2の尺度としてのメディアンの値が大きい値に変化すれば，第2の尺度から第1の尺度を減じて得られる差は，以前よりも大きくなるはずである。最高額の所得を得る者が1人増えたということは，所得が上位に向かって集中したことを意味する。メディアンのもつこの性質から，第3の尺度(2つのメディアンの差)，すなわち本章に言う狭義の「三連尺度」は集中の尺度たりうる，とホームズは考えた。

彼は，この尺度を用いて，マサチューセッツ州とメリーランド州における国債保有者の分布の比較，カンザス州とオハイオ州における農業経営の比較，合衆国年金局とセンサス局の職員の給与比較などを試みた。このような研究を通じて，当時，所得分布の研究を手がけていた他の論者と同様に，彼もまた，「豊者はますます豊かに，貧者はますます貧しく」という命題を検討しようと心がけた。しかし，彼は，この命題の是非について判断を下してはいない。三連尺度の適用を拡大して，不動産所有，賃金収入などを分析すれば，異なった時点の間で生じた所得分布の変化や特定時点における異なる社会グループにおける所得分布の変化を解明することができると，その期待するところを述べるにとどまっている。そして，中流階級に属す人口の増加と彼らの所得額の増加によって，「富が社会構成員の間に広く拡散(widely diffused)するだけでなく，あまねく行き渡り(generously diffused)，もって福利厚生(welfare)が一般大衆の手中に収められることが望ましい」と主張した[60]。

② ローレンツの見解

ホームズの三連尺度をローレンツが「信頼できない」と批判したことはすでに述べた。なぜ，ローレンツはそう考えたのであろうか。彼はホームズの「事例1」を取り上げて，その論拠を述べている。ローレンツは，すべての構成員の所得が一律に2倍になったとき，その構成員の集団においては，所

表5-14 人口と所得(プロイセン)　　　　　　(%)

所得階級 (マルク)	1892年		1901年	
	人口比	所得に占める割合	人口比	所得に占める割合
〜 900	70.1	41.2	60.5	31.7
900〜 3,000	26.0	30.0	34.8	35.3
3,000〜 6,000	2.5	8.6	3.0	9.3
6,000〜 9,500	0.7	4.2	0.8	4.5
9,500〜30,500	0.6	7.4	0.7	8.1
30,500〜	0.1	8.6	0.2	11.1
合計	100.0	100.0	100.0	100.0

(出所) *Zeitschrift of the Prussian Statistical Bureau*, 1902. ただし，引用は表5-9(a)に同じ(p.214)。

得分布が集中も拡散もしなかったと主張している[61]。しかるに，ホームズの「事例1」において，すべての構成員(64人)の所得が各々一律に2倍に増加したときに，人口数から見たメディアンの値(第1の尺度)は(8.5ドルから)17ドルに上昇し，他方，所得総額から見たメディアン(第2の尺度)は(9.82ドルから)19.65ドルとなる。そして，第1の尺度と第2の尺度との差(三連尺度)は2.65ドルとなる。この差は所得が2倍になる以前の値1.32ドルのおよそ2倍である。ホームズの基準によれば，これは明らかに所得分布に構造的な変化があったことを示している。しかし，ローレンツの考え方によれば，構成員の所得が一律に2倍に上昇しても，全体としては，そこには集中も拡散も生じてはいない(表5-1(b)参照)。しかるに，ホームズの三連尺度によれば，上位所得に向けて集中があったことになる。この矛盾を前にして，三連尺度では所得分布の変化を正しく測定することができない，とローレンツは批判した(補注1参照)。

ローレンツは，ホームズ批判を簡単に片づけそれに続けて，「富の変化と人口の変化の両方を考慮した，もう1つの別の方法」を提案するために，プロイセン統計局の税務統計にもとづいて表5-14を作成している[62]。そこでは，所得と人口の両者が所得階級を媒介として組み合わせられている。ところが，ホームズの三連尺度でも，所得階級を媒介として，所得と人口とが組み合わせられている。このことを想起するとき，基本構想の点では，ローレンツと同様であることに気づく。ローレンツは，一方でホームズを論難し，

他方では自説の展開に進んでゆくが，所得と人口を結合させて，所得分布を比較しようとする，ホームズの基本構想だけは，継承したと言うことができる。最初のローレンツ曲線はこの表 5-14 のデータにもとづいて描かれたが，このことについては後述する。

(6) トーマス・S. アダムズとヘレン・L. サマー[63]
（いずれもアメリカ・ウィスコンシン大学）

① ローレンツによる評価

これまでは，ローレンツの 1905 年論文に即して，そこで取り上げられた先行研究にたいするローレンツの評価を考察してきた。そこから明らかになることは，所得分布の集中にかんする（時間的・場所的な）比較研究を行うときに，ローレンツが好ましくないと考えたのは，第 1 には，各所得階級の上限と下限を固定化する方法であり，第 2 には，所得にかんする統計系列を単独の誘導統計値（指標）で要約し，それを用いて分析するという研究方法であった。ローレンツが批判した第 1 の方法を採用した論者としては，ゴッシェンやヴォルフがいる（後述するようにパレートもこのグループに分類されている）。第 2 の方法による研究の一例としては，上で取り上げたセートビアやホームズの研究が挙げられる。セートビアは，平均所得という単独の誘導統計値を指標として，またホームズはメディアンを用いて所得分布の比較を試みたからである。

以下で取り上げるアダムズ＝サマーは A. L. ボーレーの「散布尺度(measure of dispersion)」を用いている。これは一種の誘導統計値による分析であるが，ローレンツは，例外的にこの手法については「進行しつつある変化のいくつかは隠蔽されるものの，これまでに提言されてきたもののなかでは最良の数値的尺度」であると肯定的に評価した[64]。以下では，アダムズ＝サマーの「数値的尺度」を取り上げる。

② 四分位数の使用

1904 年に A. F. デイヴィーズ(Davies)は『労働局紀要(*Bulletin of the Bureau of Labor*)』(1 月号)誌上で 1855 年，1865 年，1875 年，1885 年，1895 年，1900 年におけるフィラデルフィアの代表的な 5 つの区(ward)について，土

地所有の統計を用いた資産分布の実証研究を行った。アダムズ＝サマーによれば，このデイヴィーズは，1855年から1900年までの間，「選出された区の全体を通して，事実上，評価総額の4分の1が所有者全体の100分の1に集中している」[65]と述べた後に，次のように強調した。「実業界や上流階層の人々の居住地区である第8区を例外として，実際に土地[の評価額]で表現される富は，年を追うごとにその分布が平等になってきており，数字もこの所信を裏づけるものとなっている」[66]。

以下ではアダムズ＝サマーに依拠してデイヴィーズの分析手法の内容を追跡する。彼らによれば，デイヴィーズは土地の評価額を階級区分の標識に採用し，これを媒介として，各階級に属する人数と階級ごとの評価総額をリンクさせている。デイヴィーズの分析手法は，マサチューセッツ州労働統計局にも採用されて，遺言検認済みの相続不動産（とくに土地）の記録にもとづく，土地所有の集中にかんする研究が行われていた。当時はデイヴィーズの方法は一般的な方法として活用されていたのである。

ところが，このように一般化した方法にたいして，アダムズ＝サマーはこの手続きが煩瑣であるとして，「ボーレー氏の便利な散布尺度」の応用を推奨している（これをローレンツが「これまで……のなかでは最良の数値的尺度」と言っていることはすでに述べたとおりである）。この「便利な散布尺度」とは「相対四分位偏差」のことである。所得分布を例にすると，「四分位数」とは，個人の所得を昇順に並べたときにできる系列において，その系列を構成する総人数（一般には総度数）を4等分する位置にいる人の所得のことである。このように四分位数は全員の数を4等分する位置を示しているのであるから，系列全体については，この四分位数は小さな順に第1四分位数(Q_1)，第2四分位数(Q_2)（これはメディアンに等しい），第3四分位数(Q_3)の3つが存在することになる[67]。

ここで

$$Q = \frac{Q_3 - Q_1}{Q_3 + Q_1} \tag{1}$$

という新しい統計量を作ることにする。これが「相対四分位偏差」[68]である。ボーレーはこの Q を「所得の不平等度として使用した」[69]。

この(1)式の数理的意味を理解するには，この式を

$$Q = \frac{1 - \frac{Q_1}{Q_3}}{1 + \frac{Q_1}{Q_3}} \tag{2}$$

と変形すればよい。一般に分布のちらばりが小さければそれだけ，データはメディアン(Q_2)の近傍に散布することになる。この場合，Q_1（第1四分位数）と Q_3（第3四分位数）はより近接し，極限においては $Q_1 = Q_3$ と見なしてよい。このとき，(2)式は

$$Q = \frac{1-1}{1+1} = 0$$

である。他方，広い範囲にデータが散布し，したがって分布の分散が大きくなれば，その極限においては $Q_1 \to 0$，$Q_3 \to \infty$ となる。このとき，$Q_1/Q_3 \to 0$ なので，(2)式は

$$Q = \frac{1-0}{1+0} = 1$$

となる。分布の散布度が大きいほど，相対四分位偏差 Q は1に近づく。

こうして，結局，Q は $0 \leqq Q \leqq 1$ の範囲で変動し，その値がゼロに近いほど，分布のちらばりが小さく，1に近いほどちらばりが大きいことを示す指標となる[70]。このことを所得分布の分析に適用すると，次のようになる。所得分布の不平等度の拡大は，所得分布が広がることを意味するから，それだけ相対四分位偏差 Q は大きい値をとるようになる。Q のもつこのような性質をボーレーは所得格差の計測に活用しようとした。

以下の見解は臆断の域を脱するものではないが，相対四分位偏差 Q については次のように言うことができる。Q は，$(Q_3 - Q_1)$ を $(Q_3 + Q_1)$ で除して得られる統計量であるから，そこでは第3四分位数 Q_3 と第1四分位数 Q_1 との間の距離 $(Q_3 - Q_1)$ が相対化されている。すでに述べたように，この相対四分位偏差 Q の値は，分布の如何にかかわらず，0から1までの間を変動する。相対四分位偏差 Q がゼロに近いほど，Q_1 と Q_3 は近接し，したがって，それだけ所得分布が均等であることを意味する。不均等になればなるだけ，相対四分位偏差 Q は1に近づく。このことを利用すれば，異なる

所得分布の間の比較が可能となるだけでなく，異なる所得分布を均等度（あるいは不均等度）の順に順序づけることができる（所得分布の順序づけは三連尺度（ホームズ）によっても可能であるが，すでに見たように，ローレンツにとってそれは納得できるものではなかった）。しかも重要なことは，この順序づけは，所得分布の全体について行われるということである。このように所得分布を総体として順序づける尺度として，ローレンツが得心できたのは，当時としては，ボーレーの相対四分位偏差をおいて他にはなく，この特性がローレンツを引きつけたと考えられる。

　以上の考察から，さしあたり次の点が確認できる。

　　ⅰ．ローレンツは，ゴッシェンやヴォルフあるいはセートビアのように，所得分布を個々の所得階級ごとに，その絶対額において個別に捉えるのではなくて，その総体において，かつ累積相対度数によって把握することを企図した。

　　ⅱ．ローレンツは，単一の誘導統計値による所得分布研究については相加平均を用いたセートビア，ならびにメディアン（の差）を用いたホームズにたいして批判を加えた。それは，単一の誘導統計値が総じて所得分布の全体的な変化にたいして，まったくとは言えないまでも不感的だからである。

　　ⅲ．ローレンツは，単一の誘導統計値のうち，ボーレーの相対四分位偏差の援用を提言したアダムズ＝サマーを例外的に肯定的に評価した。それは，それが所得分布を総体として順序づけると考えたからであろう。

　このうえで，ローレンツに残された課題は，所得分布をどのように表現すれば，集中や拡散の状態を把握できるのかということであった。ローレンツは，パレート批判を通じてこの課題に取り組み，その結果としてローレンツ曲線が提示された。次に項を改めて，これを取り上げる。

3. ローレンツの先行研究(2)

(1) パレートの所得分布研究

　ここでは，ローレンツ曲線の第2の形状的特徴(横軸の数値と縦軸の数値が対数変換されていないこと)について検討することにする。ローレンツ曲線のこの特質は，パレートによる所得分布研究にたいする批判的研究にもとづいている。そこで，本書第1章〜第4章で述べてきたこととは重なるが，森田優三『国民所得の評価と分析』(東洋経済新報社，1949年)[71] による解説と論評を参照してパレート理論のあらましについて述べる。パレートにたいするローレンツの評価は，その後に項を改めて取り上げることにしたい。

　パレートは所得分布を研究したとき，課税免除の低額所得層を除外した。そして，課税対象となる所得以上の所得を得ている納税者の所得にかんする統計を用いて，後に「パレート(の)法則」(あるいは「パレート分布」)と言われる数理モデルを構築した。このパレート法則は低額所得層の実態を把握する点では難がある。このことは，当初よりパレートみずからが認めてもいたが，後にこの「法則」の適合性をめぐる1つの論点として取り上げられることになった。それのみならず，極端に高額の所得を得る階層についてもパレート法則は適合しない。このこともまた，パレートは認めていたと言われている[72]。しかしながら，パレート法則は「所得分布について最初に見いだされた経験法則」[73] として，今日においても，所得分布にかんする数学的研究の出発点に位置するものとして重視されている。以下では，次のように表記してパレート法則について述べることとする[74]。

　　x　　：所得額
　　$N(x)$：x以上の所得を有する人数
　　H　　：パラメータ
　　$α$　　：パラメータ(パレート指数)

　パレートは納税者の所得統計から，上記の諸量についての経験的な関係の近似式[75] として次式を提示した。

$$N(x) = \frac{H}{x^\alpha} \tag{3}$$

ここで(3)式の両辺の対数をとると，
$$\log N(x) = \log H - \alpha \log x \tag{4}$$
となる。

この(4)式にかんしては，所得額 x の対数 $\log x$ を横軸にとり，また x 以上の所得を有する人数 $N(x)$ の対数 $\log N(x)$ を縦軸にとり，関連データに最小二乗法を適用すれば，一次(線形)式にかんする切片(y軸との交点の座標)と傾きの値をもとめることができる。そのようにして森田は，1945年の日本について，

$$\log H = 12.27455$$
$$\alpha = 1.78707$$

ともとめ，

$$\log N(x) = 12.27455 - 1.78707 \log x \tag{4}'$$

を得た[76]。そして，図5-4のようなグラフを描いた(次頁)。このグラフにおける直線の傾き($\alpha = -1.78707$)——厳密には，その絶対値 $|\alpha| = |-1.78707| = 1.78707$ ——のことを，古くは(森田を含めて)「パレート常数」と言っていた。しかし，最近では，「パレート指数(Pareto index)」と呼ばれることも少なくない[77]。

本書第2章と第4章で述べたように，パレート指数の数理的意味にかんする通説によれば，所得分布の完全平等性が達成されている社会に近づくにつれて，パラメータ α (パレート指数)の値は増大する。パレートは当時の統計データにもとづいてパレート指数を計算し，その値に顕著な変動が見られないことから，所得分布の超時空的安定性を主張した。森田によれば，その後，コーリン・クラークが各国の統計データから表5-15(136頁)のような結果を得たと言われている[78]。

すでに述べたように，パレート法則の適合性については，パレートもみずからその欠陥を問題視していたが，その後，パレートの研究は所得分布に関数をあてはめ，その所得分布関数のパラメータの値によって，所得分布の不平等度を測定する最初の試みとして注目されるところとなった。そして，パ

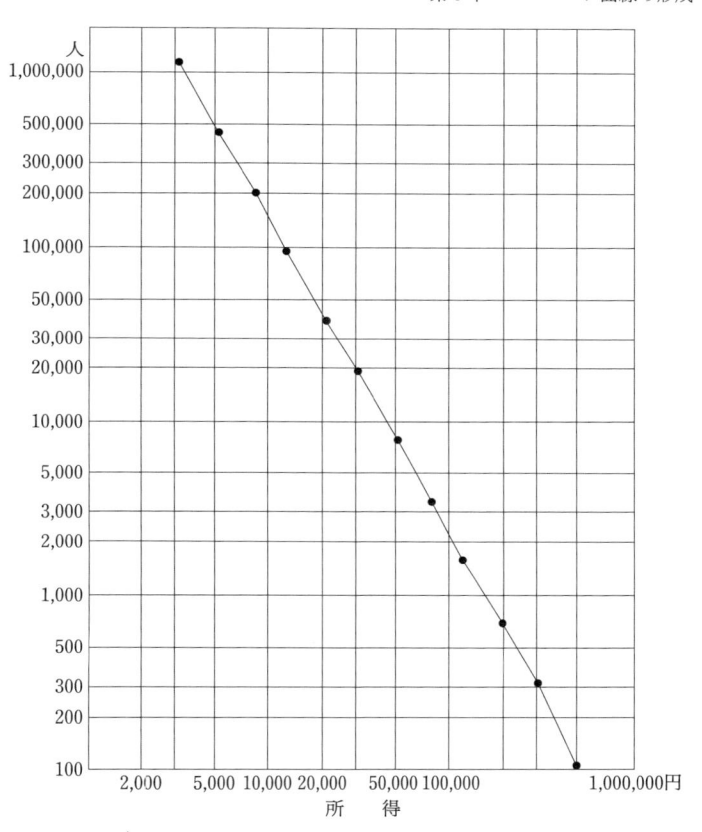

図 5-4　パレート法則(1945 年，日本)

(出所) 森田優三『国民所得の評価と分析』東洋経済新報社，1949 年，p. 125。ただし，図の原タイトルは「昭和 20 年総合所得のパレート分布」。

レート法則の欠陥を補うべくジニ[79]やジブラ[80]による研究が行われた。それについては本章の範囲を逸脱するので，それに言及することなく論を進める。

(2)　ローレンツによるパレート批判

以上に見てきたように，パレート法則は，それがグラフで表示される場合には，横軸と縦軸のいずれも対数目盛(補注 2 参照)が用いられている。この

表5-15 各国のパレート指数(コーリン・クラークの計算)

国　名	年度	パレート指数
日　　　本	1936	1.56
ア　メ　リ　カ	1936	1.72
イ　ギ　リ　ス	1932	1.68
フ　ラ　ン　ス	1934	1.82
ド　イ　ツ	1934	1.96
デ　ン　マ　ー　ク	1935	1.94
オ　ラ　ン　ダ	1931	1.76
ハ　ン　ガ　リ　ー	1932	1.64
フ　ィ　ン　ラ　ン　ド	1934	2.03
オ　ー　ス　ト　ラ　リ　ア	1934	2.25
ニ　ュ　ー　ジ　ー　ラ　ン　ド	1934	2.21

(出所) 図5-4に同じ(p.127)。ただし，原著[森田(1949)]におけるタイトルは「最近における各国のパレート常数の値」。引用にあたっては現行表記に改めた。

ように2次元グラフの両軸が対数目盛で表示されるグラフを両対数グラフと言う。以下では，ローレンツが横軸と縦軸を問わず，一切対数目盛を採用しなかった理由について考察する。

　ローレンツは，パレート法則のグラフ表示に対数目盛を使用しない場合，すなわちパレート法則を(2)式のように対数変換しない場合は，パレート法則が曲線で表現されることになり，そのとき「曲線の形状の変化は諸個人の関係[所得分布]の変化を正確に示さない」と指摘している。そして「この反論を避ける目的で対数を援用するのは当然である」と述べ，対数グラフの使用に理解を示してはいるが，次の3点をもって，パレートの仕方・様式を批判している[81] (このうち，対数変換にかんする批判は第3点目である)。

　その第1は，パレートにあっても，所得階級の区分が固定的であるということである。この論点については前節でも言及したが，そのときに述べたのと同様の理由からローレンツは批判している。この批判の主旨は，社会全体として所得が底上げされ，諸個人の所得もそれに応じて上昇するような場合に，所得階級の区分を2つの時点で同一のものとして固定させてしまえば，所得分布が集中傾向にあるのか，拡散傾向にあるのかが明確にはならないということに尽きる。

ローレンツによるパレート批判の第2はパレート法則が高額所得者層に適合的ではないという点である。これについては，パレート法則が定式化された初期の段階ですでにパレートもみずからその欠陥を認めていたが，ローレンツはここで改めてパレートを批判している。

第3の論点は，直接，対数目盛の使用にかかわる批判である。「対数曲線は多かれ少なかれ頼りにならない(treacherous)」とローレンツは述べている[82]。確かに，「高位の数量における僅少の差が，低位の数量の比較的大なる差よりも，比例的に誇張して表現せられる」という自然目盛(よく見られる等間隔のグラフ)の欠陥を回避できるメリットが，対数グラフにはある[83]。とくに縦軸の変量が指数関数的に増加する場合に，縦軸に対数目盛を採用することによって，変量の変化を圧縮して表現することができる。ローレンツは，このような利点を認めつつも，対数目盛で表現されたグラフについて，人はしばしば，それが対数変換されていることを忘却し，グラフを見る者に誤った印象をあたえかねないと指摘し，対数目盛の使用を戒めた。そして，横軸のデータにも縦軸のデータにも対数変換をほどこすことなく，いずれの変量についても累積相対度数を使用するよう結論づけている。

以上の考察にもとづいて，ローレンツは，後に「ローレンツ曲線」と言われることになったグラフを図5-5のように提示した(次頁)。これはプロイセンの所得統計(表5-14)にもとづいて描かれたグラフであるが，図5-5によって所得分布の集中にかんする経年変化が分かる。

ローレンツは，このグラフの横軸と縦軸のいずれについてもその目盛に累積相対度数を用いたが，その積極的な理由として次の2点を指摘した。①1人あたりの平均的な所得や人口規模にかかわらず，所得分布が均等である場合には，そのときの所得分布が直線状に(すなわち，いわゆる均等分布直線によって)表示されること，②所得格差があるときには，グラフに描かれた弧が中央部分でたわみ，集中が進行するにつれて，弧は左上隅に引き寄せられること。みずからが創案した曲線のこのような性質から，ローレンツは，この図5-5について，「明らかに，一目見ただけで分かるように，1892年よりも1901年のほうが集中は進んでいる」と述べている[84]。

ここでは，今日われわれがよく目にするローレンツ曲線の形状は下に凸で

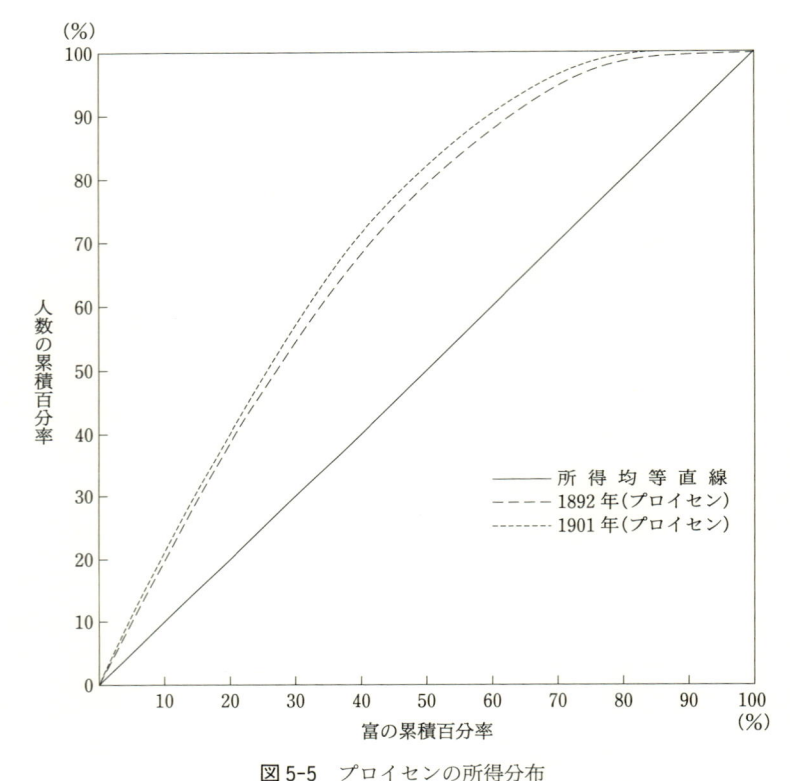

図 5-5　プロイセンの所得分布
（出所）表 5-9(a)に同じ(p. 16)。この図のデータは表 5-14(本章 p. 128)である。

　あるのにたいして，上に掲げたローレンツの独創になるいわゆるローレンツ曲線の形状が上に凸であるということに注目する。この違いは横軸と縦軸の数値のとり方が今日の方式とは逆になっていることによる。ローレンツが横軸に所得をとり，縦軸の値としては人数をとっている理由は，1905年論文では述べられていない。

　なお，ローレンツ曲線の弱点の1つとして，2つの異なる時点においてローレンツ曲線が交差する場合，所得分布の集中をどのように判定するかが困難になるということがある。ローレンツはこのような場合があることにすでに気づき，2本の曲線が交差するような数値例（次頁表 5-16）について図 5-6 を示した。

第5章 ローレンツ曲線の形成　139

表 5-16　ローレンツ曲線が交差するときの数値例

	所得(ドル)										合計(ドル)
事例 I	6	7	8	9	10	12	12	12	12	12	100
事例 II	8	8	8	8	8	8	8	14	14	16	100

(訳注) それぞれの所得を得ている人はいずれも1人ずつ。
(出所) 表 5-9(a)に同じ(p. 218)。

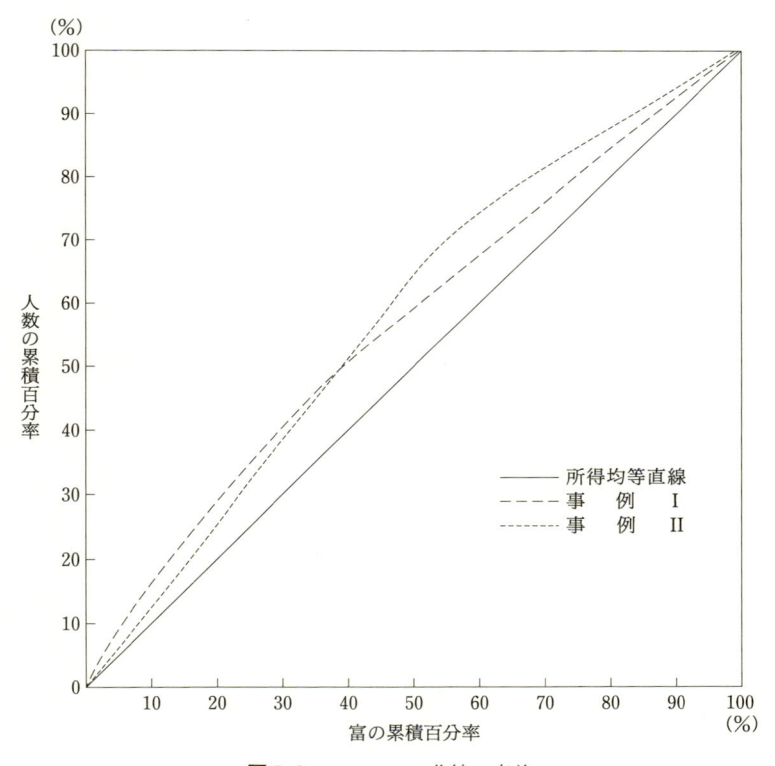

図 5-6　ローレンツ曲線の交差

(出所) 表 5-9(a)に同じ(p. 16)。

そして，人口の一方の部分の所得階層において集中が確認される反面で，他方の所得階層では所得分布の均等化が確認されるというように，2本のローレンツ曲線が交差する場合を取り上げて，「いつもこの曲線［ローレンツ曲線］が明瞭な答えをあたえるというものではない。なぜならば，同時に逆の傾向が併存するということもありうるからである」と述べている[85]。そして，このような場合にローレンツ曲線を解釈するにあたっては，2本のローレンツ曲線の交点で所得階層を分けて所得分布を考察するように示唆している。

む　す　び

　以上，ローレンツの「古典的」と言われる1905年論文に引用された文献に即して，その先行研究を回顧してきた。ローレンツ曲線の第1の形状的特徴は，所得と人員(世帯)とが(所得階級を媒介として)リンクされて表現されていることである。また，第2の特徴は，第1の特徴と密接な関係にあるが，所得と人員(世帯)の両方が対数変換されることなく，その累積相対度数が縦軸と横軸の尺度になっていることである。
　これまでの検討の結果，第1の特徴については，ローレンツ以前に研究成果が蓄積されてゆく過程で，所得と人員とを組み合わせて，どれだけの(割合の)人員が，社会的な富のどれだけ(の割合)を占有しているかを明らかにすることができれば，富の集中や拡散にかんする時間的・場所的な比較が可能になるという構想が醸成され，それをローレンツが継承したからであると言うことができる。とくに，所得階級別の人員や所得総額を個別に単独の標識としてみても，富の集中や拡散についての知見を得るにはいたらないということに気づいた(ローレンツの)先行研究者たち(エリー，そして，それ以前の試みとしてはメイヨー=スミス)は，人員の構成比と富(所得)の占有率とをリンクさせる方向で研究を進めていった。ローレンツ曲線はその延長線上に位置づけることができよう。
　他方で，ローレンツの独創性については，次のように考えられる。すなわち，彼の先行研究者たちは，たとえば，全人口の1％の人員が，社会的な富の30％を占有していると表現しているが，特定の所得階級が問題とされて

いるだけであり，社会の総体的な把握という点では難がある。これにたいして，所得階級を媒介として人員と所得の累積相対度数を結合し，社会全体の所得分布の姿を視覚的に確認するためのグラフ分析法を提示したということに，ローレンツの功績がある[86]。

次にローレンツ曲線の第2の形状的特徴（累積相対度数を対数変換することなく，そのまま用いていること）について述べる。これについては，ローレンツは対数目盛が視覚的に誤った印象をあたえやすいと考えたからであると指摘した。

いったい，19世紀半ば以降，所得分布の統計的計測が一大関心事として経済学や統計学を学ぶ者を引きつけ，ローレンツに先行して研究が精力的に進められたが，その背景には，「富者はますます豊かに，貧者はますます貧しく」という命題をヴォルフがいみじくも「公式見解」と呼ぶほどまでになっていたということがある。この命題が広く社会的に受容されるには，それが真実であると確信させるような社会が形成されていたとも言うことができる。

このように考えるとき，ローレンツ曲線に先行する諸研究に始まった所得分布の統計的計測をめぐる理論の展開過程においては，たえず事実の問題として社会は総体として豊かさに向かって進んでいるのか，一部の者だけが社会進歩の恩恵を受けているのか，所得格差はどの程度か，また格差が広がりつつあるのか縮小傾向にあるのかなどという，社会がその解決をもとめてやまない現実的な——しかも今日にも通ずる——諸問題があったと言うことができる。ローレンツはそのような問題にたいして1892年と1901年におけるプロイセンの所得統計から，後のローレンツ曲線を描いて，富の集中を考察した。プロイセンでは集中化が傾向として確認できるのか，あるいはそのような集中化は一時的な現象なのか，また他の国々についてはどうなっているのかなどについて，1905年論文では触れられていない。しかし，学界ではこの後も，理論と実証の両面で所得分布の統計的計測にかんする研究が進み，ジニによって新たな展開を遂げることになった。それについては次章以降で取り上げる。

　1）汐見三郎「分配均等度の測定」中山伊知郎編『統計学辞典（増補版）』東洋経済新報

社,1957 年,p. 644。
2) 初めて「ジニ係数」が定式化されたのは次の文献においてである。Gini, Corrado, "Sulla misura della concentrazione e della valiabilità dei caratteri," *Atti del Reale Istituto Veneto di Scienze, Lettre ed Arti*, Tomo LXXIII, Parte seconda, Anno accademico 1913-14.
3) マックス・O. ローレンツ(1880〜1962 年)は,1894 年にわずか 14 歳でアイオワ大学(Univ. of Iowa)を卒業し,1906 年にウィスコンシン大学で Ph.D. を取得した(学位論文のタイトルは "Economic Theory of Railroad Rates" である)。あの有名な曲線を,「ローレンツ曲線」と命名したのは,本章で取り上げられているリチャード・T. エリーの共同研究者でもあったウィルフォード・I. キング (Willford Isbell King) と言われている(① King, Willford Isbell, *The Elements of Statistical Method*, New York 1912; ② ditto, *The Wealth and Income of the People of the United States*, New York 1915. なお,河上肇『貧乏物語』(1917 年)(岩波文庫,1947 年,p. 34)には②に所載のローレンツ曲線が「ロレンズ氏の曲線」として紹介されている)。ローレンツは,Ph.D. 取得後,ワシントンの州間通商委員会(Interstate Commerce Commission in Washington)に勤務し,1936 年に同委員会の主任統計官(Chief Statistician)に就任した(Whiteman, Charles H., "The University of Iowa," *Economic Department Newsletter of the University of Iowa*, Sept. 17, 1999 (http://www.biz.uiowa.edu/econ/Outreach/newsletter3.pdf, accessed on Nov. 17, 2003))。その前後の職歴は明確ではないが,ローレンツは少なくとも 1905〜1915 年にはウィスコンシン州労働・産業統計局(Bureau of Labor and Industrial Statistics, State of Wisconsin)に勤務している。その時期にはアメリカ労働法制協会(American Association for Labor Legislation)(第 1 回総会は 1906 年 2 月 15 日開催)の通信員としても精力的に執筆活動に携わっていたことが,記録として残っている("Guide to the American Association For Labor Legislation Records, 1905-1943 (Collection Number: 5001)," (HP of Kheel Center for Labor Management Documentation and Archives, Cornell University Library, http://rmc.library.cornell.edu/EAD/htmldocs/KCL05001.html, accessed on Nov. 20, 2003))。
4) Lorenz, Max O., "Methods of Measuring the Concentration of Wealth," *Publications of the American Statistical Association*, No. 70, 1905 [Lorenz (1905)].
5) 数学的には $G=2\lambda$ と表現することは可能である。しかし,

$$G=\frac{\lambda}{\frac{1}{2}}$$

とすれば,G と λ の関係はいっそう明確になる(本書第 7 章参照)。
6) Atkinson, Anthony B., "On the Measurement of Inequality," *Journal of Economic Theory*, Vol. 2, 1970. cf. 高山憲之「富と所得の分布」『経済学大辞典(第 2 版)』第 I 巻,東洋経済新報社,1980 年[高山(1980)],とくに p. 472 以下。
7) アトキンソン尺度にかんしては以下の文献が示唆に富む。①芳賀 寛「所得分布不

平等尺度の現代的形態——アトキンソン尺度について——」『統計学』第 56 号, 1989 年 (同『経済分析と統計利用——産業連関論および所得分布論の適用をめぐって——』梓出版社, 1995 年, 第 5 章に収録); ②山口秋義「所得不平等尺度に関する一考察」『経営経済論集』(九州国際大学) 第 1 巻第 1 号, 1994 年; ③同「所得不平等尺度の分解について」『経営経済論集』(九州国際大学) 第 2 巻第 1 号, 1995 年; ④芳賀　寛「所得分布研究の再検討——アトキンソン尺度以前の段階について——」『経済論集』(北海学園大学) 第 43 巻第 2 号, 1995 年; ⑤同「社会厚生関数を媒介とする所得分布論の展開——不平等尺度の数理的分解に関連して——」『経済論集』(北海学園大学) 第 43 巻第 3 号 (故渡辺昭夫教授追悼号), 1995 年; ⑥芳賀　寛・山口秋義「分配の指標」『統計学』第 69・70 号合併号 (『社会科学としての統計学　第 3 集』), 1996 年, 第 8 章などの他, 高山 (1980) や上記⑥に掲げられた引用文献参照.

8) ① Mahalanobis, Prasanta Chandra, "A Method of Fractile Graphical Analysis with some Surmises of Results," *Transactions of the Bose Research Institute*, Vol. 22, 1958; ② ditto, "A Method of Fractile Graphical Analysis," *Econometrica*, Vol. 28, 1960. これについては, 本書補論参照.

9) Rao, Calyampudi Radhakrishna, "Mahalanobis, P. C.," *International Encyclopedia of Statistics*, Vol. 1, ed. by Kruskal, William H. and Judith M. Tanur, New York and London 1968, p. 574.

10) ABC 分析と H. Ford Dickie については, "Geschichte der ABC-Analyse," und "Sinn & Zweck der ABC-Analyse," (http://www.abc-analyse.info/abc, accessed on Nov. 20, 2003) 参照. なお, 本書補論補注も参照.

11) ① Juran, J. M., *Quality Control Handbook*, New York 1951 (東洋レーヨン株式会社訳 (石川　馨・神尾沖蔵・水野　滋監修)『経営革新のための品質管理 (品質管理ハンドブック I)』日科技連出版社, 1966 年, p. 54 以下参照. ただし, この訳書は原著第 2 版 (1962 年刊) による). なお, ② Juran, J. M., *Managerial Breakthrough: A New Concept of the Manager's Job*, New York 1964 (日本化薬株式会社訳 (石川　馨監修)『現状打破の経営哲学　新時代の管理者像』日科技連出版社, 1969 年, 第 4 章「パレートの原理」); ③石原勝吉・五影　勲・細谷克也『図表とグラフ』日科技連出版社, 1974 年, p. 80; ④鐡　健司『品質管理のための統計的方法入門』日科技連出版社, 1977 年, p. 22; ⑤牧野都治「不平等度の計測」森村英典・牧野都治・真壁　肇・杉山高一編『統計・OR 活用事典』東京書籍, 1984 年, p. 326; ⑥牧野都治『格差・パレート図・ABC 分析』日本評論社, 1984 年も参照.

12) 以下の叙述では, 高山 (1980), p. 470 以下を参照したが, そこで指摘されている特性を適宜, 統合したり, それに追加したりした.

13) ① Dasgupta, Partha, Amartya Sen and David Starrett, "Notes on the Measurement of Inequality," *Journal of Economic Theory*, Vol. 6, 1973, p. 184; ②豊田　敬「所得分布の不平等度：不平等度の比較と尺度」『国民経済』第 134 号, 1975 年.

14) 高山 (1980), p. 470.

15) このことについて, 高山は, 引用文に続けて, 次のように書いている.「この特性

は，ローレンツ曲線による判定が測定単位に依存しないという意味にも解釈できる」（高山(1980)，p. 470)。
16) 高山(1980)，p. 470。
17) 「ローレンツ曲線が……点 $M(a, b)$ で交差しているとしよう。判定基準 R_L にしたがうと，M 点以下の所得階層については分布 y^A のほうが y^B より不平等であり，M 点以上の所得階層については分布 y^B のほうが y^A より不平等である。このような場合，低所得階層における不平等と高所得階層における不平等とをそれぞれどのように評価するかによって，分布全体としての不平等が左右されることになる。すなわち，ローレンツ曲線が交差する場合には，一意的 unique に不平等の順位を確定できない。つまり，比較基準 R_L ですべての分布を順序づけるわけにはいかなくなる。この意味においてローレンツ曲線による判定は**半順序** partial ordering しか与えない」（高山(1980)，p. 471。強調は高山)。
18) Goschen, George Joachim, "The Increase of Moderate Incomes," being the Inaugural Address of the President of the Royal Statistical Society, Session 1887-88, Delivered 6th December, 1887, at Wallis's Room, *JRSS*, Vol. 50, 1887［Goschen (1887)］.
19) 都留重人編『岩波経済学小辞典(第3版)』岩波書店，1994年，p. 108。
20) ゴッシェンによれば，そのような見解は当時としては特異ではなく，たとえば1885年6月に発表された「王立不況委員会」の最終報告(以下に引用)のなかにも見ることができる。「この統計表によれば，年収2,000ポンドに満たない所得者の数は，(この時期に約10％増加した)人口よりももっと急激な割合で増加しているのにたいして，2,000ポンドを上回る所得者の人数は比較的緩やかな割合で上昇し，また5,000ポンドを超える所得者の数は，現実には減少し，さらにまた，所得が低ければそれだけ，増加率も急増しているのである。このため思うに，総利潤量が増大しているか否かにかかわらず，商業と工業に関与する階級の間には利潤がより広い範囲で分配されるようになってきていることを示す明白な証拠があると言うことができる。さらにまた大規模資本家にあっては，ありきたりの資本家に較べてその収入は小さい。それだけでなく，おそらくは少額ではあろうが利潤をあげている資本家の数は大きく増加していることも指摘できる」(ただし，引用は Goschen (1887), p. 592 による)。
21) Goschen (1887), p. 604.
22) ブースの調査は，ロンドン市民の3分の1が貧困状態にあることを明らかにした。この数字は，ハインドマンの主張よりも大きいものであった(美馬孝人『イギリス社会政策の展開』(現代経済政策シリーズ3)日本経済評論社，2000年，p. 134以下参照)。
23) Goschen (1887), p. 600.
24) Lorenz (1905), p. 210.
25) Ely, Richard T., *Studies in the Evolution of Industrial Society*, New York and London 1903［Ely (1903)］. なお，エリーについては次も参照。Gaffney, Henry, "Neo-classical Economics as a Strategem against Henry George," http://homepage.ntlworld.com/janusg/coe/!index.htm, accessed on Nov. 20, 2003.

26) Ely (1903), p. 269.
27) Ely (1903), p. 269.
28) Ely (1903), p. 255.
29) Ely (1903), p. 259. この結論だけをそのものとして見れば，ローレンツ曲線による所得分布研究の結果と同一である（表 5-1(b) 参照）。
30) Ely (1903), p. 260.
31) Ely (1903), p. 263.
32) Spahr, Charles B., *An Essay on the Present Distribution of Wealth in the United States*, 2nd edn., New York 1896, p. 16.
33) Ely (1903), p. 263.
34) エリーはこのことを例証する目的で，リッチモンド・M. メイヨー＝スミスの著作から次のような叙述を引用している。「[プロイセンでは]人口の70％は所得税の課税が免除されており，それらの人々の所得は全人口の全所得の3分の1にすぎない。その次の4分の1が全所得の3分の1を得，最上位に位置する約4％の人々が残りの3分の1を享受している。」「[イギリスでは]人口の約10％が全所得のほぼ2分の1を享受している。」(Mayo-Smith, Richmond M., "Statistics and Economics," in his *Science of Statistics*, New York 1899, esp. Chap. XIII of Pt. III. ただし，引用は Ely (1903), p. 263f. による。なお，メイヨー＝スミスからの引用については，同『經濟統計學』（呉　文聰訳）早稲田大學出版部，1902 年（下巻），p. 284, p. 288 参照）。
35) Lorenz (1905), p. 215.
36) Wolf, Julius, *System der Sozialpolitik, Erster Band: Grundlegung. Sozialismus und kapitalistische Gesellschaftsordnung. Kritische Würdigung beider als Grundlegung einer Sozialpolitik*, Stuttgart 1892 [Wolf (1892)].
37) ただし，引用および強調は Wolf (1892), p. 224 による。
38) 大阪市立大学経済研究所編『経済学辞典（第 2 版）』岩波書店，1979 年，p. 708（初版，p. 633）。
39) George, Henry, *Progress and Poverty*, 1879 [著者版], p. 9（長洲一二訳『進歩と貧困（上）』日本評論社，1949 年，p. 28。山嵜義三郎訳『進歩と貧困』日本経済評論社，1991 年，p. 6 以下。ただし，本文における引用（強調はヴォルフ）は原著のドイツ語訳にもとづくので，邦訳とは微妙に異なっている）。
40) 1891 年 7 月 4 日付け『フォアヴェルツ』紙は「ドイツ社会民主党綱領草案」を掲載した。これは，邦訳では「エルフルト綱領草案異文二」とされているが，そこでは次のように書かれている。「この搾取の支配のもとで，被搾取者によってつくりだされた富の，搾取者——資本家と大土地所有者——の手中への累積は，加速度をもって増大する。搾取者と被搾取者とのあいだの労働生産物の分配はますます不平等になり，プロレタリアの人数はますます増大し，彼らの生活状態はますます不安定になり，過剰労働者群はますます大量に，階級対立はますますけわしく，現代社会を二つの敵対陣営に分かち，すべての工業国の共通の標識をなしている階級闘争はますます激烈になる」（国民文庫版，p. 135, ただし，強調はヴォルフ）。ヴォルフは「エルフルト綱

領草案」から上に掲げた部分を引用して，それがいかに非現実的であるかを統計的に実証しようとした（Wolf (1892), p. 230）。
41) Wolf (1892), p. 226.
42) ただし，引用と強調は Wolf (1892), p. 226f. による。
43) Wolf (1892), p. 227.
44) Wolf (1892), p. 234.（ただし，強調はヴォルフ。）
45) Wolf (1892), p. 235.
46) Lorenz (1905), p. 212.
47) Soetbeer, A., "Volkseinkommen in Preussischen Staaten, 1876 und 1888," *Jahrbücher für Nationalökonomie und Statistik*, Bd. 52 (Neue Folge, Bd. 18), 1889 [Soetbeer (1889)].
48) Soetbeer (1889), p. 414.
49) Soetbeer (1889), p. 419.
50) Soetbeer (1889), p. 419.
51) Soetbeer (1889), p. 419.
52) Soetbeer (1889), p. 420.
53) Soetbeer (1889), p. 420f. ただし，強調は引用者。
54) Lorenz (1905), p. 213.
55) Holmes, George K., "Measures of Distribution," *Publications of the American Statistical Association*, Nos. 18-19, 1892 [Holmes (1892)].
56) Holmes (1892), p. 141.
57) Lorenz (1905), p. 213.
58) メディアン（Me）の一般式は

$$Me = X' + c\left(\frac{\frac{N}{2} - F}{f}\right)$$

ただし，X'：メディアンが存在する階級の下限値
　　　　c：メディアンが存在する階級の級間隔
　　　　N：総度数
　　　　F：値が X' 未満の項の度数
　　　　f：メディアンが存在する階級における度数

である（森田優三『統計概論』日本評論新社，1952 年，p. 45 以下参照）。
59) Holmes (1892), p. 146.
60) Holmes (1892), p. 156f.
61) ローレンツ曲線の特性に言及したときに指摘したように，所得階級別の構成員の数が不変で，階級ごとの所得の変化率が一律であるときには，ローレンツ曲線は同一となる（本章 1 節(1)①(ⅱ)参照）。
62) Lorenz (1905), p. 214.

63) Adams, Thomas Sewall and Helen L. Summer, *Labor Problems*, New York 1905 [Adams and Summer (1905)]. ただし, 引用は第4版(1907年)による.
64) Lorenz (1905), p. 215.
65) ただし, 引用は Adams and Summer (1905), p. 538 による. また, 同書に掲載された表 IV (Distribution of Land Values: Philadelphia, 1855-1900 (Relative numbers based on the year 1865)) も参照.
66) ただし, 引用は, Adams and Summer (1905), p. 538 による.
67) 第2四分位数はメディアン(中央値)と同一なので, 四分位数を独自にあたえる値としては Q_1 と Q_3 の2つだけであると考えることもできる. このためにボーレーは, 添え字で2つの四分位数を識別するのではなくて, Q_1 を「下方四分位数(lower quartile)」, Q_3 を「上方四分位数(upper q.)」と名づけている(Bowley, *Elements of Statistics*, 1st edn., London 1901, p. 135). ここで使用する四分位数は2つだけであることから, 本文で Q_3 と表記した第3四分位数をアダムズ=サマーは Q_2(ローレンツは q_2)と表している(Adams and Summer (1905), p. 538; Lorenz (1905), p. 215). このことについては, アダムズ=サマーもローレンツも Bowley, *Elements of Statistics*, 2nd edn., London, (刊行年不明) p. 136 を参照している.
68) 「相対四分位偏差」は「四分位分散係数」とも言われることがある(近藤次郎・守岡隆「度数分布」中山伊知郎編『統計学辞典(増補版)』東洋経済新報社, 1957年, p. 169).
69) 森田優三『国民所得の評価と分析』東洋経済新報社, 1949年[森田(1949)], p. 151.
70) ここで第1四分位数(Q_1)とメディアン(Me)の差の絶対値($|Q_1-Me|$)と第3四分位数(Q_3)とメディアン(Me)の差の絶対値($|Q_3-Me|$)をもとめて,

$$Q' = \frac{|Q_3-Me|-|Q_1-Me|}{|Q_3-Me|+|Q_1-Me|}$$

とおく.

　分布が左右対称に近づけばそれだけ, メディアンと四分位数の距離は等しくなる. そして, 完全に左右対称となる極限の場合には $|Q_3-Me|$ と $|Q_1-Me|$ が等しくなる. このとき, $Q'=0$ である.

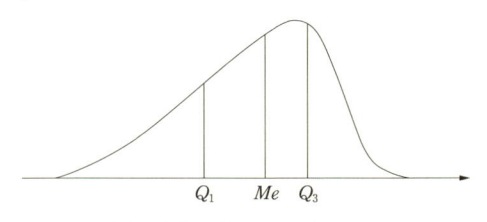

図　分布の偏りとメディアン

　また, 上図のように右方への偏りが強い分布では $|Q_3-Me|$ はゼロに近づく. このとき, 極限において $Q'=-1$ である. 他方, 分布が左方に偏るにつれて, $|Q_1-Me|$ はゼロに近づく. このとき, 極限において $Q'=+1$ である.

この関係から，Q'は，分布の山が右と左のどちら側にあるのかを判定するための尺度して用いることができる。ボーレーはこのQ'をSとおいて「非対称度(または歪度)」と呼んでいるが，明らかに，このSは「(相加平均－モード)/標準偏差」で定義されるK. ピアソンの「歪度」とは異なる(ボーレー著『統計原論』(森　数樹訳)巌松堂書店，1928年，p. 179以下。これはBowley, *Elements of Statistics*, London 1901の第5版(1926年)の訳書。なお，森田優三『統計概論』(増補版)日本評論新社，1956年，p. 64も参照)。

71) 森田(1949)，p. 124以下。
72) 森田(1949)，p. 127。
73) 高山(1980)，p. 474。
74) 森田(1949)とは若干表記法が異なっているが，内容的な差違はない。
75) パレートは所得分布を表現する数式として(3)式の他に，

$$N(x) = \frac{H}{(x+a)^\alpha} e^{-\beta x}$$

ただし，$\beta = 0$のとき，$N(x) = \frac{H}{(x+a)^\alpha}$

も示している(本書第1章参照)。

76) 森田(1949)，p. 125。なお，同『統計学汎論』(日本評論社，1948年，p. 209以下)では，1937年における日本の所得分布について$\log N(x) = 10.70836 - 1.48017 \log x$ともとめている。
77) 高山(1980)，p. 474。
78) この国でも大正期にはパレート指数の計測による所得分布の研究が盛んに行われたことは，次からも知ることができる。「近時多くの学者が，所得の分布をパレート線(ママ)の勾配のみに由て判断することは余りに粗雑に過ぎるにあらずやと疑はれる。著者は所得の算術平均と標準偏差とを計算し，之を非対称形(又はJ字形)の分布曲線の方程式に入れて，所得分布の方程式を決定する方が，遙かに合理的であると思ふ。そして其の方程式としては，ポアッソンPoissonの所謂「小数の法則」をシャルリエーが改訂拡張したものを，使用するのが便利であらう」(小倉金之助『統計的研究法』積善館，1925年，p. 445。引用にあたっては，原文の片仮名書きを平仮名書きに，平仮名書きを片仮名書きに換えた)。
79) ① Gini, C., "Il diverso accrescimento delle classi sociali e la concentrazione della ricchezza," *Giornale degli Economisti*, Serie seconda, Volume XXXVIII, 1909; ② ditto, "Indici di concentrazione e di dipendenza," *Atti della Società Italiana per il Progresso delle Scienze, Terza Riunione, Padova, Settembre 1909*, 1910. 本書第4章参照。
80) Gibrat, Robert Pierre Louis, *Les Inégalités Économiques*, Paris 1931.
81) Lorenz (1905), p. 216f.
82) Lorenz (1905), p. 217。
83) 猪間驥一「統計図表」中山伊知郎編『統計学辞典(増補版)』東洋経済新報社，1957

第 5 章　ローレンツ曲線の形成　　149

年，p. 160。
84) Lorenz (1905), p. 218.
85) Lorenz (1905), p. 219.
86) 米澤治文『經濟統計學の展開』勁草書房，1955 年，第 6 章参照。

[補注 1]　ホームズの挙げる 5 つの事例（表 5-12）についてローレンツ曲線を描いて，その曲線の湾曲状態からそれらの事例の集中の程度を目測し，その結果とホームズの「三連尺度」（表 5-13）とを比較してみれば，集中の順位に食い違いのあることが分かる（付表）。

　ホームズの数値例のそれぞれについて，少なくとも 1 辺が 12 cm 以上のグラフを描けば，ローレンツ曲線による比較は可能と考えられる。紙幅の関係でそのような大きさのグラフをここに掲載することはできないが，5 つの事例についてその分布の集中度をジニ係数で測定することができる。これによっても，ホームズの順位づけとローレンツの順位づけとは異なっていることが分かる。このことを示すために以下の表を掲げ，あわせて，事例ごとのローレンツ曲線も掲げておく（付図 A）。

付表　三連尺度法による順位とジニ係数による順位

	三連尺度法*	ジニ係数**
拡散	事例 1　(1.32)	事例 2　(0.1983)
	事例 2　(1.33)	事例 1　(0.2307)
	事例 3 ⎫ 事例 4 ⎬ (2.95)	事例 4　(0.3111)
		事例 3　(0.3617)
集中	事例 5　(4.65)	事例 5　(0.3624)

　＊　ホームズの計算による（表 5-13）。
　＊＊　筆者の計算による。

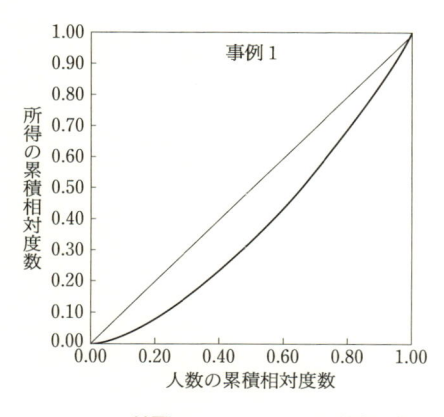

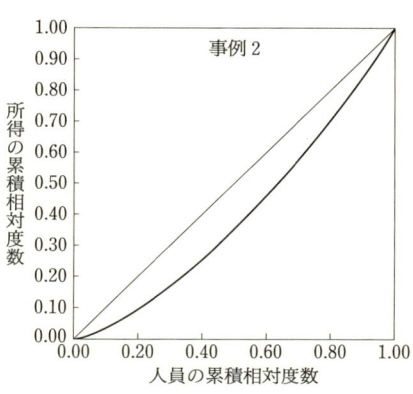

付図 A　ホームズの数値例（表 5-12）によるローレンツ曲線　（続く）

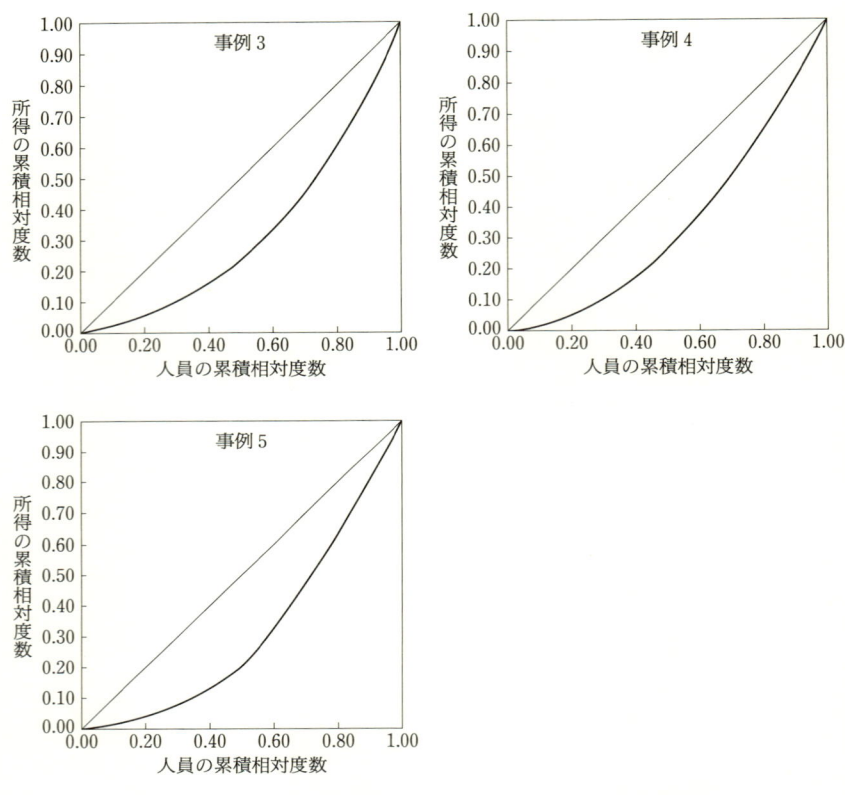

付図 A ホームズの数値例(表5-12)によるローレンツ曲線(続き)

[補注2] 対数目盛について以下で補足しておく。対数の底 a が1を超える場合($a>1$)、$y=\log_a x$ のグラフは一般に付図 B(次頁)のようになる(ただし、以下の付図はいずれも $a=10$ となる常用対数についてである)。

　付図 B から明らかなように、x 軸の値は、$y=\log x$ という関数(対数曲線)を媒介として、y 軸上の値と1対1対応の関係がある。このとき、x 軸上の値に対応する対数曲線上の点を縦軸上に正射影する。その結果、得られた縦軸上の点にこの x 軸上の値を対応させることにする。そうすると、付図 B から付図 C(次頁)を作図することができる。

　この付図 C の縦軸に着目すると、そこに表示される連続量の並びは下方ほど間隔が疎で、上方に向かうほど間隔が密となっていることが分かる。グラフにおいてこのような目盛(対数目盛)を採用したものを対数グラフと言い、両軸の一方を対数目盛としたグラフを半対数グラフ(図5-3(c)参照)、両軸ともに対数目盛となっているグラフを両対数グラフ(図5-4参照)と言う。

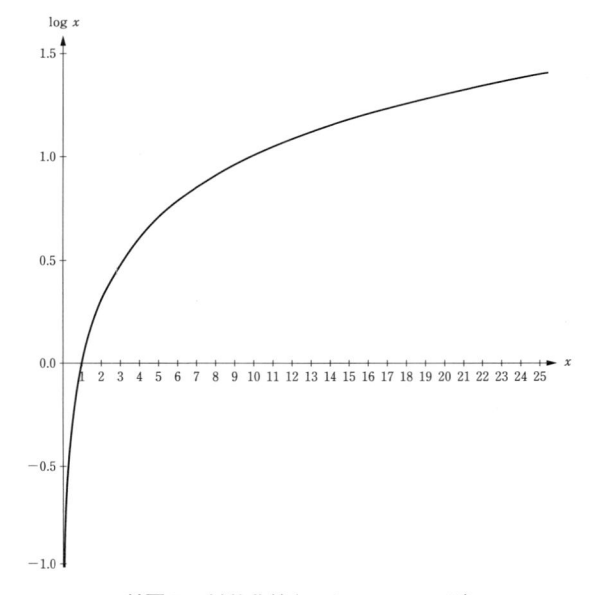

付図 B 対数曲線（$y = \log_a x : a = 10$）

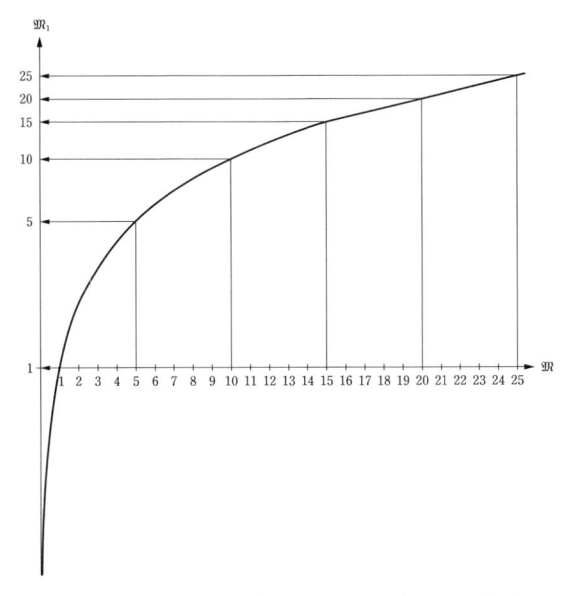

付図 C $y = \log_a x$ を媒介とする x の y 軸への正射影

補　論　ローレンツ曲線の多重化

はじめに

　マックス・O. ローレンツが1905年論文(「富の集中にかんする計測方法」)[1]で示した曲線は，ウィルフォード・I. キングによって「ローレンツ曲線」と命名された[2]。この曲線は，所得分布を視覚に訴えて明証的に示すために活用された。その後，所得分布にかんする研究分野ではジニ係数が考案され(1914年)，所得格差の統計的計測指標として使用されるようになった。そして，ジニ係数の普及にともなってローレンツ曲線は，とくに所得分布研究においては，ジニ係数の数理的意味を図解するときに用いられるにとどまることが多くなった。

　ところが，ローレンツ曲線の考え方は，所得分布の分野だけでなく，さまざまな分野で応用されている(本補論末尾補注参照)。ここで取り上げるP. C. マハラノビスの試み(標本調査によって得られた統計(大屋裕雪のいわゆる「標本統計」)の利用)にも，ローレンツの構想が生かされている。一般にローレンツ曲線が単一の経済量(たとえば所得)のグラフ表示を目的としているのにたいして，マハラノビスは，2変量(消費支出総額と穀類消費支出額)にかんするローレンツ曲線を1枚のグラフに表示しようと試みた。この多重化の試みは，彼の業績の1つに数えられている[3]「等区分グラフ分析法(fractile graphical analysis)」の延長線上に位置づけることができる。本補論では，この等区分グラフ分析法を取り上げて，マハラノビスによるローレンツ曲線拡充の試みを紹介する。

1. マハラノビスの標本調査

(1) 標本調査と正確さ

　インド統計協会(Indian Statistical Institute)のホームページ(http://www.isid.ac.in/)には，マハラノビスの略歴と業績が掲載されている[4]。それによれば，マハラノビスが初めて任意抽出標本調査をインドで実施したのは1937年であり，そのときの目的はベンガル州におけるジュートの作付面積と収穫量を調査することであった。マハラノビスはこの調査結果の正確さを問題視して，それを受容しがたいものと考えた。その後，インドでは標本調査の有効性をめぐって，統計学者を「センサス派」と「標本調査派」に分かつ標本調査論争が10年以上にもわたって行われた[5]。インド統計協会のホームページには，「最終的には，標本調査にもとづく推定値が全数調査によるよりもしばしば正確(accurate)であって，しかも標本調査が全数調査に較べて，より低コストで短時間のうちに，狭い誤差の限界におさまる推定値をあたえることを，彼[マハラノビス]は証明できた」とある。そして，標本調査の分野における彼の功績の1つに「相互貫通標本網(interpenetrating network of sample)」[6]を挙げている(この方法は，その頭文字をとってIPNSと呼ばれることも少なくない)。コクランによれば，マハラノビスの考案したこの方法は，「とくに，測定誤差に相関があるときの研究にたいして有効である」と言われている[7]。また，最近では，マハラノビスの相互貫通標本網は，「相互貫通標本法(method of interpenetrating sample)」という名でも呼ばれ，構想当初の主要目的が非標本誤差のコントロールと減殺(control and reduce)にあったことも指摘されている[8]。

　後に，相互貫通標本網の内容を見るが，それに先立って，マハラノビスが標本調査を設計するときに留意した点を確認しておきたい。そのことによって，相互貫通標本網の方法論的基礎が明らかになるからである。マハラノビスは次のように述べている[9]。

　　「……統計的観点からのわれわれの狙いは，経費の総額が決まっている場合には，最終の推定値の正確さ(accuracy)が可能な限り高く，また推定精度があたえられているときには，総経費が可能な限り小さくなる

ように，標本調査技法の水準を高めることである……。

　このためには，(a)標本単位の最適な大きさ，(b)目標として措定された正確さを最終推定値が達成するうえで必要な標本単位の総数，(c)調査対象となった，相異なる，広狭さまざまな地域に標本単位を割り当てるための最良の方法，の3つを定める必要がある。」

(2)　相互貫通標本網

　マハラノビスの相互貫通標本網は彼がみずからに課した前項末尾の課題に応えるものとして構想された。この相互貫通標本網の目的と実施方法についてはマハラノビスによるものをはじめとして数多くの解説がある。そのなかでも，ラオ[10]による説明が簡にして明であるから，それを以下に引用する。

　「……彼[マハラノビス]はクロス・チェックを行って，調査結果を妥当なものにしようとした。そのために，彼は相互貫通標本網(i.p.n.s.)の概念を展開した。

　相互貫通標本網を用いるときの簡単な調査設計は次のようになる。ある地域が4つの層に分割され，現地調査に4人の調査員を派遣するものとしよう。通常のやり方では，1つの層に1人の調査員を割り当てて，特定の層から(ランダムに)選出するべきすべての単位をカバーさせるようにする。ところが，相互貫通標本網による調査設計では，各々の調査員がすべての層で調査を行い，[通常のやり方によるときの]4分の1の単位をランダムにカバーすることになる。このようにすれば，相互貫通標本網による調査設計では，[4つの層に分割された]調査地域全体について，4人の調査員から4つの独立した(並行的(parallel)な)推定値があたえられるようになる。4つの推定値が大きく異なっているときには，調査結果の妥当性は疑わしい。このような場合，さらに詳しいデータ分析が行われて，最終の推定値があたえられれば，[推定値の]食い違いを適切に取り扱うことができる。4つの層がそれぞれ4人の異なった調査者に割り当てられるときには，このような比較ないし批判的研究は不可能である。層の違いと調査員の違いが混在するからに他ならない。」

2. 標本統計とそのグラフ表示

　以下では，これまでその意義について述べてきた相互貫通標本網による標本調査(相互貫通標本調査)とその調査結果の利用を具体例に即して述べる。ただし，本補論の目的はマハラノビスによるローレンツ曲線拡充(多重化)の試みを明らかにすることであるから，マハラノビスが執筆した2つの論文[11]に限定して，彼の見解を紹介する。

(1) 相互貫通標本調査と等区分グラフ分析法

　上で述べたように，相互貫通標本調査では，各々の調査員が調査対象集団(母集団)のどの層においても標本抽出を行うことが前提とされている。マハラノビスは，ローレンツ曲線を2変量に拡張する試み(いわゆる多重化の試み)について述べた論文でも，相互貫通標本調査による標本統計を前提にして論を進めた。その際，彼は①2変量正規母集団からの標本調査実験にもとづくデータと②インド全国標本調査(National Sample Survey of India)による標本統計(第7次調査(1952年10月～1954年3月)，第8次調査(1954年7月～1955年4月)，第9次調査(1955年5月～1955年11月)の結果数字)を用いた[12]。

　まず，以下では，相互貫通標本調査を例解するが，あえてマハラノビスの実験データ(上記①)を用いないことにする。それは，マハラノビスの原論文(1958年)では，結果数字の表章とそのグラフ表示を見ることはできるが，彼が行った標本調査実験については元のデータが不明で，標本調査からその分析までを通して追体験することはできないからである。マハラノビスが行った相互貫通標本調査実験の進め方に従うが，その基本性格が明確となるように，マハラノビスの1958年論文よりも簡単な，以下の標本抽出実験によることとする。なお，マハラノビスの1958年論文でも，相互貫通標本網によって，2つの標本——これを彼は「副次標本(subsample)」と言っている——が得られたことを前提に話を進めているので，以下の相互貫通標本調査実験でも，標本調査に先立って行われる層別化はもとより，実査にいたる全過程がすでに完了し，標本が得られたものとする。

その標本調査実験の枠組みは次のようになる[13]。
 i．母集団は 2 変量正規分布 $N(0,0;1,2;\frac{1}{\sqrt{2}})$ に従う。すなわち，2 つの確率変数の実現値の組 (x,y) として得られる標本の母集団について
   (a) x の平均は 0，分散は 1
   (b) y の平均は 0，分散は 2
   (c) x と y の相関係数は $\frac{1}{\sqrt{2}}$ [x と y の標準偏差の比の値]
  である。
 ii．2 つの副次標本(標本の大きさはいずれも 12)を抽出する[14]。そのそれぞれを第 1 副次標本(s.s.1)，第 2 副次標本(s.s.2)とする。
 iii．2 つの副次標本を併せて，1 つの標本とする。これを「複合標本(combined sample)」と言う(複合標本の大きさは 24 である)。

① デ ー タ

統計数値表(乱数表)から上記の条件を満たすデータを拾えば，表 1(a)のようになる(次頁)。

マハラノビスによれば，データを得た次の段階では，それぞれの副次標本について，第 1 変量 (x) をキー項目として，昇順にデータの組がソートされる。表 1(a)のデータについてこのようにソートした結果が表 1(b)である(次頁)。

② 等 区 分

マハラノビスは，ソートの後にいずれの副次標本についても，その標本の構成要素を等しい個数にくくって，いくつかにまとめている。彼は，副次標本を構成する要素のことを「単位(unit)」と言い，上述の手続きでくくられた「単位」の集合を「グループ」と言っている。

このとき，どの「グループ」も同数の「単位」(要素)で構成されるようにする。このように同数の「単位」を内包する「グループ」のことを，マハラノビスは，「等区分(fractile)」と言っている。このような「等区分」の編成を経てグラフが描かれる。

ここで，かりにどの「グループ」にも等しく 3 つの「単位」が含まれるとすれば，第 1 副次標本についても第 2 副次標本についても，その「単位」は 4 等分される(「グループ」の個数は 4 である)。このように副次標本を「等区分」

表1(a)　標本データ(1)

番号	第1副次標本(s.s.1) x	y	番号	第2副次標本(s.s.2) x	y
s.s.1- 1	−1.155	−2.570	s.s.2- 1	−0.968	−2.469
s.s.1- 2	−0.612	−2.434	s.s.2- 2	1.429	2.006
s.s.1- 3	−0.639	−1.018	s.s.2- 3	−0.469	−1.252
s.s.1- 4	−0.461	−1.221	s.s.2- 4	1.579	2.370
s.s.1- 5	0.131	1.580	s.s.2- 5	0.581	1.084
s.s.1- 6	0.904	0.784	s.s.2- 6	−0.362	0.021
s.s.1- 7	0.721	0.286	s.s.2- 7	2.809	5.306
s.s.1- 8	1.086	2.799	s.s.2- 8	−0.701	−0.925
s.s.1- 9	0.866	2.735	s.s.2- 9	−1.183	−1.487
s.s.1-10	−0.424	−0.777	s.s.2-10	0.065	0.677
s.s.1-11	1.446	2.337	s.s.2-11	−0.580	−2.805
s.s.1-12	−1.104	−1.719	s.s.2-12	−2.043	−1.993

(注)　1. 変量間の相関係数が ρ のときに，2変量標準正規分布 $N(0,0;1,1;\rho)$ に従う変数の組み合わせを正規乱数の乱数表からもとめる方法については，下記『統計数値表』数値表編 p.431 および解説編 p.200（表4.3　K10の正規乱数表の列間の相関係数（理論値））参照．
2. 標準正規分布 $N(0,1)$ に従う正規乱数を $N(\mu, \sigma^2)$ に従う正規変量に変換する方法については下記『統計数値表』数値表編 p.431 参照．

(出所)　数値表編「K10　正規乱数」表16，（数値表編，p.435），山内二郎編『統計数値表　JSA-1972』日本規格協会，1972年．

表1(b)　標本データ(2)――等区分グループの編成――

番号	第1副次標本(s.s.1) x	y		番号	第2副次標本(s.s.2) x	y	
s.s.1- 1	−1.155	−2.570	グループ1	s.s.2-12	−2.043	−1.993	グループ1
s.s.1-12	−1.104	−1.719		s.s.2- 9	−1.183	−1.487	
s.s.1- 3	−0.639	−1.018		s.s.2- 1	−0.968	−2.469	
s.s.1- 2	−0.612	−2.434	グループ2	s.s.2- 8	−0.701	−0.925	グループ2
s.s.1- 4	−0.461	−1.221		s.s.2-11	−0.580	−2.805	
s.s.1-10	−0.424	−0.777		s.s.2- 3	−0.469	−1.252	
s.s.1- 5	0.131	1.580	グループ3	s.s.2- 6	−0.362	0.021	グループ3
s.s.1- 7	0.721	0.286		s.s.2-10	0.065	0.677	
s.s.1- 9	0.866	2.735		s.s.2- 5	0.581	1.084	
s.s.1- 6	0.904	0.784	グループ4	s.s.2- 2	1.429	2.006	グループ4
s.s.1- 8	1.086	2.799		s.s.2- 4	1.579	2.370	
s.s.1-11	1.446	2.337		s.s.2- 7	2.809	5.306	

表2 変量 y の相加平均とその乖離

グループ番号	第1副次標本 (s.s.1) (1)	第2副次標本 (s.s.1) (2)	複合標本 (3)	乖離(絶対値) $\|(1)-(2)\|$ (4)	$\|(1)-(3)\|$ (5)	$\|(2)-(3)\|$ (6)
1	−1.769	−1.983	−1.861	0.214	0.092	0.122
2	−1.477	−1.661	−1.585	0.184	0.108	0.076
3	1.534	0.594	1.064	0.940	0.470	0.047
4	1.973	3.227	2.600	1.254	0.627	0.627

(注) 1. 副次標本にかんする相加平均は，1グループあたり3個の単位についてである。
　　 2. 複合標本にかんする相加平均は，1グループあたり6個の単位についてである。

にまとめ，そのそれぞれの部分集団について誘導統計値をもとめて，それをグラフに表示し，標本統計を利用するのが「等区分グラフ分析法」である。

さて，われわれは，マハラノビスに従って，第1変量である x をキーに変量の組を昇順にソートした(前頁表1(b)参照)。そのうえで，今度は，4つの「グループ」の別に，第2変量 y の相加平均を計算する。2つの副次標本にかんするその結果を表2の(1)欄と(2)欄に示した。

次に，2つの副次標本を1つにまとめ，合成されたこの標本を大きさ24の単一の標本(複合標本)と見なし，それについて，表1(b)を作成したときと同様の手順を適用する。そうすると，この複合標本についても，第1変量 x をキーとして昇順に並べ替えられた，2つの変量の組 (x, y) があたえられることになる。その組の数は全部で24である。これを，副次標本と同様に4つのグループに分割し，そのそれぞれのグループごとに第2変量 y について，その相加平均を計算する。この結果を表2の(3)欄に記した(言うまでもなく，この複合標本では，1つのグループのなかに含まれる「単位」の個数は，副次標本の場合の2倍となって，6である)。

③ 等区分グラフ

表2の(1)～(3)欄の数値を折れ線グラフで示せば，次頁の等区分グラフが完成する(図1)。この図において，第1副次標本(s.s.1)の折れ線と第2副次標本(s.s.2)の折れ線をマハラノビスはそれぞれ $G(1)$，$G(2)$ とも表現している。そして，複合標本にかんする折れ線を $G(1,2)$ として，これと $G(1)$ あるいは $G(2)$ との乖離を「誤差」と名づけた。そして，折れ線 $G(1)$ と $G(2)$ で囲まれた領域(図中網掛け部分)のことを「誤差領域(error area)」と言って，

第 2 変量(y)

凡例:
- $G(1)$ ：第 1 副次標本
- $G(2)$ ：第 2 副次標本
- $G(1,2)$：複合標本
- $a(1,2)$：誤差領域

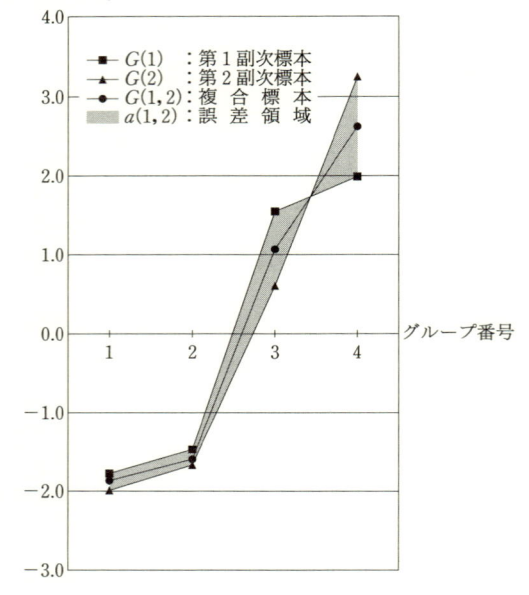

図1　等区分グラフ

$a(1,2)$ と表している。この誤差領域が広ければ、それだけ 2 つの副次標本の乖離が大きくなるので、そのような場合には、副次標本を抽出した 2 人の調査員のどちらかによる調査において(両方の可能性も否定できない)何らかのバイアスがかかったのではないかと考えて、再調査その他の必要な措置が講じられることになる[15]。その際、とくに乖離が大きいグループについて重点的に再調査することも考えられる。表 2 からグループ別に 2 つの副次標本の値の差を計算すると(表2(4)欄参照)、0.214(第1グループ)、0.184(第2グループ)、0.940(第3グループ)、1.254(第4グループ)である。これを大きさの順に並べると、第4グループ、第3グループ、第1グループ、第2グループとなる。乖離の大きさがどの程度であれば、再調査が要請されるかについては一概には言えない、とマハラノビスは述べている。

④　マハラノビスの「予想」

マハラノビスは、バッタチャルジー(Nikhilesh Bhattacharjee)の協力を得て大規模な標本調査実験[16]を実施し、相互貫通標本調査には次のような一般的傾向が見られることを「予想」した[17]。そしてさらに、その「予想」が実

際のインド全国標本調査にも妥当することを確認した。以下，（ ）内にコメントを付して，マハラノビスの「予想」について述べることにする。

　ⅰ．等区分して得られるグループの数(g)を一定とすれば，そのグループを構成する「単位」の個数(n')が大きいほど，誤差領域$a(1,2)$の面積は$\frac{1}{\sqrt{n'}}$に比例して小さくなる(n'の増大によって，グループ内の極端な値をとる「単位」の数量的規定性が減殺される)。

　ⅱ．n'(グループの構成要素(単位)の数)が一定であるとき，誤差領域$a(1,2)$の面積はg(グループの数)に比例して増大する(等区分グラフの横軸にはグループ番号が記載されるので，gが多ければそれだけ，グラフが横方向に伸びて全体的に大きくなり，$a(1,2)$の面積が広がる)。

　ⅲ．複合標本の折れ線グラフ$G(1,2)$を構成する点(図1の●)について言えば，n'が大きくなるにつれて，より多くの点が$a(1,2)$に落ちるようになる(たとえ2つの副次標本の値がかけ離れていようともこれらの副次標本を合成して，複合標本を構成すれば，その複合標本内で極端な値をとる「単位」が相殺されることになる。この相殺作用は，それぞれの標本のグループ内でn'が増大することによってさらに強まる。すなわち，複合標本では，n'の増大が副次標本におけるよりもさらに強く相殺の機能を果たすことによって，複合標本のグラフ$G(1,2)$は$G(1)$と$G(2)$の間に落ちると期待できる)。

　以上要するに，マハラノビスの標本調査実験からは，等区分グラフにおける誤差領域の縮小には，①グループ内の「単位」の増大と②グループ数の減少が必要とされるという結論になる。しかし，この結論を現実の調査に適用するのは，そう簡単なことではない。なぜならば，①は直接的に調査対象(標本の大きさ)の増大を意味し，技術的制約(経費，労力，時間)から簡単には措置できないからである。また，②については，あまりにもグループの個数を少数に限定してしまえば，標本統計にかんするグループ間の比較がそれだけ少なくなり，結果としては副次標本どうしの比較が平板になるという危惧を禁じえないからである。結局，実際の調査の場面では，「単位」とグループの適正な規模については，経費など一定の技術的制約のもとで現実的な対応がもとめられる。

⑤ 分離(separation)

これまでは，2変量正規分布 $N\left(0,0;1,2;\frac{1}{\sqrt{2}}\right)$ に従う単一母集団からの標本抽出を取り扱ってきた。ところが，2つの標本にかんして時間的空間的な比較を行う場合，標本の背後には2つの異なる母集団を想定することが多い。実際に，マハラノビスは，等区分グラフ分析法をそのような場合にも拡張して応用している。これについては，「分離」という概念が重要である。そこで以下では，この基本概念の数理的意味とその数学的性質にたいするマハラノビスの「予想」について述べることにする。彼によれば，「分離」は2つの母集団のそれぞれから抽出された標本(より正確には複合標本)間の乖離を意味する。

すでに述べたように，相互貫通標本調査では母集団から2つの副次標本が抽出され，そのそれぞれの副次標本について等区分グラフ $G(1)$ と $G(2)$ が描かれる。さらに，複合標本については等区分グラフ $G(1,2)$ が描かれることになる。他方で，第2の母集団から抽出された複合標本についても，同様に，等区分グラフを描くことができる。このグラフを，上で描いた(図1の)等区分グラフ $G(1,2)$ と区別するために，$G'(1,2)$ と書くことにする。

マハラノビスの「分離」とは，この2つの等区分グラフ $G(1,2)$ と $G'(1,2)$ とに囲まれた領域の面積のことである。これを，マハラノビスは $S(1,2)$ と書いている(ただ単に S と書かれることもある)。マハラノビスはこの $S(1,2)$ の誤差 E を

$$E = \sqrt{a^2(1,2) + a'^2(1,2)}$$

ただし，$a(1,2)$ は第1の母集団から抽出された副次標本にかんする誤差領域，また，$a'(1,2)$ は第2の母集団から抽出された副次標本にかんする誤差領域

と定義した。そして，面積 S の平方と誤差 E の平方の比率 (S^2/E^2) を検定統計量として，観測された分離の有意性が検定可能であることを示唆している[18]。

以下で「分離」を図示する。そのために便宜的に2つの母集団のうち第1の2変量正規母集団は図1をあたえた母集団 $N\left(0,0;1,2;\frac{1}{\sqrt{2}}\right)$ と同一であり，しかもそこからの標本抽出実験の結果も図1を作図したときのデータと

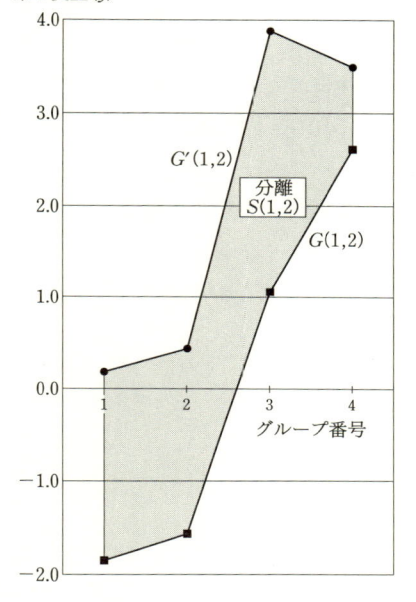

補　論　ローレンツ曲線の多重化　163

図2　複合標本の分離

(注) 1. 等区分グラフ $G(1,2)$ は図1に同じ。
  2. 等区分グラフ $G'(1,2)$ にかんする標本調査実験の仕方・様式は $G(1,2)$ と同様である。
  3. 2つの等区分グラフの母集団は次のとおりである。

  $G(1,2)$ の母集団：$N\left(0,0;1,2;\frac{1}{\sqrt{2}}\right)$

  $G'(1,2)$ の母集団：$N\left(1,1.5;1,4;\frac{1}{2}\right)$

  4. ここでも変量 x と y の相関係数は，それぞれの変量の標準偏差の比としてあたえられている。

同一であるものとする。すなわち，第1の母集団にかんする複合標本の等区分グラフ $G(1,2)$ がそのままここでも活用できるものとする。これにたいして，第2の2変量正規母集団は $N\left(1,1.5;1,4;\frac{1}{2}\right)$ に従うものとする。その母集団からの標本抽出によって得た2つの副次標本にもとづいて複合標本を構成する。このときの等区分グラフは $G'(1,2)$ である。このグラフの上に先に述べた第1の母集団からの複合標本にかんする等区分グラフ $G(1,2)$ を重ねると，図2のようになる。

この図2における2本の折れ線で囲まれた（ハッチングをほどこした）領域が，マハラノビスの言う「分離」($S(1,2)$ あるいは S）である。彼は，この「分離」も「誤差領域」と同様に，そのグラフを方眼紙に描けば，その大きさを測定できると言っている。

(2)　2変量ローレンツ曲線

マハラノビスが等区分グラフ分析法について述べた論文としては，少なくとも1958年論文と1960年論文の2編がある。

第1論文(1958年論文)では，標本抽出実験によって，副次標本を等区分するときのグループの個数やグループを構成する「単位」の個数があたえる推定結果の「正確さ」にたいする影響を調べ，またその実験結果の普遍妥当性を考察している。その意味では第1論文(1958年)は基礎理論的研究の成果である。

　これにたいして，第2論文(1960年論文)では，等区分グラフ分析法をインド全国標本調査に応用し，その結果数字にもとづくインド社会の分析にまで，その検討が進められている。ローレンツ曲線が2変量に拡張されたのは，この分析においてであった。以下では，第2論文にもとづいて，そのことについて述べる。

① **調査データ**

　データは表3に要約した標本調査で得られた(次頁)。

② **等区分グラフ(その1)**

　マハラノビスは，第1変量 x を世帯員1人あたりの消費支出総額，また第2変量 y を世帯員1人あたりの穀類消費支出額とする等区分グラフ(2つの副次標本と1つの複合標本)を次のような手順で作成した。第7次調査と第9次調査のいずれについても同様の手続きで等区分グラフが作られたので，以下では，主として第7次調査を取り上げ，第9次調査については省略的に叙述する[19]。

　ⅰ．第7次調査について，第1変量(世帯員1人あたりの消費支出総額) x のデータを昇順に並べて，世帯の相対度数ごとにまとめる。

　ⅱ．第7次調査について，世帯の相対度数ごとに第1変量(世帯員1人あたりの消費支出総額) x の値と第2変量(世帯員1人あたりの穀類消費支出額) y の値を対応させる。そして，第2変量 y に着目し，その y の値を世帯の相対度数と対応させた表を作成する。

　ⅲ．以上の手続きで作成された2枚の表にもとづいて，等区分グラフ(166頁図3)を作成する。

　この図3の見方は次のとおりである。横軸が上下に2本引かれている。いずれも第1変量(世帯員1人あたりの消費支出総額) x についてである。ただし，上方の横軸は第7次調査についてであり，下方の横軸は第9次調査について

表3 インド全国標本調査(郡部，関連分のみ)

			第7次調査	第9次調査
調査年月			1953年10月〜1954年3月	1955年5月〜11月
調査期間			30日間	30日間
相互貫通標本関連事項	第1副次標本	標本世帯数	702	768**
		村落*の数	476	768**
	第2副次標本	標本世帯数	711	768**
		村落*の数	478	768**
	複合標本	標本世帯数	1,413	768
		村落*の数	954	1,536
	第 1 変 量	x	世帯員1人あたりの消費支出総額	
	第 2 変 量	y	世帯員1人あたりの穀類消費支出額	
(参考)				
郡部の推定世帯数			6340万世帯	6530万世帯
郡部の推定人口			3億2400万人	3億8800万人
1人あたり推定消費支出総額(30日間)***			5,565ルピー	5,131ルピー
村落の総数(1951年センサス)			603,168	

(訳注) *「村落」の原語はマウザ(mauza)である。これは，インド税務行政の基礎単位(Indian revenue unit)であり，村落(village)にあたる。出所(p. 329)参照。
**マウザの総数は772であったが，居住者のいないマウザが4つあった。第9次調査では1つのマウザから2世帯を抽出し，そのうちの1世帯をいずれか一方の副次標本に編入し，その「単位」とした。
***出所(p. 332)では，執筆時(1960年)の物価水準に調整済みと注記されている。
(出所) Mahalanobis, P. C., "A Method of Fractile Graphical Analysis," *Econometrica*, Vol. 28, 1960 [Mahalanobis (1960)], pp. 329, 332 の叙述にもとづいて作成。

である。

上下2本の横軸のいずれについても，2段に数字が記載されている。一方の数字(10, 20, ……)は消費支出総額の小さな世帯から順に並べたときの(世帯の)相対度数である。他方の数字(第7次調査(上方の横軸)にあっては0.0, 7.1, 9.3……，第9次調査(下方の横軸)にあっては0.0, 5.9, 7.8……)は，それに対応する相対度数を上限とする等区分グループの消費支出総額である。

これにたいして，縦軸は第2変量(世帯員1人あたりの穀類消費支出額) y を表している。

③ 等区分グラフ(図3)の解釈

ⅰ．図3では第7次調査についても，第9次調査についても，それぞれ3本の折れ線が描かれているが，いずれの場合の複合標本にかんする等区

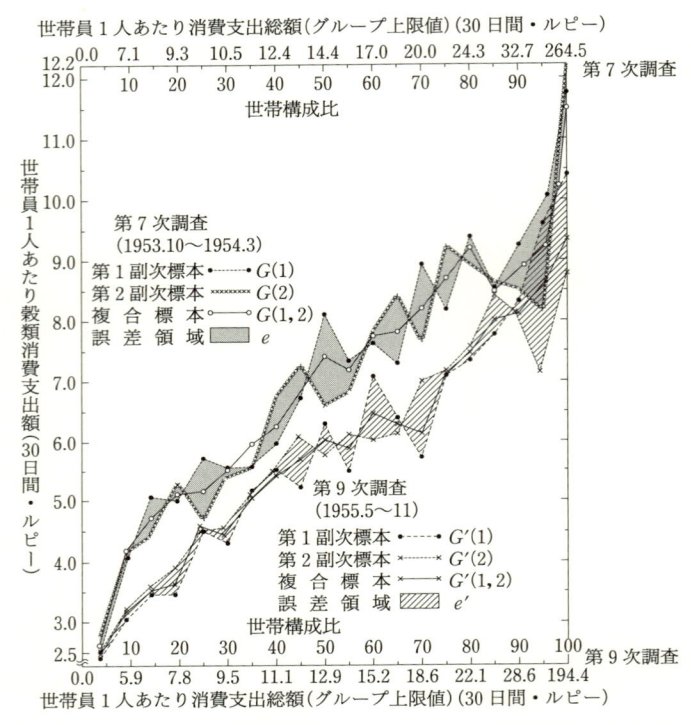

図3 世帯員1人あたり穀類消費支出額(30日間, ルピー)
　　　──インド全国標本調査──

(出所) 表3に同じ(p.333)。

分グラフ($G(1,2)$と$G'(1,2)$)も，おおむね副次標本にかんする等区分グラフ(($G(1)$と$G(2)$)および($G'(1)$と$G'(2)$))に挟まれた「誤差領域」eとe'のなかにある。このことから，消費支出総額の増加に伴って，穀類消費支出額が増加する「一般的傾向」を読み取ることができる，とマハラノビスは言っている[20]。

ii．図3には，第7次調査と第9次調査についての2本の複合標本にかんして2本の等区分グラフ($G(1,2)$および$G'(1,2)$)も描かれている。この2本の折れ線を隔てている「分離」を，低額の消費支出世帯から数えて80％までの世帯について見ると，2つの「誤差領域」eとe'の和よりも「大雑把に言って大きいように思われる」。このため，80％までの世帯層

補論 ローレンツ曲線の多重化 167

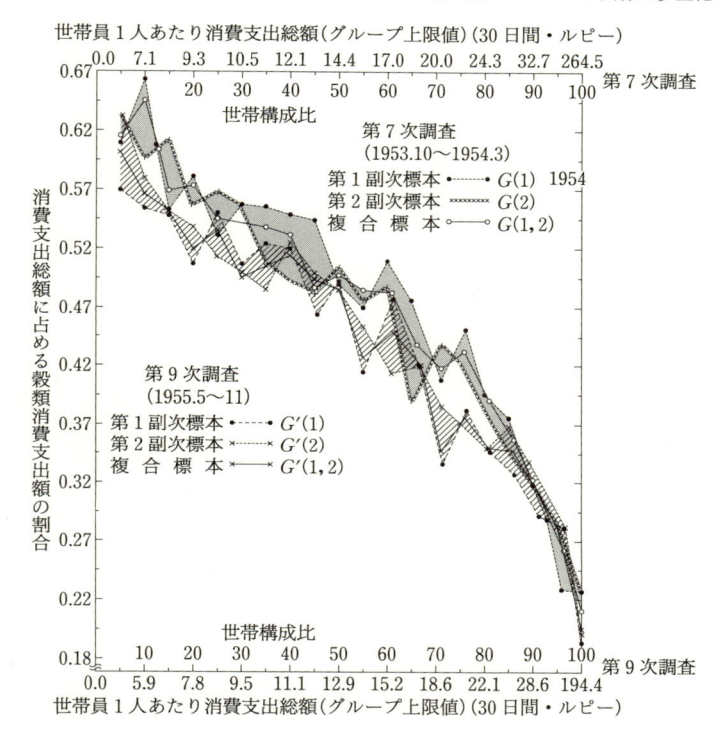

図4 消費支出総額に占める穀類消費支出額の割合
――インド全国標本調査――

(出所) 表3に同じ(p.337)。なお，木村和範「等区分グラフ分析法とその応用――マハラノビスによるローレンツ曲線の多重化――」『経済論集』(北海学園大学)第52巻第2号，2003年[木村(2003)]，p.55以下(横軸データ)，p.57以下(縦軸データ)参照。

については，穀類消費支出額は第9次調査の時点のほうが低額である[21]。これは，第9次調査の頃に穀類価格が低落したこととよく符合する。

iii. 80％を超える上位グループについては，「分離」は「誤差領域」の和(「結合誤差」)よりも小さいので，上に述べたような，第7次調査に較べて第9次調査の穀類消費支出額がより低額であるという傾向にはない[22]。

④ 等区分グラフ(図4)とその解釈

縦軸の数値を替えて図3と同様の手続きをほどこせば，新たな等区分グラフ(図4)を作成することができる。この等区分グラフにおける上下2本の横軸は，図3と同様であり，第1変量の値 x (消費支出総額)を示している。他方，

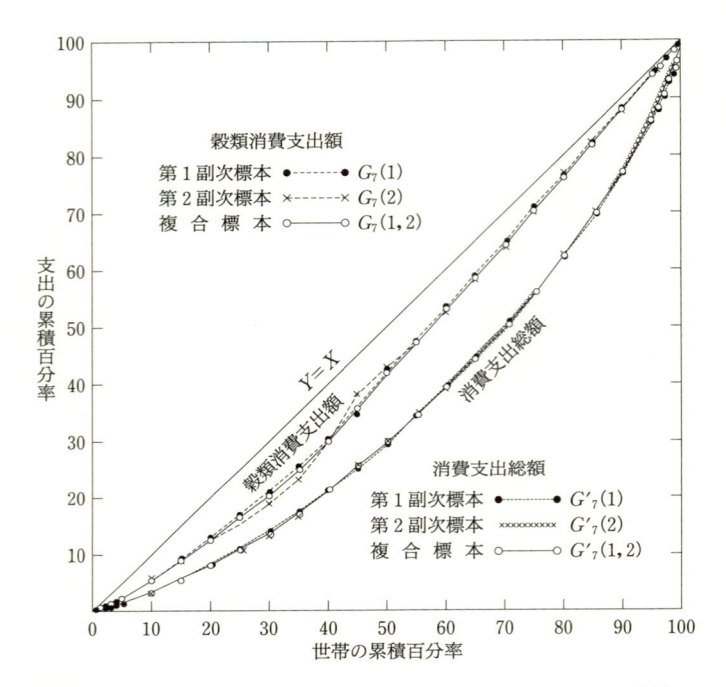

図5(a) 消費支出総額と穀類消費支出額の累積百分率（多重ローレンツ曲線：その1）
――インド全国標本調査第7次調査（1953年10月～1954年3月）――

(出所) 表3に同じ(p.338)。

縦軸(第2変量)の値 y は穀類への支出が消費支出総額に占める割合である。

マハラノビスは，図4を次のように解釈している[23]。

i．全体的に見て，第9次調査(G)のほうが第7次調査(G)よりも下にあって，穀類消費支出額が消費支出総額に占める割合は低い傾向にある。

ii．「分離」が誤差領域より「かなり小さい」。

iii．縦軸の数値(穀類消費支出額が消費支出総額に占める割合)は消費支出総額の変動に較べて，「安定的な傾向」を示している。

⑤ 多重ローレンツ曲線

④で述べたことをさらに明確に表現する目的で，マハラノビスは，世帯の累積相対度数を横軸にとり，2種類の支出額(穀類消費支出額と消費支出総額)の累積相対度数を縦軸とする「集中曲線(concentration curve)」(ローレンツ曲線)を

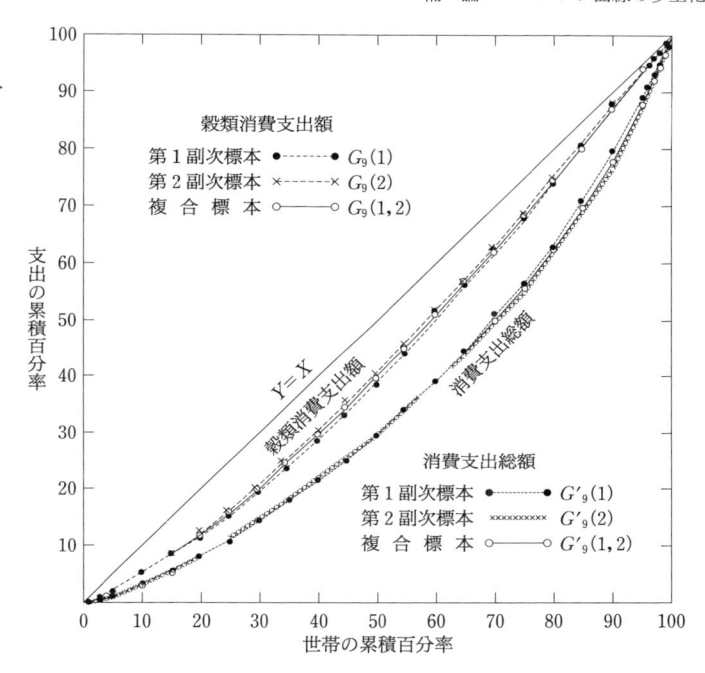

図5(b) 消費支出総額と穀類消費支出額の累積百分率（多重ローレンツ曲線：その2）
——インド全国標本調査第9次調査（1955年5月〜11月）——

（出所）表3に同じ（p.339）。

描いた（図5(a)(b)[24]）。そこでは1枚のグラフに（2種類の経済量にかんする）複数のローレンツ曲線が描かれている。この点が，通常のローレンツ曲線とは異なっている。これを本補論ではD. ウィリアムソンにならって，「多重ローレンツ曲線（Multi Lorenz Curve）」[25]と言うことにする。そして，この用語に示唆を受けて，この補論では，2つ以上の変量にたいしてローレンツ曲線を拡張することをローレンツ曲線の「多重化」と言うことにした。この補論の「はじめに」でラオがマハラノビスの功績としてローレンツ曲線を2変量に拡張した点を挙げていると指摘したが，それはこの多重化を意味する。

図5(a)(b)をマハラノビスは次のように解釈している。

 i．第7次調査（図5(a)）についても，第9次調査（図5(b)）についても，複合標本にかんする2本の曲線（図中の$G_7(1,2)$と$G'_7(1,2)$および$G_9(1,2)$と

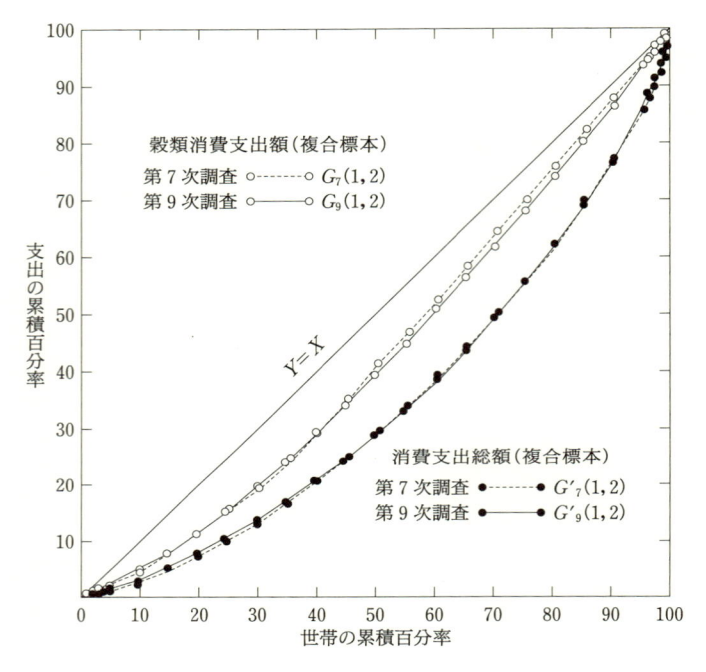

図6(a)　ローレンツ曲線の交差(その1)

(出所) 表3に同じ(p. 342)。

　　$G'_9(1,2)$)が作る「分離」は，それぞれの誤差領域の和よりも「相当大きい」[26]。

ii．いずれの調査においても，穀類消費支出額の曲線は，消費支出総額の曲線よりも，均等直線(45度線)に近い。

iii．以上から，穀類消費が非弾力的であると確認できる。

　次に，マハラノビスは，第7次調査と第9次調査のいずれにおいても，複合標本にかんするローレンツ曲線が2点(x軸の値で言えば，50%付近と90%付近)で交差していることに着目した(図6(a))。そして，穀類支出にかんするローレンツ曲線について，その交差する区間の前後を拡大して表した(次頁図6(b))。

　マハラノビスは，この図6(a)(b)について次のように述べている[27]。

　「[図6(b)の]斜線[網かけ]部分はそれぞれの[等区分]グラフと結合した誤

補 論　ローレンツ曲線の多重化　171

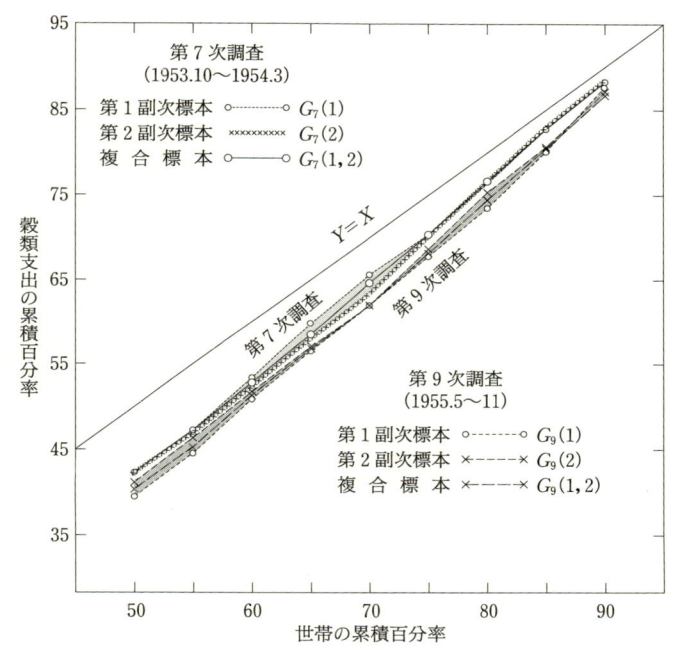

図6(b)　ローレンツ曲線の交差(その2)

(訳注)　図5(a)(b)における穀類消費支出額にかんする集中曲線の上方拡大図。
(出所)　表3に同じ(p.343)。

差[誤差領域]を示している。2次にわたる調査にかんする2つのグラフ$G(1,2)[G_7(1,2)]$と$G'(1,2)[G_9(1,2)]$の「分離」は全体として2つの結合誤差領域よりも幾分広い。実際にもそうであるならば，そのことは，大雑把に言って，世帯の50〜90％という中央部分[1人あたりの(消費)支出総額が30日間で13〜14ルピーから30〜32ルピーまで]の範囲では，穀類支出額は，[穀類の]物価が上昇する場合には，必要以上に多くなる傾向にあることを示している。ただし，この観測された差異はとても小さな標本にもとづいているので，偶然そうなったのかもしれない。より大きな標本を用いてさらに注意深く研究することが肝要であろう。」

⑥　等区分グラフ(その2)

マハラノビスは以上に述べた他にも別の標本統計を用いて，2つの副次標

表4　地域間比較関連情報(調査期間：1954年7月～1955年4月)

		ウェスト・ベンガル州	アンドラ州
村落総数		38,590	18,912
抽出村落		18	
推定世帯数		5,413,000	4,066,000
標本世帯数	第1副次標本	569	343
	第2副次標本	406	360
	複 合 標 本	975	703
変量		世帯別土地所有面積(エーカー)	
原表		Mahalanobis (1960), p. 344.	Mahalanobis (1960), p. 345.

(訳注)　1エーカー≒4,046.8 m²。
(出所)　表3に同じ。ただし，p. 343, p. 347の記述にもとづく。なお図4(出所)に記した木村(2003), p. 61以下参照。

本とそれにもとづく1つの複合標本にかんする等区分グラフを描いている。それは，インド全国標本調査第8次調査で得られた(標本世帯の)土地所有規模データにかんするグラフである。マハラノビスはこれによって，ウェスト・ベンガル州(West Bengal)とアンドラ州(Andhra)とにかんする，同一時点における地域間比較を行った(表4参照)。

いずれの州の標本世帯についても，その所有する土地面積(エーカー)の昇順に世帯を並べ替え，等区分グループ別に，

ⅰ．グループ内の面積の上限，

ⅱ．着目したグループまでの所有面積の合計が占める全体の面積にたいする割合(面積にかんする累積百分率)，

ⅲ．グループ内の面積の平均，

を表章した。そのうち，上記のⅲにかんする等区分グラフがマハラノビスの1960年論文に掲載されている(次頁図7)。

⑦　等区分グラフ(図7)の解釈

図7の(a)についてマハラノビスは次のように言っている[28]。

ⅰ．80%のところで2つの州の「誤差領域」は重なる。「利用できる標本にもとづけば」という限定つきではあるが，80%までの所有規模にかんしては両州に差異はない。

補　論　ローレンツ曲線の多重化　173

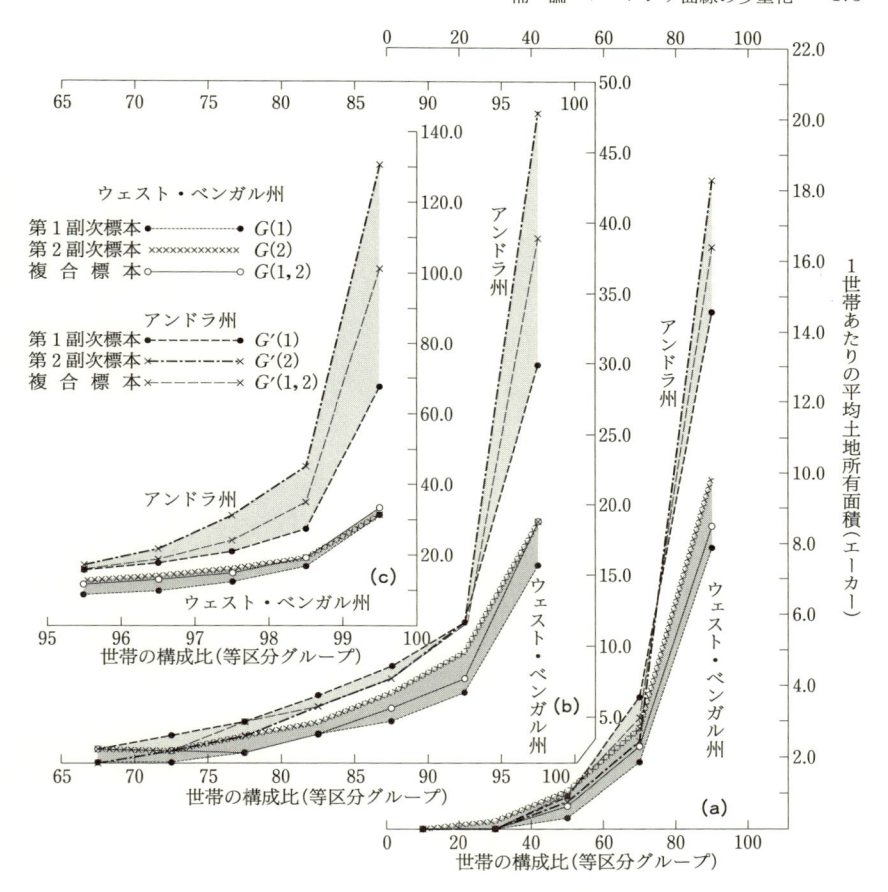

図7　等区分グループ間隔別土地所有面積分布

(出所) 表3に同じ(p. 347)。図4(出所)に記した木村(2003)，p. 61以下参照。

　ⅱ．上位20％のグループでは所有面積の平均値にかんする両州の差異は明確である。

　ⅲ．上位20％のグループではアンドラ州の平均値は著しく高い。

　図7の(b)(65％超のグループ)にかんして，マハラノビスは「分離」を基準にして次のように解釈している。

　ⅰ．90〜95％のグループでは両州に差異があると言ってよい[29]。

　ⅱ．80〜85％のグループは，両州に差異があるかどうかの分岐点にある[30]。

そして，最後にマハラノビスは，95～100％のグループについては図7の(b)と(c)を総合的に見て，次のように言っている。すなわち，90％のところで両州間の差異を認めることができ，グラフの上では明確に「分離している」(この場合は「差異がある」という意味である)。この文脈でマハラノビスは等区分グラフ分析法の「しなやかさ(flexibility)」[31]を肯定的に評価しつつも，他方では，この土地所有調査における抽出村落数がわずかに18であって(表4参照)，「極端に小さい標本」であることに留意するよう，注意を喚起している。ここに「しなやかさ」とは，データを等区分グラフにまとめるときに，図7の(a)～(c)が示すように，区間の幅を適宜，自在に変化させうることを意味しているものと解釈される。

　　む　す　び

ラオによれば，ローレンツ曲線を2変量に拡張したことは，後世に残るマハラノビスの功績である。これまでにその概略を見てきたが，ローレンツ曲線の多重化は「等区分グラフ分析法」の延長線上に位置づけることができる。

これまでの考察結果を要約すれば，次のようになる。

(1)　相互貫通標本調査は，標本統計に包含される非標本誤差にたいする配慮から構想された。
(2)　相互貫通標本調査から得られた結果数字の利用法として，等区分グラフ分析法が構想された。
(3)　等区分グラフ分析法は，ローレンツ曲線を多重化する試みよりも前に構想された。
(4)　ローレンツ曲線の多重化は，等区分グラフ分析法の一形態である。
(5)　マハラノビスの多重ローレンツ曲線は，生計費の構造分析に資するべく作成された。

　1) Lorenz, Max O., "Methods of Measuring the Concentration of Wealth," *Publications of the American Statistical Association*, No. 70, 1905.
　2) King, Willford Isbell, *The Elements of Statistical Method*, New York 1912, pp.

156ff. cf. "Geschichte der ABC-Analyse," HP of ABC-Analyse.info (http://www.abc-analyse.info/abc/geschichte.html), accessed on Nov. 20, 2003.
3) Rao, Calyampudi Radhakrishna, "Mahalanobis, P. C.," *International Encyclopedia of Statistics*, Vol. 1, ed. by Kruskal, William H. and Judith M. Tarnur, New York and London 1968, p. 574 [Rao (1968)].
4) http://www.isid.ac.in/~library/pcm.htm, accessed on Dec. 2, 2003.
5) ① Mahalanobis, Prasantha Chandra, "A Sample Survey of the Acreage under Jute in Bengal," *Sankhyā*, Vol. 4, 1940 [Mahalanobis (1940)]; ② ditto, "Sample Surveys of Crop Yields in India," *Sankhyā*, Ser. A, Vol. 7, 1946; ③ ditto, "On Large-scale Sample Surveys," *Philosophical Transactions of the Royal Society of London*, Ser. B, Vol. 231, 1946; ④ ditto, "Recent Experiments in Statistical Sampling in the Indian Statistical Institute," *JRSS*, Vol. 109, 1946.
6) "interpenetrating" は「相互貫入」とも訳されている(竹内　啓編『統計学辞典』東洋経済新報社，1989年[竹内(1989)]，p. 264)。
7) Cochran, William G., *Sampling Techniques*, 2nd edn., New York, London and Sydney, 1963 (鈴木達三・高橋宏一・脇本和昌訳『サンプリングの理論と方法(2)』東京図書，1972年，p. 205)．コクランによれば(同上訳書，p. 208)，デミングはこの方法を多用した(Deming, W. E., *Sample Design in Business Research*, New York 1960(斉藤金一郎・浅井　豊・大沢　豊訳『調査における標本設計』日科技連出版社，1964年，とくに第II部))。
8) Wright, Tommy, "Selected Moments in the Development of Probability Sampling: Theory & Practice," *Newsletter of Survey Research Method Section* (*The American Statistical Association*), Issue 13, July 2001, p. 4 (http://amstat.orgections/SRMS/news.sum01.pdf, accessed on Dec. 2, 2003). cf. Koop, J. C., "The Technique of Replicated or Interpenetrating Samples," Krishnaiah, P. R. and C. R. Rao (eds.), *Handbook to Statistics: Sampling*, Vol. 6, New York 1988.
9) Mahalanobis (1940), p. 513.
10) Rao (1968), p. 574.
11) ① Mahalanobis, P. C. "A Method of Fractile Graphical Analysis with some Surmises of Results," *Transactions of the Bose Research Institute*, Vol. 22, 1958 [Mahalanobis (1958)]; ② ditto, "A Method of Fractile Graphical Analysis," *Econometrica*, Vol. 28, 1960 [Mahalanobis (1960)]．ローレンツ曲線の多重化が試みられているのは② Mahalanobis　(1960)であるが，その基本構想は① Mahalanobis (1958)で述べられている。以下，上記2論文を適宜，参照する。
　なお，所得分布への応用としては，Bhattacharya, N. and B. Mahalanobis, "Regional Disparities in Household Consumption in India," *Journal of the American Statistical Association*, Vol. 62, 1967がある。
12) インドでは1回の全国標本調査が数次に分けられて実施される(Mahalanobis (1960), p. 325)。

13) Mahalanobis (1960), pp. 225ff.
14) これを現実の家計調査に適用すれば，それは，調査員が2名で，それぞれ12戸の世帯を任意抽出するということを意味している。
15) 竹内 (1989)，p. 264。
16) Mahalanobis (1958), p. 226f.
17) この「予想」のことをマハラノビスは控えめに推量(surmises)と言っている。Mahalanobis (1958), p. 224f.
18) この検定統計量は「基準統計量(criterion)」と言われ，これが「第1次近似として χ^2 のような分布に従う」とマハラノビスはその期待するところを述べているが，それは surmise の域を脱するものではない (Mahalanobis (1960), p. 224)。
19) 詳細なデータは Mahalanobis (1960), p. 330f., p. 335f. (なお，木村和範「等区分グラフ分析法とその応用──マハラノビスによるローレンツ曲線の多重化──」『経済論集』(北海学園大学)，第51巻第2号，2003年［木村(2003)］，p. 55以下参照)
20) マハラノビスはこのことを「［穀類への］支出増加の一般的傾向は結合誤差［誤差領域］の和に較べて有意である」と言っている (Mahalanobis (1960), p. 333f.)。しかし，帰無仮説が陽表的に立てられて有意性検定が行われているわけではない。このため，この後，等区分グラフについてのマハラノビスの解釈を紹介するときも，「有意」という表現は本文では用いないで注記するにとどめることにする。注21，22，29もこのような趣旨である。

　ここで，マハラノビスが「有意」という表現を用いたことについて考えてみる。そこでは，第7次調査(もしくは第9次調査)にかんする2つの(たとえば，複合標本にもとづく)等区分グラフには「差はない」という「帰無仮説」が暗黙のうちに立てられていると想定すると，この「有意」という言葉の意味を理解することができる。すなわち，まず，そのような「帰無仮説」のもとで，「誤差領域」を基準にして2本の折れ線グラフ(等区分グラフ)の乖離を比較する。その結果，その乖離が偶然によるものではなく，実質的な違いによるものであると判断されたとする。このことを，数理統計学では「2つの標本は，同一母集団からの標本ではない」と言い，結果として「帰無仮説」(2つの標本が抽出された母集団は同一であって，違いはないという仮説)が棄却されることになる。このとき，2本の折れ線グラフが物語る事実は，帰無仮説を棄却するにあたって意義のある(significant)データであったので，その意味で，この調査結果データは「有意(significant)な結果」と言われる。マハラノビスが，等区分グラフの比較において有意性に言い及ぶのはこのためではないかと考えられる。
21) 「世帯の80%までについて穀類支出額が第9次調査では［第7次調査と較べて］減少しているということは，統計的に有意であると考えられる」(Mahalanobis (1960), p. 334)。
22) 「全体として，上位20%のグループについては，1人あたりの穀類への平均的な支出の減少は，まったく有意ではない」(Mahalanobis (1960), p. 334)。
23) Mahalanobis (1960), p. 336f.
24) この図のデータについては Mahalanobis (1960), p. 340f.。cf. 木村(2003)，p. 59以

補　論　ローレンツ曲線の多重化　　177

25) この用語（Multi Lorenz Curve）については，Williamson, Duncan, "Lorenz Curve 1," (http://www.duncanwil.co.uk/lorenz1.html, accessed on Dec. 1, 2003) 参照。そこでは1つのグラフに，税引き前と税引き後の所得分布について，2本のローレンツ曲線が描かれ，その図のタイトルは「所得分布──多重ローレンツ曲線」となっている。
26) これは，穀類消費支出額と消費支出総額の動向とが同一ではないことを意味する。
27) Mahalanobis (1960), p. 342
28) Mahalanobis (1960), pp. 346ff.
29) マハラノビスはこの差異は「有意」であると述べている（Mahalanobis (1960), p. 348）。
30) マハラノビスはグラフの関連区間が「有意範囲（the verge of significance）」であると述べている（Mahalanobis (1960), p. 348）。
31) Mahalanobis (1960), p. 348.

[補注]　ローレンツが構想した累積相対度数による分布研究は，マハラノビスによる多重化の他に，少なくとも2つの分野で応用されている。その第1は，企業経営の分野におけるABC分析である。1951年にジェネラル・エレクトリック社のH. フォード・ディッキー（H. Ford Dickie）が考案した「ABC分析」は，その一例である。その構想を初めて明らかにしたディッキー論文のタイトルは "Shoot for Dollars, not for Cents" であると言われている（"Pareto Analysis," Glossary of Manufacturing (http://www.glossaryofmanufacturing.com/a.html), accessed on Nov. 20, 2003）。

　ここで，ある会社の売上高を例にABC分析を例解する。横軸にはその会社での売上高の降順に取扱商品を配列する。縦軸は商品別に売上高の累積相対度数を示している。そして，その会社の総売上高に占める割合が，たとえば上位75％となる商品群をAランク（Aグループ）とし，以下，総売上高の17％となる商品群をBランク，8％となる商品群をCランクに分類する（次頁付図参照。この割合は固定的なものではない）。これによって，その会社の重点商品（群）が分かる。このグラフは上に凸であり，なじみの深いローレンツ曲線とは逆の形状を示しているだけでなく，縦軸と横軸の長さが異なっているが，両軸が累積相対度数のグラフという点では，ローレンツ曲線と同一である。このために，ABC分析の考え方がローレンツの構想を土台としていることは，つとに指摘されているところである（本章注2に掲げた "Geschichte der ABC-Analyse" 参照）。

　このように，ディッキーの経営管理手法は，A，B，Cの3ランクに分類することを目的とするところから，ABC分析と呼ばれてきたが，この手法は，「パレート分析（Pareto Analysis）」とも呼ばれることがある。パレートの名を冠するようになった事情については，一般に次のように言われている。すなわち，イタリアにおける国民資産の分配を研究したヴィルフレド・パレート（Vilfredo Pareto）（スイス・

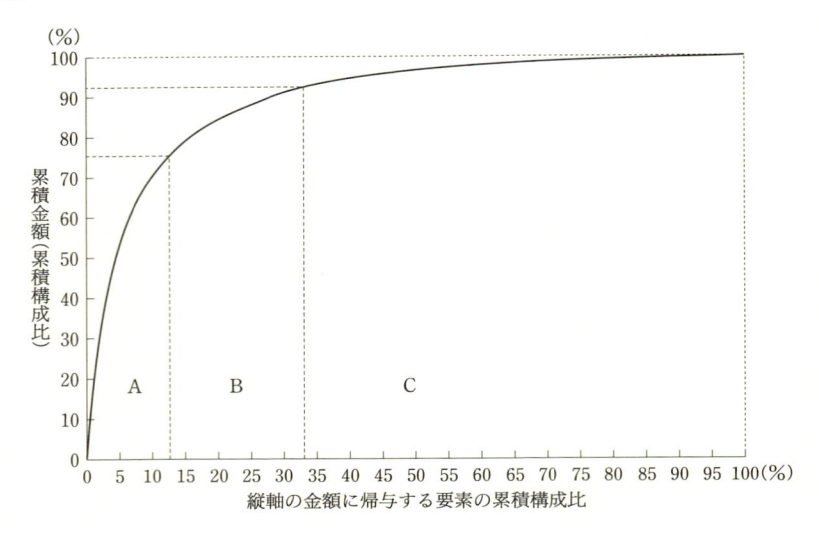

付図　ABC 分析図

(出所) "Sinn & Zweck der ABC-Analyse," http://www.abc-analyse.info/abc/ (accessed on Nov. 20, 2003)にもとづいて作成。

ローザンヌ大学，1848-1923)は，資産の 80％を所有している国民が全国民のわずか20％にすぎないことから，「8 割 2 割の原則(80/20 Regel)」を見出したが，ディッキーはこの着想を企業経営に適用した。このため，ABC 分析は，パレート分析とも言われるようになったというのが，通説である。

　さらに通説では，パレートが「8 割 2 割の原則」の原型を形作ったのは，ローザンヌ大学時代のこととされている。農業経済研究所(Reale Accademia Economico-Agraria dei Georgofili di Firenze)に勤めていたパレートが親友マッフェオ・パンタレオーニ(Maffeo Pantaleoni, 1857-1924)の薦めで，レオン・ワルラス(Léon Walras, 1834-1910)の後任としてフィレンツェからローザンヌに居を移したのは，1893 年であるから，この「原則」は明らかにそれ以降の研究成果ということになる。しかし，80％・20％という数字はともかくとして，富の大部分が少数の人々に集中しているという指摘は，パレート以前にもなされており(本書第 5 章参照)，その点から見ると，パレートが ABC 分析の「もとい」を作ったかどうかについては，今後さらに検討する余地がある。それだけでなく，「8 割 2 割の原則」をそもそもパレートの名と結びつけてよいかどうかについては，疑念を呈している論者もいて，パレートと ABC 分析の関係については明確にすべき点が残されている(cf. Koch, Richard, *The 80/20 Principle: The Secret to Success by achieving more with less*, New York etc. 1998, p. 263f.)。

　なお，ABC 分析図に酷似したものとしては，日本への品質管理思想の移植・普及

に努めた J. M. ジュランの「パレート図」がある。不良品の製造要因を例にしてこれを説明すると次のようになる。縦軸に不良品の累積相対度数をとる。また，横軸に不良品を生み出す要因を配列する。このとき，横軸に記載される要因は，製造された不良品の個数の降順に配列する。そして，その要因別に不良品の相対度数をもとめ，さらに重大な（より多くの不良品を生み出した）要因の順に，不良品の累積相対度数をもとめて，グラフに描けば，前頁の付図のようなグラフができる。その形状だけを見れば，それはディッキーの ABC 分析（パレート分析）と同様である。しかし，ABC 分析では要因が A，B，C の順にランクづけされているのにたいして，ジュランのパレート図では，少なくともその初期の構想段階においては，要因のランクづけがなされていなかったので，この点が両者の間の小さな違いである。ジュランについては次を参照。① Juran, J. M., "Universals in Management Planning and Controlling," *The Management Review*, Nov., 1954; ② ditto, "Pareto, Lorenz, Cournot, Bernoulli, Juran and others," *Industrial Quality Control*, Vol. 17, No. 4, Oct., 1960; ③ ditto, *Quality Control Handbook*, 2nd edn., New York 1962 (東洋レーヨン株式会社訳（石川　馨・神尾沖蔵・水野　滋監修）『経営革新のための品質管理（品質管理ハンドブック I）』日科技連出版社，1966 年，第 1 章).

第6章　ジニの集中比

はじめに

　任意の大きさ x' を越える強度の個体数 $N(x')$ が系列を構成する全個体数 $N(x)$ に占める割合を P，$N(x')$ 個の個体の強度の合計 $A(x')$ が系列全体の強度の総和 $A(x)$ に占める割合を Q とおいたとき，ジニは，

$$P = Q^\delta$$

の右辺の「べき」δ が系列の集中度を統計的に計測するための指標になると考えた[1]。本章で用いる「強度」とはいわゆる集団性の方向とその強度と言うときの強度ではない。ジニの「強度(intensità)」とは，たとえば，ある人間の身長や体重，あるいは所得など，個体がもっている数量的規定性のことである。

　ジニは，上式の δ を「集中指数」と名づけたが，これを誘導するとき，パレート分布を前提した。その意味では，δ は，パレート分布の1つのパラメータと考えることもできる。ジニは，集中指数 δ がパレート指数 α に較べて，所得分布の相異を鋭敏に検出するとして，その優位性を主張した。しかし，所得分布を含めて一般に，関数関係($P=Q^\delta$)として把握することができない強度の分布について，その集中度を計測するには，集中指数ではその有効性を発揮しえないと考えた。そして，新たな計測指標を構想するにいたった。これが，後に「ジニ係数」と通称された「集中比」を定式化するときに，ジニの念頭にあった問題意識である。

　この課題に取り組んだジニは，1914年に，その研究成果を「特性の集中と変動性の計測について」というタイトルの論文(以下，1914年論文と略記)で

公表した[2]。この論文において，初めて「集中比」が定義された。今日では，所得分布の集中度を計測するために，ジニ係数の計算式が最初にあたえられ，そのもとでその値を計算して，所得分布の不平等度を計測することが珍しくない。ところが，算出の出発点におかれるジニ係数の計算式は単一ではなく，複数あって，そのどれを用いるかについて定型はない。ローレンツ曲線と均等分布直線とで囲まれた図形の面積とジニ係数との間の数学的関係から，ジニ係数(集中比)の数理的意味を視覚的に説明しようとする試みも古くから見られる。いずれにしても，ジニ係数は，所得分布との関連で取り上げられ，換言すれば所得分布の統計的計測のための測度として果たす機能が強調されているように見受けられる。

このような理論状況のもとでは，ジニの集中比(ジニ係数)が，ひとり所得分布とだけ結びついた統計的な分布尺度ではないことを，1914年に公刊されたジニの原典に即して確認することは，集中比が果たすとされる機能を解明するうえで必要と思われる。それとともに，ジニ係数がさまざまな数式で表現される根拠を考察することも，ジニ係数の意義を検討する際には，資するところがあろう。

本章では，1914年論文に即して，ジニによる数式展開を跡づけるが，その論文では誘導と被誘導の関係にあるはずの数式と数式が，あたかも線で結ばれていない点と点のように見えて，数式展開が分かりやすい叙述になっているとは言いがたい。ジニの所説を理解するにはこの点と点とを結ぶ作業が必要と考えられるゆえんである。以下では，1914年論文における数式展開にたいする解説を旨として，ジニの所説を跡づける。

1. 集中比の定義式

(1) 集中比の定義

個体のもつ数量的規定性(身長，体重，所得などのジニのいわゆる強度)を一般に$a_i(>0)$で表す。強度をa_iとする個体は1つあって，1つしかないものとする。さらに，異なる個体の強度の間には，

表6-1 記号一覧表(その1)

個体番号	個体の強度	個体の累積度数	個体の累積百分率(個体比率)	累　積　強　度	強度の累積百分率(強度比率)
1	a_1	1	$\frac{1}{n}=p_1$	$\sum_{k=1}^{1} a_k = a_1 = A_1$	$\frac{A_1}{A_n}=q_1$
2	a_2	2	$\frac{2}{n}=p_2$	$\sum_{k=1}^{2} a_k = a_1+a_2 = A_2$	$\frac{A_2}{A_n}=q_2$
3	a_3	3	$\frac{3}{n}=p_3$	$\sum_{k=1}^{3} a_k = a_1+a_2+a_3 = A_3$	$\frac{A_3}{A_n}=q_3$
・・	・・	・・	・・	・	・・
i	a_i	i	$\frac{i}{n}=p_i$	$\sum_{k=1}^{i} a_k = a_1+\cdots\cdots+a_i = A_i$	$\frac{A_i}{A_n}=q_i$
・・	・・	・・	・・	・	・・
$n-1$	a_{n-1}	$n-1$	$\frac{n-1}{n}=p_{n-1}$	$\sum_{k=1}^{n-1} a_k = a_1+\cdots\cdots+a_{n-1} = A_{n-1}$	$\frac{A_{n-1}}{A_n}=q_{n-1}$
n	a_n	n	$\frac{n}{n}=p_n=1$	$\sum_{k=1}^{n} a_k = a_1+\cdots\cdots+a_{n-1}+a_n = A_n$	$\frac{A_n}{A_n}=q_n=1$

$\sum_{i=1}^{n} a_i = A_n$

$$a_i < a_j \tag{1}$$

ただし，$i<j(i=1, 2, \cdots\cdots, n-1 ; j=2, 3, \cdots\cdots, n)$

という関係があるものとする[3]。このような強度の分布を数学的に取り扱う目的で，用いる記号の意味をあらかじめ表にまとめておく(表6-1)。

表6-1のように道具立てをしておいて，以下でジニによる「集中比」の誘導を追跡する。ジニによれば，系列の構成要素としての個体をその強度の昇順に並べたときの，個体の個数にかんする累積百分率 p_i(個体比率)とその強度にかんする累積百分率 q_i(強度比率)の間には[4]，強度がすべての個体に等分配されていない限り，一般に，

$$p_i > q_i \tag{2}$$

という関係がある。不平等な所得分布において，劣位の所得階級の構成員25%(p_i)が社会における総所得の10%(q_i)を領有しているという事例を想定すれば，(2)式の意味は明瞭である。ここで，任意の分布において

$$p_i - q_i$$

という差を考える。この差は，分布が不平等な場合には，

$$p_i - q_i > 0$$

となり，平等な場合には次のようになる．

$$p_i - q_i = 0$$

ジニが関心を向けたのは，不平等な分布である．そのような分布において，ジニは差 $p_i - q_i$ と p_i の比率

$$R_i = \frac{p_i - q_i}{p_i} \tag{3}$$

ただし，$p_i \neq 0$

を考えた(p. 1206[5])．これは，p_i を基準にして2つの累積百分率 p_i と q_i の乖離を相対化して計測したものであり，R_i の値が大きいほど，p_i に較べて相対的に乖離 $p_i - q_i$ が大きいことを示す指標となりうる．たとえば，$R_i = 0$ の場合には，$p_i - q_i = 0$ となり，これは均等分布(equidistribuzione)を示している．他方で，一般に $R_i = 1$ が成立しているときには $q_i = 0$ である．これは「集中が完全(perfetto)であること」を示している，とジニは指摘している(p. 1207)．

$i = n$ のときには $p_n = q_n = 1$ となり(表6-1参照)，(3)式は分布の不平等性を計測するための実質的意味を失うので，2つの累積百分率の乖離としては，最初から数えて $(n-1)$ 個の R_i だけが意味をもつ．

ジニはこの $(n-1)$ 個の R_i について，その「平均(media)」が，

$$R = \frac{\sum_{i=1}^{n-1}(p_i - q_i)}{\sum_{i=1}^{n-1} p_i} \tag{4}$$

であると言い，この R を「集中比(il rapporto di concentrazione)」と名づけた(p. 1207)．

1914年論文では，(4)式が $(n-1)$ 個の R_i にかんする「平均」を示すことについて説明のないままに，(4)式から集中比にかんするさまざまな計算式が誘導されている．一般に，平均と言う場合には，相加平均や相乗平均などの計算的平均やメディアンやモードのような位置上の平均が考えられるが，(4)式であたえられる R_i の「平均」はそのいずれとも異なり，この「平均」という用語には独特の意味が込められていると考えられる．以下ではこのこ

第6章 ジニの集中比　185

とを考察して,ジニの言う「平均」としての集中比の意味を敷衍する。

この考察の手がかりとなるのは,「平均」が系列の各項を同一の値で代替的(代表的)に表現できるという,平均の代替機能(代表機能)である。系列 x_1, x_2, ……, x_n があり,その相加平均を $\bar{x}$ とする。このとき,系列の各項 x_i は単一の $\bar{x}$ で代替することができる[6]。

このことから類推すれば,(3)式で表現される $(n-1)$ 個の比率 R_i について,その系列

$$R_1, R_2, ……, R_{n-1}$$

の各項を単一の値 R で代替(代表)させるという考え方の成り立つ余地がある。すなわち,

$$\left.\begin{aligned} R_1 &= \frac{p_1 - q_1}{p_1} \\ R_2 &= \frac{p_2 - q_2}{p_2} \\ &\cdot \\ &\cdot \\ R_{n-1} &= \frac{p_{n-1} - q_{n-1}}{p_{n-1}} \end{aligned}\right\} \quad (5)$$

について

$$R_1 = R_2 = …… = R_{n-1} = R \quad (6)$$

となるような R を考えることができる。(6)式を(5)式に代入すれば,次のようになる。

$$\left.\begin{aligned} R &= \frac{p_1 - q_1}{p_1} \\ R &= \frac{p_2 - q_2}{p_2} \\ &\cdot \\ &\cdot \\ R &= \frac{p_{n-1} - q_{n-1}}{p_{n-1}} \end{aligned}\right\} \quad (7)$$

(7)式を変形すれば,次式を得る。

$$R \cdot p_1 = p_1 - q_1$$
$$R \cdot p_2 = p_2 - q_2$$
$$\cdot$$
$$\cdot$$
$$R \cdot p_{n-1} = p_{n-1} - q_{n-1}$$
(7)′

(7)′式における $(n-1)$ 本の数式について辺々加えれば，

$$\sum_{i=1}^{n-1} R \cdot p_i = \sum_{i=1}^{n-1} (p_i - q_i)$$
$$\therefore \quad R \sum_{i=1}^{n-1} p_i = \sum_{i=1}^{n-1} (p_i - q_i) \tag{8}$$

となる。(8)式を整理すれば

$$R = \frac{\sum_{i=1}^{n-1}(p_i - q_i)}{\sum_{i=1}^{n-1} p_i} \tag{4}[再掲]$$

となり，ジニによる集中比の定義式((4)式)を誘導することができる。

(2) 定義式からの誘導

1914年論文でジニは(4)式から次の2式が誘導されると述べている(p. 1208)。

$$R = 1 - \frac{2}{(n-1)A_n} \sum_{i=1}^{n-1} A_i \tag{9}$$

$$R = \frac{2\sum_{i=1}^{n}(i-1)a_i}{(n-1)A_n} - 1 \tag{10}$$

ただし，これらの誘導にかんする叙述は1914年論文では詳しくないので，以下では独自に誘導を試みる。

① $R = 1 - \dfrac{2}{(n-1)A_n} \sum_{i=1}^{n-1} A_i$ の誘導

表6-1より，

$$\frac{i}{n} = p_i$$

$$\therefore \quad \sum_{i=1}^{n-1} p_i = \sum_{i=1}^{n-1} \frac{i}{n}$$

$$= \frac{1}{n} \sum_{i=1}^{n-1} i$$

$$= \frac{1}{n} \left[\frac{1}{2} \{1+(n-1)\} \times (n-1) \right]$$

$$= \frac{1}{n} \cdot \frac{1}{2} \cdot n \cdot (n-1)$$

$$= \frac{1}{2}(n-1) \qquad (11)$$

同様に，表6-1から

$$\frac{A_i}{A_n} = q_i$$

$$\therefore \quad \sum_{i=1}^{n-1} q_i = \sum_{i=1}^{n-1} \frac{A_i}{A_n}$$

$$= \frac{1}{A_n} \sum_{i=1}^{n-1} A_i \qquad (12)$$

(11)式と(12)式を(4)式に代入すると，次式を得る。

$$R = \frac{\sum_{i=1}^{n-1}(p_i - q_i)}{\sum_{i=1}^{n-1} p_i}$$

$$= \frac{\sum_{i=1}^{n-1} p_i}{\sum_{i=1}^{n-1} p_i} - \frac{\sum_{i=1}^{n-1} q_i}{\sum_{i=1}^{n-1} p_i}$$

$$= 1 - \frac{\frac{1}{A_n} \sum_{i=1}^{n-1} A_i}{\frac{1}{2}(n-1)}$$

$$= 1 - \left(\frac{1}{A_n} \sum_{i=1}^{n-1} A_i \right) \times \frac{2}{n-1}$$

$$= 1 - \frac{2}{(n-1)A_n} \sum_{i=1}^{n-1} A_i \qquad (9)[再掲]$$

以上により，(4)式から(9)式が誘導された。

② $R = \dfrac{2\sum_{i=1}^{n}(i-1)a_i}{(n-1)A_n} - 1$ の誘導

(4)式から(10)式への誘導についても，ジニはその結果だけを記載して，多くを語らない(p.1208)。そこで，(10)式を誘導するために，次の恒等式を措定する。

$$A_n \equiv A_n \tag{13}$$

(13)式の両辺に n を掛けても(13)式は恒等的に成立するので，

$$nA_n = nA_n$$

したがって，

$$nA_n = (n-1+1)A_n$$

となる。これを変形すれば，

$$nA_n - A_n = (n-1)A_n \tag{14}$$

を得る。

$$A_n = \sum_{i=1}^{n} a_i \tag{15}$$

であるから(表6-1参照)，(14)式は

$$n\sum_{i=1}^{n} a_i - \sum_{i=1}^{n} a_i = (n-1)A_n$$

$$\sum_{i=1}^{n} na_i - \sum_{i=1}^{n} a_i = (n-1)A_n$$

$$\sum_{i=1}^{n-1} na_i + na_n - \sum_{i=1}^{n} a_i = (n-1)A_n \tag{16}$$

と変形される。

ここで，以後の計算の便宜のために，$\sum_{i=1}^{n-1} ia_i$ と $\sum_{i=1}^{n} ia_i$ をもとめておく。

$$\sum_{i=1}^{n-1} ia_i = 1a_1 + 2a_2 + \cdots\cdots + (n-1)a_{n-1}$$

$$\sum_{i=1}^{n} ia_i = 1a_1 + 2a_2 + \cdots\cdots + (n-1)a_{n-1} + na_n$$

したがって，

$$-\sum_{i=1}^{n-1} ia_i + \sum_{i=1}^{n} ia_i = na_n \tag{17}$$

(17)式を(16)式の左辺に代入すると，

$$\sum_{i=1}^{n-1} na_i + \left(-\sum_{i=1}^{n-1} ia_i + \sum_{i=1}^{n} ia_i\right) - \sum_{i=1}^{n} a_i = (n-1)A_n \tag{16}'$$

となるので，結局，(16)式は次式となる。

$$\sum_{i=1}^{n-1}(n-i)a_i + \sum_{i=1}^{n}(i-1)a_i = (n-1)A_n \tag{18}$$

(18)式を整理する目的で $\sum_{i=1}^{n-1}(n-i)a_i$ をもとめる（表6-1参照）。

$$\begin{aligned}
&\sum_{i=1}^{n-1}(n-i)a_i \\
&= (n-1)a_1 + (n-2)a_2 + \cdots\cdots + \{n-(n-2)\}a_{n-2} + \{n-(n-1)\}a_{n-1} \\
&= \quad a_1 \\
&\quad + (a_1 + a_2) \\
&\quad \cdot \\
&\quad \cdot \\
&\quad + (a_1 + a_2 + \cdots\cdots + a_{n-2}) \\
&\quad + (a_1 + a_2 + \cdots\cdots + a_{n-2} + a_{n-1}) \\
&= A_1 + A_2 + \cdots\cdots + A_{n-2} + A_{n-1} \\
&= \sum_{i=1}^{n-1} A_i
\end{aligned} \tag{19}$$

(19)式を(18)式に代入すると

$$\sum_{i=1}^{n-1} A_i + \sum_{i=1}^{n}(i-1)a_i = (n-1)A_n \tag{20}$$

(20)式の両辺に $\dfrac{2}{(n-1)A_n}$ を掛けて，整理すれば，次のようになる。

$$\left\{\sum_{i=1}^{n-1} A_i + \sum_{i=1}^{n}(i-1)a_i\right\} \times \frac{2}{(n-1)A_n} = (n-1)A_n \times \frac{2}{(n-1)A_n}$$

$$\frac{2}{(n-1)A_n}\left\{\sum_{i=1}^{n-1} A_i + \sum_{i=1}^{n}(i-1)a_i\right\} = 2$$

$$\frac{2}{(n-1)A_n}\sum_{i=1}^{n-1} A_i + \frac{2}{(n-1)A_n}\sum_{i=1}^{n}(i-1)a_i = 1+1$$

$$\therefore \quad \frac{2}{(n-1)A_n}\sum_{i=1}^{n-1} A_i - 1 = 1 - \frac{2}{(n-1)A_n}\sum_{i=1}^{n}(i-1)a_i \tag{21}$$

(21)式の両辺に-1を掛けると

$$1-\frac{2}{(n-1)A_n}\sum_{i=1}^{n-1}A_i=\frac{2}{(n-1)A_n}\sum_{i=1}^{n}(i-1)a_i-1 \qquad (22)$$

を得る。(22)式の左辺は,すでに誘導した

$$R=1-\frac{2}{(n-1)A_n}\sum_{i=1}^{n-1}A_i \qquad (9)\text{［再掲］}$$

である。したがって,(22)式の右辺は集中比 R に等しい。よって

$$R=\frac{2\sum_{i=1}^{n}(i-1)a_i}{(n-1)A_n}-1 \qquad (10)\text{［再掲］}$$

が誘導された。

    ＊ ＊ ＊

以上から $R=\sum_{i=1}^{n-1}(p_i-q_i)/\sum_{i=1}^{n-1}p_i$ で定義される集中比 R は,データが表6-1のようにまとめられるときには,

$$1-\frac{2}{(n-1)A_n}\sum_{i=1}^{n-1}A_i=R=\frac{2}{(n-1)A_n}\sum_{i=1}^{n}(i-1)a_i-1$$

であることが証明される。   q.e.d.

2. 強度を同じくする個体が複数ある場合の集中比

(1) 計算式の誘導

　強度を同じくする個体が複数個ある場合($a_i \leqq a_j$,ただし,$i<j$ ($i=1, 2, \dots, n-1$; $j=2, 3, \dots, n$))には,集中比 R は別の計算式であたえられる。しかし,誘導される計算式それ自体は,定義式((4)式)(より厳密にはそこから誘導された(10)式)のバリエーションである。前と同様に,用いる記号の意味を次頁にまとめておく(表6-2)。それとともに,とくに次の点を確認する。

 ⅰ．原系列を構成する個体の総数は n 個である。
 ⅱ．個体の強度を一般に a で表し,その大小関係は $a_i \leqq a_j$ とする
  ($i<j$; $i_{\min}=1$, $j_{\max}=n$)。

表6-2 記号一覧表(その2)

強度番号	強度*	原系列**	度数	累積度数	(簡略表記)
1	x_1	$a_1=a_2=\cdots\cdots=a_{i_1}$	f_1	f_1	i_1
2	x_2	$a_{i_1+1}=\cdots\cdots=a_{i_2}$	f_2	f_1+f_2	i_2
・	・	・	・	・	・
・	・	・	・	・	・
$l-1$	x_{l-1}	$\cdots\cdots=a_{i_{l-1}}$	f_{l-1}	$f_1+f_2+\cdots+f_{l-1}$	i_{l-1}
l	x_l	$a_{i_{l-1}+1}=\cdots\cdots=a_{i_l}$	f_l	$f_1+f_2+\cdots+f_{l-1}+f_l$	i_l
$l+1$	x_{l+1}	$\cdots\cdots=a_{i_{l+1}}$	f_{l+1}	$f_1+f_2+\cdots\cdots+f_l+f_{l+1}$	i_{l+1}
・	・	・	・	・	・
・	・	・	・	・	・
s	x_s	$\cdots\cdots=a_{n-1}=a_n$	f_s	$f_1+f_2+\cdots\cdots+f_l+\cdots+f_s$	i_s

(注) *強度 x の増分は +1 である ($x_l+1=x_{l+1}$)。
**系列を構成する項 $a_1, a_2, \cdots\cdots, a_n$ のうち,a_1 から a_{i_1} までは,その強度は x_1 に等しく,その項数(度数)は f_1 である。以下同様。

iii. 強度を同じくする個体は,強度ごとに固有の度数 f をもつ。

iv. 強度ごとに個体を s 個のグループに分け,その強度を一般に x で表す。

v. グループ別の強度の増分を +1 とする。この想定は非現実的と考えられるかもしれないが,たとえば身長,体重,所得などの計測単位をそれぞれセンチメートル,キログラム,リラとすれば,とりうる値はいずれも増分を +1 とする整数であるから,強度の増分を +1 とすることは荒唐無稽ではない。

ジニによれば,このような場合には,集中比 R は

$$R=\frac{1}{(n-1)A_n}\sum_{l=1}^{s}(i_{l-1}+i_l-1)f_l x_l - 1 \tag{23}$$

であたえられる (p.1209)。

(23)式の誘導についてもジニの叙述は簡潔なので,以下,表6-2を参照してこれを誘導する。そのために,すでに誘導した

$$R=\frac{2\sum_{i=1}^{n}(i-1)a_i}{(n-1)A_n}-1 \tag{10}[再掲]$$

の右辺第1項の分子における $\sum_{i=1}^{n}(i-1)a_i$ に着目する。そして,これを表6-2

のデータと整合させる。そうすると，次のようになる。

$$\sum_{i=1}^{n}(i-1)a_i$$
$$=(1-1)a_1+(2-1)a_2+\cdots\cdots\cdots\cdots\cdots+(i_1-1)a_{i_1}$$
$$+\{(i_1+1)-1\}a_{i_1+1}+\cdots\cdots\cdots\cdots\cdots+(i_2-1)a_{i_2}$$
$$+\cdots\cdots\cdots$$
$$+\cdots\cdots\cdots\cdots\cdots\cdots\cdots\cdots\cdots+(i_{l-1}-1)a_{i_{l-1}}$$
$$+\{(i_{l-1}+1)-1\}a_{i_{l-1}+1}+\cdots\cdots\cdots\cdots\cdots+(i_l-1)a_{i_l}$$
$$+\cdots\cdots\cdots\cdots\cdots\cdots\cdots\cdots\cdots+(i_{l+1}-1)a_{i_{l+1}}$$
$$+\cdots\cdots\cdots$$
$$+\cdots\cdots\cdots\cdots\cdots+\{(i_s-1)-1\}a_{n-1}+(i_s-1)a_n \qquad (24)$$

表6-2から関連データを拾えば，次のようになる。

$$a_1=a_2=\cdots\cdots=a_{i_1}=x_1, \text{ その度数は } f_1$$
$$\cdot$$
$$\cdot$$
$$\cdot$$
$$a_{i_{l-1}+1}=\cdots\cdots=a_{i_l}=x_l, \text{ その度数は } f_l$$
$$\cdot$$
$$\cdot$$
$$\cdot$$
$$\cdots\cdots\cdots=a_{n-1}=a_n=x_s, \text{ その度数は } f_s$$

したがって，(24)式右辺の一般項は次のように整理できる。

$$\{(i_{l-1}+1)-1\}a_{i_{l-1}+1}+\cdots\cdots+(i_l-1)a_{i_l}=\{(i_{l-1}+1)-1\}x_l+\cdots\cdots+(i_l-1)x_l$$
$$=\sum_{i=i_{l-1}+1}^{i_l}(i-1)x_l$$
$$=x_l\times\sum_{i=i_{l-1}+1}^{i_l}(i-1)$$

この一般項から，(24)式は次のように変形できる。

$$\sum_{i=1}^{n}(i-1)a_i=\sum_{l=1}^{s}x_l\left\{\sum_{i=i_{l-1}+1}^{i_l}(i-1)\right\} \qquad (24)'$$

ただし，s は階級区分の個数（表6-2参照）。

この(24)′式を(10)式に代入すれば，次式を得る(p.1208)。

$$R = \frac{2\sum_{i=1}^{n}(i-1)a_i}{(n-1)A_n} - 1 \qquad (10)\,[\text{再掲}]$$

$$= \frac{2}{(n-1)A_n}\sum_{l=1}^{s}x_l\left\{\sum_{i=i_{l-1}+1}^{i_l}(i-1)\right\} - 1 \qquad (25)$$

ジニはこの式を掲げた後に，

$$R = \frac{1}{(n-1)A_n}\sum_{l=1}^{s}(i_{l-1}+i_l-1)f_l x_l - 1 \qquad (23)\,[\text{再掲}]$$

を誘導しているが(p.1208f.)，その叙述は簡潔すぎて分かりにくい。そこで，(25)式から(23)式を導くことにする。そのために，(25)式の$\sum_{i=i_{l-1}+1}^{i_l}(i-1)$に着目する。

$$\sum_{i=i_{l-1}+1}^{i_l}(i-1) = \{(i_{l-1}+1)-1\} + \{(i_{l-1}+2)-1\} + \cdots\cdots + (i_l-1) \qquad (26)$$

これは，初項を$\{(i_{l-1}+1)-1\}$，末項を(i_l-1)とする等差数列の和である。iは整数なので，この数列の公差は1である。ここで，表6-2において第 l 番目の強度 x_l をもつ原系列は $a_{i_{l-1}+1}$ から a_{i_l} までであり，その個数は度数 f_l であたえられていることを想起する。すなわち，$(i_{l-1}+1)$番目の項から i_l 番目の項までの個数は f_l である。したがって，(26)式の右辺であたえられる数列の和は，$\{(初項+末項)\times 項数\}/2$ により次のようになる。

$$\sum_{i=i_{l-1}+1}^{i_l}(i-1) = \frac{1}{2}[\{(i_{l-1}+1)-1\}+(i_l-1)]f_l$$

$$= \frac{1}{2}(i_{l-1}+i_l-1)f_l \qquad (26)'$$

この(26)′式を(25)式に代入して整理すれば，次のようになり，(23)式が誘導される。

$$R = \frac{2}{(n-1)A_n}\sum_{l=1}^{s}x_l\left\{\sum_{i=i_{l-1}+1}^{i_l}(i-1)\right\} - 1$$

$$= \frac{2}{(n-1)A_n}\sum_{l=1}^{s}x_l\left\{\frac{1}{2}(i_{l-1}+i_l-1)f_l\right\} - 1$$

$$= \frac{1}{(n-1)A_n}\sum_{l=1}^{s}(i_{l-1}+i_l-1)f_l x_l - 1 \qquad (23)\,[\text{再掲}]$$

q.e.d.

(2) 数 値 例

ジニは誘導された(23)式に関連数値(次頁の表6-3参照)を代入して,アメリカ先住民(成人男子)の心拍数にかんする集中比 R を次のように5.88%と計算した。

$$R = \frac{4{,}533{,}688}{262 \times 16{,}343} - 1 = 0.0588[=5.88\%]$$

ただし, $n-1=262$
$A_n = 16{,}343$
$\sum_{i=1}^{s}(i_{l-1}+i_l-1)f_ix_l = 4{,}533{,}688$

そして,この結果をハルガ・オアシス(当時のエジプトの一地域)における原住民の心拍数にかんする集中比 6.73% と対比させている。心拍数にかんする集中比の比較が何を明らかにするかについて,ジニは何事も語ってはいない。したがって,本章ではその比較によって解明される医学的な特質について言及することは避ける。ここでは,集中比(いわゆるジニ係数)が,今日でこそ,所得分布の集中度を計測するための統計的測度として不動の位置を占めてはいるが,この集中比は,所得分布に限らず,度数分布であたえられるデータにおける集中を計測するための統計的測度として構想されたことに注目する。

集中比が必ずしも所得分布に固有の測度ではないということについては,後にジニが(ガルバーニとともに),上に誘導した(23)式を活用して,1921年イタリア人口センサスにかんする全数集計結果と標本集計結果とを対照したこと[7]からも明らかである。この比較にもとづいて,系列の総平均のような概括的な測度によって代表性が確認された標本と言えども,集中比を基準にして対比してみれば,代表標本とは見なしがたいと述べた。そして,標本の代表性という概念は,相対的であって,対照のためのハードルを網羅的にクリアするという,絶対的な意味での代表標本は得がたいと結論した[8]。

第6章 ジニの集中比 195

表6-3 アメリカ先住民の心拍数にかんする集中比を計算するための基礎データ

x_l	f_l	$f_l x_l$	i_l	$i_{l-1}-1$	$i_l+i_{l-1}-1$	$(i_l+i_{l-1}-1)f_l x_l$
44	1	44	1	−1*	0	0
45	1	45	2	0	2	90
46						
47						
48	3	144	5	1	6	864
49	1	49	6	4	10	490
50	4	200	10	5	15	3,000
51	3	153	13	9	22	1,166
52	5	260	18	12	30	7,800
53	2	106	20	17	37	3,922
54	12	648	32	19	51	33,048
55	4	220	36	31	67	14,740
56	19	1,064	55	35	90	95,760
57	7	399	62	54	116	46,284
58	24	1,392	86	61	147	204,624
59	7	413	93	85	178	73,514
60	23	1,380	116	92	208	287,040
61	2	122	118	115	233	28,426
62	19	1,178	137	117	254	299,212
63	11	693	148	136	284	196,812
64	19	1,216	167	147	314	381,824
65	3	195	170	166	336	65,520
66	32	2,112	202	169	371	783,552
67	5	335	207	201	408	136,680
68	18	1,224	225	206	431	527,544
69	1	69	226	224	450	31,050
70	12	840	238	225	463	388,920
71	2	142	240	237	477	67,734
72	12	864	252	239	491	424,224
73	1	73	253	251	504	36,792
74	3	222	256	252	508	112,776
75	1	75	257	255	512	38,400
76	2	152	259	256	515	78,280
77						
78	3	234	262	258	520	121,680
79						
80	1	80	263	261	524	41,920
合計	263	16,343	—	—	—	4,533,688

(訳注) * $l=1$ のとき i_{l-1} は i_0 である。i_0 は実在しない強度までの累積度数なので, $i_0=0$。よって $l=1$ のとき $i_0-1=-1$。

(出所) Hrdlicka, A., *Physiological and Medical Observations among the Indians of Southwerstern United States and Northern Mexico*, Smithsonian Institution Bureau of American Ethnology, Washington, Government Printing Office, 1908, pp. 348-371. ただし, 引用は Gini, C., "Sulla misura della concentrazione e della variabilità dei caratteri," *Atti del Reale Istituto Veneto di Scienze, Lettere ed Arti*, Tomo LXXIII, Parte seconda, Anno accademico 1913-14 [Gini (1914)], p. 1210 による。

3. 強度別の度数と強度別の強度の総和があたえられている場合の集中比とその簡便式

(1) 計算式の誘導

① 計 算 式

　(23)式にもとづいて，アメリカ先住民の心拍数にかんする集中比を上のように5.88%と計算した後，ジニは，強度 a_i の度数分布が r 個に階級区分され，かつ階級別度数 f_k とその階級内強度の合計 S_k があたえられている場合を取り上げた(系列を構成する個体の強度が個別にはあたえられていない点で表6-2とは異なる)。そして，そのようなときの集中比 R の計算式(とその簡便式)を示した(p.1212f.)。しかし，この計算式の誘導にかんしてもその叙述は簡潔である。そこで，以下に私見を交えて計算式を誘導する。そのために，ここでも，関連する記号を次頁で一覧する(表6-4)。なお，表内の記号を含めて，以下における表記の一部がジニとは異なっていることを，あらかじめ断っておく。

　表6-4では，第 k 階級の度数を f_k，またその階級に落ちている個体の強度の合計を S_k で表した。このとき，第 k 階級に属す個体の強度の相加平均は

$$\frac{S_k}{f_k}$$

である。ここで今後の数式展開の必要から，第 k 階級におけるこの相加平均 $\frac{S_k}{f_k}$ と個体の強度 $^k a_i$ との偏差 $^k \delta_i$ を考える(p.1211)。この偏差の一般項は

$$^k\delta_i = {}^k a_i - \frac{S_k}{f_k} \tag{27}$$

$$\text{ただし, } i=1, 2, \cdots\cdots, f_k$$

である。一般に，平均からの偏差は正負の値をとりうるが，正負の偏差は相殺されるために，その合計はゼロになる。したがって，第 k 階級における偏差 $^k \delta_i$ の総和は次のようになる。

$$\sum_{i=1}^{f_k} {}^k\delta_i = 0 \tag{28}$$

表 6-4　記号一覧表(その 3)

階級番号	階級の限界値* (上段：下限) (下段：上限)	度　　数		階級別の 強 度 の 合　計
		階級内度数	階級の上限(l_k)までの強度をもつ 個体の数(累積度数)	
1	l'_1 l_1	f_1	$i_1\ =f_1$	S_1
2	l'_2 l_2	f_2	$i_2\ =f_1+f_2$	S_2
・ ・	・ ・	・	・	・
$k-1$	l'_{k-1} l_{k-1}	f_{k-1}	$i_{k-1}=f_1+\cdots+f_{k-1}$	S_{k-1}
k	l'_k l_k	f_k	$i_k=f_1+\cdots+f_{k-1}+f_k$	S_k
$k+1$	l'_{k+1} l_{k+1}	f_{k+1}	$i_{k+1}=f_1+\cdots\cdots\cdots+f_k+f_{k+1}$	S_{k+1}
・ ・	・ ・	・	・	・ ・
r	l'_r l_r	f_r	$i_r\ =f_1+\cdots\cdots+f_k+\cdots\cdots+f_r$	S_r

(注)＊第 1 階級の下限 l'_1 と第 r 階級の上限 l_r があたえられていなくても，f_1 と f_r が分かれば集中比を計算することができる。

次に，同じく今後の数式展開の必要から，以前に導出した

$$\sum_{i=i_{l-1}+1}^{i_l}(i-1)=\frac{1}{2}(i_{l-1}+i_l-1)f_l \tag{26}'[再掲]$$

を再掲する。そして，この(26)′式を表 6-4 にあてはめる。そうすると，第 k 階級については次式を得る。

$$\sum_{i=i_{k-1}+1}^{i_k}(i-1)=\frac{1}{2}(i_{k-1}+i_k-1)f_k$$

この両辺を，第 k 階級に属す個体の個数(度数) f_k で割ると，

$$\frac{\sum_{i=i_{k-1}+1}^{i_k}(i-1)}{f_k}=\frac{1}{2}(i_{k-1}+i_k-1)$$

を得る。上式の左辺は第 k 階級における f_k 個の $(i-1)$ の合計をその個数で割ったときの商であるから，上式の右辺 $\frac{1}{2}(i_{k-1}+i_k-1)$ は，第 k 階級における $(i-1)$ の相加平均である。

この平均 $\frac{1}{2}(i_{k-1}+i_k-1)$ と当該階級にかんする $(i-1)$ との偏差を ${}^k\varepsilon_i$ とおく。第 k 階級における偏差 ${}^k\varepsilon_i$ は全部で f_k 個あり，その一般項は

$$ {}^k\varepsilon_i = (i-1) - \frac{1}{2}(i_{k-1}+i_k-1) \tag{29} $$

である (p. 1211)。

平均偏差の和はゼロなので，次のようになる。

$$ \sum_{i=1}^{f_k} {}^k\varepsilon_i = 0 \tag{30} $$

${}^k\delta_i$ と ${}^k\varepsilon_i$ とについて，以上の準備をしておいて，データが表 6-4 となる場合の集中比 R をもとめることにする。そのために，第 k 階級における $(i-1)$ と a_i の積をもとめる。

(29)式より $i-1 = {}^k\varepsilon_i + \frac{1}{2}(i_{k-1}+i_k-1)$，また，(27)式より ${}^k a_i = {}^k\delta_i + \frac{S_k}{f_k}$ を得るので，次のようになる。

$$ (i-1)a_i = \left\{ {}^k\varepsilon_i + \frac{1}{2}(i_{k-1}+i_k-1) \right\} \times \left({}^k\delta_i + \frac{S_k}{f_k} \right) $$
$$ = {}^k\varepsilon_i \cdot {}^k\delta_i + {}^k\varepsilon_i \cdot \frac{S_k}{f_k} + \frac{i_{k-1}+i_k-1}{2} \cdot {}^k\delta_i + \frac{i_{k-1}+i_k-1}{2} \cdot \frac{S_k}{f_k} \tag{31} $$

この(31)式は，第 k 階級における積 $(i-1)a_i$ の一般項であるから，その積和は次のようになる。

$$ \sum_{i=i_{k-1}+1}^{i_k} (i-1)a_i $$
$$ = \sum_{i=1}^{f_k} {}^k\varepsilon_i \cdot {}^k\delta_i + \sum_{i=1}^{f_k} {}^k\varepsilon_i \cdot \frac{S_k}{f_k} + \sum_{i=1}^{f_k} \frac{i_{k-1}+i_k-1}{2} \cdot {}^k\delta_i + \sum_{i=1}^{f_k} \frac{i_{k-1}+i_k-1}{2} \cdot \frac{S_k}{f_k} $$
$$ = \sum_{i=1}^{f_k} {}^k\varepsilon_i \cdot {}^k\delta_i + f_k \left(\frac{S_k}{f_k} \sum_{i=1}^{f_k} {}^k\varepsilon_i \right) + \frac{i_{k-1}+i_k-1}{2} \sum_{i=1}^{f_k} {}^k\delta_i + f_k \left(\frac{i_{k-1}+i_k-1}{2} \cdot \frac{S_k}{f_k} \right) $$

ところが，(30)式と(28)式 $\left(\sum_{i=1}^{f_k} {}^k\delta_i = 0 \right)$ により，第 k 階級における積 $(i-1)a_i$ の和は次のように整理できる。

$$ \sum_{i=i_{k-1}+1}^{i_k} (i-1)a_i = \sum_{i=1}^{f_k} {}^k\varepsilon_i \cdot {}^k\delta_i + f_k \left(\frac{i_{k-1}+i_k-1}{2} \cdot \frac{S_k}{f_k} \right) $$

$$= \sum_{i=1}^{f_k} {}^k\varepsilon_i{}^k\delta_i + \frac{i_{k-1}+i_k-1}{2}\cdot S_k \qquad (32)$$

すでに，集中比 R として，

$$R = \frac{2\sum_{i=1}^{n}(i-1)a_i}{(n-1)A_n} - 1 \qquad (10)\,[再掲]$$

を誘導した。表6-4の場合には，強度 a_i が r 個の階級に区分されているので，一般項(32)式を(10)式に代入すると，設例にたいする集中比 R の計算式として，次式を得る (p.1212)。

$$R = \frac{2\sum_{k=1}^{r}\sum_{i=1}^{f_k}{}^k\varepsilon_i{}^k\delta_i + \sum_{k=1}^{r}(i_{k-1}+i_k-1)S_k}{(n-1)A_n} - 1 \qquad (33)$$

② 簡便式

上で誘導した(33)式にもとづいて集中比を計算するには，$\sum_{k=1}^{r}\sum_{i=1}^{f_k}{}^k\varepsilon_i{}^k\delta_i$ をもとめる必要がある。この計算の煩を避ける目的で，ジニは(33)式から $2\sum_{k=1}^{r}\sum_{i=1}^{f_k}{}^k\varepsilon_i{}^k\delta_i$ を除去し，

$$R' = \frac{\sum_{k=1}^{r}(i_{k-1}+i_k-1)S_k}{(n-1)A_n} - 1 \qquad (34)$$

をもって，(33)式の簡便式とした (p.1213)。

さらにまた，強度の個数 n が十分に大きい場合の簡便式のバリエーションとして

$$R_2' = \frac{\sum_{k=1}^{r}(i_{k-1}+i_k-1)S_k}{nA_n} - 1 \qquad (34)'$$

をあたえている (p.1213)。十分に大きな n については

$$\frac{1}{n-1} \fallingdotseq \frac{1}{n}$$

が成立するからである。

表 6-5 簡便式のためのデータ(アメリカ先住民の心拍数)

l'_k	l_k	f_k	S_k	i_k	$i_{k-1}-1$	$i_k+i_{k-1}-1$	$(i_k+i_{k-1}-1)S_k$
44	49	6	282	6	-1*	5	1,410
50	54	26	1,367	32	5	37	50,579
55	59	61	3,488	93	31	124	432,512
60	64	74	4,589	167	92	259	1,188,551
65	69	59	3,935	226	166	392	1,542,520
70	74	30	2,141	256	225	481	1,029,821
75	80	7	541	263	255	518	280,238
合計		263	16,343**	—	—	—	4,525,631

(訳注) * $k=1$ のとき i_{k-1} は i_0 となる。i_0 は実在しない累積度数なので, $i_0=0$ である。したがって, $i_0-1=-1$ となる。

** $\sum_{k=1}^{7} S_k = A_n$

(出所) 表 6-3 にもとづくジニの製表(Gini (1914), p. 1214)。

③ 簡便式による集中比 R' の計算例(数値例)

以上で, データが表 6-4 であたえられる場合にたいする集中比 R の計算式((33)式)とその簡便式((34)式)を誘導した。1914 年論文でジニは簡便式による計算を例解しているので, 以下でこのことについて述べる。なお, それに先立って, ジニは上に記した(33)式と(34)式の分子に共通しておかれた $(i_{k-1}+i_k-1)$ における i の順序を入れ替えていることを指摘しておく。計算例のためにあたえられているデータ(表 6-5)はそのような簡便式に整合的な体裁となっているので, ジニの所説を再現するという本章の目的のためにも, 次式を掲げることとする。

$$R' = \frac{\sum_{k=1}^{r}(i_k+i_{k-1}-1)S_k}{(n-1)A_n} - 1 \qquad (34)\,[再掲]$$

表 6-5 のデータを(34)式にあてはめたときの計算結果は次のようになる (p. 1214)。

$$R' = \frac{4,525,631}{262 \times 16,343} - 1 = 0.0569\,[=5.69\%]$$

(2) 簡便式の近似性

(33)式とその簡便式として誘導された(34)式の大小関係を比較する目的で,

(33)式を再掲するとともに、その変形式も掲げておく。

$$R = \frac{2\sum_{k=1}^{r}\sum_{i=1}^{f_k} {}^k\varepsilon_i {}^k\delta_i + \sum_{k=1}^{r}(i_{k-1}+i_k-1)S_k}{(n-1)A_n} - 1 \quad (33)\text{［再掲］}$$

$$= \frac{\sum_{k=1}^{r}(i_{k-1}+i_k-1)S_k}{(n-1)A_n} + \frac{2\sum_{k=1}^{r}\sum_{i=1}^{f_k} {}^k\varepsilon_i {}^k\delta_i}{(n-1)A_n} - 1$$

ここに

$$\sum_{k=1}^{r}\sum_{i=1}^{f_k} {}^k\varepsilon_i {}^k\delta_i > 0 \quad (35)$$

であり(p.1212)、かつ $(n-1)A_n > 0$ なので、(34)式と(33)式の大小関係は

$$R' < R$$

となる。したがって、簡便式は本来の集中比 R よりも小さい値をあたえることが分かる。(33)式と(34)式を対照させれば明らかなように、この2つの集中比の乖離 $R-R'$ は2つの平均偏差の積 ${}^k\varepsilon_i {}^k\delta_i$ に依存する。このことから、ジニは次のように述べている(p.1213)(以下の引用文における ε_{kl} と δ_{kl} はそれぞれ本文の ${}^k\varepsilon_i$ と ${}^k\delta_i$ に対応する)。

「差 $R-R'$ は $\frac{\varepsilon_{kl}}{n-1}$ および $\frac{\delta_{kl}}{A_n}$ とともに大きくなる。$\frac{\varepsilon_{kl}}{n-1}$ の値は——そして(他の条件が等しければ) $\frac{\delta_{kl}}{A_n}$ の値もまた同様に—— $\frac{f_k}{n}$ が大きくなるにつれて大きくなり、さらに $\frac{\delta_{kl}}{A_n}$ の値は $\frac{f_k}{n}$ の値が等しいときには、a_i の値の差が大きくなるとともに大きくなる。したがって、差 $R-R'$ は、特性の集中の強化ならびに特性の強度をグループに分けるときの、階級の包括性(comprensività delle classi)の強化［階級区分を大まかにすること］とともに大きくなる、と言うことができる。」

すなわち、ジニによれば、乖離 $R-R'$ の大きさに影響をあたえるのは、①階級区分の個数と②系列における集中の度合いである。

乖離 $R-R'$ の大きさと①階級区分の個数との関連について、ジニは、階級区分の個数 r を変えて、簡便式によってオーストラリア・ビクトリア州における土地所有の集中比 R' を計算し、r が大きくなるにつれて、R' が大きくなることを確認し、間接的にではあるが、r の増大による乖離 $R-R'$ の減衰[9]を検証した(次頁表6-6)。

表6-6 階級区分の個数 r と集中比 R'

土地面積の階級区分数 r	簡便式による集中比 R' (%)
30	69.0
25	68.9
20	68.8
15	68.4
10	67.8
8	66.5
6	65.8
5	64.6
4	58.1

（出所）*Statistical Register of the State of Victoria for Year 1911*, Melbourne, Part III, Production, p. 10. ただし，引用は，表6-3に同じ (p. 1215)。

次に，乖離 $R-R'$ の大きさと②系列における集中の度合いの関係については，次のようにすればジニの考えを理解することができる。$^k\delta_i$ は定義により，

$$^k\delta_i = {}^ka_i - \frac{S_k}{f_k} \qquad (27)\,[再掲]$$

であるから，$^k\delta_i$ の絶対値は，強度 ^ka_i がその相加平均 $\frac{S_k}{f_k}$ に近い値となるような個体であるほど小さく，またそのような個体の個数が多ければ多いほど，$\sum_{k=1}^{r}\sum_{i=1}^{f_k} {}^k\varepsilon_i {}^k\delta_i$ の値は小さくなる。逆に，相加平均 $\frac{S_k}{f_k}$ から強度が大きく乖離した個体ほど，$^k\delta_i$ の絶対値は大きくなり，そのような個体の増加に応じて $\sum_{k=1}^{r}\sum_{i=1}^{f_k} {}^k\varepsilon_i {}^k\delta_i$ の値が大きくなる。したがって，系列を構成する各項の強度がその相加平均に近づくほど，

$$\frac{2\sum_{k=1}^{r}\sum_{i=1}^{f_k} {}^k\varepsilon_i {}^k\delta_i}{(n-1)A_n}$$

は小さくなり，これが小さくなった分だけ(33)式と(34)式の差は小さくなる。すなわち，乖離 $R-R'$ は小さくなる。

4. 強度 a_i がゼロとなる個体の個数を系列の項数に算入させない場合の集中比 (R_p) と算入させる場合の集中比 (R_t)

ジニは，その強度が正の値であたえられる個体を「正の事例(casi positivi)」と名づけた。他方で，強度がゼロとなる個体を「ゼロの事例(casi nulli)」と名づけた。そして，これら2種類の個体が，系列の全体を構成することから，そのすべての項を「全体事例(casi totali)」と言っている(p. 1227)。ここで取り扱う2種類の集中比をサフィックス(p(ositivo), t(otale))で識別して，R_p(「正の事例」だけの集中比)と R_t(「全体事例」の集中比)としたのは，そのような意味からであろう。

(1) 強度 a_i がゼロとなる個体の個数を系列の項数に算入させない場合(「正の事例」だけ)の集中比 (R_p)

「正の事例」のみで系列が構成されるときの集中比 R_p は，表6-2の場合に誘導した集中比と同一である(p. 1228)。すなわち，

$$R_p = \frac{1}{(n-1)A_n} \sum_{l=1}^{s} (i_{l-1}+i_l-1) f_l x_l - 1 \qquad (23) \text{[再掲]}$$

である。

(2) 強度 a_i がゼロとなる個体の個数を系列の項数に算入させる場合(「全体事例」)の集中比 (R_t)

ジニは(23)式を

$$R_p = \frac{\sum_{l=1}^{s}(i_{l-1}+i_l-1)f_l x_l - (n-1)A_n}{(n-1)A_n} \qquad (36)$$

と変形し，この式にもとづいて R_t を

$$R_t = \frac{\sum_{l=1}^{s}(i_{l-1}+v+i_l+v-1)f_l x_l - (n+v-1)A_n}{(n+v-1)A_n} \tag{37}$$

ただし, n は「正の事例」の個数, v は「ゼロの事例」の個数

と規定している(p.1228)。表6-2において, 強度番号の如何にかかわらず, 「ゼロの事例」の個数 v を定数と見なせば, 累積度数の簡略表記 i_{l-1} は $i_{l-1}+v$ となり, また i_l は i_l+v となるからである。

(37)式を整理すれば, 次のようになる。

$$\begin{aligned}R_t &= \frac{\sum_{l=1}^{s}(i_{l-1}+v+i_l+v-1)f_l x_l - (n+v-1)A_n}{(n+v-1)A_n} \\ &= \frac{\sum_{l=1}^{s}\{(i_{l-1}+v)+(i_l+v)-1\}f_l x_l - \{(n+v)-1\}A_n}{\{(n+v)-1\}A_n} \\ &= \frac{\sum_{l=1}^{s}\{(i_{l-1}+i_l-1)+2v\}f_l x_l - \{(n+v)-1\}A_n}{\{(n+v)-1\}A_n} \\ &= \frac{\left\{\sum_{l=1}^{s}(i_{l-1}+i_l-1)f_l x_l + 2v\sum_{l=1}^{s}f_l x_l\right\} - \{(n-1)+v\}A_n}{\{(n+v)-1\}A_n} \\ &= \frac{\sum_{l=1}^{s}(i_{l-1}+i_l-1)f_l x_l - (n-1)A_n + 2v\sum_{l=1}^{s}f_l x_l - vA_n}{\{(n+v)-1\}A_n} \\ &= \frac{\sum_{l=1}^{s}(i_{l-1}+i_l-1)f_l x_l - (n-1)A_n}{(n+v-1)A_n} \times \frac{n-1}{n-1} + \frac{2v\sum_{l=1}^{s}f_l x_l - vA_n}{(n+v-1)A_n} \\ &= \frac{n-1}{n+v-1} \times \frac{\sum_{l=1}^{s}(i_{l-1}+i_l-1)f_l x_l - (n-1)A_n}{(n-1)A_n} + \frac{2v\sum_{l=1}^{s}f_l x_l - vA_n}{(n+v-1)A_n}\end{aligned} \tag{38}$$

A_n はすべての個体の強度の総計であるから(表6-1参照),

$$A_n = \sum_{l=1}^{s} f_l x_l \tag{39}$$

である。また,

$$R_p = \frac{\sum_{l=1}^{s}(i_{l-1}+i_l-1)f_l x_l - (n-1)A_n}{(n-1)A_n} \qquad (36)\,[再掲]$$

である。

(39)式と(36)式を(38)式に代入すると，次式を得る。

$$R_t = \frac{n-1}{n+v-1} \times R_p + \frac{2vA_n - vA_n}{(n+v-1)A_n}$$

$$= \frac{n-1}{n+v-1}R_p + \frac{v}{n+v-1} \qquad (38)'$$

ここで

$$m = \frac{n-1}{n+v-1} \qquad (40)$$

とおくと，

$$1-m = 1 - \frac{n-1}{n+v-1}$$

$$= \frac{(n+v-1)-(n-1)}{n+v-1}$$

$$= \frac{v}{n+v-1} \qquad (41)$$

となる。(40)式と(41)式を(38)′式に代入すれば，ジニのいわゆる「ゼロの事例」を算入した「全体事例」の集中比 R_t は，次のようになる(p.1227)。

$$R_t = mR_p + (1-m) \qquad (42)$$

(3) R_t と R_p の乖離にかんする数学的関係

ジニは R_t と R_p について，「つねに $R_t > R_p$ であり，m と R_p の減少とともに，この差は増大する」と述べている(p.1228)。以下ではこのことを敷衍する。そのために2つの集中比の差をとることにする。(42)式から R_p を引けば，

$$R_t - R_p = \{mR_p + (1-m)\} - R_p$$

$$= R_p(m-1) + (1-m)$$

$$= -R_p(1-m) + (1-m)$$

$$=(1-m)(1-R_p) \qquad (43)$$

ここに,

$$1-m>0 \quad かつ \quad 1-R_p>0$$

であるから,(43)式は

$$R_t-R_p>0$$

となる。

　R_p は強度 a_i をゼロとする個体(いわゆる「ゼロの事例」)を除いて計算される(すなわち「正の事例」だけから計算される)集中比であった。この R_p が計算された元の任意の系列にとって,その値は所与と見なすことができるので,2つの集中比の差 R_t-R_p については,さらに次のように指摘することができる。$(1-R_p)$ をさしあたり系列に固有の定数 c と見なせば,(43)式は

$$R_t-R_p=c(1-m) \qquad (44)$$

とおくことができる。このようにすると,上に引用したように,ジニが $m\,(>0)$ の減少とともに,乖離 R_t-R_p が増大すると述べたことの意味がさらに明瞭となる。定義により,

$$m=\frac{n-1}{n+v-1} \qquad (40)\,[再掲]$$

なので,「ゼロの事例」の個数 v が多いほど,m が小さくなり,その結果 $(1-m)$ が大きくなって,結局,(44)式の値は大きくなるからである。

　ジニは,離婚した夫婦の子ども数(ブダペスト,1903〜08年)について子どもがいない夫婦(子ども数という強度がゼロの夫婦)を算入したときとそうでないときの2つの場合について,集中比を計算した。その他にも,資産をもたない個人(資産という強度がゼロの個人)を勘案した場合とそうでない場合などについての集中比を比較して,その所説の妥当性を検証している(p. 1228)。

むすび

　ジニの1914年論文に掲載されている数式を点に見立てて,その点と点を線で結ぶべく,数式展開を敷衍してきた。その結果,次のように要約することができる。

(1) さしあたり，どの個体の強度も異なる場合を想定することにするが，その場合，強度を最小とする個体から順に数えて i 個の強度の合計 $\sum_{k=1}^{i} a_k = A_i$ をもとめ，それが系列全体の強度の総計 A_n のなかに占める割合(強度比率) $\dfrac{A_i}{A_n}$ を q_i とする。他方で，強度を最小とする個体から順に数えたときの，第 i 番目までの個体数(i)が個体総数(n)のなかに占める割合(個体比率) $\dfrac{i}{n}$ を p_i とする。

このとき，$p_i - q_i = 0$ は，強度比率と個体比率が等しいことを意味する。たとえば，個体を世帯，強度を所得とすると，$p_i - q_i = 0$ (すなわち $p_i = q_i$) は世帯の割合と所得の割合が等しいこと，換言すれば，所得分布が完全に均等であることを意味する。他方で，所得分布について一般に見られるように $p_i > q_i$ の場合には，所得分布が不均等であることを意味する。そして，乖離 $p_i - q_i$ が大きいほど，所得分布の集中度が強化されていることになる。ジニはこの乖離 $p_i - q_i$ を p_i で除し $\left(\dfrac{p_i - q_i}{p_i}\right)$，$p_i$ を基準にして，$p_i - q_i$ を相対的に計測しようとした。

(2) ジニはこの $(n-1)$ 個の $\dfrac{p_i - q_i}{p_i}$ について，その「平均」を
$$R = \dfrac{\sum_{i=1}^{n-1}(p_i - q_i)}{\sum_{i=1}^{n-1} p_i}$$
とし，これを「集中比」R と名づけた。このとき，ジニの「平均」という言葉には特殊な意味が込められている。

(3) ジニは $R = \sum_{i=1}^{n-1}(p_i - q_i) / \sum_{i=1}^{n-1} p_i$ から，
$$R = 1 - \dfrac{2}{(n-1)A_n} \sum_{i=1}^{n-1} A_i$$
および
$$R = \dfrac{2\sum_{i=1}^{n}(i-1) a_i}{(n-1)A_n} - 1$$
$$= \dfrac{2}{(n-1)A_n} \sum_{i=1}^{n-1}(i-1) a_i - 1$$
の 2 式を誘導した(記号の意味については本文参照。以下同様)。

(4) 強度 a_i が増分を 1 とする整数 x_l であたえられ，かつ s 個に階級区分

された強度ごとの度数が f_l であるときの集中比 R は

$$R = \frac{1}{(n-1)A_n} \sum_{l=1}^{s} (i_{l-1} + i_l - 1) f_l x_l - 1$$

であたえられる。ジニは(ガルバーニとともに)代表標本の代表性を検討したときに，この計算式を活用した。

(5) 強度 a_i の個々の値はあたえられていないが，r 個の階級ごとにその度数 f_k と強度の合計 S_k があたえられているときの集中比 R とその簡便式があたえる近似値 R' は，それぞれ

$$R = \frac{2\sum_{k=1}^{r}\sum_{i=1}^{f_k} \varepsilon_i^k \delta_i + \sum_{k=1}^{r}(i_{k-1}+i_k-1)S_k}{(n-1)A_n} - 1$$

$$R' = \frac{\sum_{k=1}^{r}(i_{k-1}+i_k-1)S_k}{(n-1)A_n} - 1$$

$$= \frac{1}{(n-1)A_n} \sum_{k=1}^{r}(i_{k-1}+i_k-1)S_k - 1$$

である。

R と R' の間には $R' < R$ (近似値は真値よりも小さい)という関係がある。より R に近い近似値 R' が得られるための条件は，次の2つが同時に，もしくはいずれか一方が成立していることである。すなわち，

① 系列を構成する項の強度がより均一であること。
② 階級区分の数がより多いこと。

この2つのうち，①は系列のもつ性質によって規定されるので，作為の余地はない。しかし，階級区分の数を増やすこと(②)については工夫の可能性があり，簡便式による集中比の近似度の向上を期待することができる。

(6) 強度がゼロとなる v 個の個体(「ゼロの事例」)を項数に入れて計算したときの集中比 R_t とそうではなく n 個の「正の事例」だけで計算した集中比 R_p は次のようになる(s は階級区分の数)。

$$R_t = \frac{1}{(n-1)A_n} \sum_{l=1}^{s}(i_{l-1}+i_l-1) f_l x_l - 1$$

$$R_p = \frac{1}{\{(n+v)-1\}A_n} \sum_{i=1}^{s}\{(i_{l-1}+v)+(i_l+v)-1\}f_l x_l - 1$$

(7) R_t と R_p の間には，

$$R_t = mR_p + (1-m)$$

ただし，$m = \dfrac{n-1}{n+v+1}$

という関係がある。また，

$$R_t - R_p = (1-m)(1-R_p) > 0$$

である。これは，強度をゼロとする個体が多いほど，2つの集中比の乖離は大きくなることを意味する。

以上に要約されるジニの所説は，1914年論文における論点をおおまかに3つに絞り込んだときの第1論点である。残された2つの論点(後述)についての考察はそれぞれ第7章と第8章で行うこととして，さしあたり，ここでは次のことを確認する。

ジニは，分布の特性を統計的に測定する目的で，「集中指数(いわゆるジニ指数)」を考案した(1909年)。ところが，この「指数」は，$P = Q^\delta$ という関数で表される分布のパラメータ δ のことであり，δ の計算はこの関数関係を前提とする。

関数関係を前提としなければ，分布における集中度を計測できないとなると，その尺度として集中指数の応用は限定されてしまう。このことのうちに，集中指数に付帯する制約から逃れて集中度の計測を可能ならしめる測度を考案させるにいたった根拠を見ることができる。そして，ジニは，「特性の分布曲線(curva di distribuzione del carattere)から独立していること」という要件を満たして，「特性の[分布の]集中にかんする比較が可能であること」という目的を達成する測度として「集中比」を定式化した(1914年)。集中比 R は，$P = Q^\delta$ はもとより，分布にたいして一切の関数関係を要請しない。こうして，集中比によって，強度の分布が何らかの関数型で表現されない場合でも，集中度は計測可能となった。ガエターノ・ピエトラは関数関係を前提とすることなく，集中度を計測できるということのうちに，集中比の特質を見出している[10]。

この集中比は、後に「ジニ係数」として所得分布の不平等度を計測する指標となり、今日にいたっている。この計測にあっては、一般に、世帯と所得のそれぞれにかんする累積百分率が用いられている。このことから、第1に、ジニ係数(集中比)の計算には2つの累積百分率(個体比率と強度比率)があたえられていること、そして第2には、ジニ係数は所得分布の計測指標として考案されたことが、いわば「常識」となっているかの観を呈している。しかし、集中比が初めて定式化されたジニの1914年論文を見る限り、次のように述べることができる。すなわち、第1に、集中比は個体数と強度にかんする2つの累積百分率があたえられているときはもとより、そうでない場合にも計算可能であること、第2には、集中比は所得分布の集中度の計測のみを目的とするものではなく、その他の度数分布にたいしても応用可能であること、がそれである。

　以上に述べた他に、ジニの1914年論文では
① 集中比とローレンツ曲線との関係
② 集中比と平均差の関係
も考察されている。これらの検討は次章以降の課題とする。

1) ① Gini, Corrado, "Indici di concentrazione e di dipendenza," *Atti della Società Italiana per il Progresso delle Scienze, Terza Riunione, Padova, Settembre 1909*, Roma 1910; ② ditto, "Indici di concentrazione e di dipendenza," *Biblioteca dell'Economista*, Serie V, Vol. XX, 1922. 本書第4章参照。
2) Gini, C., "Sulla misura della concentrazione e della variabilità dei caratteri," *Atti del Reale Istituto Veneto di Scienze, Lettere ed Arti*, Tomo LXXIII, Parte seconda, Anno accademico 1913-1914 [Gini (1914)]。
3) ジニの1914年論文では $a_i \leq a_j$ となっているが、数学的取り扱いの簡便性からここでは、さしあたり $a_i < a_j$ とした。しかし、以下の数式展開は $a_i \leq a_j$ の場合にも成り立つ。なお、特殊な場合の $a_i \leq a_j$ における取り扱いについては、後に2節と3節で言及する。
4) 個体比率と強度比率は筆者の造語である。
5) Gini (1914) のページを示す。以下同様。
6) この代替機能は、増加率 $(p_1, p_2, \cdots, p_n)$ の平均としての相乗平均についても指摘できる。原系列の構成要素の一般項を x_t で表すと $(t=1, 2, \cdots, n)$、隣合う2つの項の間の増加率は、$\frac{x_2}{x_1} = p_1, \frac{x_3}{x_2} = p_2, \cdots, \frac{x_n}{x_{n-1}} = p_{n-1}$ となる。この増加率の平均とは、

$t=1$ から $t=n$ までの n 個の項にかんする $(n-1)$ 個の増加率 $(p_1, p_2, \ldots, p_{n-1})$ がどれも等しくなるような p のことである。すなわち、$(n-1)$ 個の増加率 p_i にかんして

$$p_1 = p_2 = \cdots = p_{n-1} = p \qquad ①$$

となるような p が増加率の平均である。p をもとめるには、次のようにすればよい。

$$p_1 \cdot p_2 \cdot \cdots \cdot p_{n-1} = \frac{x_2}{x_1} \cdot \frac{x_3}{x_2} \cdot \cdots \cdot \frac{x_n}{x_{n-1}} \qquad ②$$

②式に①式を代入すれば、

$$p^{n-1} = p_1 \cdot p_2 \cdot \cdots \cdot p_{n-1}$$

ゆえに、増加率の平均 p は次式であたえられる。

$$p = \sqrt[n-1]{p_1 \cdot p_2 \cdot \cdots \cdot p_{n-1}}$$

一般に、$(n-1)$ 個の増加率 p_i（ただし、原系列の項数は n）の平均 p は、$(n-1)$ 個の増加率 p_i の積 $\prod_{i=1}^{n-1} p_i$ の $(n-1)$ 乗根（相乗平均）p であたえられ、p_i の系列の各項は p で代替（代表）される。

　増加率の平均が相乗平均であたえられるのは以上のような事情からであるが、どの増加率も同一の p と想定して平均をもとめる仕方は、ジニが「集中比」をもって「平均」と規定したことと、その基調において符合する。

7) Gini, C. e Luigi Galvani, "Di una applicazione del metodo rappresentativo all'ultimo censimento italiano della popolazione (1º dicembre 1921)," *Annali di Statistica*, Serie VI, Vol. IV, 1929, p. 15.

8) Gini, C., "Une application de la méthode représentative aux matériaux du dernier recensement de la population italienne (1ᵉʳ décembre 1921)," *Bulletin of the International Statistical Institute*, Vol. 23, No. 2, 1929. なお、このことについては、①木村和範『標本調査法の生成と展開』北海道大学図書刊行会、2001年、第6章；②同「ネイマンの標本調査理論とその周辺（上）」『経済論集』（北海学園大学）第50巻第3号、2002年。

9) アメリカ先住民の心拍数にかんする2つの集中比を比較しても同様のことが指摘できる。強度を7つに階級区分した表6-5では集中比が 0.0569 であったが、原系列の強度そのものを用いた表6-3では集中比は 0.0588 となった。階級区分が大まかなほど（ジニのいわゆる「包括性」が強まるほど）、小さな値の集中比が得られる。

10) Pietra, Gaetano, "Delle relazioni tra gli indici di variabilità," *Atti del Reale Istituto Veneto di Scienze, Lettere ed Arti*, Tomo LXXIV, Parte seconda, Anno accademico 1914-15, p. 776.

第7章　ローレンツ曲線とジニ係数

はじめに

　M.O. ローレンツがプロイセンの所得統計にもとづいてあの有名な曲線を公表したのは1905年である[1]。彼は，その曲線が所得分布の集中・拡散を分析するときに有効であると主張した。メアリー・J. ボーマンによれば，ローレンツの1905年論文が公表されたのとほぼ同時期に，グラフによる所得分析の方法(以下，グラフ法)は，イタリアではコッラド・ジニによって，またフランスではエミール・シャトランや J. セアーユによっても研究された[2]。後に「ジニ係数」と呼ばれ，所得分布の不平等度を統計的に計測するときに重視されるようになった「集中比」が初めて公表された，あの論文「特性の集中と変動性の計測について」(1914年)[3] (以下，1914年論文と略記)のなかで，ジニは，彼の研究の先行研究としてシャトランとセアーユの業績を参考文献として掲げている。それだけでなく，ジニはローレンツの1905年論文を含めてそれ以降のアメリカにおける研究をも，みずからの先行研究としている。これらのことから，ジニが1914年論文でローレンツ曲線とジニ係数との間の数学的関係を考察したときに，彼に先立つアメリカやフランスにおける研究を念頭においていたことは明らかである。

　ところで，このジニの1914年論文の目的は，おおむね次の3点に要約できる。すなわち，①関数関係で表現できない分布一般の集中度を計測するための指標としての集中比の定義とその計算式の誘導，②ローレンツ曲線(ジニの「集中曲線」)と均等分布直線とで囲まれた(三日月型の)図形の面積(ジニの「集中面積」)と集中比との間の数学的関係の解明，③平均差による集中比の再

定義, である。このうちの論点①については前章で考察した。論点③の考察は, 次章の課題とする。本章では, 論点②を取り上げる。

　1914年論文における論点②の取り扱いを見れば, そこでは, グラフ法にかんする先行研究に言及されてはいるものの, 叙述の力点は先行論文の筆者とタイトルの一覧におかれていることが分かる。また, ローレンツ曲線と集中比(ジニ係数)との間の数学的関係にかんするジニの数式展開は必ずしも分かりやすいものとは思われず, 一方の数式から他方の数式への誘導過程の理解には時間を要する。このために, 本章では, ローレンツ曲線とジニ係数との数学的関係, すなわち, ローレンツ曲線と均等分布直線(45°線)とに囲まれた図形の面積を λ とおき, ジニ係数を G で表せば,

$$G = \frac{\lambda}{\frac{1}{2}} \tag{1}$$

が成立することについての, ジニによる証明を跡づける。そして, ジニ理論の特徴を明らかにする。(1)式自体は旧聞に属し, この数学的関係にかんする本章の叙述は, 創始者ジニの原典に即しているという点を除けば, 何ら目新しいものではないことをあらかじめ断っておく。

　なお, 本章では先に次の2つの点に言及する。それらはいずれもジニ理論の形成に影響をあたえたと考えられるからである。その第1は, ローレンツ曲線をめぐるアメリカにおける論議である。これにかんしては, ローレンツ論文以降, アメリカでは所得分析において果たすグラフ法(とりわけローレンツ曲線)の役割が認められるようになったことを述べる。

　そして, 本題に入る前に取り上げる第2の点は, ローレンツとほぼ同時期に, 彼と同じ目的をもって研究されたフランスにおけるグラフ法の紹介である。このことを通じて, アメリカと同様にフランスでもグラフ法が所得分析ツールとして有用性が認められるようになったことを述べる。

1. ローレンツ曲線をめぐるアメリカにおける論議

　ローレンツの1905年論文が刊行された後, アメリカでは, 所得や富の集

中にかんする計測方法をめぐって論議があった。その過程で，ローレンツのグラフ法は肯定的な評価を受けた。

(1)　G. K. ホームズ

本書第5章で述べたように，ホームズは，一方で，所得の大きさの順に並べられた人々の人数をちょうど半分にする所得(メディアン)を計算した。他方で，所得階級別の所得総額の分布にかんしてもとめられるメディアン(所得額)を計算した。そして，この2つのメディアンの差を計算し，この差が広がるにつれて，集中が強まると考えた。メディアンを用いたこの尺度が「三連尺度(triple measure)」である。

ローレンツは，1905年論文でホームズの三連尺度を批判した。この批判が公刊された『アメリカ統計協会雑誌』の翌号(第71号)に，ホームズは，ローレンツにたいする反批判を公表した(1905年)。その趣旨は所得分布の集中度をメディアンで計測すること(三連尺度)の有効性を改めて主張することにあったが，ホームズは，その短評を，彼の反批判が「ローレンツ氏の思慮深いグラフ法という構想にたいするいささかの反論を意味するものではない」という文言で結んでいる[4]。そして，ホームズは，ローレンツのグラフ法を集中度の計測方法の1つとして位置づけた。

(2)　G. P. ワトキンス

① ローレンツの擁護

ローレンツの1905年論文と上で取り上げたホームズの論文を踏まえて執筆されたワトキンス論文(1905年)は，ホームズ論文が掲載された『アメリカ統計協会雑誌』の翌号(第72号)に掲載された[5]。ローレンツは，所得階級の上限値や下限値を変えることなく階級区分を固定して，所得分布を時間的に比較したとしてG. J. ゴッシェン(イギリス)[6]やJ. ヴォルフ(スイス)[7]を批判した[8]。このことに触れて，ワトキンスは，所得分布の集中が本来的に相対的な概念である(「測定されるべき量は相対的なものである」[9])と述べ，ローレンツを支持している。さらに，ワトキンスは「ローレンツ氏の方法は，彼[ローレンツ]が枚挙した論者の上位にあって，重要な成長を示すものである。それ

は，解析性(analysis)，連続性(continuity)，相対性(relativity)の要請すべてを満たしている」と述べて[10]，グラフ法によるローレンツの分析を肯定的に評価している。

ここに，ワトキンスの言う「解析性」とは，どれだけの割合の人々が社会的な富の総体のうちのどれだけを領有しているかを具体的に数値で示すことである。「連続性」とは，所得分布の研究が特定の所得階層に限定されるのではなく，すべての所得階層に及ぶべきものであることを意味する。換言すれば，所得分布の研究には，社会全体の総体的な把握を企図することがもとめられている。

最後の「相対性」とは，たとえば中位とされる所得階級は，固定的な所得額によって絶対的に確定されるものではなく，そのときどきに変化する相対的な区分を示すにすぎないことを意味する。あるときには上位の所得階級を示すと見られた所得も，貨幣価値の変動によって，その後は中位の所得階層を示すように変化することがある(実際に，カリフォルニアにおける金鉱山の発見は貨幣価値の変動をもたらした)と，ワトキンスは述べている。この見解は，特定の所得階級の所得額だけを抜き出して分析するならば，間違った判断にいたることがあるということへの戒めを本旨とするのであって，所得や資産の絶対額を活用した分析を一般的に抑制しているわけではない。このことは，ワトキンスが後の論稿で具体的に遺産の集中を分析したときに明らかになる。ここでは，さしあたり，ワトキンスがローレンツ(とりわけグラフ法)の擁護者として旗幟を鮮明にしたことを確認して，次に進む。

② 両対数グラフによる遺産分析

ローレンツのグラフ法を支持した論文(第72号論文，1905年)の末尾において，ワトキンスは，所得，資産，厚生(welfare)の集中にかんする研究を今後の課題とした。それを受けて，みずからワトキンスは，マサチューセッツ州労働統計局が収集した検認遺産統計(probate statistics)によって遺産分布の集中を研究した(1908年)[11]。

その際，彼はコーネル大学数学科のF. R. シェイプス(Shapes)から示唆を得て，対数を活用した。そして，対数変換した所得分布が直線状になることをパレートから学び，検認遺産の分布を両対数グラフで表示した(図7-1)[12]。

(ドル)
1,000

――― 1830年
……… 1860年
――― 1880年
――― 1890年

相続規模(対数)

100

10

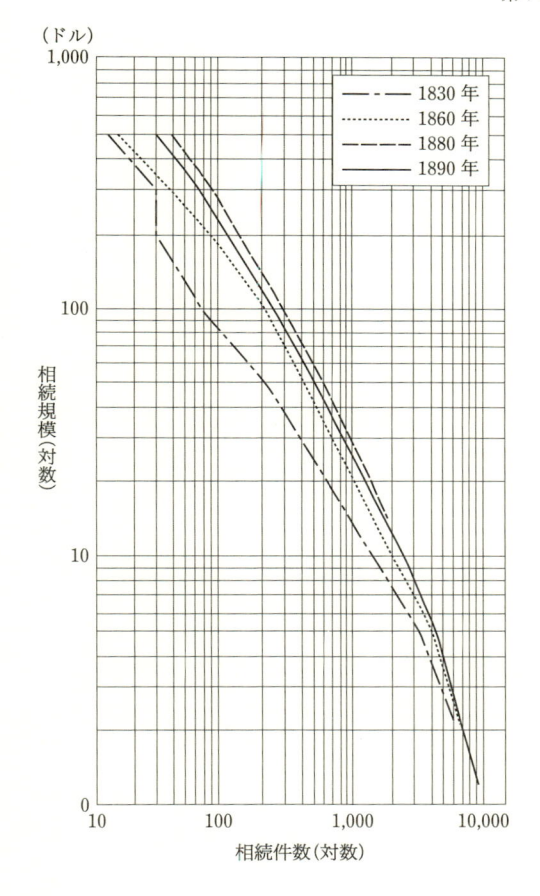

0
 10   100   1,000 10,000
      相続件数(対数)

図7-1 マサチューセッツ州における相続による土地所有の集中(1830年～1890年)

(出所) Watkins, G. P., "An Interpretation of Certain Statistical Evidence of Concentration of Wealth," *Publications of the American Statistical Association*, No. 81, 1908, p. 36.

対数尺度のグラフは，小さい値とともにその値からかけ離れた大きな値を同時に1枚のグラフに表示する。これを長所と見るか欠陥と見るかについて意見は分かれるが，ローレンツは，おそらく大きな値の違いが対数グラフでは小さな違いとなって現れることからであろうか，「対数曲線は多かれ少なかれ頼りにならない(treachous)」と述べて，対数グラフの使用に慎重であり，それがパレート批判の論点の1つとなっている[13]。

それにたいして，ワトキンスは，ローレンツのパレート批判が「性急(hasty)」であると指摘した。そして，対数目盛で検認遺産の分布をグラフ化すれば，ほぼ直線状のグラフが描かれ，これを比較することによって，集中

が強まる傾向にあるかどうかの動向を探ることができると述べた。

ワトキンスは，図7-1(前頁)の他に，イギリス(19世紀半ばから20世紀初頭)やフランス(20世紀初頭)についても土地所有にかんして類似のグラフを描いて，集中を研究した。ワトキンスによれば，直線の勾配が急であるほど，集中の強化を意味するとされる。この解釈はパレート[14]と同じである。このように，ワトキンスは対数の活用にかんしてローレンツを批判しつつも，グラフ法によって分析を進めるという点では，ローレンツと同一基調にあると言える。

グラフ法の有効性を主張したワトキンスは，単一の数量的尺度による集中の計測には批判的であった。とくに変動係数の使用を批判した。このことをめぐってはパーソンズとの間で論争が行われている。次に項を改めて，このことを取り上げることとする。

(3)　W. M. パーソンズ

① ワトキンス批判

両対数グラフにおける直線の勾配によって，集中の度合いを比較できると主張したワトキンスにたいして，『経済学季報』第23号でパーソンズは次のように批判した(1909年)[15]。

第1に，ワトキンスの方法そのものが厳密ではない。ワトキンスみずからが表明しているように，「このようにして比較された2つの数字の系列の間にいったいどの程度の差異があるのかは一向に明らかにはならない」。

第2に，目視による勾配の比較に信頼を寄せることはできない。比較のための数値的尺度があたえられていないということもあるが，直線全体が勾配を異にするいくつかの直線で合成されているとき，2つの系列における集中を全体としてどのように判断するべきかが不明である。

第3に，所得(もしくは遺産)の総額と件数が全体的に上昇するときには，勾配は不変であり，さらにまた，最上位所得階層の所得が上昇しても，その額は対数変換によって小さくなり，直線の勾配の変化は目視で確認できるほど大きな違いとなっては現れないことがある。

第4に，直線の勾配を比較する方法では，少額所得階層が分析の埒外にお

表7-1　平均週給と変動係数

	1890 年	1900 年
労働者数(人)	104,923	160,055
平均週給(ドル)	11.57	11.52
変動係数(%)	45.9	43.5

（出所）Moore, Henry L., "The Variability of Wages," *Political Science Quarterly*, Vol. 22, 1907, p. 61.

かれる。この第4の欠陥は，ワトキンスのグラフ法に固有の欠陥ではないが，ワトキンスは，低額所得階層(あるいは少額遺産の相続階層)に分析の力点をおいていない。このことをパーソンズは批判したのである。

この批判のうえに，パーソンズは，所得や遺産の集中を計測するには，ワトキンスの提唱するグラフ法を排して，統計系列全体にわたる一元的な判断基準が必要であると主張した。パーソンズが，この一元的な数値尺度として採用したのは変動係数(coefficient of variability)である。

② 変動係数

変動係数は，標準偏差を相加平均で除して得られる比率(あるいはそれを100倍してパーセントに換算した数値)である。変動係数を援用するパーソンズの考え方に示唆をあたえたのは，計量経済学の理論と応用の分野で，つとに著名なヘンリー・L. ムーア[16]である。彼は，アメリカにおける1890年と1900年における平均週給を比較した。そのとき，変動係数を計算して，格差が縮小していることを明らかにした(表7-1)。

パーソンズは，系列の変動を比較するときに果たすと期待される変動係数の有効性を主張する目的で，標準偏差を異にする(ただし，相加平均は同一の)2つの統計系列を取り上げた[17]。同一の相加平均のもとでは，変動係数の違いはもっぱら標準偏差の違いによるので，パーソンズの叙述は，標準偏差(もしくは分散)が分布の散布度の指標となることを示すための例解でしかないが，それでも彼は，変動係数が大きいほどデータの散布はより広範囲に及ぶこと，したがって，それは，分布を構成する各項の強度の平等性の弱まりを示すことを主張した。そして，このことをもって変動係数がより強化された集中を検出できることの論拠とした。

さらにまた，パーソンズは変動係数を計算して，フランスとイギリスの集

中(いずれも20世紀初頭)にかんするワトキンスの結論を批判した。ワトキンスによれば,遺産として相続された土地面積の集中については,フランスに較べてイギリスがより強化したことになっているが[18],同一のデータにもとづいてパーソンズが変動係数を計算したところ,ワトキンスとは逆に,フランスが集中度はより高いと結論された。このことを傍証する目的で,パーソンズは関連データについてローレンツ曲線を描き,フランスが均等分布直線からより乖離していることを示した[19]。

③ ワトキンスとの論争

上で取り上げたパーソンズの論文にたいするワトキンスの反批判が翌年(1910年)の『経済学季報』誌(第24巻)に掲載された[20](その論文の末尾にはパーソンズからの反論[21]が付けられている)。

集中の計測方法に論点を限定して,両者の間で行われたこの誌上論争を見ると,それは,要するに,統計系列を比較するときに,単一の統計的尺度(変動係数)を用いるか(パーソンズ),系列の分布を視覚的な手段(グラフ法)によってその総体において対照するか(ワトキンス)の問題に帰着する。ここでは,この両者の方法論的な違いを超越して,ローレンツのグラフ法にたいしては,統計系列の集中度の視覚的な評価手段としての意義が――正確な統計系列を前提として――いずれの論者にも肯定的に評価されていたことを確認しておく。

2. フランスにおけるグラフ法の展開

1905年にローレンツ論文が公刊された後もアメリカでは,所得分布の集中にかんする統計的計測をめぐって論議が継続されたことは,前節で述べた。ジニの1914年論文は,この種の論議がフランスでも行われていたことを伝えている[22]。その論議を見ると,ローレンツとほぼ同時期に,だが若干遅れて(おそらく独立に)ローレンツ曲線と似たような曲線で分布の集中を計測しようとする試みがあったことが分かる。しかし,以下で取り上げる2人のフランスの研究者はローレンツとの関連について触れていない。しかも,ジニは,フランスにおけるグラフ法の展開があたえた自説への影響について沈黙して

いる。このために，フランスにおける研究とアメリカで展開されたグラフ法やジニ理論との関係は，なお不明なところを残している。

(1) É. シャトラン

シャトラン[23]は，相続遺産の申告額にかんする統計が社会経済的ならびに財政問題を考察するときの必須のデータであると位置づけ，それにもとづいて一部の者への富の集中を考察した。1905年のフランス全土にかんする相続統計によれば，100万フラン以上を相続したのは527人（相続人全体の0.1%）であるが，その相続総額は約17億6700万フラン（相続総額の30.8%）であった。このことにもとづいて，シャトランは富の集中が昂進していると主張した[24]。

しかし，シャトランは，分析を特定階層の相続に限定するのではなくて，フランス全土にわたった概観が必要であると考えた。このことを示すために，彼は「相続曲線(la courbe des successions)」を考案した。この曲線をグラフ化するにあたってシャトランは，横軸に累積相続件数，縦軸に相続額をとり，横軸の1ミリメートルを500件の相続に，また縦軸の1ミリメートルを1万フランの相続額に対応させた。1905年の相続統計をこのグラフで示すとすれば，累積相続件数が38万5019件であるから，横軸の長さは77センチメートルとなる。また，相続の最上位カテゴリー（カテゴリー13）の下限は5000万フランであるから，この値を表示するだけでも縦軸の長さは5メートルになる。このようなサイズのグラフは書物1ページ分のスペースに収まらない。そこで，シャトランは相続額が1万1フラン以上の相続件数を取り出し，100万フラン以上の相続については相続件数を合算して，そのグラフ（次頁図7-2）を描くことにした。

シャトランが当初構想したグラフは大きすぎて，全体を表示するには不適切である。このため，後にその非実用性がセアーユによって批判されることになるが，この点については後述する。そして，ここでは，シャトランが対数目盛を使用しなかった理由について触れておく。対数目盛を活用することには書物の寸法による制約を回避するという「利点」はあるが，しかし「資産分布にかんする直感的イメージを目に見えるようにする」ことを損なうば

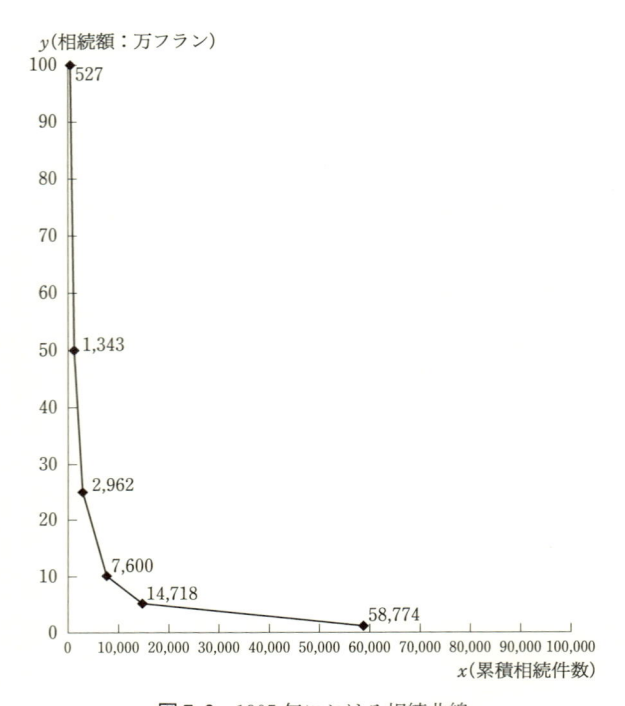

図 7-2　1905 年における相続曲線

（訳注）グラフのなかの数字は，以下に掲げる累積相続件数に対応する（原データの出所は下の論文(p.161)）。

相続額(万フラン)	100〜	50〜	25〜	10〜	5〜	1〜
累積相続件数	527	1,343	2,962	7,600	14,718	58,774

（出所）Chatelain, Émile, "Les successions déclarées en 1905," *Revue Politique et Parlementaire*, Tome LIV, 1907, p. 165 にもとづく。

かりか，図 7-2 のように曲線で表示されているからこそ，不平等な分布が「目視」できるのであって，「図示がもたらすあらゆる長所を失う」ことのないようにするために，あえてデータを対数変換しないとシャトランは述べている[25]。

　1907 年論文でグラフ法を提示した後，シャトランは改めて「新しいやり方」のグラフ法を発表した(1910 年)。彼によれば，書物の判に余る大きさの曲線で分布を表さざるをえないということ自体が，「その分布の極端な不平等性(ないし集中)(l'extrême inégalité (ou concentration))」を示している[26]。こ

表7-2 フランスにおける相続の分布(1903〜1905年，1907年。4カ年の平均)

相続額(フラン)	カテゴリー	件数(累積)	比率*	総額(累積)	比率**
(以上)		(件)		(フラン)	
5,000万	(1)	1.75	0.04	168,683,228	31
1,000万	(2)	11.00	0.30	338,214,451	63
500万	(3)	40.00	1	546,361,841	102
200万	(4)	171.50	4	932,333,649	174
100万	(5)	509.50	13	1,409,733,649	263
50万	(6)	1,274.50	32	1,943,581,449	363
25万	(7)	2,875.50	74	2,508,278,678	468
10万	(8)	7,507.50	193	3,229,685,458	603
5万	(9)	14,701.50	378	3,729,938,608	696
1万	(10)	58,679.50	1,509	4,667,339,633	872
2,000	(11)	165,775.50	4,265	5,189,312,080	969
500	(12)	270,000.50	6,948	5,321,422,094	994
1	(13)	388,556.00	10,000	5,351,489,170	1,000

(訳注) ＊相続件数の累積総合計(388,556.00件)を10,000としたときの比率(累積相対度数)。
＊＊相続額の累積総合計(5,351,489,170フラン)を1,000としたときの比率(累積相対度数)。
(出所) Chatelain, Émile, "Le tracé de la courbe des successions en France," *Journal de la Societé de Statistique de Paris*, 1910, p. 353.

の社会的事実を1ページに収まるグラフによって示す目的でシャトランが考案した「新しいやり方」とは，

 ⅰ．縦軸を相続額とする，

 ⅱ．横軸を相続件数とする，

 ⅲ．縦軸・横軸ともにその長さを20センチメートルとし，縦軸にあっては(図7-2では相続額そのものの大きさが表示されていたが)相続総額がその端点にくるように，その目盛を調整し，他方で，横軸にあっては，相続総件数が，同様に端点にくるように，その目盛を調整する，

 ⅳ．縦軸・横軸の値は累積値として，それを図上にプロットする，

という方法である。

シャトランは，1903年から1907年までの(ただし，1906年を除く)フランスにおける相続件数と相続総額についてその平均を計算して，表にまとめた(表7-2)。そして，上述の作図方針にもとづいて表7-2のデータからグラフを作成した(次頁図7-3)。シャトランは，「目視」のための「新しいやり方」によって，それ以前に構想したグラフ法の欠陥を克服しようと試みたのである。

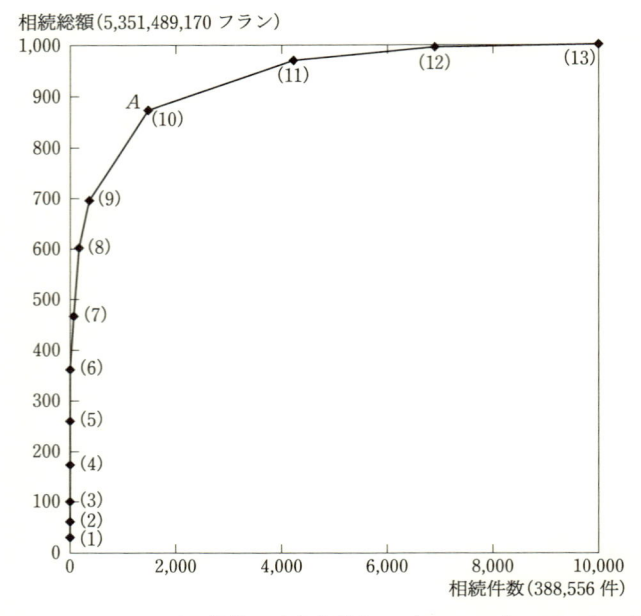

図 7-3 フランスにおける相続の分布曲線(1903 年～1905 年，1907 年の平均)

(訳注) 1. 図中の( )内数字は表 7-2 の表側に対応している。たとえば点 A は，相続額が 1 万フラン超(第 1 カテゴリーから第 10 カテゴリーまで)の階級の相続額に対応する累積相続件数を示す。
2. 横軸の目盛は，相続件数の累積総合計(388,556.00 件)を 10,000 としたときの比率(累積相対度数)。
3. 縦軸の目盛は，相続額の累積総合計(5,351,489,170 フラン)を 1,000 としたときの比率(累積相対度数)。

(出所) 表 7-2 に同じ(p. 353 にもとづく)。

　この図 7-3 の左下から右上にかけて対角線を結べば，均等分布直線が描かれるので，この作図の方法は基本的には 1905 年にローレンツが提示したグラフ法と異なるところはない。ローレンツとの違いは，①縦横の軸にかんする数値の取り方が逆であること，②折れ線が左角に引き寄せられればそれだけ，集中が強まるとは述べられていないこと，である。

　(2)　J. セアーユ

　以上に述べたように，シャトランは，2 つのグラフ法を提起し，そのうちの第 1(最初)の方法の不適切性を自覚して，それに改良を加え，第 2 の方法

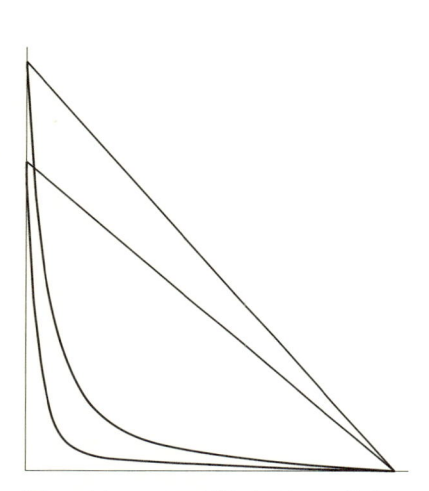

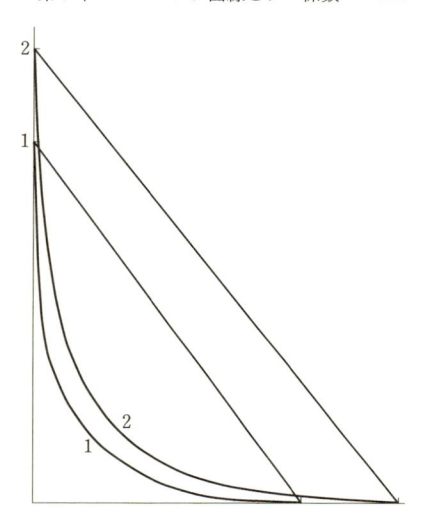

図 7-4(a)　一方の総計が不変でも他方の総計が変化する場合

図 7-4(b)　両軸の端点が異なる場合

(訳注) 図 a も図 b も横軸の左端と縦軸の上方の端点が総計を示しているので，曲線の形状はシャトランの曲線(図 7-3)とは逆になる。
(出所) Séailles, J., *La Répartition des Fortunes en France*, Paris 1910, p. 54f.

を「新しいやり方」として再提起した。これにたいして，セアーユは，シャトランの第1の方法によって描かれるグラフは書物の1ページに収まらないだけでなく，時空を異にする2つ(あるいはそれ以上)の統計系列の相異による折れ線グラフの形状の著しい違いを実際に比較して集中の程度を判別することが困難であると批判した[27]。ただし，セアーユはシャトランと同様に，対数目盛の活用には批判的である。対数目盛の採用は，パレート以来の所得分布研究の伝統的なあり方と見ることができるが，対数変換は大きな実測値(真数)を小さな値(対数)に変えるために，本来の分布とは異なった印象をあたえる。セアーユはこのことを指摘して，シャトランとともに対数の活用を忌避した[28]。

さらにまた，セアーユは，シャトランの第2の方法(系列全体の合計値を端点とする「新しいやり方」によるグラフ法)を次のように批判している。たとえば，横軸の値(相続総件数)が基準時点と比較時点とで不変であるとしても，相続総額が異なっていれば，図 7-4(a)のようになり，2本の曲線の比較が困難

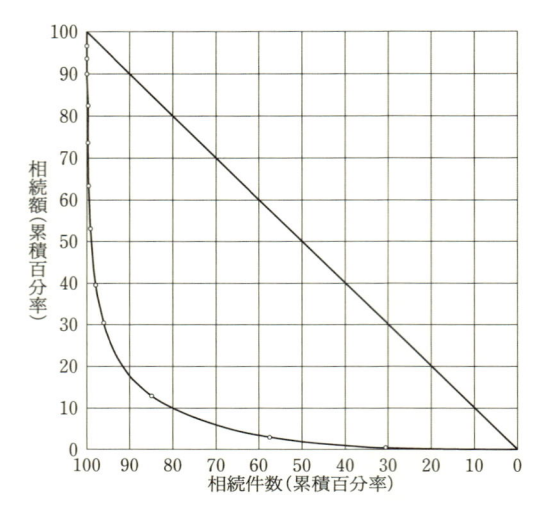

図 7-5　ローレンツ型の集中曲線

(訳注) 1. 横軸は相続件数の累積百分率(ただし，右端が 0%，左端が 100%)。
　　　 2. 縦軸は相続額の累積百分率(ただし，下端が 0%，上端が 100%)。
　　　 3. データはシャトラン(図 7-3)に同じ。
(出所) 図 7-4 に同じ(p. 56f. にもとづく)。

となる。あるいはまた，横軸と縦軸の端点の値(相続総件数と相続総額)が同時に変化すれば，同一のグラフに 2 本の曲線を描いても，たとえば前頁の図 7-4(b)のようになって，曲線の比較は困難である。

　このようにシャトランを批判したセアーユは，最終的に①縦軸には相続額をとり，横軸には相続件数をとるという点ではシャトランの方式を踏襲し，②縦軸と横軸に累積百分率だけをとるという点ではローレンツと同様(ただし，横軸の目盛の大小がローレンツとは逆向き)の様式で曲線を描く方法を提案した(図 7-5)。この図法を定式化するときに，セアーユは均等分布直線という言葉は使用していないが，図 7-5 に示すように対角線を引いている。そして，この対角線が平等な分布を示し，そこからの乖離が大きく，左下に向かって曲線が湾曲するにしたがって，分布は不平等であると述べている。このように，①縦横の軸に表示される数値のとり方と②横軸の左端を 100%，右端を 0% としている点を除けば，セアーユは基本的にはローレンツと同様のグラフ法に到達した。

3. グラフ法の改良と集中比

(1) グラフ法の問題点

前章で述べたように，ジニは 1914 年論文で集中比 R を

$$R = \frac{\sum_{i=1}^{n-1}(p_i - q_i)}{\sum_{i=1}^{n-1} p_i} \tag{2}$$

ここに，p：系列を構成する個体数の累積百分率(個体比率)
q：系列を構成する項のもつ数量的規定性(ジニのいわゆる強度)の累積百分率(強度比率)

と定義し，この(2)式から集中比にかんするさまざまな計算式を誘導している。そして，その後に，次のように述べている[29]。

「ローレンツ，シャトラン，セアーユなどの論者が富の分布にかんする大小の不平等性を判断するために提案した*グラフ法*(un metodo grafico)をさらに*改良*すれば，本稿ですでに提起した*比率*に到達することになるであろう。」(強調は引用者)

ジニが「改良」の余地ありと判断したのは，とりわけローレンツのグラフ法である。ジニがそこに見出した「不便なこと」とは，ローレンツと(「ローレンツ曲線」の命名者と言われる)ウィルフォード・I. キング(後述)が等しく認めている事柄であり，それは，第1に，集中についての厳密な計測ができないこと，第2には，2本のローレンツ曲線が交差する場合に集中度の比較が難しいということである。

これにたいして，ジニは，ローレンツ曲線のこの2つの難点を解決する目的のために，集中比が有効であると主張した。上の引用文における「本稿ですでに提起した比率」とは集中比のことであり，この集中比によって集中面積の数値的特定が可能になれば，ローレンツ曲線にまつわる上述の2つの困難が克服されるとジニは考えた。

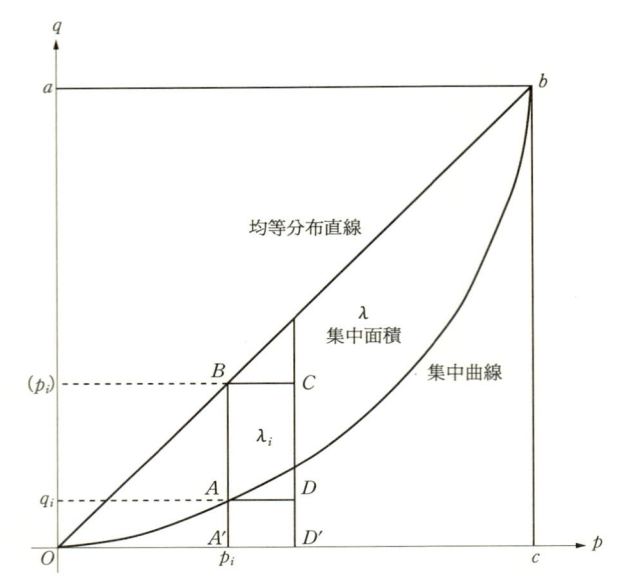

図 7-6　均等分布直線とローレンツ曲線(その1)

(訳注) 1. 横軸の値 p は個体の個数の累積百分率を示す。
　　　 2. 縦軸の値 q は個体がもつ(ジニのいわゆる)強度の累積百分率を示す。
(出所) Gini, C., "Sulla misura della concentrazione e della variabilità dei caratteri," *Atti del Reale Istituto Veneto di Scienze, Lettere ed Arti*, Tomo LXXIII, Parte seconda, Anno accademico 1913-14, p. 1232 にもとづく。

(2) 集中面積

図7-6に示すように，ジニが「集中曲線(curva di concentrazione)」と名づけたローレンツ曲線を描くときには，縦軸と横軸の値の取り方がローレンツとは逆になっている。このために，ローレンツの1905年論文では上に凸の曲線(第5章図5-5，138頁)が，ジニの1914年論文では下に凸となっている。今日，一般的に見られるように，ローレンツ曲線を図7-6に示す形状で描くことが，いつから，なぜ，また誰によって始められたのかは不明である。すでに見たように，軸の数値(累積百分率)を入れ換えたローレンツ型の曲線は，遅くとも1910年にはシャトランが「相続曲線」として描いており(図7-3参照)，ジニよりも4年は早い。ただし，今日，よく見られるローレンツ曲線と同様の形状の曲線が描かれている論文としては，ジニの1914年論文は古

いほうに分類される。

　なお，キングの『統計的方法の基礎』(1912年)には，すでに「ローレンツ曲線」という呼称が見られ[30]，セアーユの図7-5(前出)と同様の形状の曲線がその例として掲載されている。しかし，1914年論文の執筆時点ではすでに見たようにフランスで類似のグラフ法が開発されていたということがあるからであろうか，ジニは「ローレンツ曲線」という言葉を使用していないことを付言しておく。

　ジニは，集中曲線と均等分布直線(retta di equidistribuzione)とで囲まれた図形の面積(λ)のことを「集中面積(area di concentrazione)」と言っている[31]。分布が完全に均等である場合($\lambda=0$)，すなわち，分布において均等分布直線が成立しているときには，この分布直線が斜辺となり，かつ直角を挟む2辺の長さがいずれも1(=総累積百分率)の直角2等辺三角形 Obc(図7-6)が描かれる。この三角形の面積は1/2である。その面積を基準として，集中の度合いを示す λ を計測すると，λ と $\frac{1}{2}$ の比の値は集中の強さを示す指標となる。この比の値

$$G=\frac{\lambda}{\frac{1}{2}} \tag{1} [再掲]$$

がジニ係数と言われるようになったのは後のことであり，この G をジニは集中比 R と名づけ，(1)式を

$$R=\frac{\lambda}{\frac{1}{2}} \tag{1}'$$

と表記している。

　1914年論文で集中面積 λ と集中比 R が(1)'式で示す関係にあることを証明し，そのうえで R の値を計算することによって，ジニはローレンツを超克しようと試みた。ここで，ローレンツとジニの方法論上の違いを確認しておく。すなわち，ローレンツは集中曲線の湾曲を目視して，集中度を比較しようとした。これにたいして，ジニは集中面積の計測によって数値的に集中度を特定しようとした。

ところが，(1)′式の誘導にかんするジニの論述は簡潔にすぎる。そこで，以下ではジニの図解を援用して，集中比とローレンツ曲線との間の数学的関係を調べることにする。図7-6において横軸(p軸)は累積百分率であるから，その長さは1である($\overline{Oc}=1$)。この横軸をn等分すれば，そのときに作られる線分はいずれもその長さが等しく，$1/n$である$\left(\overline{A'D'}=\dfrac{1}{n}\right)$。

p軸上の点A'から上方へ垂線を引き，ローレンツ曲線(ジニの集中曲線)との交点をAとし，また均等分布直線との交点をBとする。さらにまた，点D'から上方へ垂線を引く。この直線と点A, Bからの垂線との交点を，それぞれD, Cとする。これによって，長方形$ABCD$が作図される。

ここで，長方形$ABCD$の高さ$\overline{AB}$がどのように表現されるかを考えてみる。図7-6において，直線$\overline{Ob}$は均等分布直線なので，その直線では，一般に

$$p_i = q_i \tag{3}$$

が成立している。したがって，線分$\overline{AB}$の長さは$p_i - q_i$である。また，長方形$ABCD$の底辺$\overline{AD}$については，その長さは$1/n$である($\because \overline{AD}=\overline{A'D'}$)。以上により，この長方形$ABCD$の面積を一般に$\lambda_i$とすれば，

$$\begin{aligned}\lambda_i &= \overline{AB} \times \overline{AD} \\ &= (p_i - q_i) \times \dfrac{1}{n}\end{aligned}$$

となる。

作図のとき，$\overline{Oc}$をn等分したので，長方形$ABCD$に類似した(底辺の長さを$1/n$とする)長方形は全部で$(n-1)$個できる。したがって，すべての長方形の面積の合計$\lambda_T(=\lambda_1+\lambda_2+\cdots\cdots+\lambda_{n-1})$は，

$$\begin{aligned}\lambda_T &= \sum_{i=1}^{n-1} \lambda_i \\ &= \sum_{i=1}^{n-1}(p_i-q_i) \times \dfrac{1}{n} \\ &= \dfrac{1}{n}\sum_{i=1}^{n-1}(p_i-q_i)\end{aligned} \tag{4}$$

となるが，nを十分に大きくすると，

$$\lambda_T \to \lambda \tag{4}′$$

となる。ここに，λ は集中曲線と均等分布直線とで囲まれた図形の面積(集中面積)である。

次に，長方形 $A'BCD'$ に着目する。長方形 $ABCD$ と同様に点 B においては

$$p_i = q_i \qquad (3)\text{［再掲］}$$

が成立しているから，$\overline{A'B} = p_i$ である。また，すでに述べたように，$\overline{A'D'} = \dfrac{1}{n}$ である。したがって，長方形 $A'BCD'$ の面積(τ_i)は，

$$\tau_i = p_i \times \frac{1}{n}$$

となる。よって底辺が横軸上にある長方形 $A'BCD'$ に類似したすべての(($n-1$)個の)長方形の面積(τ_T)は

$$\begin{aligned}\tau_T &= \sum_{i=1}^{n-1} \tau_i \\ &= \frac{1}{n}\sum_{i=1}^{n-1} p_i \end{aligned} \qquad (5)$$

ここで n を十分に大きくすると，

$$\tau_T \to \tau \qquad (5)'$$

となる。ここに，τ は三角形 Obc の面積である $\left(\tau = \dfrac{1}{2}\right)$。

以上にもとづいて，これまでにもとめてきた2つの図形の面積(λ(集中面積)と τ(三角形 Obc の面積))の比の値 $\left(\dfrac{\lambda}{\tau}\right)$ をもとめると，(4)式と(4)′式および(5)式と(5)′式から

$$\frac{\lambda}{\tau} = \frac{\dfrac{1}{n}\sum_{i=1}^{n-1}(p_i - q_i)}{\dfrac{1}{n}\sum_{i=1}^{n-1} p_i} \qquad (6)$$

よって，

$$\frac{\lambda}{\tau} = \frac{\sum_{i=1}^{n-1}(p_i - q_i)}{\sum_{i=1}^{n-1} p_i} \qquad (7)$$

となる。(7)式の右辺は，集中比 R の定義式((2)式)と等しいので，

$$R=\frac{\lambda}{\tau} \tag{8}$$

となる。こうして，集中比 R は，分布がローレンツ曲線のように示されるときに2つの面積（λ と τ）の比率として再定義されたことになる。ジニはさしあたりこの指摘にとどめている[32]。そして，λ の面積を 1/2 で除したときの商が集中比 R であるということ，すなわち

$$R=\frac{\lambda}{\frac{1}{2}} \tag{1}'[再掲]$$

という数学的関係については，別に改めて言及している。そこで，この点についてはジニに従うことにする。ただし，(8)式にもとづけば，ジニよりも簡単に(1)′式にいたることができるので，以下ではジニの結論を先取りしておく。

(3) 別　解

すでに述べたように(5)′式の τ は三角形 Obc の面積であるから，

$$\tau=\frac{1}{2} \tag{9}$$

である。ここで，(9)式を(8)式に代入すれば，

$$R=\frac{\lambda}{\frac{1}{2}} \tag{1}'[再掲]$$

となる。 q.e.d.

4. 集中面積と集中比との数学的関係

(1)　ジニの作図

ローレンツ曲線を媒介すれば集中比 R が(1)′式で再定義されるということを，ジニは1914年論文でどのように述べているのであろうか。以下では，

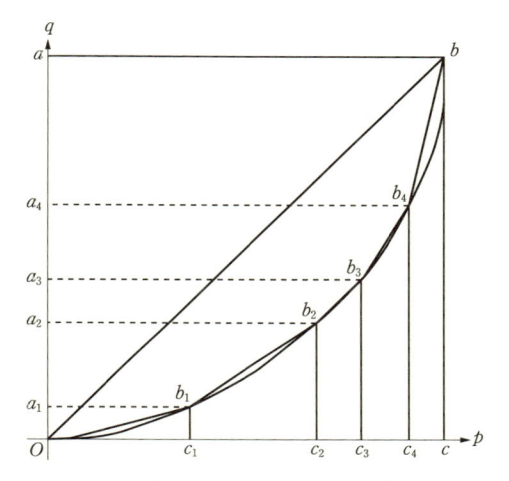

図 7-7 均等分布直線とローレンツ曲線（その 2）
（出所）図 7-6 に同じ（p.1234 にもとづく）。

上の図 7-7 を用いてジニの証明[33]を追跡する。彼の証明の基本方針は，次のとおりである。

 i．台形 abb_4a_4，$a_4b_4b_3a_3$ など，縦軸（q 軸）の階級区分に応じて，複数の台形を描き，この台形の面積の合計をもとめる。
 ii．その面積の合計から，三角形 Oab の面積(1/2)を減じて，いわゆる集中面積(λ)をもとめる。
iii．λ を 1/2（三角形 Oab の面積）で割る。
iv．この商と集中比の計算式が同一であることをもって，(1)′式の証明とする。

(2)　ジニの証明

ジニの上記方針に沿って，集中比 R が集中面積(λ)と直角 2 等辺三角形の面積(1/2)との比率としてあたえられることを証明する。

図 7-7 の縦軸（q 軸）は，ジニのいわゆる強度の累積百分率である。強度の累積百分率が r 個に階級区分されているとすれば，縦軸上には，端点を除いて($r-1$)個の点がある。想定される多数の階級について階級区分の上限を画する強度を，一般に縦軸上の点 a_k で表し，それに対応するローレンツ

曲線上の点を b_k で表す(横軸における値は c_k である)。このとき作られる台形(trapezio) $a_k a_{k-1} b_{k-1} b_k$ の面積 T_k は，

$$T_k = (\overline{a_k b_k} + \overline{a_{k-1} b_{k-1}}) \times \overline{a_k a_{k-1}} \times \frac{1}{2} \tag{10}$$

である。

ここで，第 k 番目の階級(第 k 階級)における階級内強度の合計を S_k とおき，すべての階級に属す個体(その総数は n)の強度の総計を A_n とおく。そして，$\dfrac{S_k}{A_n}$ という比率を考える。この比率は，系列の強度の総計(A_n)において第 k 階級内個体の強度の合計(S_k)が占める割合である。この割合は，図7-7では $\overline{a_k a_{k-1}}$ として表示される。したがって，

$$\frac{S_k}{A_n} = \overline{a_k a_{k-1}} \tag{11}$$

である。

また，$\overline{a_k b_k}$ は，第 k 階級までに属す個体の個数(i_k)がすべての階級に属す個体(個体総数は n)のなかに占める割合(第 k 階級までに属す個体の累積百分率)であるから，

$$\overline{a_k b_k} = \frac{i_k}{n} \tag{12}$$

となる(これは，一般に横軸上の値 c_k で示される)。同様に，$\overline{a_{k-1} b_{k-1}}$ は第 $(k-1)$ 階級までに属す個体の累積百分率なので，

$$\overline{a_{k-1} b_{k-1}} = \frac{i_{k-1}}{n} \tag{13}$$

となる(横軸上の値は c_{k-1})。

(12)式，(13)式，(11)式を(10)式に代入すると，

$$\begin{aligned} T_k &= (\overline{a_k b_k} + \overline{a_{k-1} b_{k-1}}) \times \overline{a_k a_{k-1}} \times \frac{1}{2} \\ &= \left(\frac{i_k}{n} + \frac{i_{k-1}}{n}\right) \times \frac{S_k}{A_n} \times \frac{1}{2} \\ &= \frac{(i_k + i_{k-1}) S_k}{2 n A_n} \end{aligned} \tag{14}$$

を得る。

階級区分の個数は r なので，(14)式であたえられる台形は全部で r 個ある。r 個の台形の面積の合計 T は

$$T = \sum_{k=1}^{r} T_k$$
$$= \sum_{k=1}^{r} \frac{(i_k + i_{k-1}) S_k}{2nA_n}$$
$$= \frac{\sum_{k=1}^{r} (i_k + i_{k-1}) S_k}{2nA_n} \tquad (15)$$

である[34]。

上でもとめられた図形の面積 T は

(a) 直角2等辺三角形(三角形 Oab)の面積 $\left(\frac{1}{2}\right)$
(b) 集中面積 (λ)

に分解される。すなわち，

$$T = \frac{1}{2} + \lambda$$

これを変形すれば，

$$\lambda = T - \frac{1}{2} \tquad (16)$$

を得る。

(16)式に(15)式を代入すれば，

$$\lambda = \frac{\sum_{i=1}^{r} (i_k + i_{k-1}) S_k}{2nA_n} - \frac{1}{2}$$

となる。

ここで，λ と三角形 Oab の面積 $(1/2)$ の比の値をもとめると，次のようになる。

$$\frac{\lambda}{\frac{1}{2}} = \frac{\dfrac{\sum_{i=1}^{r} (i_k + i_{k-1}) S_k}{2nA_n} - \dfrac{1}{2}}{\dfrac{1}{2}}$$

$$=\frac{\sum_{i=1}^{r}(i_k+i_{k-1})S_k}{nA_n}-1 \qquad (17)$$

n が十分に大きいときは $n \fallingdotseq n-1$ なので，(17)式は

$$\frac{\lambda}{\frac{1}{2}}=\frac{\sum_{i=1}^{r}(i_k+i_{k-1})S_k}{(n-1)A_n}-1 \qquad (18)$$

となる。(18)式の右辺は，ジニが1914年論文のなかで誘導した集中比 R の近似式と同じである[35]。よって，

$$R=\frac{\lambda}{\frac{1}{2}} \qquad (1)'\text{［再掲］}$$

が誘導される。ただし，この証明では R の第2次近似式が用いられているので，証明としては脆弱であることに注意したい。 q.e.d.

(3) 集中比の新しい計算式

後にジニは，(1)′式から，集中比 R の新しい計算式

$$R=\frac{\frac{1}{2}-\sum_{i=0}^{r-1}\frac{(p_{i+1}-p_i)(q_{i+1}+q_i)}{2}}{\frac{1}{2}}$$

$$=1-\sum_{i=0}^{r-1}(p_{i+1}-p_i)(q_{i+1}+q_i) \qquad (19)$$

ただし，r は累積百分率 p にかんする階級区分の個数。

が誘導されることを示した[36]。この(19)式は1914年論文では見られないが，ジニ係数を計算するときに使用されることがある[37]。1962年に公刊された論文ではジニは(19)式について詳しい証明をあたえてはいない。しかし，証明の基本方針を示唆しているので，ジニの作図(図7-8)を次頁に掲げて，以下では，独自に証明を試みる。

図7-8において，

$$\text{台形 } RSTU \text{ の面積}=\frac{1}{2}\times(\overline{RS}+\overline{TU})\times(\overline{OU}-\overline{OR})$$

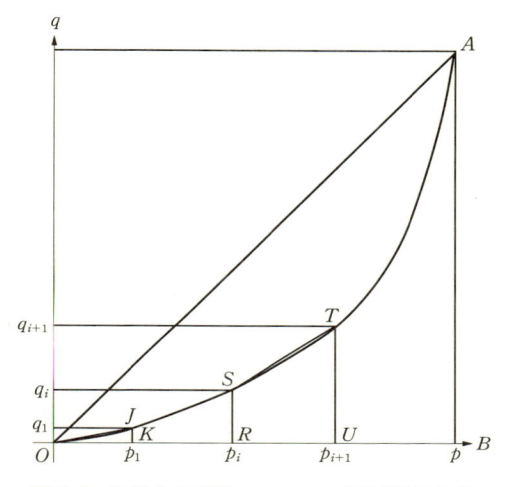

図 7-8 均等分布直線とローレンツ曲線（その2）

(出所) Gini, C., "Distribution of a Collective Phenomenon: Concentration," *Metron*, Vol. 22, 1962, p. 170 にもとづく。

$$= \frac{1}{2} \times (q_i + q_{i+1}) \times (p_{i+1} - p_i)$$

$$= \frac{1}{2} \times (p_{i+1} - p_i) \times (q_{i+1} + q_i)$$

である。横軸(p軸)の座標がp_1となる点Kを始点として，その軸上に類似の台形を作れば，点Kの右側には台形$RSTU$と類似の台形が$(r-1)$個作図される(ただし，rは累積百分率pにかんする階級区分の個数)。その面積の合計(($r-1$)個の台形の面積の和)は

$$\sum_{i=1}^{r-1} \frac{(p_{i+1} - p_i)(q_{i+1} + q_i)}{2} \tag{20}$$

となる。

　点Kより左側には直角三角形OJKがあるだけで，台形を作図することはできない。ところが，この三角形OJKは上底(もしくは下底)の長さがゼロの台形と見なすことができるので，三角形OJKの面積を計算するときにも，台形の面積をもとめる公式をあてはめることができる。すなわち，直角三角形OJKの面積は

$$\frac{1}{2} \times (p_1 - p_0) \times (q_1 + q_0) \tag{21}$$

ただし，$p_0 = q_0 = 0$

である。

ここで(20)式と(21)式でもとめられた面積を三角形 OAB の面積(1/2)から引くと，ジニのいわゆる集中面積 λ を計算することができる。すなわち

$$\lambda = \frac{1}{2} - \{(r-1)\text{個の台形の面積の和} + \text{直角三角形 } OJK \text{ の面積}\}$$

$$= \frac{1}{2} - \left[\left\{ \sum_{i=1}^{r-1} \frac{(p_{i+1} - p_i)(q_{i+1} + q_i)}{2} \right\} + \frac{(p_1 - p_0)(q_1 + q_0)}{2} \right]$$

$$= \frac{1}{2} - \sum_{i=0}^{r-1} \frac{(p_{i+1} - p_i)(q_{i+1} + q_i)}{2}$$

集中比 R は集中面積 λ と三角形 OAB の面積(1/2)との比率であること((1)′式)は証明済みであるから，

$$R = \frac{\lambda}{\frac{1}{2}} \tag{1}′式[再掲]$$

$$= \frac{\frac{1}{2} - \sum_{i=0}^{r-1} \frac{(p_{i+1} - p_i)(q_{i+1} + q_i)}{2}}{\frac{1}{2}}$$

$$= 1 - \sum_{i=0}^{r-1} (p_{i+1} - p_i)(q_{i+1} + q_i) \tag{19}[再掲]$$

よって，(1)′式の系として(19)式が誘導された。　　　　　　　　*q.e.d.*

むすび

以上，本章では，ローレンツ曲線とジニ係数との間の数学的関係にかんするジニの見解を，その1914年論文に即して見てきた。その結果，次のように要約できる。

(1)　ローレンツ曲線を用いた所得分析の方法(グラフ法)は，アメリカでは肯定的に評価されていた。

(2) ローレンツ曲線が考案された頃，少し遅れてフランスでも同様のグラフ法が開発された。しかし，本章ではアメリカでの議論とフランスでの議論との関係の解明にはいたらなかった。

(3) ジニはローレンツ曲線と集中比(ジニ係数)との数学的関係を考察するとき，作図によった。その図では，縦軸と横軸の数値がローレンツとは入れ替わり，横軸に個体の累積百分率，縦軸にいわゆる強度の累積百分率がとられている。ジニと同様の軸の取り方は，フランスで展開されたグラフ法ですでに採用されていた。したがって，両軸の入れ替えのオリジナリティがジニにあるとは即断できない。しかし，たとえ，この点についてジニのオリジナリティが否定されたとしても，ジニ係数がその後の所得分布研究に果たした意義は減殺されない。

(4) ローレンツ曲線(ジニの言う集中曲線)の欠陥であるとジニが考えたのは，目視による比較対照の困難性である。ローレンツのグラフ法による所得分析では，曲線の湾曲の程度が目視によって比較され，このために，複数の曲線が近接したり，あるいは交差したりする場合には，集中度にたいする確実な判断にいたらないとジニは考えたからである。

(5) ローレンツのグラフ法に付帯するこの困難を克服するには，集中曲線と整合的な単一の数値的尺度が必要であるとジニは考えた。そして，集中比がこの役割を果たす測度であることを明らかにした。

(6) ジニは，均等分布直線と集中曲線(ローレンツ曲線)で囲まれた面積(集中面積 λ)を計測し，集中比 R が，完全平等($\lambda=0$)の場合に作られる直角2等辺三角形の面積(1/2)と不均等分布の場合の集中面積(λ)との比率に等しいこと，すなわち

$$R = \frac{\lambda}{\frac{1}{2}}$$

を証明した。これによって，ジニ係数(集中比)とローレンツ曲線との間の数学的関係が明らかになった。

ジニはローレンツのグラフ法を集中比によって「改良」しようと試みた。ローレンツ曲線の湾曲状態から集中度を判断するときに避けがたい不明瞭性

は，ジニの集中比(ジニ係数)によって克服されたと考えることができる。しかし，ローレンツ曲線の困難性を克服したとは言っても，ローレンツ曲線による所得分析を，その根本から「改良」するものではなかった。すでに指摘されているように，稼得者の所得がすべて同率で変化するときや，あるいはすべての所得階級で同率にその人数(あるいは世帯数)が変化するときには，所得格差がローレンツ曲線の違いとなって現れることはない(したがって，ジニ係数の値に変化はない)。また，ローレンツ曲線は，社会全体の所得分布の集中度を図示するために，富裕な個人が貧困化したり，逆の現象が特定個人に見られたりしても，総人数と総所得が変わらなければ曲線の形状にはその変化が反映されない(高山憲之はローレンツ曲線に見られるこの特徴を「匿名性」と名づけている[38])。ジニの集中比によって，ローレンツ曲線が示す分布の集中度は具体的数値で特定されて，ローレンツ曲線による判断の曖昧さが克服されたとしても，上述したローレンツ曲線の特徴は，そのままジニの集中比にも継承されている。それでは，そのような特徴をもつジニ係数が，所得分布研究に依然として多用されるのはなぜであろうか。

すでに述べたように，集中比は，いわゆる集中面積と均等分布直線を斜辺とする直角2等辺三角形の面積との比率である。このことは，集中比という測度が，ローレンツ曲線を前提とする集中面積を相対的に計測した総合指標であることを意味する。ローレンツ曲線による所得分析の特徴(長所と短所)をそのまま受け継いだ総合指標としての集中比(ジニ係数)が所得分布の分析分野で一般に普及した理由の1つとして，ここでは，それが，ローレンツ曲線という視覚的な手段をもっていることを指摘しておく。ローレンツ曲線の助けを借りてはじめて，総合指標として抽象的なジニ係数の意味する事柄がより明証的になったと考えられるからである。ローレンツ曲線あってのジニ係数である。この意味では，ジニ係数にたいして果たすローレンツ曲線の意義は大きい。

次に，ジニが集中比を構想するにあたって果たしたローレンツの役割について触れておく。ジニは，パレートによる所得分析研究に沿って，「集中指数(いわゆるジニ指数)」を定式化した[39]。ところが，この集中指数は，所得分布を含めた分布一般が特定の関数関係で表現されることを要請する。この要

請が満たされない場合における分布の集中度を計測することの必要性から，ジニは集中比を定式化するにいたった。そのとき，関数関係を想定しない所得分布研究としてジニが着目したのは，ローレンツやシャトラン，セアーユなどのグラフ法であった。とりわけ，ジニが重視したのは，ローレンツのグラフ法であった。ところが，このグラフ法では集中度の比較は目視によらざるをえない。この点にジニは，アメリカ生まれのこのグラフ法に「改良」を加える余地があると見た。このことを想起するとき，ローレンツがあたえたジニにたいする理論的な影響を否定することができない。

　最後に，集中比という測度から見たジニ理論の意義に言及する。「集中指数」の研究を終えたジニは，関数関係にない分布における「変動性指数」の一種としての「平均差」(単一の統計系列の構成要素を2つずつ組み合わせたときに得られる強度間の差の相加平均)を研究した[40]。これを受けて，集中比が初めて公表された1914年論文においては，集中比と平均差との間の数学的関係も証明されている。その意味では，集中比そのものは，ローレンツ曲線を前提としなくても，計算することが可能である。実際にも，集中比の計算例としてジニが初めて用いた数値例はアメリカ先住民の心拍数にかんするデータであり，そのときに用いた計算式は(2)式(集中比の定義式)の系として誘導された式である[41]。そこでは，ローレンツ曲線を前提とする

$$R = \frac{\lambda}{\frac{1}{2}} \qquad (1)'[再掲]$$

は用いられてはいない(また，平均差による計算式も用いられていない)。したがって，ローレンツ曲線がなくても(また，平均差の概念がなくても)，集中比は誕生したと言えるかもしれない。しかし，ローレンツ曲線との関連性を明らかにすることによって，集中比は単なる総合指標としてではなくて，図示される理解可能な測度となることができた。図解と総合指標たる集中比を結びつけたのは，(1)′式である。この数学的関係を証明したことはジニの功績である。なお，この点にかんして付言しておきたいことがある。それは(1)′式を $R=2\lambda$ と変形して，集中比(ジニ係数)を集中面積 λ の2倍とする定義についてである。この定義は今日でも見られるが，ジニの1914年論文が掲載さ

た『ヴェーネト州帝室学士院科学・文学・芸術紀要』の翌号(1914-15年号，第74巻)にすでに見ることができる。ガエターノ・ピエトラは「ジニの集中比……は……集中面積の2倍によって計測される」(強調はピエトラ)と述べている[42]。数学的にはそのとおりである。集中比の計算途上で $R=2\lambda$ を使用することはありえても，それを集中比の定義式としてしまえば，直角2等辺三角形の面積を基準に集中の度合(集中面積)を相対的に計測しようとして，ジニがあえて R を比率(rapporto)と規定したことの真意が見失われる[43]。

ところで，ジニの1914年論文では，平均差によっても，集中比が定義されている。このことを明らかにした論文として，ジニによるコールズ委員会報告(1936年)[44] が引かれることがある。しかし，平均差を用いた集中比の再定義は，それよりも20年以上前に，集中比が最初に定式化された1914年論文ですでにあたえられている。集中比と平均差の関係にかんする1914年論文に即した検討は次章で行われる。

1) Lorenz, Max O., "Methods of Measuring the Concentration of Wealth," *Publications of the American Statistical Association*, No. 70, 1905 [Lorenz (1905)]. 本書第5章参照。
2) Bowman, Mary Jean, "A Graphical Analysis of Personal Incomes Distribution in the United States," *American Economic Review*, Vol. 35, No. 4, 1945 (ただし，引用は A Committee of the American Economic Association (selected by), *Readings in the Theory of Income Distribution*, London 1950, p. 86 による)。
3) Gini, C., "Sulla misura della concentrazione e della variabilità dei caratteri," *Atti del Reale Istituto Veneto di Scienze, Lettere ed Arti*, Tomo LXXIII, Parte seconda, Anno accademico 1913-14 [Gini (1914)].
4) Holmes, G. K., "Measurement of Concentration of Wealth," *Publications of the American Statistical Association*, No. 71, 1905, p. 319. なお，「三連尺度」を初めて述べたホームズの論文は，"Measures of Distribution," *Publications of the American Statistical Association*, Nos. 18-19, 1892 である。本書第5章2節(5)参照。
5) Watkins, G. P., "Comment on the Methods of Measuring the Concentration of Wealth," *Publications of the American Statistical Association*, No. 72, 1905 [Watkins (1905)].
6) Goschen, George Joachim, "The Increase of Moderate Incomes," *JRSS*, Vol. 50, 1887. 本書第5章2節(1)参照。
7) Wolf, Julius, *System der Sozialpolitik, Erster Band: Grundlegung. Sozialismus*

und kapitalistische Gesellschaftsordnung. Kritische Würdigung beider als Grundlegung einer Sozialpolitik, Stuttgart 1892. 本書第5章2節(3)参照。
8) ローレンツによる先行研究の批判と継承については，本書第5章2節，3節参照。
9) Watkins (1905), p. 349.
10) Watkins (1905), p. 353.
11) Watkins, G. P., "An Interpretation of Certain Statistical Evidence of Concentration of Wealth," *Publications of the American Statistical Association*, No. 81, 1908 [Watkins (1908)].
12) Watkins (1908), p. 36f.
13) Lorenz (1905), p. 217. 本書第5章参照。
14) e.g. Pareto, Vilfredo, "La legge della domanda," *Giornale degli Economisti*, Serie seconda, Volume X, 1895, p. 61.
15) Persons, Warren M., "The Variability in the Distribution of Wealth and Income," *The Quarterly Journal of Economics*, Vol. 23, 1909, p. 428f. [Persons (1909)].
16) 近　昭夫「H. L. ムーアと統計的経済学」『統計的経済学研究——計量経済学の成立過程とその基本問題——』梓出版社，1987年，第1章参照。
17) Persons (1909), pp. 432ff.
18) Watkins (1908), p. 47.
19) Persons (1909), p. 441f.
20) Watkins, G. P., "The Measurement of Concentration of Wealth," *The Quarterly Journal of Economics*, Vol. 24, 1910.
21) Persons, Warren M., "The numbers in the following refer to the section of Dr. Watkins' Note," *The Quarterly Journal of Economics*, Vol. 24, 1910.
22) Gini (1914), p. 1229.
23) ジニはシャトランの論文として次の3篇を引用している。ただし，②と③に掲載された図は本章図7-3と同一である。① Chatelain, Émile, "Les successions déclarées en 1905," *Revue Politique et Parlementaire*, Tome LIV, 1907 [Chatelain (1907)]；② ditto, "Le tracé de la courbe des successions en France," *Journal de la Societé de Statistique de Paris*, 1910 [Chatelain (1910)]；③ ditto, "La fortune française d'aprés les successions en 1909," *La Démocratie*, 20 Janvier, 1911.
24) Chatelain (1907), p. 162.
25) Chatelain (1907), p. 164f.
26) Chatelain (1910), p. 352.
27) Séailles, J., *La Répartition des Fortunes en France*, Paris 1910, p. 47 [Séailles (1910)].
28) Séailles (1910), p. 46.
29) Gini (1914), p. 1229. 本書第6章参照。
30) King, Willford Isbell, *The Elements of Statistical Method*, New York 1912, p. 156

(ただし，引用は 1922 年版による). なお，イタリアではウムベルト・リッチが 1916 年に「ローレンツ曲線」(curva di Lorenz)という用語を用いている (Ricci, Umbert, "L'Indice di variabilità e la curva dei redditi," *Giornale degli Economisti e Rivista di Statistica*, Vol. 53, 1916, p. 197)。

31) Gini (1914), p. 1231.
32) Gini (1914), p. 1232f.
33) Gini (1914), pp. 1234ff.
34) ここでは，直角三角形 Oa_1b_1 は，上底（または下底）がゼロとなる特殊な台形であると見なされている。そこで，三角形 Oa_1b_1 の面積 (T_1) をもとめるには，関連データを (10) 式に代入すればよい。このとき，

$$T_1 = (\overline{a_1b_1} + \overline{a_0b_0}) \times (\overline{a_1a_0}) \times \frac{1}{2}$$

$$= \overline{a_1b_1} \times \overline{a_1a_0} \times \frac{1}{2} \quad [\text{点 } a_0 \text{ と } b_0 \text{ は同一（原点）であるから，} \overline{a_1a_0} = \overline{a_1b_0} \text{ である。}]$$

$$= \overline{a_1b_1} \times \overline{a_1b_0} \times \frac{1}{2}$$

となって，(15) 式は図 7-7 の $\overline{Oa}$ と $\overline{ab}$ および $\overline{Ob_1b_2 \cdots b_i \cdots b}$ で囲まれた図形の面積を示す。

35) ジニは集中比 R の近似式として，

$$R' = \frac{\sum_{i=1}^{r}(i_k + i_{k-1} - 1)S_k}{(n-1)A_n} - 1 \tag{*}$$

を誘導した。そしてさらに，ジニは，この R' が集中比の定義式

$$R = \frac{\sum_{i=1}^{n-1}(p_i - q_i)}{\sum_{i=1}^{n-1} p_i} \tag{2} \text{[再掲]}$$

にもとづく R とは $R' < R$ の関係にあることを証明している（本書第 6 章 (p. 200 以下) 参照）。そのうえで，ジニは，十分に大きい n のもとでは，(*) 式は (17) 式で近似できると述べた。そして，(17) 式であたえられる集中比の第 2 次近似を R'_2 と表記している [Gini (1914), p. 1213]。

36) Gini, C., "Distribution of a Collective Phenomenon: Concentration," *Metron*, Vol. 22, 1962, p. 172, in his Chap. VIII of "Statistical Methods with special reference to Agriculture," *Metron*, Vol. 20 (1960)-Vol. 23 (1964). 原著では r が n となっているが，引用にあたっては表記を本文の他の箇所と整合させた。

37) 白砂堤津耶『初歩からの計量経済学』日本評論社，1998 年，pp. 44ff.。

なお，(19) 式は次のように展開できる (cf. Rao, V. M., "Two Decomposition of Concentration Ratio," *JRSS*, Ser. A, Vol. 132, 1969, p. 419)。

$$R = 1 - \sum_{i=0}^{r-1}(p_{i+1} - p_i)(q_{i+1} + q_i)$$

$$= 1 - \sum_{i=0}^{r-1}(p_{i+1} \cdot q_{i+1} + p_{i+1} \cdot q_i - p_i \cdot q_{i+1} - p_i \cdot q_i)$$
$$= 1 - \sum_{i=0}^{r-1} p_{i+1} \cdot q_{i+1} - \sum_{i=0}^{r-1} p_{i+1} \cdot q_i + \sum_{i=0}^{r-1} p_i \cdot q_{i+1} + \sum_{i=0}^{r-1} p_i \cdot q_i$$
$$= \sum_{i=0}^{r-1} p_i \cdot q_{i+1} - \sum_{i=0}^{r-1} p_{i+1} \cdot q_i$$
$$+ 1 - (p_1 \cdot q_1 + p_2 \cdot q_2 + \cdots + p_{n-1} \cdot q_{n-1} + p_n \cdot q_n)$$
$$+ (p_0 \cdot q_0 + p_1 \cdot q_1 + \cdots\cdots\cdots + p_{n-1} \cdot q_{n-1})$$

$p_n \cdot q_n = 1 \times 1$, $p_0 \cdot q_0 = 0 \times 0$ より

$$R = \sum_{i=0}^{r-1} p_i \cdot q_{i+1} - \sum_{i=0}^{r-1} p_{i+1} \cdot q_i$$

38) 高山憲之「富と所得の分布」『経済学大辞典(第2版)』第Ⅰ巻，東洋経済新報社，1980年，p. 470以下。本書第5章(p. 103)参照。

39) ① Gini, C., "Il diverso accrescimento delle classi sociali e la concentrazione della ricchezza," *Giornale degli Economisti*, Serie seconda, Volume XXXVIII, 1909；② ditto, "Indici di concentrazione e di dipendenza," *Atti della Società Italiana per il Progresso delle Scienze, Terza Riunione, Padova, Settembre 1909*, Roma 1910.

40) Gini, C., "Variabilità e Mutabilità, contributo allo studio delle distribuzioni e delle relazioni statistiche," *Studi Economico-Giuridici delle R. Università di Cagliari,* Volume III, Parte seconda, 1912.

41) Gini (1914), pp. 1209ff. 本書第6章2節参照。

42) ① Pietra, Gaetano, "Delle relazioni tra gli indici di variabilità," *Atti del Reale Istituto Veneto di Scienze, Lettere ed Arti*, Tomo LXXIV, Parte seconda, Anno accademico 1914-15, p. 780; ② Bhattacharya, N. and B. Mahalanobis, "Regional Disparities in Household Consumption in India," *Journal of the American Statistical Association*, Vol. 62, 1967, p. 149 にも同趣旨の叙述がある。

43) 直角2等辺三角形の面積(1/2)は2とおりに解釈することができる。第1は，直角2等辺三角形が $\lambda = 0$ となるときの所得分布(完全平等)を示すとする解釈である。この場合には，ジニ係数は完全平等を基準にして，現実の所得分布が完全平等からどの程度乖離しているかを示すことになる。これにたいして，第2は，直角2等辺三角形が $\lambda = 1/2$ の所得分布(完全集中)を示すという解釈である。このときには，基準となるのが完全集中であるから，ジニ係数は完全集中からどの程度改善されたかを示すことになる。本章では前者の解釈を採ったが，数学的にはいずれの解釈も可能である。

44) Gini, C., "On the Measurement of Concentration with Special Reference to Income and Wealth," *Abstracts of Papers presented at the Cowles Commission Research Conference on Economics and Statistics*, Colorado 1936, p. 77.

第8章 平均差とジニ係数

はじめに

前章末尾で述べたように,ジニ係数 G は,ローレンツ曲線と均等分布直線に囲まれた三日月形の図形の面積(「集中面積」λ)と $1/2$(直角2等辺三角形の面積)との比率であると定義される。すなわち

$$G=\frac{\lambda}{\frac{1}{2}} \tag{1}$$

という数学的関係は,図形という視覚的手段と相まってジニ係数の意味の具体的な理解を可能にする。

なお,(1)式を $G=2\lambda$ と変形し,これを用いて,ジニ係数は集中面積の2倍をあたえるとする定義もある。ジニ係数が「集中比(rapporto di concentrazione)」R と言われていた頃,上の変形式によって R を定義する試みがあった[1]。しかし,このような説明では,$\lambda=0$ という完全平等分布を基準にして,ジニ係数 G が(不平等の程度を示す)集中面積 λ を計測しているという,G に内在する特質ばかりか,G が集中比という名の比率であるという性質までもが見失われてしまう。このことは前章末尾で述べたとおりである。この意味では集中比の考案者であるジニに従って,「ジニ係数はローレンツ曲線と対角線 OB に囲まれた部分の面積……を三角形 OAB の面積で除したものに等しい」[2] と見るのが至当である。

このような幾何学的な定義の他に,ジニ係数の数理的意味を説明するとき,平均差 Δ が用いられることもある。ここに言う平均差とは,系列を構成す

る個体の数量的特性(ジニのいわゆる強度(intensità))を2つずつ組み合わせて,それについて可能な差をすべて計算し,その差の総和を差の個数で割ったときに得られる商のことである。この $\varDelta$ を用いると,ジニ係数 G は,平均差 $\varDelta$ を被除数,強度の相加平均 M_n の2倍を除数とする統計量

$$G=\frac{\varDelta}{2M_n} \tag{2}$$

と定義される。(2)式を用いたジニみずからによる説明は,コールズ委員会(アメリカ)の研究集録(1936年)[3] でも見られる。しかし,そのような説明は,ジニ係数が集中比 R として初めて定式化された1914年論文においてすでに試みられている[4]。

本書第6章では,パレートの所得分布研究に始まりローレンツを経てジニにいたる理論的展開過程を明らかにする一環として,集中比の定義式からその計算式がどのように誘導されるかを検討した。また,第7章ではその集中比とローレンツ曲線との関係を取り上げた。しかし,前2章では,ジニの1914年論文における主要論点のうちの少なくとも1つは取り上げられていなかった。それは,集中比と平均差の数学的関係である。本章では,1914年論文にたいするこれまでの考察を補完する目的で,ジニが変動性指数として位置づけた平均差を,集中比との関係に限定して取り上げる。

1. 変動性指数と強度差

(1) 変動性指数

ジニは,論文「変動性と変化性——分布と統計的関係の研究のために——」(1912年)を執筆し,平均差が,統計系列の構成要素の変動性(variabilità)を計測するための測度(変動性指数)として有効であると主張した[5]。

そこで,上記1912年論文でジニが定式化した平均差 $\varDelta$ を取り上げるに先立って,変動性指数の意義にかんする彼の見解を見ておく。ジニは系列を構成する要素(「特性(caratteri)」)の「様相(modalità)」を質的と量的に分類した(p. 3[6])。「様相」の違いが量的に示される場合には,その「特性」が「変動

する(variare)」と言う。質的な違いが問題となる場合には，その「特性」が「変化する(mutare)」と言う(p.15)。そして，「変動」を計測するための指標を「変動性指数(indici di variabilità)」と名づけた。他方で「変化」を計測するための指標を「変化性指数(indici di mutabilità)」と名づけた。

ジニによれば，変動性指数は２つのカテゴリーに分かれる。第１カテゴリーに属す変動性指数は「特性にかんする測定値が実際の大きさ(grandezza effettiva)(真値)からどの程度乖離しているか」という問いにたいする数値的な解答をあたえる。n個の観測値と真値との乖離をe_iとし，mを１以上の整数とする。このとき，

$$^mS_A = \sqrt[m]{\frac{\sum |e_i|^m}{n}} \tag{3}$$

は第１カテゴリーの変動性指数にかんする一般式である(p.18f.)。天文学や測地学(測量学)では，取り扱う観測誤差が確率的に正負の値をとる偶発誤差と考えられている。誤差論(観測値結合論)はこのような前提をおいて，観測値の相加平均を真値の「本当らしい値(il valore probabile)」と見なした。そして，個別観測値とその相加平均との乖離(平均偏差)や観測値の散布を示すために(3)式を基本形とする多数の尺度が考案された(p.18)。

これにたいして，第２カテゴリーに属す変動性指数は，「多様な実際の大きさ(le diverse grandezze effettive)がそれらどうしで，どれだけ異なっているか」を取り扱う。確かに，第１カテゴリーに属す変動性指数は，それとしての有効性を否定できないが，「目的上の相違」は「方法の多様性」を要請するのであって，人口論，人類学，生物学，経済学では，第１カテゴリーとは異なった変動性指数が必要とされる(p.20)。人口論などの分野で，「それらの特性にかんする変動性の測定という目的に適合しているのは，断じて算術平均[相加平均]からの測定量の乖離の強度を測定する指標ではなくて，実測値間の差異の強度を計測する指標なのである」(p.20)。ジニはこのための「指標」を第２カテゴリーに属す変動性指数と位置づけて，1912年論文でその解明を試みた。

集中比R(ジニ係数)を初めて定式化した論文(1914年)[7]を見れば，ジニは，第１カテゴリーに属す変動性指数(相加平均，分散，平均偏差など)が，富，資産，

遺産，(住居の)賃貸料，出生数，婚姻数，死亡数など，特性間の差を問題とする「経済学や人口論にかんする統計研究」で十分にその機能を一般的に果たすかどうかにたいして懐疑的であったことが分かる。そして，ジニは，1914年論文では，1912年論文で定式化した第2カテゴリーに属す変動性指数としての「平均差」を取り上げ，これと集中比との数学的関連を明らかにした。ただし，1914年論文では，平均差が誘導済みの統計量であることから，その計算式が前提となっている。そこで，1914年論文において集中比を定義するときに用いられた平均差 Δ が 1912 年論文ではどのように誘導されているかを次項以降で追跡する。

(2) 強度差の総和

ジニは 1912 年論文(p.22)で誘導した平均差 Δ

$$\Delta = \frac{2}{n(n-1)} \sum_{i=1}^{\frac{n+1}{2}} (n+1-2i)(a_{n-i+1} - a_i) \tag{4}$$

ただし，a_i：系列を構成する各項にかんする強度(intensità)(以下，「強度」は各項の数量的規定性を意味する)。
i：強度を昇順に並べたときの順位。
n：系列を構成する項数(強度の個数)。
Δ：$n(n-1)$ 個ある $a_j - a_i \geq 0 (i < j)$ の相加平均(平均差)。

を用いて，集中比 R を定義している。(4)式を誘導したジニにならって，単一の統計系列を構成する項の強度を2つずつ取り出し，それを組み合わせることにする。そして，2つの強度の差がいずれも非負であたえられるようにするために，小さくない強度を被減数，大きくない強度を減数としたときに得られる強度差を考える。ジニは，後に明らかにする理由(本節(3)参照)から，同一の項の強度どうしについても組を作り，その差をもとめている。そして，彼は，これらの差を一般に「n 個の諸量の差(differenza tra n quantità)」(p.20)と言っている。事柄をより明確にするために，本章ではこの差を「強度差(differenza d'intensità, difference of intensity)」と言うことにする。この「強度差」という言葉は，19世紀後半における誤差論研究者 W. ヨルダンが，2つの観測値どうしの差を「観測差(Beobachtungsdifferenz)」[8]と言っていることに着想を得た筆者の造語である。強度差の代わりに観測差と言うことも可能

表8-1 強度差とその合計(その1)

強度差(共通強度 a_1)	強度差の合計
$a_1 \ -a_1$	$(a_1+a_2+a_3+\cdots+a_{n-2}+a_{n-1}+a_n)-na_1$
$a_2 \ -a_1$	$=(a_1+a_2+a_3+\cdots+a_{n-2}+a_{n-1}+a_n \ -na_1)+(a_1-a_1)$
$a_3 \ -a_1$	
$\vdots$	
$a_{n-2}-a_1$	
$a_{n-1}-a_1$	
$a_n \ -a_1$	
強度差の個数	n
同一の項どうしの強度差を除いたときの強度差の個数	$n-1$ (同一の項どうしの強度差は a_1-a_1)

(注) いずれの強度差も非負とする。$j>i$ のとき $a_j>a_i$。以下同様。

である。しかし,ここではジニの「強度」という概念にこだわることにした。誤差論における観測値とジニが集中比でその分布を計測しようとした強度とでは,その数学的性質が異なるので,両者の違いを明確にする必要があるからである。この違いは,基本的には強度と観測値というそれぞれの変量の分布が正規分布に従うかどうかということにある。

さて,ジニによれば,(4)式であたえられる平均差 $\varDelta$ は,強度差の総和 T を強度差の個数 N で割ったときの商に等しい。したがって,$\varDelta$ をもとめるには①強度差の総和 T と②その個数 N を知る必要がある。そこで,以下では2つの強度の差(強度差)にかんする表8-1～表8-6を用いて,まず強度差の総和 T をもとめる。これらの表のいずれにおいても減数もしくは被減数のいずれか一方に必ず位置する強度が1つだけある。たとえば,表8-1では a_1 がそれであり,表8-2(次頁)では a_2 がそれである。表8-3(次頁)以降についても同様である。このように,表ごとに強度差を見た場合,そこには共通して見られる強度 a_i がある。それは,ある表と他の表とを識別するマーカーとなっている。ジニの用語ではないが,本章では,そのような強度を「共通強度(intensità comune, common intensity)」と言うことにする。共通強度別に強度差の合計をもとめ,それをまとめて,表8-1～表8-6に示した。

これらの表は,すべての可能な強度差を網羅しているので,表ごとに(共通強度別に)計算された強度差の合計をすべて合算すれば,その総和 T をもとめることができる。そのために,共通強度別の強度差の合計を表の順に再

表 8-2　強度差とその合計（その 2）

強度差（共通強度 a_2）	強度差の合計
$a_2 - a_1$	$\{a_2 + a_3 + \cdots + a_{n-2} + a_{n-1} + a_n - (n-1)a_2\} + \ a_2 - a_1$
$a_2 - a_2$	$= \{a_2 + a_3 + \cdots + a_{n-2} + a_{n-1} + a_n - (n-1)a_2\} + (2a_2 - a_1 - a_2)$
$a_3 - a_2$	
$\vdots$	
$a_{n-2} - a_2$	
$a_{n-1} - a_2$	
$a_n - a_2$	
強度差の個数	n
同一の項どうしの強度差を除いたときの強度差の個数	$n-1$　（同一の項どうしの強度差は $a_2 - a_2$）

（注）強度差が非負となるようにするために，最初の組の強度差だけは共通強度 a_2 が被減数となっている。以下の表でも，共通強度が被減数となっている強度差があるのは，この表と同様に非負の強度差を得るためである。なお，差の絶対値をとれば，上の表のように $a_2 - a_1$（一般に $a_j - a_i (j \geq i)$）とする必要はなくなるが，本章はジニの所説を敷衍することが目的であるから，彼にならって強度差を $|a_i - a_j|$ とは表記しない。

表 8-3　強度差とその合計（その 3）

強度差（共通強度 a_3）	強度差の合計
$a_3 - a_1$	$\{a_3 + \cdots + a_{n-2} + a_{n-1} + a_n - (n-2)a_3\} + \{(a_3 - a_1) + (a_3 - a_2)\}$
$a_3 - a_2$	$= \{a_3 + \cdots + a_{n-2} + a_{n-1} + a_n - (n-2)a_3\} + (2a_3 - a_1 - a_2)$
$a_3 - a_3$	$= \{a_3 + \cdots + a_{n-2} + a_{n-1} + a_n - (n-2)a_3\} + (3a_3 - a_1 - a_2 - a_3)$
$\vdots$	
$a_{n-2} - a_3$	
$a_{n-1} - a_3$	
$a_n - a_3$	
強度差の個数	n
同一の項どうしの強度差を除いたときの強度差の個数	$n-1$　（同一の項どうしの強度差は $a_3 - a_3$）

（注）この後，基準強度 a_4 以降の強度差については，紙幅の関係でその表を割愛し，共通強度 a_{n-2} 以降について上と同様の表を掲げることとする。

第8章 平均差とジニ係数　253

表 8-4　強度差とその合計 (その 4)

強度差 (共通強度 a_{n-2})	強度差の合計
$a_{n-2} - a_1$	$(a_{n-2} + a_{n-1} + a_n - 3a_{n-2}) + (n-3)a_{n-2} - a_1 - a_2 - \cdots - a_{n-3}$
$a_{n-2} - a_2$	$= (a_{n-2} + a_{n-1} + a_n - 3a_{n-2}) + \{(n-2)a_{n-2} - a_1 - a_2 - \cdots - a_{n-3} - a_{n-2}\}$
$\vdots$	
$a_{n-2} - a_{n-3}$	
$a_{n-2} - a_{n-2}$	
$a_{n-1} - a_{n-2}$	
$a_n\ \ - a_{n-2}$	
強度差の個数	n
同一の項どうしの強度差を除いたときの強度差の個数	$n-1$ （同一の項どうしの強度差は $a_{n-2} - a_{n-2}$）

表 8-5　強度差とその合計 (その 5)

強度差 (共通強度 a_{n-1})	強度差の合計
$a_{n-1} - a_1$	$(a_{n-1} + a_n - 2a_{n-1}) + (n-2)a_{n-1} - a_1 - a_2 - \cdots - a_{n-2}$
$a_{n-1} - a_2$	$= (a_{n-1} + a_n - 2a_{n-1}) + \{(n-1)a_{n-1} - a_1 - a_2 - \cdots - a_{n-2} - a_{n-1}\}$
$\vdots$	
$a_{n-1} - a_{n-2}$	
$a_{n-1} - a_{n-1}$	
$a_n\ \ - a_{n-1}$	
強度差の個数	n
同一の項どうしの強度差を除いたときの強度差の個数	$n-1$ （同一の項どうしの強度差は $a_{n-1} - a_{n-1}$）

表 8-6　強度差とその合計 (その 6)

強度差 (共通強度 a_n)	強度差の合計
$a_n - a_1$	$(a_n - a_n) + (n-1)a_n - a_1 - a_2 - \cdots a_{n-2} - a_{n-1}$
$a_n - a_2$	$= (a_n - a_n) + \ \ \ \ (na_n - a_1 - a_2 - \cdots - a_{n-2} - a_{n-1} - a_n)$
$\vdots$	
$a_n - a_{n-2}$	
$a_n - a_{n-1}$	
$a_n - a_n$	
強度差の個数	n
同一の項どうしの強度差を除いたときの強度差の個数	$n-1$ （同一の項どうしの強度差は $a_n - a_n$）

表 8-7 共通強度別強度差合計とその総和

共通強度別強度差合計	$(a_1+ a_2+ a_3+\cdots+ a_{n-2}+ a_{n-1}+ a_n- na_1)+$ $(a_1 - a_1)$ $\{a_2+ a_3+\cdots+ a_{n-2}+ a_{n-1}+ a_n-(n-1)a_2\}+$ $(2a_2 - a_1 - a_2)$ $\{a_3+\cdots+ a_{n-2}+ a_{n-1}+ a_n-(n-2)a_3\}+$ $(3a_3 - a_1 - a_2 - a_3)$ $\vdots$ $\vdots$ $(a_{n-2}+ a_{n-1}+ a_n- 3a_{n-2})+\{(n-2)a_{n-2}-a_1-a_2-\cdots-a_{n-3}-a_{n-2}\}$ $(a_{n-1}+ a_n- 2a_{n-1})+\{(n-1)a_{n-1}-a_1-a_2-\cdots\cdots-a_{n-2}-a_{n-1}\}$ $(a_n- a_n)+$ $(na_n - a_1 - a_2 - \cdots\cdots\cdots\cdots - a_{n-1} - a_n)$
総和	$2\{na_n+(n-1)a_{n-1}+(n-2)a_{n-2}+\cdots+3a_3+2a_2+a_1-na_1-(n-1)a_2-(n-2)a_3-\cdots-3a_{n-2}-2a_{n-1}-a_n\}$

掲する(表 8-7)。

表 8-7 に記載した共通強度別強度差合計の総和 T は次のようにすればもとめることができる(表 8-7 最下欄参照)。

$$T=\{a_1+2a_2+3a_3+\cdots+(n-2)a_{n-2}+(n-1)a_{n-1}+na_n\}$$
$$-\{na_1+(n-1)a_2+(n-2)a_3+\cdots+3a_{n-2}+2a_{n-1}+a_n\}$$
$$+\{a_1+2a_2+3a_3+\cdots+(n-2)a_{n-2}+(n-1)a_{n-1}+na_n\}$$
$$-\{na_1+(n-1)a_2+(n-2)a_3+\cdots+3a_{n-2}+2a_{n-1}+a_n\}$$
$$=2\{a_1+2a_2+3a_3+\cdots+(n-2)a_{n-2}+(n-1)a_{n-1}+na_n\}$$
$$-2\{na_1+(n-1)a_2+(n-2)a_3+\cdots+3a_{n-2}+2a_{n-1}+a_n\}$$
$$=2\{na_n+(n-1)a_{n-1}+(n-2)a_{n-2}+\cdots+3a_3+2a_2+a_1$$
$$-na_1-(n-1)a_2-(n-2)a_3-\cdots-3a_{n-2}-2a_{n-1}-a_n\} \tag{5}$$

以下では,ジニに従って(p.21),強度の個数 n が①奇数のとき(T_O)と②偶数のとき(T_E)とに分けて,総和 T を計算する。

① n が奇数のとき

$$T_O=2\{na_n+(n-1)a_{n-1}+(n-2)a_{n-2}+\cdots$$
$$+\left(\frac{n+1}{2}+2\right)a_{\frac{n+1}{2}+2}+\left(\frac{n+1}{2}+1\right)a_{\frac{n+1}{2}+1}$$
$$+\left(\frac{n+1}{2}\right)a_{\frac{n+1}{2}}$$
$$+\left(\frac{n+1}{2}-1\right)a_{\frac{n+1}{2}-1}+\left(\frac{n+1}{2}-2\right)a_{\frac{n+1}{2}-2}+\cdots+3a_3+2a_2+a_1$$

$$\begin{aligned}
&\quad -na_1-(n-1)a_2-(n-2)a_3-\cdots-\left(\frac{n+1}{2}+2\right)a_{\frac{n+1}{2}-2}-\left(\frac{n+1}{2}+1\right)a_{\frac{n+1}{2}-1}\\
&\quad -\left(\frac{n+1}{2}\right)a_{\frac{n+1}{2}}\\
&\quad -\left(\frac{n+1}{2}-1\right)a_{\frac{n+1}{2}+1}-\left(\frac{n+1}{2}-2\right)a_{\frac{n+1}{2}+2}-\cdots-3a_{n-2}-2a_{n-1}-1a_n\}\\
&=2[(n-1)a_n+\{(n-1)-2\}a_{n-1}+\{(n-2)-3\}a_{n-2}+\cdots\\
&\quad +\left\{\left(\frac{n+1}{2}+2\right)-\left(\frac{n+1}{2}-2\right)\right\}a_{\frac{n+1}{2}+2}+\left\{\left(\frac{n+1}{2}+1\right)-\left(\frac{n+1}{2}-1\right)\right\}a_{\frac{n+1}{2}+1}\\
&\quad +\left\{\left(\frac{n+1}{2}\right)-\left(\frac{n+1}{2}\right)\right\}a_{\frac{n+1}{2}}\\
&\quad -\left\{\left(\frac{n+1}{2}+1\right)-\left(\frac{n+1}{2}-1\right)\right\}a_{\frac{n+1}{2}-1}\\
&\quad -\left\{\left(\frac{n+1}{2}+2\right)-\left(\frac{n+1}{2}-2\right)\right\}a_{\frac{n+1}{2}-2}-\cdots\\
&\quad -\{(n-2)-3\}a_3-\{(n-1)-2\}a_2-(n-1)a_1]\\
&=2\{(n-1)a_n+(n-3)a_{n-1}+(n-5)a_{n-2}+\cdots+4a_{\frac{n+1}{2}+2}+2a_{\frac{n+1}{2}+1}\\
&\quad +0\cdot a_{\frac{n+1}{2}}\\
&\quad -2a_{\frac{n+1}{2}-1}-4a_{\frac{n+1}{2}-2}-\cdots-(n-5)a_3-(n-3)a_2-(n-1)a_1\}\\
&=2\{(n-1)(a_n-a_1)+(n-3)(a_{n-1}-a_2)+(n-5)(a_{n-2}-a_3)+\cdots\\
&\quad +4(a_{\frac{n+1}{2}+2}-a_{\frac{n+1}{2}-2})+2(a_{\frac{n+1}{2}+1}-a_{\frac{n+1}{2}-1})+0\cdot a_{\frac{n+1}{2}}\}\\
&=2\left\{\sum_{i=1}^{\frac{n+1}{2}-1}(n+1-2i)(a_{n-i+1}-a_i)\right\}+2\{0\times(a_{n-\frac{n+1}{2}+1}-a_{\frac{n+1}{2}})\}\\
&=2\sum_{i=1}^{\frac{n+1}{2}}(n+1-2i)(a_{n-i+1}-a_i) \quad\quad (5)'
\end{aligned}$$

② n が偶数のとき

$$\begin{aligned}
T_E&=2\Big\{na_n+(n-1)a_{n-1}+(n-2)a_{n-2}+\cdots+\left(\frac{n}{2}+2\right)a_{\frac{n}{2}+2}+\left(\frac{n}{2}+1\right)a_{\frac{n}{2}+1}\\
&\quad +\left(\frac{n}{2}\right)a_{\frac{n}{2}}+\left(\frac{n}{2}-1\right)a_{\frac{n}{2}-1}+\cdots+3a_3+2a_2+1a_1\\
&\quad -na_1-(n-1)a_2-(n-2)a_3-\cdots-\left(\frac{n}{2}+2\right)a_{\frac{n}{2}-1}-\left(\frac{n}{2}+1\right)a_{\frac{n}{2}}
\end{aligned}$$

$$-\left(\frac{n}{2}\right)a_{\frac{n}{2}+1}-\left(\frac{n}{2}-1\right)a_{\frac{n}{2}+2}-\cdots-3a_{n-2}-2a_{n-1}-1a_n\}$$
$$=2\{(n-1)a_n+(n-3)a_{n-1}+(n-5)a_{n-2}+\cdots+3a_{\frac{n}{2}+2}+1a_{\frac{n}{2}+1}$$
$$-1a_{\frac{n}{2}}-3a_{\frac{n}{2}-1}-\cdots-(n-5)a_3-(n-3)a_2-(n-1)a_1\}$$
$$=2\{(n-1)(a_n-a_1)+(n-3)(a_{n-1}-a_2)+(n-5)(a_{n-2}-a_3)$$
$$+\cdots+3(a_{\frac{n}{2}+2}-a_{\frac{n}{2}-1})+1(a_{\frac{n}{2}+1}-a_{\frac{n}{2}})\}$$
$$=2\sum_{i=1}^{\frac{n}{2}}(n+1-2i)(a_{n-i+1}-a_i) \tag{5}''$$

(3) 強度差の個数

強度差の相加平均としての平均差 $\varDelta$ をもとめるには，①強度差の総和 T と②強度差の個数 N の2つが必要である。①強度差の総和 T については，強度の個数 n が奇数の場合((5)′式)と偶数の場合((5)″式)に分けて，すでにもとめた。しかし，ここでは，強度の個数 n が奇数か偶数かは問題ではない。強度差の総和 T が一般的にあたえられることだけを確認すればよい[9]。後は強度差の個数 N で強度差の総和 T を割ることによって平均差をもとめることができる。

そこで，②強度差の個数 N を考察する。強度差の総和 T のなかには，同一の強度どうしの強度差 a_i-a_i が算入されている(表8-1～表8-6参照)。このために，どの共通強度 a_i についても強度差の個数は n である。そして，共通強度の個数は n である(表8-1～表8-6参照)。このことから，強度差の総和 T は，$n\times n=n^2$ 個の強度差についての総和であることが分かる。本章では，この T が $N=n^2$ 個の強度差の総和であることを明示するために，それを T_{n^2} で表す。

ところで，同一の強度どうしの強度差 a_i-a_i はつねにゼロである($a_i-a_i=0$)。したがって，共通強度ごとの強度差の合計から，この強度差 a_i-a_i を取り除いても，強度差の総和 T の値には変化はない。すなわち，上で見たように，T_{n^2}(同一の強度どうしの強度差を算入して得た強度差の総和)をもとめたときの強度差の個数 N は n^2 個であるが，この個数 n^2 から強度差がゼロにな

る強度差 (a_i-a_i) の個数を取り除き，残った強度差だけでその総和 T をもとめても，その値は変わらない。むしろ，そのときには，現実的意味に乏しい強度差 (a_i-a_i) を算入してもとめた総和 T_{n^2} よりも，実質的に意味のある強度差に限定してその総和を得ることができる。

同一の強度の組からなる強度差 (a_i-a_i) は，共通強度ごとに1個あって1個しかない。このような強度差を除去すれば，どの共通強度についても実質的に意味をもつ強度差の個数は $(n-1)$ 個になる。共通強度の個数が n 個，それぞれの共通強度について実質的な強度差が $(n-1)$ 個であるから，すべての共通強度にかんする実質的な強度差の個数 N は $n(n-1)$ 個になる（$N=n(n-1)$）（表8-1〜表8-6参照）。このときの強度差の総和 T が $n(n-1)$ 個の強度差であたえられることを明示する目的で，この総和をとくに $T_{n(n-1)}$ と表すことにする。

以上から，同一の強度差を算入するときの強度差の個数は $N=n^2$ となり，算入しない場合には $N=n(n-1)$ になる。同一の強度どうしの強度差はゼロであるから，これを算入した n^2 個の強度差の総和 T_{n^2} と算入しない $n(n-1)$ 個の強度差の総和 $T_{n(n-1)}$ は等しい。すなわち，次のようになる。

$$T_{n^2}=T_{n(n-1)}=T \tag{6}$$

後述するように，ジニは，強度差の個数 N を n^2 とする場合だけでなく，$n(n-1)$ とする場合についても平均差の計算式を導出している。しかし，集中比(ジニ係数)を再定義するときに用いた平均差 $\varDelta$ では，強度差の個数が $n(n-1)$ となっている。その理由は必ずしも明確ではない。ここでは，同一の強度どうしの強度差に実質的意味を見出しにくいために，ジニはそれを除外したと解釈したい。そして，集中比との関連で用いられる平均差については，その個数が $n(n-1)$ であることをここで改めて確認しておく。

2. さまざまな平均差

(1) 平　均　差

ジニは強度差の総和 T を，強度の個数 n が奇数の場合((5)′式)と偶数の

場合((5)″式)に分けて誘導した。このために，強度差の総和 T を強度差の個数 $N(=n(n-1))$ で除して得られる商（強度差の相加平均）としての平均差を一般に $\varDelta$ で表すと，$\varDelta$ は，n が奇数のときと偶数のときのそれぞれについてあたえられることになる。

強度の個数 n が奇数の場合の平均差 $\varDelta_o$ は，強度差の総和 T_o ((5)′式)を強度差の個数 $N(=n(n-1))$ で除した次式によってあたえられる。

$$\varDelta_o = \frac{T_o}{n(n-1)}$$
$$= \frac{2}{n(n-1)} \sum_{i=1}^{\frac{n+1}{2}} (n+1-2i)(a_{n-i+1}-a_i) \qquad (4)'$$

他方で，n が偶数のときには，平均差 $\varDelta_E$ は，強度差の総和 T_E ((5)″式)を強度差の個数 $N(=n(n-1))$ で除した次式によってあたえられる。

$$\varDelta_E = \frac{T_E}{n(n-1)}$$
$$= \frac{2}{n(n-1)} \sum_{i=1}^{\frac{n}{2}} (n+1-2i)(a_{n-i+1}-a_i) \qquad (4)''$$

強度の個数 n が偶数か奇数かを問わなければ，強度差の相加平均 $\varDelta$（すなわち平均差）は，奇数の場合の(4)′式であたえられる。(4)′式は(4)式と同値であるから，一般に平均差 $\varDelta$ は

$$\varDelta = \frac{2}{n(n-1)} \sum_{i=1}^{\frac{n+1}{2}} (n+1-2i)(a_{n-i+1}-a_i) \qquad (4) [再掲]$$

である(p.22)。その論拠は次のとおりである。(4)式において n が偶数の場合には，最終項を規定する $\frac{n+1}{2}$ は $\left(\frac{n}{2}+\frac{1}{2}\right)$ となり，整数 $\frac{n}{2}$ よりも 0.5 大きい値をあたえるが，端数 0.5 が付く順位の項は存在しないので $\frac{n+1}{2}$ は実際には $\frac{n}{2}$ となって，（偶数の場合の）$\varDelta_E$ は（奇数の場合の）$\varDelta_o$ と同値($\varDelta$)になるからである。

なお，ここで，後の考察のために強度の個数 n が奇数か偶数を問わないときの，強度差の総和 T をもとめておく。強度差は全部で $n(n-1)$ 個あるので，強度差の平均としての平均差 $\varDelta$((4)式)を $n(n-1)$ 倍すれば，相加平均の補償機能によって強度差の総和 T を得ることができる。すなわち，

$$T = 2\sum_{i=1}^{\frac{n+1}{2}}(n+1-2i)(a_{n-i+1}-a_i) \qquad (7)$$

である。これが

$$\begin{aligned}T =\ &2\{na_n+(n-1)a_{n-1}+(n-2)a_{n-2}+\cdots+3a_3+2a_2+a_1\\&-na_1-(n-1)a_2-(n-2)a_3-\cdots-3a_{n-2}-2a_{n-1}-a_n\}\end{aligned} \qquad (5)\,[再掲]$$

と同値であることは言うまでもない。

(2) 完全非重複平均差

共通強度別の表 8-1〜表 8-6(強度差とその合計,前出)を見れば,次のことが分かる。

 i．強度差のなかには,同一の強度どうしの強度差 a_i-a_i が1個ずつあること。

 ii．共通強度を a_1 とする強度差(表8-1)のなかには,それ以外の強度差を共通強度とする表(表8-2〜表8-6)にも重複して存在しているものがあること。

　たとえば,共通強度を a_2 とする表 8-2 には,表 8-1 に記載されている a_2-a_1 がある(重複的強度差の個数は1個)。また,共通強度 a_3 の表(表 8-3)には,表8-1(共通強度 a_1)の強度差 a_3-a_1 と表8-2(共通強度 a_2)の強度差 a_3-a_2 が重複して記載されている(重複的強度差の個数は2個)。以下,重複的強度差の個数は1個ずつ増えてゆく。

　そこで,①強度差とその合計にかんするすべての表(表8-1〜表8-6参照)から共通強度どうしの強度差を削除し,さらに,②表8-2以降の表からは,共通強度を a_1 とする強度差にかんする表8-1にも重複して記載されている強度差を削除する。そして,共通強度別に強度差を表にまとめることにする(次頁表8-8)。

　この表 8-8 に一覧される強度差には,①共通強度どうしの強度差と②一度でも計数された強度差とが記載されていないという二重の意味で,重複がない。このために,表 8-8 に記載された強度差を「完全非重複強度差」と言うことにする。

　表 8-8 から明らかなように,完全非重複強度差の個数の和は,

表 8-8 共通強度別完全非重複強度差一覧表

共通強度	a_1	a_2	a_3	……	a_{n-2}	a_{n-1}
強度差	a_2-a_1 a_3-a_1 a_4-a_1 ・ ・ a_n-a_1	a_3-a_2 a_4-a_2 ・ ・ a_n-a_2	a_4-a_3 ・ ・ a_n-a_3	……	$a_{n-1}-a_{n-2}$ $a_n\ \ -a_{n-2}$	a_n-a_{n-1}
強度差の個数	$n-1$	$n-2$	$n-3$	……	2	1

$$(n-1)+(n-2)+(n-3)+\cdots\cdots+2+1$$

であり，公差1の等差数列の和の公式 ({(初項+末項)×項数}/2) より

$$\{(n-1)+1\}\times(n-1)\times\frac{1}{2}=\frac{n(n-1)}{2}$$

となる。すなわち，表8-8における強度差の個数は，ジニが強度差の総和 T ((6)式参照)をもとめたときの1/2である[10]。

表8-8においては，総和 T をもとめたときと較べて強度差の個数が半分になっているということは，表8-8における強度差の総和を T_P とおけば，この T_P も T の半分であることを意味する。すなわち，

$$T_P=\frac{1}{2}T \tag{8}$$

である。

平均差は強度差の相加平均であるから，完全非重複強度差にかんする平均差を $\varDelta_P$ で表すと，

$$\varDelta_P=\frac{T_P}{\frac{n(n-1)}{2}}$$

$$=\frac{\frac{1}{2}T}{\frac{n(n-1)}{2}} \qquad [(8)式による]$$

$$=\frac{T}{n(n-1)}=\varDelta \tag{9}$$

となる。

同一の強度どうしの強度差を除外し，かつまた，一度でも強度差の総和に

算入された強度差を除外するという,二重の意味で重複を回避したときの平均差 $\varDelta_P$ を「完全非重複平均差(differenza media perfetta senza ripetizione)」と名づけることにする。このとき,$\varDelta_P$ はジニがもとめた平均差 $\varDelta$ と同値であることを(9)式は示している。

なお,平均差 $\varDelta$ にあっては同一の強度どうしの強度差が強度差の総和 T に算入されていないので,「完全非重複平均差」$\varDelta_P$ と識別するために,$\varDelta$(ジニの平均差)を「非重複平均差(differenza media senza ripetizione)」と言えば,事柄が明確になる。

(3) 重複平均差

$\varDelta$(非重複平均差)[11] を導出するとき,その前段で強度差の総和 T をもとめた。その総和 T には同一の強度どうしの強度差 $a_i - a_i$ が合算されている。$a_i - a_i = 0$ であり,共通強度ごとにこのような強度差は1個ずつあるから,共通強度ごとに見られる同一の強度どうしの強度差の個数を,共通強度別の強度差の個数から減ずれば,実質的な強度差は共通強度ごとに $(n-1)$ 個あることになる。共通強度は全部で n 個あるので,同一の強度どうしの強度差を含まない実質的な強度差の個数は $n(n-1)$ 個となる。この強度差の個数 $n(n-1)$ を除数,強度差の総和 T を被除数として得られる商が非重複平均差 $\varDelta$ であることは上に述べたとおりである。

これにたいして,同一の項どうしの強度差も強度差の個数に算入することにすれば,すでに述べたように,強度差の個数 N は $n^2 (= n \times n)$ である。ところが,同一の強度どうしの強度差は,これもまたすでに述べたように,いずれもゼロであり,これを強度差の総和 T に算入しても,T の値は(7)式と同じ値となる。このとき,平均差 $\varDelta_R$ は,(7)式があたえる強度差の総和 T を強度差の個数 n^2 で割ることによって,次のように得ることができる。

$$\varDelta_R = \frac{T}{n^2}$$
$$= \frac{2}{n^2} \sum_{i=1}^{\frac{n+1}{2}} (n+1-2i)(a_{n-i+1} - a_i) \tag{4}'$$

この平均差 $\varDelta_R$ のことをジニは「n 個の諸量の重複平均差(differenza media

con ripetizione tra le n quantità)」と言っている(p. 22)。

平均差 Δ (非重複平均差)をあたえる(4)式と重複平均差 Δ_R をあたえる(4)′式から，2種類の平均差の比の値は

$$\frac{\Delta_R}{\Delta} = \frac{\frac{2}{n^2}\sum_{i=1}^{\frac{n+1}{2}}(n+1-2i)(a_{n-i+1}-a_i)}{\frac{2}{n(n-1)}\sum_{i=1}^{\frac{n+1}{2}}(n+1-2i)(a_{n-i+1}-a_i)}$$

$$= \frac{n-1}{n} \tag{10}$$

となる。したがって，同一の強度どうしの強度差をその個数には計数しない非重複平均差 Δ ((4)式)と計数する重複平均差 Δ_R ((4)′式)との関係は

$$\begin{cases} \Delta_R = \dfrac{n-1}{n}\Delta & (11) \\[2mm] \Delta = \dfrac{n}{n-1}\Delta_R & (12) \end{cases}$$

である(p. 22)。(11)式を変形して，

$$\Delta_R = \left(1 - \frac{1}{n}\right)\Delta \tag{13}$$

とすれば，$n \to \infty$ のとき，

$$\Delta_R = \Delta \tag{14}$$

となることが分かる。すなわち，十分大きな n については非重複平均差 Δ と重複平均差 Δ_R は同値である。

エマヌエル・ツーバーはジニにならって平均差を，「平均差(die mittlere Differenz)」Δ と「重複平均差(die mittlere Differenz mit Wiederholung)」Δ'(ジニの Δ_R)との2つに分類し，両者の間に(11)式が成立することを述べた後，「私にしてみれば，[Δ' よりも]Δ[非重複平均差]のほうが理にかなっている(naturgemäß)ように見える。……私としては今後とも Δ を使用するつもりである」と述べている[12]。

(4) さまざまな平均差の数学的関係(簡単な要約)

以上の考察から，強度差の総和とそれをもとめるために算入した強度差の個数に応じて，平均差は次のように分類できる(ただし，n は強度の個数)。

$$
\text{平均差} \begin{cases} \text{非 重 複 平 均 差 } \varDelta \cdots\cdots \text{ジニが集中比の定義に用いた平均差(ジニ} \\ \qquad\qquad\qquad\qquad \text{の平均差)} \qquad (\text{強度差の個数は } n(n-1)) \\ \text{完全非重複平均差 } \varDelta_P \cdots\cdots \text{二重の意味で重複する強度差を除外した} \\ \qquad\qquad\qquad\qquad \text{平均差} \qquad (\text{強度差の個数は } \frac{1}{2}n(n-1)) \\ \text{重 複 平 均 差 } \varDelta_R \cdots\cdots \text{ジニの重複平均差} \qquad (\text{強度差の個数は } n^2) \end{cases}
$$

そして，それぞれの平均差の関係は次のようになる。

$$
\begin{cases} \varDelta = \varDelta_P & (9)\,[\text{再掲}] \\ \varDelta = \dfrac{n}{n-1}\varDelta_R & (12)\,[\text{再掲}] \\ \varDelta = \varDelta_R\,(n\text{ が十分大きいとき}) & (14)\,[\text{再掲}] \end{cases}
$$

よって，強度の個数 n が十分に大きい場合には，

$$\varDelta = \varDelta_P = \varDelta_R \qquad (15)$$

が成立する。

ここで，平均差が強度差の相加平均であるという定義に立ち返り，そして，強度差を絶対値 $|a_i - a_j|$ で表すことにする。そうすると，ジニが平均差(非重複平均差) $\varDelta$ をもとめたときの強度差の総和 T は今日の表記法では，次のように表すことができる。

$$
\begin{aligned}
T &= \sum_{i<j} 2 \times |a_i - a_j| \\
&= 2\sum_{i<j} |a_i - a_j|
\end{aligned} \qquad (16)
$$

ただし，$i = 1, 2, \cdots\cdots, n-1;\ j = i+1, i+2, \cdots\cdots, n$

同様に，完全非重複平均差 $\varDelta_P$ については，強度差の総和 T_P が

$$
\begin{aligned}
T_P &= \frac{1}{2}T & (8)\,[\text{再掲}] \\
&= \sum_{i<j} |a_i - a_j| & [(16)\text{式による}]\,(17)
\end{aligned}
$$

ただし，i, j については(16)式に同じ。

となる。

また,重複平均差 Δ_R については,強度差の総和 T_R は

$$T_R = \sum_{i=1}^{n}\sum_{j=1}^{n}|a_i - a_j| \tag{18}$$

である。平均差をもとめるときに計数した強度差の個数で,それぞれの総和 T, T_P, T_R を割ると,三種類の平均差は次のようになる。

① 非重複平均差

$$\begin{aligned}\Delta &= \frac{T}{n(n-1)} \\ &= \frac{\sum_{i<j} 2 \times |a_i - a_j|}{n(n-1)} \\ &= \frac{2\sum_{i<j}|a_i - a_j|}{n(n-1)} \end{aligned} \tag{19}$$

② 完全非重複平均差

$$\begin{aligned}\Delta_P &= \frac{T_P}{\dfrac{n(n-1)}{2}} \\ &= \frac{\dfrac{1}{2}T}{\dfrac{n(n-1)}{2}} \quad\quad [(8)式による] \\ &= \frac{T}{n(n-1)} \\ &= \Delta \\ &= \frac{2\sum_{i<j}|a_i - a_j|}{n(n-1)} \quad\quad [(19)式による] \\ &= \frac{\sum_{i<j}|a_i - a_j|}{\dfrac{n(n-1)}{2}} \end{aligned} \tag{20}$$

③ 重複平均差

$$\begin{aligned}\Delta_R &= \frac{T_R}{n^2} \\ &= \frac{\sum_{i=1}^{n}\sum_{j=1}^{n}|a_i - a_j|}{n^2} \end{aligned} \tag{21}$$

一般に $\varDelta_P=\varDelta$((10)式)が成立し，とくに強度の個数 n が十分大きいときは，$\varDelta_R=\varDelta$((14)式)が成立するので，

$$\varDelta=\varDelta_P=\varDelta_R \qquad (15) [再掲]$$

となる。このため，(19)式，(20)式，(21)式のどれを用いて平均差を計算しても，違いがないように考えられる。(19)式はジニがあたえる平均差の公式を今日の表記法で記述し直したものであるが，平均差の概念に実質的意味をもって整合するのは(20)式(完全非重複平均差 $\varDelta_P$)である。その理由は，同一の値をあたえる強度差を重複して計算することに積極的意義を見出しにくく，強度差の計算にあっては重複の回避が望ましいということにある。しかも，同一の強度どうしの組から得られる強度差はゼロであり，そこには強度差としての実質的な意義はない。このことから，ジニの見解に反することになるが，平均差を計算するときには，同一の強度どうしの強度差を除外して強度差の個数を計数することが要請されていると考えられる。重複する強度差を除外することは，ガウス没後の 19 世紀誤差論でも一般的に見られる(ただし，後述するように，そこでは本書の強度差が観測差と言われている)。その意味では，(20)式があたえる完全非重複平均差 $\varDelta_P$ は誤差論における理論展開に整合する。

そこで，次に項を改めて，19 世紀誤差論における「観測差」や「平均差」をめぐる論議を検討する。そして，ジニ理論と誤差論との理論的関連を検討する手がかりを得たい。

3. 平均差概念の形成

(1) 誤差論と平均差

強度を観測値に置き換えて，平均差の概念を捉え直すと，平均差は観測値間の差の相加平均と見なすことができる。同一の物理的対象にかんする観測値を 2 つずつ組み合わせて，その差をとり，その相加平均をもとめるという数学的操作だけに着目すれば，平均差は 19 世紀中葉以降の観測値結合論(いわゆる誤差論)のなかにも見出すことができる。1876 年に公刊された F. R. ヘ

ルメルトの論文[13]（以下1876a年論文と略記）では，W. ヨルダン[14]によって提起された観測精度の確定問題が取り上げられている。これを解く過程でヘルメルトは正規分布に従う2つの観測誤差の差にかんする相加平均を用いているからである。後述するように，2つの観測誤差の差は2つの観測値の差（観測差）に等しい。その限りでは，たとえヘルメルトが観測誤差の差の相加平均を単に「平均値」と言っていようとも，その「平均値」はジニの平均差に対応しているかに見える。このためであろうか，平均差の概念はジニの独創ではなくて，ガウス以降の19世紀誤差論ですでに研究されていたとの指摘がある[15]。H. A. デイビッドは次のように述べている[16]。

「……g をジニの平均差(Gini's Mean Difference)と呼ぶことにするが，本質的にはこれと同一の統計量は1876年にヘルメルトによってすでに論じられていた。しかし，それは当時としてもけっして真新しいものではなかった！ヘルメルトが数式の普遍妥当性を確定したのは事実であるが，その「もとい」をなしたのは，彼よりもわずかばかり先に『天文通報(Astronomische Nachrichten)』誌上で意見を交換していたW. ヨルダンとフォン・アンドレである。」

このことを裏づけるかのように，ジニが平均差を論じた1912年論文ではヘルメルトの異なる2篇の論文がそれぞれ別の箇所で引用されている(p. 19, p. 59)。そのうち最初に引用されているヘルメルト論文は『数学・物理学雑誌』(第21巻)に掲載された「観測誤差の累乗和の確率ならびに関連問題について」[17]（以下これを1876b年論文と略記）である。この論文の刊行年は1876年であるが，本節冒頭において平均差との関連で掲げたヘルメルトの1876a年論文（「等精度の直接観測値の確率誤差の計算におけるペートルスの公式の厳密性」）とは別の論文である。ヘルメルトの1876b年論文は，正規分布に従う分布の分散(標準偏差)を主題としている[18]。それを考察することによって初めて標本分散の分布が明らかになった[19]。

理論史上はそのように位置づけられているヘルメルトの1876b年論文を，ジニはその1912年論文において

ⅰ．正規分布に従う観測値の誤差 e の分布の尺度

$${}^m S_A = \sqrt[m]{\frac{\sum |e_i|^m}{n}}$$ (3) [再掲]

が観測値の個数 n の増大に伴って限界値 L に近づくこと，

ⅱ．(3)式が L に近づく速度(rapidità)は，$m=2$ のときに最大になること，を指摘する文脈で引用している(p. 19)。彼は，ヘルメルトの 1876b 年論文をいわゆる第 1 カテゴリーに属す変動性の尺度との関連で参照している。

他方，平均差(第 2 カテゴリーに属す変動性の尺度)をめぐる論議に一応の決着をつけたとしてデイビッドが掲げている[20](ヘルメルトの)1876a 年論文は，ジニの 1912 年論文の別の箇所(p. 59)で引用されている(これについては本節(6)で述べる)。

ところが，最近になって，デイビッドは，19 世紀(とりわけガウス以降の)誤差論とジニの平均差との関連に言及し，先行研究とは独立にジニが平均差を再発見したという趣旨の発言をしている[21]。このデイビッドの見解の検討を含めて，ジニの平均差理論と 19 世紀誤差論における理論展開との間のさらに詳しい関連については今後の研究課題である。さしあたり，この点にかんしてはウムベルト・リッチの次の見解[22]が，おおむね妥当すると思われる。

「平均差は一部の数学者によってすでに知られていたが，経済統計の論議，すなわち所得分布の研究への応用を提起した勲功はフルランに帰する。しかしながら，彼は手短に示唆しただけである。幅広く，体系的な論述はジニによってなされた。」

基本的にはそのとおりであろう。しかし，ジニによる平均差の誘導と 19 世紀誤差論者の研究との間の共通点や類似点，そして異同を検討することによって，断片的であるにせよ，両者の理論的関連を窺い知ることができる。そこで以下では，両者の見解を対比することだけに課題を絞り込んで，ガウス以降の 19 世紀誤差論における理論的展開を限定的に取り上げ，誤差論者とジニとの理論的紐帯の一端を考察してみたい。ここで限定した論点とは，①観測差と強度差，②観測差の個数と強度差の個数，③観測差の総和と強度差の総和，④観測差の相加平均と強度差の相加平均の 4 点である。論点が散漫になることを防ぐ意味からも，誤差論の細部にわたる数理的展開には触れないでおきたいからに他ならない。なお，結論的には先に引用したリッチの

見解を覆すものではないことをあらかじめ断っておく。

(2) W. ヨルダン(1)(1869年)

誤差論の分野では，①観測装置の性能の向上，②装置の操作方法にたいする習熟，③観測条件の管理の3条件をクリアしてもなおかつ，個々の観測値は微妙に異なることが問題とされる。真値(true value)が客観的に存在するとすれば，観測値(v)は真値(t)と観測誤差(ε)の合成であると考えられる($v=t+\varepsilon$)。正規分布に従う観測誤差の分布の分散 σ^2 を2倍して，その逆数 $\frac{1}{2\sigma^2}$ を h^2 とおいたとき，この h を精度指標と言う[23]。したがって，h で計測される観測精度とは観測値の再現性の尺度であり，これが大きいほど(σ^2 が小さいほど)似たような値の観測値が得られることになる。ガウスの最小二乗法では，この精度指標 h の値が未知であっても，観測値の相加平均はもとめるべき真値の推定値と見なされる[24]。

カールスルーエ大学の教授であった W. ヨルダンによれば，そのガウスは「誤差を最小にする観測値の組み合わせ理論」の第2部(1823年)[25]のなかで次のように述べていると言われている。

「この方法[観測精度の近似的確定方法]は，十分に多数の真の観測誤差が厳密に既知であるということを前提としている。この条件は厳格には，けっしてとは言わないまでも，ほとんど満たされることがない。観測の精度評価に事後的(ア・ポステリオリ)にかかわろうとして計算するすべての人々は，最小二乗法によってもとめられる未知量の値を真値と見なす方法に従っている。だが，これは明らかに理論的には間違っていて，多くの場合には，たとえ実際的な目的にかなっているとしても，重大な誤りを犯すことがある。したがって，この問題の厳密な取り扱いには最大限の努力があってしかるべきである。」(強調はヨルダン)

ガウスのこの問題提起を受けたヨルダンは，「精度の厳密な確定」をみずからの課題として，ガウスの死(1855年)の14年後に「単一の未知量にかんする多数回反復観測の精度の確定について」という論文を執筆した。それは『天文通報』誌(通巻1766-67号，1869年)に掲載された[26]。以後，観測精度の厳密な確定をめぐる論議がこの誌上で行われ，それとの関連で1876年のヘル

メルト論文(1876a 年論文)では精度の尺度として活用されてきた(「中央誤差(mittlerer Fehler)」とも言われる)「確率誤差(der wahrscheinliche Beobachtungsfehler)」ρ($-\rho$ から $+\rho$ までの誤差分布の確率が 1/2 となる値で, $N(0,1)$ のときには $\rho=0.6745$)が検討され, ヨルダンの問題提起にたいして一応の結着がついた。その後, 精度の確定問題は統計的推定(推定量の数学的特性)の問題と重なり, 20 世紀に入っても論議されているので[27], 1876a 年論文によるヘルメルトの解答をもって最終段階に到達したとは言いがたいが, ρ をもとめる過程でジニの平均差に似た概念が形成された(これについては後述する)。

さて, 論争の口火を切った 1869 年論文のなかで, ヨルダンは, 同一の物理的対象にたいする「2 つの観測値の差 d の確率(die Wahrscheinlichkeit der *Differenz d zwier* Beobachtungen)」を考察した。そして, この差 d を「観測差(Beobachtungsdifferenz)」と名づけ[28], その個数は全部で $\frac{n(n-1)}{2}$ であると述べた[29]。

この概念を手がかりにして, ヨルダンは「精度の厳密な確定」を志向したが, 1869 年論文ではそれは果たされていない。ここでは, ヨルダンの観測差を強度差と言い換えれば, 用語としては, 強度差の語源はそこにあると言いうることに注意したい。観測差の相加平均を計算するには①観測差の総和と②観測差の個数が必要である。この 2 つのうちの 1 つ(②)がヨルダンによってあたえられたのである。なお, ここではヨルダンとジニでは取り扱う数量的規定性が異なっていることにも注意したい。すなわち, ヨルダンの取り扱った観測値は正規分布に従うのにたいして, ジニの強度は分布の正規性を前提としない。誤差論で取り扱う数量の正規性を確認したうえで, 観測差の確率や観測精度を確定することの必要性を主張したのは, C. G. フォン・アンドレであった。

(3) C. G. フォン・アンドレ(1) (1869 年)

ヨルダンの論文が掲載された『天文通報』(通巻 1766-67 号)を読んだ翌日(1869 年 8 月 11 日), デンマーク王国の枢密顧問官フォン・アンドレは同誌の編集者に宛てて, ヨルダン論文を批判する書簡を送った。その書簡はデンマーク語のまま同誌通巻 1770 号に掲載された[30]。その批判の要点は, 観

測値(および観測誤差)の正規性をヨルダンが考慮していないということであった。

この書簡のなかで，フォン・アンドレは，ヨルダンが全部で $\frac{n(n-1)}{2}$ 個あるとした観測差を「偶発誤差(virkelige Feil) $\varDelta$ の差」と言い換えて，$\varDelta$ の差を下のような「三角表(trianguläre Tableau)」にまとめた[31]。これによって観測差の個数にかんするヨルダンの見解がより明証的になり，後にヨルダンもこの三角表を使用するようになった。ただし，平均差をジニに従ってすでに $\varDelta$ と表記したので，本章では混同を避ける目的でフォン・アンドレの $\varDelta$ を ε で表すことにする。

$$\varepsilon_2-\varepsilon_1$$
$$\varepsilon_3-\varepsilon_1 \quad \varepsilon_3-\varepsilon_2$$
$$\varepsilon_4-\varepsilon_1 \quad \varepsilon_4-\varepsilon_2 \quad \varepsilon_4-\varepsilon_3$$
$$\varepsilon_5-\varepsilon_1 \quad \varepsilon_5-\varepsilon_2 \quad \varepsilon_5-\varepsilon_3 \quad \varepsilon_5-\varepsilon_4$$
$$\vdots \qquad \vdots \qquad \vdots \qquad \vdots$$
$$\varepsilon_n-\varepsilon_1 \quad \varepsilon_n-\varepsilon_2 \quad \varepsilon_n-\varepsilon_3 \quad \varepsilon_n-\varepsilon_4 \quad \cdots\cdots \quad \varepsilon_n-\varepsilon_{n-1}$$

上の三角表から明らかなように，フォン・アンドレは(ヨルダンとともに)，同一の誤差どうしの差 $(\varepsilon_i-\varepsilon_i)$ を除外している。さらにまた，偶発誤差を昇順に並べることによって，小さくない誤差 ε_j と大きくない誤差 ε_i との乖離 $(\varepsilon_j-\varepsilon_i)$ だけを考察の対象としていることも分かる。この点では，共通強度ごとに可能な N 個の強度差を枚挙し，それらの総和 T をもとめたジニの手法とは異なっている(本章1節(2)強度差の総和，参照)。フォン・アンドレにあっては観測誤差の差の個数は，ジニの強度差の個数 $N(=n(n-1))$ の半分になっている。このために，観測誤差の差の総和もジニの強度差の総和 T の $1/2$ である $(T/2)$ 。

上述のように，観測誤差の差を強度差に擬制することができるのは，次の理由による。本章における表記上の統一を図るために，観測値を v ，真値を t ，偶発誤差を ε とおくと，任意の2つの観測値は次のようになる。

$$v_i = t + \varepsilon_i$$
$$v_j = t + \varepsilon_j$$

ただし，$v_i \leqq v_j$

したがって，観測差 v_j-v_i は

$$v_j-v_i=(t+\varepsilon_j)-(t+\varepsilon_i)$$
$$=\varepsilon_j-\varepsilon_i \qquad (22)$$

となる。(22)式は，単一の真値 t の実在を前提すれば，観測差 (v_j-v_i) は偶発誤差の差 ($\varepsilon_j-\varepsilon_i$) と等しいことを意味する。このために，フォン・アンドレの三角表に記載された偶発誤差の差は，ヨルダンがもとめようとした観測差と同一である。この観測差を強度差に置き換えれば，強度差はこの観測差に匹敵する。この限りでは，強度差はヨルダン(1869年)の「観測差」と同一であるだけでなく，フォン・アンドレ(1869年)の「偶発誤差の差」とも同一である。ただし，すでに述べたように，総和をもとめるべき差の個数には違いがある。その個数をヨルダンやフォン・アンドレは $\frac{n(n-1)}{2}$ としたが，ジニは $n(n-1)$ とした。

この段階では，ヨルダンが提起した「観測精度の確定」問題にたいする解答はもとより，平均差を計算するために必要となる観測差の総和もあたえられていない。ただし，観測差の個数にかんするヨルダンの見解が三角表によってより明確になったという点では，フォン・アンドレはヨルダンの所説を一歩先に進めたと言える。

(4) W. ヨルダン(2) (1872年)

フォン・アンドレが1869年書簡で観測値の正規性を閑却しているとヨルダンを批判したことにたいして，ヨルダンは「観測値の誤差にふさわしい法則に従う観測値が対をなすときに作る差を取り扱うことは，事情によっては利点がある」(強調はヨルダン)ことを主張したいのであって，けっして観測値が正規分布に従うことを無視してはいないと反論した[32]。

そして，ヨルダンは，偶発誤差の差にかんするフォン・アンドレの三角表に記載される被減数と減数のサフィックスを入れ替えた。後に示すようにヨルダンの目的が差の平方和をもとめることであったために，サフィックスの入れ替えは問題がないと考えたのかもしれない。あるいは，誤差を降順に並べて，(フォン・アンドレと同様に)小さくない誤差を被減数，大きくない誤差を減数とおいたのかもしれない。ヨルダンもまたフォン・アンドレと同様に偶

発誤差を $\varDelta$ とおいたが，表記を統一するために，ここでもそれを ε で表した三角表を下に掲げる。

$$\begin{array}{llll}
\varepsilon_1-\varepsilon_2 & & & \\
\varepsilon_1-\varepsilon_3 & \varepsilon_2-\varepsilon_3 & & \\
\varepsilon_1-\varepsilon_4 & \varepsilon_2-\varepsilon_4 & & \\
\vdots & \vdots & & \\
\varepsilon_1-\varepsilon_n & \varepsilon_2-\varepsilon_n & \cdots\cdots & \varepsilon_{n-1}-\varepsilon_n
\end{array}$$

ヨルダンはこの $(\varepsilon_i-\varepsilon_j)$（ただし，$i<j$）の二乗和を $[dd]$ と表記し，$[dd]$ をもとめるために，上の三角表から

$$\begin{array}{llll}
(\varepsilon_1-\varepsilon_2)^2 & & & \\
(\varepsilon_1-\varepsilon_3)^2 & (\varepsilon_2-\varepsilon_3)^2 & & \\
(\varepsilon_1-\varepsilon_4)^2 & (\varepsilon_2-\varepsilon_4)^2 & & \\
\vdots & \vdots & & \\
(\varepsilon_1-\varepsilon_n)^2 & (\varepsilon_2-\varepsilon_n)^2 & \cdots\cdots & (\varepsilon_{n-1}-\varepsilon_n)^2
\end{array}$$

という新しい三角表を作成した。そのかっこを解くと，次のような三角表が得られる。

$$\begin{array}{llll}
\varepsilon_1^2-2\varepsilon_1\varepsilon_2+\varepsilon_2^2 & & & \\
\varepsilon_1^2-2\varepsilon_1\varepsilon_3+\varepsilon_3^2 & \varepsilon_2^2-2\varepsilon_2\varepsilon_3+\varepsilon_3^2 & & \\
\varepsilon_1^2-2\varepsilon_1\varepsilon_4+\varepsilon_4^2 & \varepsilon_2^2-2\varepsilon_2\varepsilon_4+\varepsilon_4^2 & & \\
\vdots & \vdots & & \\
\varepsilon_1^2-2\varepsilon_1\varepsilon_n+\varepsilon_n^2 & \varepsilon_2^2-2\varepsilon_2\varepsilon_n+\varepsilon_n^2 & \cdots & \varepsilon_{n-1}^2-2\varepsilon_{n-1}\varepsilon_n+\varepsilon_n^2
\end{array}$$

この三角表を用いると $(\varepsilon_i-\varepsilon_j)$ の二乗和 $[dd]$ は次のようになる。

$$\begin{aligned}
[dd]=&(n-1)\varepsilon_1^2+(\varepsilon_2^2+\varepsilon_3^2+\varepsilon_4^2+\cdots+\varepsilon_n^2)-2(\varepsilon_1\varepsilon_2+\varepsilon_1\varepsilon_3+\varepsilon_1\varepsilon_4+\cdots+\varepsilon_1\varepsilon_n) \\
&+(n-2)\varepsilon_2^2+(\varepsilon_3^2+\varepsilon_4^2+\cdots+\varepsilon_n^2)-2(\varepsilon_2\varepsilon_3+\varepsilon_2\varepsilon_4+\cdots+\varepsilon_2\varepsilon_n)+\cdots\cdots \\
&+\varepsilon_{n-1}^2+\varepsilon_n^2-2\varepsilon_{n-1}\varepsilon_n \\
=&(n-1)(\varepsilon_1^2+\varepsilon_2^2+\varepsilon_3^2+\varepsilon_4^2+\cdots+\varepsilon_n^2) \\
&-2\sum_{i=2}^{n}\varepsilon_1\varepsilon_i-2\sum_{i=3}^{n}\varepsilon_2\varepsilon_i-\cdots\cdots-2\sum_{i=n}^{n}\varepsilon_{n-1}\varepsilon_i
\end{aligned} \quad (23)$$

ヨルダンは「これらの値の二乗和では（周知の前提により）積の 2 倍は相殺しあう」と述べ，もとめるべき二乗和 $[dd]$ を

$$[dd]=(n-1)(\varepsilon_1^2+\varepsilon_2^2+\varepsilon_3^2+\varepsilon_4^2\cdots+\varepsilon_n^2) \tag{24}$$

とした[33]。そして，この二乗和 $[dd]$ を差の個数 $\dfrac{n(n-1)}{2}$ で割り，その商の平方根を D とおいた。すなわち，D は

$$D=\sqrt{\dfrac{[dd]}{\dfrac{1}{2}n(n-1)}} \tag{25}$$

である。ヨルダンはこの D を「2つの観測値の平均差(*mittlere Differenz zweier Beobachtungen*)」(強調はヨルダン)と言っている[34]。

ヨルダンの「平均差」D の数理的意味を明確にする目的で，(25)式に(24)式を代入して整理する。

$$\begin{aligned}D&=\sqrt{\dfrac{[dd]}{\dfrac{1}{2}n(n-1)}}\\&=\sqrt{\dfrac{(n-1)(\varepsilon_1^2+\varepsilon_2^2+\varepsilon_3^2+\varepsilon_4^2+\cdots+\varepsilon_n^2)}{\dfrac{1}{2}n(n-1)}}\\&=\sqrt{\dfrac{\sum_{i=1}^{n}\varepsilon_i^2}{\dfrac{1}{2}n}}\\&=\sqrt{\dfrac{2\sum_{i=1}^{n}\varepsilon_i^2}{n}}\\&=\sqrt{2}\sqrt{\dfrac{\sum_{i=1}^{n}\varepsilon_i^2}{n}}\end{aligned} \tag{26}$$

ヨルダンは，この(26)式を誘導してはいない。しかし，(26)式によれば，ヨルダンの「平均差」D は，観測誤差 ε の平方 ε^2 にかんする相加平均 $\sum_{i=1}^{n}\varepsilon_i^2/n$ (平方平均)の平方根の $\sqrt{2}$ 倍になっていることが分かる。これは明らかにジニが導出した平均差(いわゆる非重複平均差) $\varDelta$ とは異なり，さらにまた，完全非重複平均差 $\varDelta_P$ や重複平均差 $\varDelta_R$ とも異なっている。それだけでなく，ヨルダンの「平均差」D が観測精度の確定(h の算定)で果たすべき役割については議論の余地を残す統計量であることも分かる。ヨルダンが措定した課題(精度の確定)は未解決のままであった。確かに，「平均差」はジニに先立つ

こと40年前に提起された。しかし，ヨルダンとジニとでは「平均差」がそれぞれ別の統計量を指している。

(5) C.G. フォン・アンドレ(2) (1872年)

ヨルダンの上記論文(1872年)を読んだフォン・アンドレは，『天文通報』の編集者に宛てた先の1869年書簡における主張を展開する必要から，同誌に論文[35]を投稿した(1872年)。この論文では，観測誤差の差の総和とともに観測値そのものの差(ヨルダンの観測差)の総和があたえられている。この総和を観測差の個数で割れば，観測差の相加平均が得られる。強度と観測値の概念を数量的規定性一般にまで抽象するとき，この相加平均は平均差と見なしうる。観測差の総和があたえられれば，これをヨルダンがもとめた観測差の個数で割ることによって平均差が得られるので，平均差の概念へはあと一歩の所まで到達したと言うことができる。

フォン・アンドレはn個の観測値をa_iとおいた。そして，そこから2つの観測値で組を作り，その組について小さくない観測値から大きくない観測値を引いたときの差を，観測誤差にかんする三角表(上述)と同様の表にまとめた。ただし，本章ではジニの強度をaで表したので，混同を避けるために，ここではフォン・アンドレの観測値a_iをv_iで表すことにする(原文ではnがmと書かれている)。

$$v_2 - v_1$$
$$v_3 - v_1 \quad v_3 - v_2$$
$$v_4 - v_1 \quad v_4 - v_2 \quad v_4 - v_3$$
$$v_5 - v_1 \quad v_5 - v_2 \quad v_5 - v_3 \quad v_5 - v_4$$
$$\vdots \quad \vdots \quad \vdots \quad \vdots$$
$$v_n - v_1 \quad v_n - v_2 \quad v_n - v_3 \quad v_n - v_4 \quad \cdots\cdots \quad v_n - v_{n-1}$$

観測差の総和は観測誤差の差の総和に等しい[36]ので，

$$\sum_{i<j}(v_j - v_i) = \sum_{i<j}(\varepsilon_j - \varepsilon_i) \tag{22}'$$

である。フォン・アンドレはこの総和を$[d]$とおいた。そして，観測差にかんする$[d]$と観測誤差の差にかんする$[d]$を次のようにもとめた。

観測差の和は次式であたえられる。

$$[d]=(n-1)\{v_n-v_1\}+(n-3)\{v_{n-1}-v_2\}+(n-5)\{v_{n-2}-v_3\}+\cdots \quad (27)$$

また，観測誤差の差の総和については(22)′式から同様に，

$$[d]=(n-1)\{\varepsilon_n-\varepsilon_1\}+(n-3)\{\varepsilon_{n-1}-\varepsilon_2\}+(n-5)\{\varepsilon_{n-2}-\varepsilon_3\}+\cdots \quad (28)$$

で表される。

ヘルメルトに継承された計算式は(27)式およびとくに(28)式である。ジニが対象としたのは強度差であるから，平均差(ジニ)との関連では観測差にかんする(27)式が注目される。そこで，フォン・アンドレの(27)式を今日の表記法で表せば，

$$[d]=\sum(n+1-2i)(v_{n-i+1}-v_i) \quad (27)'$$

となる。フォン・アンドレの三角表から明らかに，観測差の個数は $\frac{n(n-1)}{2}$ である。すでに述べたように，ジニは強度差の総和 T として

$$T=2\sum_{i=1}^{\frac{n+1}{2}}(n+1-2i)(a_{n-i+1}-a_i) \quad (7)\,[再掲]$$

を誘導した。そのときの強度差の個数 N は $n(n-1)$ であった。したがって，観測差と強度差がいずれも2つの数量的規定性の差を示しているという共通性に着目すれば，フォン・アンドレの $[d]$ ((27)′式)とジニの T ((7)式)とは，

$$T=2\times[d]$$

という関係にあることが分かる。

要するに，強度差を基準強度別に悉皆的に(ただし，同一強度間の強度差を除く)枚挙して $n(n-1)$ 個の強度差の総和をもとめるか(ジニ)，あるいは一度でも観測差を合計のなかに算入させた場合にはそれを観測差の総和の計算から除外して $\frac{n(n-1)}{2}$ 個の観測差についてその総和をもとめるか(ヨルダン，フォン・アンドレ)が，両者の違いである。

以上の指摘はジニ理論から見た誤差論についてであるが，誤差論の分野に限定すれば，フォン・アンドレによっても，ヨルダンが提起した精度の確定問題への解答はまだあたえられてはいない。

(6) F. R. ヘルメルト (1876年)

① 「平均誤差」

アーヘン(ドイツ)のポリテヒニクム(高等工業学校)教授であったヘルメルト

は，フォン・アンドレの結果を一部活用して，ヨルダンが1869年に提起した問題(観測精度の確定)への解答を試みた[37]。

ヘルメルトは『天文通報』通巻2096-97合併号に掲載された1876a年論文のなかで，ヨルダンとフォン・アンドレの研究の帰結を次のように要約している。

 i ． $\frac{n(n-1)}{2}$ 個の可能な観測差(Beobachtungsdifferenz)に着目して，その合計がもとめられていること。

 ii ． 可能な観測差を d とすると，その和 $[d]$ は
$$[d]=(l_n-l_1)(n-1)+(l_{n-1}-l_2)(n-3)+(l_{n-2}-l_3)(n-5)+\cdots\cdots$$
   ただし，l_i は観測値 ($i=1, 2, \cdots\cdots, n$)

 であること((27)式参照)。

 iii ． $[d]$ をあたえる上式はフォン・アンドレによること。

 iv ． この式を用いれば，「よりたやすく(bequemer)」観測差の総和を計算できること。

以上のような先行研究を踏まえたヘルメルトの解答(精度の確定)については，エマヌエル・ツーバー[38]による分かりやすい解説がある。そこで以下ではそれに従い，ヘルメルトの所説を敷衍する。ただし，今日の一般的な表記法を用いる。

ツーバーは，真値を X(未知)，観測値を l，偶発誤差を ε，観測差を $\mathit{\Delta}$ とおいている。しかし，本章では表記上の統一を図るために，ツーバーと同様に偶発誤差は ε で示すが，X を t で，l を v で，$\mathit{\Delta}$ を d で表す。このときには，次のようになる[39]。

$$t=v_1+\varepsilon_1=v_2+\varepsilon_2$$
$$d=v_1-v_2=\varepsilon_2-\varepsilon_1 \tag{29}$$

ツーバーによれば，差 d の分布は

$$\frac{h}{\sqrt{2\pi}}e^{-\frac{h^2}{2}d^2}$$
   ただし，h は精度指標，π は円周率，e は自然対数の底。

に従うので，d の絶対値 $|d|$ (これを abs. d と表記する)の分布の平均を $\overline{\text{abs.}\,d}$

とおくと

$$\overline{\mathrm{abs.}\ d} = \frac{1}{h\sqrt{\pi}}\sqrt{2} \tag{30}$$

となる。

ここで，次のようにおく。

$$\frac{1}{h\sqrt{\pi}} = \vartheta \tag{31}$$

(31)式を(30)式に代入すると，$|d|$ の平均 $\overline{\mathrm{abs.}\ d}$ は次式になる。

$$\overline{\mathrm{abs.}\ d} = \vartheta\sqrt{2} \tag{32}$$

ところで，観測差 d が s 個 ($d_1, d_2, \cdots\cdots, d_s$) ある場合には，$|d|$ の平均 $\overline{\mathrm{abs.}\ d}$ は，

$$\overline{\mathrm{abs.}\ d} = \frac{\sum_{i=1}^{s}|d_i|}{s} \tag{33}$$

である。

観測差の個数 s は2つの観測値の対の個数に等しい。また，観測値が n 個のときには，その観測差の個数 s は次式であたえられる。

$$s = \frac{n(n-1)}{2} \tag{34}$$

(34)式を(33)式に代入すれば，次式を得る。

$$\overline{\mathrm{abs.}\ d} = \frac{\sum_{i=1}^{s}|d_i|}{\frac{n(n-1)}{2}} \tag{35}$$

(35)式を(32)式に代入すれば，

$$\vartheta\sqrt{2} = \frac{\sum_{i=1}^{s}|d_i|}{\frac{n(n-1)}{2}}$$

となる。これを整理すれば，

$$\vartheta = \frac{\sum_{i=1}^{s}|d_i|}{\frac{n(n-1)}{2}\sqrt{2}}$$

$$= \frac{2\sum_{i=1}^{s}|d_i|}{n(n-1)\sqrt{2}}$$

$$= \frac{2\sqrt{2}\sum_{i=1}^{s}|d_i|}{n(n-1)\sqrt{2}\sqrt{2}}$$

となって,結局,次式を得る。

$$\vartheta = \frac{(\sum_{i=1}^{s}|d_i|)\sqrt{2}}{n(n-1)} \tag{36}$$

以上がツーバーによる説明の骨子である。ヘルメルトもまた,ツーバーとは異なる数式展開によってではあるが,ツーバーと同様の(36)式を誘導した[40]。そして,ヘルメルトは(36)式があたえる統計量を「平均誤差(Durchschnittsfehler) ϑ」と名づけた。ツーバーによる説明は(36)式ならびにそれと関連する数式の提示で終わっている。

これにたいしてヘルメルトは1876a年論文で(36)式を導出した後,独自の数式展開から確率誤差(中央誤差) ρ をもとめ,精度の確定問題への解答を試みた[41]。しかし,ここではその解答(ρ)に立ち入らない。ヘルメルトの ϑ とジニの $\varDelta$ との数学的関係を明らかにするだけで本章の所期の目的を達成できるからである。その鍵をあたえるのが(35)式と(36)式である[42]。そこで項を改めて,そのことについて述べる。

② ϑ(ヘルメルトの平均誤差)と $\varDelta$(ジニの平均差(非重複平均差))

ヘルメルトの ϑ とジニの $\varDelta$ との間の数学的関係について考察するために,

$$\overline{\text{abs.}\,d} = \frac{\sum_{i=1}^{s}|d_i|}{\frac{n(n-1)}{2}} \tag{35}[再掲]$$

に着目する。(35)式の分子(観測差の絶対値の総和)は,①同一の強度どうしの強度差を排除し,②2つの強度を重複なく組み合わせ,③小さくない強度か

ら大きくない強度を引いたときに計算される「完全非重複強度差」の総和 T_P に等しい。また，分母は「完全非重複強度差」の個数に等しい。したがって，(35)式は「完全非重複平均差」$\varDelta_P$ に等しい。すなわち，

$$\overline{\mathrm{abs}.\,d} = \varDelta_P$$

である。しかも，

$$\varDelta = \varDelta_P \qquad (9)\,[\text{再掲}]$$

により，

$$\overline{\mathrm{abs}.\,d} = \varDelta \qquad (37)$$

であるから，統計量 $\overline{\mathrm{abs}.\,d}$ は，ジニの平均差 $\varDelta$（非重複平均差）に等しい。

ところが，上で見たように，

$$\vartheta = \frac{(\sum_{i=1}^{s}|d_i|)\sqrt{2}}{n(n-1)} \qquad (36)\,[\text{再掲}]$$

である。ここで，(35)式を変形すれば，

$$\overline{\mathrm{abs}.\,d} = \frac{2\sum_{i=1}^{s}|d_i|}{n(n-1)} \qquad (35)'$$

$$\therefore\ \frac{\overline{\mathrm{abs}.\,d}}{2} = \frac{\sum_{i=1}^{s}|d_i|}{n(n-1)} \qquad (35)''$$

となる。そして，(35)″式を(36)式に代入すれば

$$\vartheta = \frac{\overline{\mathrm{abs}.\,d}}{2}\sqrt{2}$$

$$= \frac{1}{\sqrt{2}}\,\overline{\mathrm{abs}.\,d} \qquad (38)$$

となる。さらに，(38)式に(37)式を代入すれば，

$$\vartheta = \frac{1}{\sqrt{2}}\varDelta \qquad (39)$$

$$\varDelta = \sqrt{2}\,\vartheta \qquad (39)'$$

となる。すなわち，ジニの平均差 $\varDelta$ はヘルメルトの平均誤差 ϑ の $\sqrt{2}$ 倍になっている。

なお，ジニは，正規分布に従う観測値にかんしては，平均偏差(lo scostamento semplice medio) ^1S_A の $\sqrt{2}$ 倍と平均差 Δ が等しくなること($\Delta = \sqrt{2}\,^1S_A$)について「厳密な証明をあたえた」論者としてヘルメルトの名を挙げている(p.59)。1912 年論文のなかで，ジニはヘルメルトの論文を 2 篇引用していることはすでに述べたが，第 2 論文(1876a 年論文の付帯論文[43])はこの文脈で引用されている。統計量 ^1S_A を ϑ と読み替えるジニの叙述は簡潔で難解である。ここではヘルメルトの立論が諸量の正規性を前提していることに，ジニはその特質を見ていると指摘するにとどめる。

(7) V. フルラン(1911 年)

リッチは，上述した研究者の他に平均差概念の形成に寄与したとして V. フルラン[44] の名を挙げている。誤差論(観測精度の確定問題)を研究したと言うよりは，むしろ所得分布の統計的計測にかんする業績を残したフルランは，所得 x 以上の人数を $f(x)$ とする「所得曲線(Einkommenskurve)」を

$$y = f(x) \tag{40}$$

と定義している。そして，2 つの所得 x と x' ($x < x'$ とする)にかんする二重積分の絶対値

$$\left| 2\int_u^\infty \int_x^\infty (x'-x)\frac{dy}{dx}\frac{dy'}{dx'}\,dx\,dx' \right| \tag{41}$$

> ただし，dy と dy' の絶対値はそれぞれ所得が x から $x+dx$ までの人数と，所得が x' から $x'+dx$ までの人数。また，u は捕捉した最低所得。

が「所得分布における不平等性の指数(Index)ないし測度(Maß)」であるとフルランは述べている。所得についてその差 $(x'-x)$ をとり，それをもって所得分布の不平等度を計測する試みに限定すれば，このフルランの論文は，平均差を定式化したジニの 1912 年論文の前年に公刊されているので，ジニに直接先行していると言うことができる。しかし，フルランは平均差というよりは，むしろそれをもとめるときに，その前段で必要とされる所得差(強度差)とその総和に着目したのであって((41)式参照)，しかもその指摘が示唆にとどまることは上に見られるとおりである。したがって，この問題について

「幅広く，体系的」(リッチ)に論述したのはジニであるとのリッチの見解は妥当なものと考えることができる。

(8) ジニの平均差理論と誤差論

本節の最後に，用語と数式に分けてジニの平均差概念と誤差論との理論的関連に言及する。

① 用　語

(a)　観測差と強度差

ヨルダンは，「観測差(Beobachtungsdifferenz)」によって観測精度を確定しようと試みた。物理的対象を観測する目的は，それに固有の一意的な真値をもとめることにある。そして，観測値には正規分布に従う偶発誤差が内在することを前提として，誤差論は理論的展開を見た。真値の存在を前提する誤差論では，観測差は偶発誤差の差に等しい。ここで，観測差(もしくは偶発誤差の差)を，自然と社会を問わず広く客観的対象の数量的規定性にかんする2つの数値の差というレベルにまで一般化すると，その限りではヨルダンの観測差はジニの「n個の諸量の差(differenza tra n quantità)」(本章に言う強度差)と異ならない。ジニ理論と誤差論は，いずれも2つの数量的規定性の差にかんする統計量を考察した。ジニの平均差の基本的な構想は，ヨルダンからフォン・アンドレを経てヘルメルトにいたる誤差論の延長線上に位置づけることができる。ジニはこれらの誤差論研究者が「かなり以前から，まったく異なった観点で多数の諸量間の平均差を研究してきた」ことを認めている(p. 58)。ただし，彼らが研究対象とした諸量は「ガウス曲線(la curva di Gauss)」に従っており，そのような諸量を前提にして平均差を誘導する過程ではたとえ似たような数式が導出されることがあろうとも，1912年論文で展開した所説はヨルダンからヘルメルトにいたる誤差論研究とは「独立していて，しかもまったく異なる」とジニは主張している(p. 59)。

(b)　平　均　差

ジニは$n(n-1)$個の強度差の相加平均を平均差(differenza media)と名づけ，$\varDelta$で表した。また，n^2個の強度差の相加平均を重複平均差(differenza media con ripetizione)と名づけ，$\varDelta_R$で表した。

これにたいして，ヨルダンの平均差(mittlere Differenz)は，観測誤差の平方平均の平方根を$\sqrt{2}$倍した値を意味し，言葉としては同一ではあるが，いかなる意味でもジニの平均差とは異なっている。

② 数　式

(a)　強度差の個数と観測差の個数

ジニの場合，平均差をもとめるべき強度差の個数は，$\varDelta$(非重複平均差)のときには$n(n-1)$個であり，$\varDelta_R$(重複平均差)のときにはn^2個である。$\varDelta$の計算には同一の強度どうしの強度差が除去されているが，$\varDelta_R$の場合にはそれが除去されない。

これにたいして，ヨルダンからヘルメルトにいたる誤差論の分野では，観測差の総和に算入される観測差のなかには，同一の観測値どうしの観測差はもとより，一度でも計算された観測差が重複して算入されることはない。そのために，観測差の個数はジニの平均差$\varDelta$の場合の半分となって，$\frac{n(n-1)}{2}$である。

(b)　強度差の総和と観測差の総和

強度差と観測差を2つの数量的規定性の差のレベルにまで抽象して，そこに強度差と観測差との共通性を見出すとすれば，強度差の総和をTとおくとき，観測差の総和は$T/2$と表すことができる。上で述べたように，観測差の総和を計算するときの観測差の個数は，強度差の総和をもとめるときの1/2だからである。

ジニが強度差の総和をもとめるときに誘導した一般式と同様の数式は，すでにフォン・アンドレが誘導している。ジニはこの先行研究の存在を知っていた。しかし，フォン・アンドレの取り扱う諸量が正規分布に従っている点や証明の仕方の点で違いがあると述べ，ジニはみずからの独創性を主張している(p. 59)。

(c)　強度差の相加平均と観測差の相加平均

(b)で示したそれぞれの総和を，(a)で述べたそれぞれの差の個数で割れば，それぞれの相加平均が得られる。

強度差の相加平均は，

$$\frac{T}{n(n-1)} \quad \text{または} \quad \frac{T}{n^2}$$

ただし，n が十分に大きいときは $n-1 \to n$ となって，
$$\frac{T}{n(n-1)} = \frac{T}{n^2}$$

である。

また，観測差の相加平均は，

$$\frac{\dfrac{T}{2}}{\dfrac{n(n-1)}{2}} = \frac{T}{n(n-1)}$$

である。したがって，十分大きな n については，強度差の相加平均は観測差の相加平均と一致する。

ジニにとっては，強度差の相加平均をもとめることが目的であり，彼はそれを平均差と名づけたが，ヨルダン(観測差の個数の確定)からフォン・アンドレ(観測差の総和の確定)を経てヘルメルト(観測差の相加平均の導出・援用)にいたる誤差論研究者にとっては，上述の相加平均をもとめることが最終目的ではなく，観測精度の確定途上で得られた「副産物」にすぎない。

③ 小　括

本節における考察をヘルメルトとジニの違いに限定すれば，次のように要約することができる。第1に，ヘルメルトは，偶発誤差と偶発誤差との乖離の研究に重点をおいた。彼が取り上げた誤差 ε とは「真の誤差(wahre Fehler)」である。それは，観測値のなかに潜むとされる(いわゆる誤差論(観測値結合論)における)偶発誤差であり，そこでは真値の存在が前提されている。これにたいして，ジニは強度に誤差を前提することなく，強度そのものを言わば真値として分析の対象とした。

第2に，ジニは，いわゆる強度が正規分布に従うことを前提していない。これにたいして，ヘルメルト(をはじめとする誤差論研究者)にあっては，観測値分布の正規性が重要な役割を果たしている。

上述の2点がジニとヘルメルトを分かつ相違点となっている。ただし，このこととともに，ジニ理論と(ヘルメルトを含む)19世紀誤差論との理論的関連については次の点を指摘しておく必要もある。ヘルメルトは対をなす偶発誤

差の乖離について，その総和と個数から相加平均をもとめ，それを「平均値 (Duchschnittswerth)」と言っている。ヘルメルトは平均差という言葉を使ってはいないが，この「平均値」は平均差に対応するので，彼もまた平均差をもとめた(あるいは，ジニ以前に平均差をもとめた)と言うことができる。

したがって，強度間の乖離について相加平均(平均差)をもとめるという考え方，ならびにそれを計算するときのために必要な強度差の概念は(誤差論の分野では観測差という名で呼ばれていたが)，19世紀中葉にはすでに形成されていた。この意味では平均差という構想そのものは，ジニの創始になるものではなく，19世紀中葉における観測値結合論(いわゆる誤差論)の分野で真値にたいする推定の精度を測定・向上させるための研究のなかで形成された概念である。このように，ジニ理論と誤差論とでは，強度差の総和 T と強度差の相加平均 Δ の計算，および観測差の総和 $\sum_{i=1}^{s}|d_i|$ と観測差の相加平均 $\overline{\text{abs.}\,d}$ の計算までは共通性を見出すことができる。

しかし，ジニ理論では強度間格差の計測が問題とされたので，平均差 Δ の計算は「終着駅」であった。これにたいして，ヘルメルトが $\Delta=\sqrt{2}\,\vartheta$ の関係にある平均誤差 ϑ をもとめたのは，確率誤差(中央誤差)によって精度を確定するためであった。ジニの意味での平均差 Δ は誤差論者にしてみれば，最終目的地にいたるための「通過駅」である。

4. 平均差によるジニ係数の再定義

(1) 再定義のための準備

n 個の個体の強度 a_i の総和 A_n は

$$A_n=\sum_{i=1}^{n}a_i$$

(一般に，第 k 項までの強度の和を A_k とすれば，$A_k=\sum_{i=1}^{k}a_i$ となる。)

である。その相加平均 M_n は次式であたえられる。

$$M_n = \frac{A_n}{n} \tag{42}$$

集中比 R (ジニ係数) を初めて取り扱った1914年論文によれば，集中比 R は，このを M_n を用いて，

$$R = \frac{\Delta}{2M_n} \tag{43}$$

ただし，Δ は (4) 式で定義される平均差。

と表すことができる[45]。すなわち，R はすべての強度の相加平均の2倍と平均差との比率としてあたえられる。以下では，1914年論文におけるこの定義を敷衍する。

(43)式の証明の方針は以下のとおりである。まず，(43)式に(4)式(本章250頁)と(42)式を代入すれば，次式を得る。

$$R = \frac{\frac{2}{n(n-1)}\sum_{i=1}^{\frac{n+1}{2}}(n+1-2i)(a_{n-i+1}-a_i)}{\frac{2A_n}{n}}$$

$$= \frac{\sum_{i=1}^{\frac{n+1}{2}}(n+1-2i)(a_{n-i+1}-a_1)}{(n-1)A_n} \tag{44}$$

(43)式と(44)式は同値であるから，(44)式の証明をもって(43)式の証明と見なすことができる。ジニは，(43)式の証明のために集中比 R の定義式[46]

$$R = \frac{\sum_{i=1}^{n-1}(p_i - q_i)}{\sum_{i=1}^{n-1}p_i}$$

から誘導される次式を用いた[47]。

$$R = 1 - \frac{2}{(n-1)A_n}\sum_{i=1}^{n-1}A_i \tag{45}$$

ここで，(45)式を変形すれば

$$R = \frac{(n-1)A_n - 2\sum_{i=1}^{n-1}A_i}{(n-1)A_n} \tag{45}'$$

となるので，(44)式による集中比 R の定義を証明するには，(44)式と(45)′式の分子に着目して，(44)式の分子が(45)′式の分子と等しいことを証明すればよい。すなわち

$$\sum_{i=1}^{\frac{n+1}{2}}(n+1-2i)(a_{n-i+1}-a_i)=(n-1)A_n-2\sum_{i=1}^{n-1}A_i \tag{46}$$

が成り立つことを証明すればよい。

(2) 平均差と集中比

上述の方針に沿って(44)式を証明するために，(46)式の右辺を整理する。

① **(46)式右辺の第1項($(n-1)A_n$)**

$(n-1)A_n$
$=(n-1)(a_1+a_2+a_3+\cdots+a_n)$
$=(n-1)a_1+(n-1)a_2+(n-1)a_3+\cdots+(n-1)a_{n-2}+(n-1)a_{n-1}+(n-1)a_n$
$\quad+0\times(a_1-a_1)+1\times(a_2-a_2)+2\times(a_3-a_3)+\cdots$
$\quad+(n-3)(a_{n-2}-a_{n-2})+(n-2)(a_{n-1}-a_{n-1})+(n-1)(a_n-a_n)$
$=(n-1)a_1+(n-2)a_2+(n-3)a_3+\cdots+2\times a_{n-2}+1\times a_{n-1}+0\times a_n$
$\quad+a_2+2a_3+\cdots+(n-3)a_{n-2}+(n-2)a_{n-1}+(n-1)a_n \tag{47}$

② **(46)式右辺の第2項($2\sum_{i=1}^{n-1}A_i$)**

$2\sum_{i=1}^{n-1}A_i$
$=2(A_1+A_2+A_3+\cdots A_{n-1})$
$=2(a_1$
$\quad+a_1+a_2$
$\quad+a_1+a_2+a_3$
$\quad\quad\vdots$
$\quad+a_1+a_2+a_3+\cdots\cdots+a_{n-1})$
$=2\{(n-1)a_1+(n-2)a_2+\cdots\cdots+2a_{n-2}+a_{n-1}\} \tag{48}$

③ **(46)式の右辺($(n-1)A_n-2\sum_{i=1}^{n-1}A_i$)**

(47)式と(48)式を(46)式の右辺に代入すれば，次式を得る。

$$(n-1)A_n - 2\sum_{i=1}^{n-1} A_i$$
$$=\{(n-1)a_1 + (n-2)a_2 + (n-3)a_3 + \cdots + 2\times a_{n-2} + 1\times a_{n-1} + 0\times a_n$$
$$\quad + a_2 + 2a_3 + \cdots + (n-3)a_{n-2} + (n-2)a_{n-1} + (n-1)a_n\}$$
$$\quad -2\{(n-1)a_1 + (n-2)a_2 + (n-3)a_3 + \cdots + 2a_{n-2} + a_{n-1}\}$$
$$=\{a_2 + 2a_3 + \cdots + (n-3)a_{n-2} + (n-2)a_{n-1} + (n-1)a_n\}$$
$$\quad +\{(n-1)a_1 + (n-2)a_2 + (n-3)a_3 + \cdots + 2\times a_{n-2} + 1\times a_{n-1}\}$$
$$\quad -2\{(n-1)a_1 + (n-2)a_2 + (n-3)a_3 + \cdots + 2\times a_{n-2} + 1\times a_{n-1}\}$$
$$=\{0\times a_1 + 1\times a_2 + 2\times a_3 + \cdots + (n-3)a_{n-2} + (n-2)a_{n-1} + (n-1)a_n\}$$
$$\quad -\{(n-1)a_1 + (n-2)a_2 + (n-3)a_3 + \cdots + 2\times a_{n-2} + 1\times a_{n-1} + 0\times a_n\}$$
$$=[\{na_n + (n-1)a_{n-1} + (n-2)a_{n-2} + \cdots + 3\times a_3 + 2\times a_2 + 1\times a_1\}$$
$$\quad -(a_n + a_{n-1} + a_{n-2} + \cdots + a_3 + a_2 + a_1)]$$
$$\quad -\{(n-1)a_1 + (n-2)a_2 + (n-3)a_3 + \cdots + 2\times a_{n-2} + 1\times a_{n-1} + 0\times a_n\}$$
$$=\{na_n + (n-1)a_{n-1} + (n-2)a_{n-2} + \cdots + 3\times a_3 + 2\times a_2 + 1\times a_1\}$$
$$\quad -(a_n + a_{n-1} + a_{n-2} + \cdots + a_3 + a_2 + a_1)$$
$$\quad -\{(n-1)a_1 + (n-2)a_2 + (n-3)a_3 + \cdots + 2\times a_{n-2} + 1\times a_{n-1} + 0\times a_n\}$$
$$=\{na_n + (n-1)a_{n-1} + (n-2)a_{n-2} + \cdots + 3\times a_3 + 2\times a_2 + 1\times a_1\}$$
$$\quad -\{na_1 + (n-1)a_2 + (n-2)a_3 + \cdots + 3\times a_{n-2} + 2\times a_{n-1} + 1\times a_n\}$$
$$=\{na_n + (n-1)a_{n-1} + (n-2)a_{n-2} + \cdots + 3\times a_3 + 2\times a_2 + 1\times a_1\}$$
$$\quad -na_1 - (n-1)a_2 - (n-2)a_3 - \cdots - 3\times a_{n-2} - 2\times a_{n-1} - 1\times a_n \qquad (49)$$

ここで，平均差を誘導するときに

$$T = 2\{na_n + (n-1)a_{n-1} + (n-2)a_{n-2} + \cdots + 3a_3 + 2a_2 + a_1$$
$$\quad - na_1 - (n-1)a_2 - (n-2)a_3 - \cdots - 3a_{n-2} - 2a_{n-1} - a_n\} \qquad (5)\,[再掲]$$

を得たことを想起する．

(49)式に(5)式を代入すれば，(46)式の右辺は

$$(n-1)A_n - 2\sum_{i=1}^{n-1} A_i = \frac{T}{2} \qquad (50)$$

となる．

他方で，すでに導出した $n(n-1)$ 個の強度差の総和をあたえる

$$T = 2\sum_{i=1}^{\frac{n+1}{2}}(n+1-2i)(a_{n-i+1}-a_i) \qquad (7) [再掲]$$

の両辺を2で割れば,

$$\frac{T}{2} = \sum_{i=1}^{\frac{n+1}{2}}(n+1-2i)(a_{n-i+1}-a_i) \qquad (7)'$$

となる。

(7)′式と(50)式から

$$\sum_{i=1}^{\frac{n+1}{2}}(n+1-2i)(a_{n-i+1}-a_i) = (n-1)A_n - 2\sum_{i=1}^{n-1}A_i \qquad (46) [再掲]$$

となる。よって, (44)式の分子は(45)′式の分子と等しいことが証明された。

題意により, (46)式が成立することが証明されれば,

$$R = \frac{\frac{2}{n(n-1)}\sum_{i=1}^{\frac{n+1}{2}}(n+1-2i)(a_{n-i+1}-a_i)}{\frac{2A_n}{n}}$$

$$= \frac{\sum_{i=1}^{\frac{n+1}{2}}(n+1-2i)(a_{n-i+1}-a_i)}{(n-1)A_n} \qquad (44) [再掲]$$

によって, 集中比 R を定義することができる。このことはとりもなおさず,

$$R = \frac{\varDelta}{2M_n} \qquad (43) [再掲]$$

によって R が定義されることを意味する。 q.e.d.

* * * * *

以上要するに, 全部で $n(n-1)$ 個ある強度差 (a_j-a_i) (ただし, $a_j \geqq a_i$, $j>i$)にかんする平均差を

$$\varDelta = \frac{2}{n(n-1)}\sum_{i=1}^{\frac{n+1}{2}}(n+1-2i)(a_{n-i+1}-a_i) \qquad (4) [再掲]$$

とし, 強度の相加平均を M_n とするとき, 集中比 R が

$$R = \frac{\varDelta}{2M_n} \qquad (43) [再掲]$$

によって再定義され, R は平均差と強度の相加平均の2倍との比率である

とも規定されることなる。また，(43)式より

$$\Delta = 2M_n \cdot R \tag{51}$$

となり，M_n と R が分かれば，平均差 Δ をもとめることができる。

むすび

本章における考察は以下のように要約できる。

(1) ジニ係数は，平均差 Δ を用いても定義できる。1936年のコールズ委員会研究集録では，分布における集中の測度としてのジニ係数(集中比)は $R=\Delta/2M_n$ であたえられるという趣旨の叙述が見られる(ただし，M_n は強度の相加平均)。このことから，平均差によるジニ係数の定義は1936年になされたと考えられることもある。しかし，1914年に初めてジニ係数が「集中比」として定式化されたとき，すでに平均差による定義が行われていた。

(2) 理論史のうえでは，平均差の概念は，ガウスやH. ハーゲンの名と結びついて発展した19世紀中葉の(とくに観測精度の確定を課題としたヨルダン，フォン・アンドレ，ヘルメルトの)誤差論(観測値結合論)研究に淵源する。

(3) 平均差概念にかんする先行研究の存在をジニが知っていたことは明らかである。ジニは先行研究を咀嚼してはじめて平均差の研究が完結するという趣旨の主張を述べてはいるが(p.58)，それは彼自身の課題でもあった。この課題の解明については，なお検討を要するが，ジニは強度間格差を計測する必要から平均差の概念に到達した。

(4) 平均差は強度差の相加平均である。そのため，平均差をもとめるには強度差の総和をもとめておく必要がある。したがって，それには強度差の概念が形成されていることが前提となる。この強度差はヨルダンの観測差の概念にほぼ対応している。ヨルダンは，観測差の個数が $n(n-1)/2$ であると規定した。その後，フォン・アンドレによって観測差の総和をあたえる計算式が提示された。他方で，ジニも，フォン・アンドレと基本的には同一の計算式を誘導している。このことから見ると，たとえジニ理論が先行研究から独立して展開されたとしても，平均差をもとめる途中で誘導

される強度差の総和にかんする計算式をそのものとして見れば，そこにはジニの独創性は見出しがたい。

(5) 強度差の総和を強度差の個数で除して，その相加平均をもとめるとき，ジニと19世紀誤差論とでは，合計をもとめるべき強度差の個数に違いがあり，誤差論ではその個数がジニの個数の1/2になっている。

(6) 平均差という用語はすでにヨルダンが1872年に用いている。しかし，この平均差は誤差の平方平均の平方根の $\sqrt{2}$ 倍であり，ジニの平均差(強度差の相加平均)とは異なっている。

(7) ヘルメルトはジニの平均差 $\varDelta$ と

$$\vartheta = \frac{1}{\sqrt{2}} \varDelta$$

という関係にある「平均誤差」ϑ を誘導して，精度の確定というヨルダン以来の課題に解答をあたえようと試みた。

(8) ジニが対象とした社会科学の研究では，相加平均を真値(もしくはその近似値)と見なす誤差論の研究成果がそのまま有効に機能するとは限らない。このために，ジニは，個体のもつ数量的規定性(ジニのいわゆる強度)がそのものとして意味をもつ(たとえば，所得のような)社会経済現象を分析するための変動性指数の1つとして，平均差にその意義を見出した。

(9) ジニは2種類の平均差を定義した。一方は「平均差」$\varDelta$ であり，他方は「重複平均差」$\varDelta_R$ である。今日の表記法ではそれぞれの平均差(mean difference)は

$$\varDelta = \frac{1}{n(n-1)} \sum_{i<j} 2 \times |a_i - a_j|$$
$$i = 1, 2, \dots, n-1; j = i+1, i+2, \dots, n$$

および

$$\varDelta_R = \frac{1}{n^2} \sum_{i=1}^{n} \sum_{j=1}^{n} |a_i - a_j|$$

と書かれる。十分大きな n については $\varDelta = \varDelta_R$ となって，両者に違いはない。しかし，個体の強度差(強度間格差)の平均を計測するという，平均差の本旨から言えば，あえて同一世帯の所得を組み合わせて，その差(格差)

を計算することは実質的な意味をもたない。ジニが用いたように，同一の強度どうしの強度差 $a_i - a_i$ を取り除いて計算される平均差 Δ が，どちらかと言えば望ましいと考えられる。ツーバーは，重複平均差 Δ_R に較べて Δ が「理にかなっている」と主張しているが，彼の見解の根拠をそのように解釈したい。

(10) ジニは1912年論文で平均差 Δ と重複平均差 Δ_R の2つを区別した。しかし，事柄の性質を明確にするために，Δ には「非重複平均差」という呼称がふさわしい。本章では，一度でも強度差を計算した強度の組はそれ以降の計算過程では除外し，そのうえでもとめた平均差を「完全非重複平均差」Δ_P と名づけ，「非重複平均差」Δ と区別した。この場合には強度差の個数は $n(n-1)/2$ となり，非重複平均差(ジニの平均差) Δ における強度差の個数 $n(n-1)$ の $1/2$ になっている。ただし，Δ_P をもとめるときの強度差の総和は Δ をもとめるときの強度差の総和の $1/2$ となっているので，$\Delta = \Delta_P$ となる。また，十分に大きな n については $\Delta = \Delta_P = \Delta_R$ となる。誤差論における研究を踏まえ，かつ平均差の主旨に照らして見ると，Δ_P をもって平均差の定義式と見なすのが望ましいと考えられる。

(11) ジニは平均差(非重複平均差) Δ を用いて集中比を再定義した。それにもとづけば，

$$\Delta = 2M_n \cdot R$$

によって集中比 R から逆に個々の強度間の平均的な格差(乖離)(平均差 Δ)を計測することができる。これによって，集中比(ジニ係数)はローレンツ曲線という視覚的手段に加えて，所得分布をさらに明証的に計測する指標となる。

以上に要約されるジニの研究は，①集中比を含む変動性指数の体系化[48]，②所得分布研究への集中比の応用[49] を誘発した。

1) Pietra, Gaetano, "Delle relazioni tra gli indici di variabilità," *Atti del Reale Istituto Veneto di Scienze, Lettere ed Arti*, Tomo LXXIV, Parte seconda, Anno accademico 1914-15, p. 780 [Pietra (1915)].

2) ①高山憲之「富と所得の分布」『経済学大辞典(第2版)』第Ⅰ巻, 東洋経済新報社, 1980年, p.473；②石田　望「所得配分不均等度の測定——ジニ係数適用拡大の試み——」『東京経大学会誌』第146号, 1986年, p.116も参照。なお, 直角2等辺三角形の面積(1/2)については前章注43も参照。

3) Gini, C., "On the Measurement of Concentration with Special Reference to Income and Wealth," *Abstracts of Papers presented at the Cowles Commission Research Conference on Economics and Statistics*, Colorado 1936, p.77.

4) Gini, C., "Sulla misura della concentrazione e della variabilità dei caratteri," *Atti del Reale Istituto Veneto di Scienze, Lettere ed Arti*, Tomo LXXIII, Parte seconda, Anno accademico 1913-14, pp.1236ff. [Gini (1914)].

5) Gini, C., "Variabilità e Mutabilità, contributo allo studio delle distribuzioni e delle relazione statistiche," *Studi Economico-Giuridici delle R. Università di Cagliari*, Volume III, Parte seconda, 1912 [Gini (1912)].

6) 以下, とくに断らない限り, 本文の(　)内に示した数字は, Gini (1912)のページを示す。

7) Gini (1914), p.1237.

8) Jordan, W., "Ueber die Bestimmung der Genauigkeit mehrfach wiederholter Beobachtungen *einer* Unbekannten," *Astronomische Nachrichten*, Bd.74, 1869, p.217 [Jordan (1869)].

9) (5)式参照。

10) 強度差に類似した概念と考えられる観測差(2つの観測値の差)の個数をこのように$n(n-1)/2$と規定したのは, W. ヨルダン(1869年)であり, この観測差の総和にかんする一般式をあたえたのは, C.G. フォン・アンドレ(1872年)である。この点については次節(3. 平均差概念の形成)で述べる。なお, n個のa_iから2個ずつ取り出すときの組合せの数は ${}_nC_2 = n!/\{2!(n-2)!\}$ なので, これによっても組合せの個数は$n(n-1)/2$となる。

11) (4)式参照。

12) Czuber, Emanuel, "Beitrag zur Theorie statistischer Reihen," *Versicherungswissenschaftlichen Mitteilungen*, Neue Folge, Vol.9, 1914, p.122.

13) Helmert, Friedrich Robert, "Die Genauigkeit der Formel von Peters zur Berechnung des wahrscheinlichen Beobachtungsfehlers directer Beobachtungen gleicher Genauigkeit," *Astronomische Nachrichten*, Bd.88, 1876 [Helmert (1876a)].

14) Jordan (1869).

15) ①David, H.A., "Gini's Mean Difference rediscovered," *Biometrika*, Vol.55, 1968, p.573f. [David (1968)]；②ditto, "Early Sample Measurement of Variability," *Statistical Science*, Vol.13, No.4, 1998, p.378f. [David (1998)].

16) David (1968), p.573f.

17) Helmert, F.R., "Ueber die Wahrscheinlichkeit der Potenzsummen der Beobachtungsfehler und über einige damit in Zusammenhange stehende Fragen,"

Zeitschrift für Mathematik und Physik, Vol. 21, 1876.
18) David (1998), p. 371f.
19) 小河原正巳「標本分布論」中山伊知郎編『統計学辞典(増補版)』東洋経済新報社，1957 年，p. 215。
20) David (1998), p. 374.
21) David (1998), p. 374.
22) Ricci, Umberto, "L'Indice di variabilità e la curva dei redditi," *Giornale degli Economisti e Rivista di Statistica*, Vol. 53, 1916, p. 192 ［Ricci (1916)］.
23) Hogben, L., *Statistical Theory*, New York 1957, p. 164 ［Hogben (1957)］(木村和範訳『統計の理論』梓出版社，1986 年，p. 164).
24) Hogben (1957), p. 189f. (訳書，p. 187以下).
25) Gauss, C. F., "Theoria combinationis observationum erroribus minimis obnoxiae," (1823). ただし，引用は Jordan (1869), p. 216 のドイツ語訳による。『カール・F. ガウス　誤差論』(飛田武幸・石川耕春訳)紀伊國屋書店，1981 年，p. 48 参照。
26) Jordan (1869).
27) 宇野利雄「誤差論」中山伊知郎編『統計学辞典(増補版)』東洋経済新報社，1957 年，p. 475 以下，とくに p. 477 以下。
28) Jordan (1869), p. 217.
29) Jordan (1869), p. 216. ただし，原文では n が m と表記されている。
30) von Andrae, C. G., "Schreiben des Herrn Geheimen Etatsraths *von Andrä* an den Herausgeber," *Astronomische Nachrichten*, Bd. 74, 1869 ［von Andrae (1869)］.
31) von Andrae (1869), p. 284. ただし，原文では n が m と表記されている。
32) Jordan, W., "Ueber die Bestimmung des mittleren Fehlers durch Wiederholung der Beobachtungen," *Astronomische Nachrichten*, Bd. 79, 1872, p. 219 ［Jordan (1872)］.
33) Jordan (1872), p. 219.
34) Jordan (1872), p. 219.
35) von Andrae, C. G., "Ueber die Bestimmung des wahrscheinlichen Fehlers durch die gegebenen Differenzen von m gleich genauen Beobachtungen einer Unbekannten," *Astronomische Nachrichten*, Bd. 79, p. 259f. ［von Andrae (1872)］.
36) (22)式参照。
37) Helmert (1876a), p. 128. なお David (1998), p. 374 によれば，以下の叙述の典拠は Helmert (1876a) であるとされている。しかし，Helmert (1876a) には，①"Die Berechnung des wahrscheinlichen Beobachtungsfehlers aus den Quadraten der Verbesserungen directer Beobachtungen gleicher Genauigkeit und die Fechnersche Formel" (pp. 120ff.) と②"Die Berechnung des wahrscheinlichen Beobachtungsfehlers aus den ersten Potenzen der Differenzen gleichgenauer directer Beobachtungen" (pp. 127ff.) の 2 つの論文が付帯されている。これらは本文と関連した論点を取り上げてはいるが，それとしては独立の論文とも見なしうる。以下の議論

は②でなされている。

38) Czuber, Emanuel, *Wahrscheinlichkeitsrechnung und ihre Anwendung auf Fehlerausgleichung, Statistik und Lebensversicherung*, Leibzig 1903, p. 233f. [Czuber (1903)].

39) (29)式からも偶発誤差 ε の差は観測差に等しく，同一の値 (d) で表現できることが分かる。(22)式参照。

40) Helmert (1876a), p. 129.

41) Helmert (1876a), pp. 129ff.

42) (36)式を手がかりにすれば，ヘルメルトとは別の仕方で精度の確定問題にたいする解答を見出すことができる。そこで，(31)式を次のように変形する。

$$h = \frac{1}{\vartheta\sqrt{\pi}} \tag{31}'$$

この(31)′式に(36)式でもとめた平均誤差 ϑ を代入すれば，精度指標 h を得ることができる。すなわち，h は

$$h = \frac{1}{\frac{(\sum_{i=1}^{s}|d_i|)\sqrt{2}}{n(n-1)}\sqrt{\pi}}$$

$$= \frac{1}{\frac{(\sum_{i=1}^{s}|d_i|)\sqrt{2}\cdot\frac{1}{2}}{n(n-1)\cdot\frac{1}{2}}\sqrt{\pi}}$$

$$= \frac{1}{\frac{\sum_{i=1}^{s}|d_i|}{\frac{n(n-1)}{2}}\cdot\frac{\sqrt{2\pi}}{2}}$$

$$= \frac{1}{\frac{\sum_{i=1}^{s}|d_i|}{\frac{n(n-1)}{2}}\cdot\sqrt{\frac{\pi}{2}}}$$

$$= \frac{1}{\frac{\sum_{i=1}^{s}|d_i|}{\frac{n(n-1)}{2}}}\cdot\sqrt{\frac{2}{\pi}} \tag{*}$$

によってあたえられる。(*)式右辺の第1項は観測差の相加平均 $\overline{\text{abs. } d}$ ((35)式)の逆数であるから，(*)式によって精度指標 h は $\overline{\text{abs. } d}$ の逆数を $\sqrt{\frac{2}{\pi}}$ 倍すればあたえられることが分かる。ヘルメルトは確率誤差 ρ によって精度を確定しようと考えたので，これは彼の解答ではないが，観測差にもとづく観測精度の確定というヨルダンの問題提起にたいする1つの解答と考えることができる。

あるいは，(*)式の逆数をとって，

$$\frac{1}{h} = \frac{\sum_{i=1}^{s}|d_i|}{\frac{n(n-1)}{2}} \cdot \sqrt{\frac{\pi}{2}}$$

とすれば，精度指標 h の逆数が観測差の相加平均 $\overline{\text{abs. }d}$ の $\sqrt{\frac{\pi}{2}}$ 倍になっていると言うこともできる。

43) 注37の②(Helmert, F. R., "Die Berechnung des wahrscheinlichen Beobachtungsfehlers aus den ersten Potenzen der Differenzen gleichgenauer directer Beobachtungen")参照。

44) Furlan, V., "Neue Literatur zur Einkommensverteilung in Italien," *Jahrbücher für Nationalökonomie und Statistik*, III. Folge, 42. Band, 1911, p. 255 [Furlan (1911)]．なお，フルランについては次も参照。① von Bortkiewicz, Ladislaus, "Die Disparitätsmasse der Einkommensstatistik," *Bulletin of the International Statistical Institute*, Vol. 25, no. 3, 1931, p. 198；②汐見三郎「分配均等度の測定」中山伊知郎編『統計学辞典(増補版)』東洋経済新報社，1957年，p. 646。

45) Gini (1914), p. 1237.
46) Gini (1914), p. 1207.
47) Gini (1914), p. 1208. 本書第6章(p. 186以下)参照。
48) Pietra (1915).
49) Ricci (1916).

終　章　本書の要約と残された課題
――あとがきにかえて――

　資本主義諸国の生産力は19世紀中葉から20世紀初頭にかけて飛躍的に発展し，富が集積・集中した。これを背景とする資本の巨大化は植民地の分割と再分割をめぐる世界戦争を必然ならしめる，と主張する政治経済学説が注目された。富の集積と集中の対極には貧困が累積し，さまざまな社会問題を生み出した。社会矛盾の現れ方は国によって異なるが，フランスのようにパリ・コミューン(1871年)が成立して，それを資本主義体制永続の陰りと受け取る見解も現れた。19世紀中葉以降の北欧諸国では，政治的理由だけでなく貧困から逃れようとする人々が，新天地をもとめ移民としてアメリカ大陸に移住した。なかでも全人口に占める流出人口割合がもっとも高かったノルウェーでは，国会がこのことに体制的危機を見た。このため，社会保障基金の創設に向けた論議が起こり，その過程で国民の資産・所得調査が同国中央統計局長A. N. キエールに委嘱された(1893年)。イギリスでは，H. N. ハインドマン(社会民主同盟)が貧困者層は国民の4分の1であると主張したが，これを誇張と考えたC. ブース(1887年以降)はみずからロンドン市民の暮らし向きを調査した。その結果，貧困者の割合はハインドマンの数字を上回り，3分の1に達することが明らかとなった。ブース調査に続くB. S. ラウントリー(1899年)やA. L. ボーレー(1912年以降)によるイギリス各地の調査も同様の結果を示した。このようななかで労働者階級の窮乏化が絶対的か相対的かをめぐって「貧困化(窮乏化)論争」が起こった。

　他方，19世紀中葉以降，ヨーロッパ諸国で所得統計の整備が進んだことから，統計による富の集中(あるいは拡散)の計測にかんする実証的な研究もなされた。この試みのなかで初めて関数関係をあてはめる数学的方法によって

所得分布を研究したのが，19世紀と20世紀の転換点にいたヴィルフレド・パレートであった。本書はこのパレートに始まり，所得分析におけるグラフ法の有効性を主張したマックス・O.ローレンツを経て，コッラド・ジニにいたる理論的展開過程を取り上げた。

　この最終章では，(1)意図するところを確認する目的で本書の内容を要約し，(2)1914年論文でさまざまに規定されるジニ係数の計算式の相互関係を概観する。そして，(3)ジニ係数の数値そのものの数理的意味と(4)ジニ係数の有効性に言及して本文を補い，(5)残された課題を述べる。今後に少なくない課題を残していることを明示して将来に開いた形で擱筆する。もって本書が研究途上の1つの到達点にすぎないことの自覚の証としたい。

1. 本書の要約

(1) 問題意識と課題の限定

　ジニ係数は今なお所得分布の総合指標として各種統計調査の『報告書』にその数値が表章され，また所得や資産分布における格差研究のための分析指標として活用されている。その計算様式は基本的には，それが1914年に誕生したときのままである。したがって，その有効性を考察するには，ジニの1914年論文に立ち返る必要がある。ジニがすでに指摘しているにもかかわらず，忘れ去られていることはないか。それを探り出すことによってジニ係数の有効性がさらに明らかになるのではないか。念頭においたのはこのような問題意識である。かかる課題に取り組むには，ジニにいたる理論的展開過程を解明することが必要である。パレートから起筆したのは，彼が，ジニを含めてその後の研究を方向づけたためである。

　言うまでもなく，ジニ以降，所得分布の統計的計測にかんする研究が今日にいたるまで積み重ねられてきた。したがって，ジニの1914年論文をもって論述を終えることは，所得分布の統計的計測にかんする理論展開の，最初の一部分を，しかも限定的に切り取るに等しい。本書は，「ジニ係数の形成」にかんする研究を課題として措定し，ポスト・ジニについては今後の課題と

している。

(2) 概　　要

　パレート理論は，ロドルフォ・ベニーニを介してイタリアで肯定的に受容された。これにたいして，ジニはパレート理論には欠陥が内在すると考えた。その欠陥の1つは，パレートが所得分布について想定したモデル

$$N(x) = \frac{H}{x^\alpha} \Longleftrightarrow \log N(x) = \log H - \alpha \log x$$

ただし，x は所得，$N(x)$ は所得が x 以上の世帯数

のパラメータ α（パレート指数）の感度が低く，パレートによる α の計算では実態に反して，所得分布の超歴史的安定性が結論づけられるということにある。ジニはパレート・モデルを前提とする別のモデル（ジニ・モデル）がパレート・モデルそのものよりも現実の所得分布に近いと考えた。そして，そのモデルのパラメータ（集中指数（後のジニ指数））がパレート指数よりも所得分布の集中を鋭敏に反映すると主張した。この集中指数が

$$\frac{N(x_1)}{N(x_0)} = \left\{ \frac{A(x_1)}{A(x_0)} \right\}^\delta$$

ただし，$N(x)$ は所得が x 以上の人数，$A(x)$ は x 以上の所得を有す世帯の総所得

の右辺における「べき」δ である（$x_0 < x_1$）。ジニは，この δ によってパレートを批判的に克服できると考えた（1909年）。以上が，第1章から第4章までで述べられている。それとともに，パレート理論の社会性やパレート指数 α の含意（α の増大をめぐる2つの解釈，α の増大が所得分布の均等化を反映するための数学的条件など）にも言及した。

　なお，ジニは，x_i ごとに計算される δ_i とその相加平均を区別することなく，そのいずれもが集中指数であると言っている。第4章では個々の δ_i を「個別集中指数」，その相加平均 $\bar{\delta}$ を「総合集中指数」と名づけて識別すると，事柄の内容が明確になることを指摘した。

　ジニが集中指数 δ を研究していた頃，アメリカでは1905年にマックス・O. ローレンツによってグラフ法（いわゆる「ローレンツ曲線」）が発表された。

ローレンツはこの曲線を描けば，集中の状態を視覚で判断できると考えた。このグラフ法は，所得分布が関数関係にあることを前提としない。このことは，ローレンツ曲線にはパレート・モデルだけでなく，その延長線上で構築されたジニ・モデルもまた不要であることを意味する。この点において，ローレンツのグラフ法はパレート以来の伝統からの断絶を示す。

　第5章ではローレンツ曲線生誕の理論史を取り上げ，ローレンツの1905年論文で引用されている文献を考証した。今日では，ローレンツ曲線はジニ係数の数学的意味を幾何学的に説明する補助的手段となっているかの観を呈している。しかし，集中面積 λ と1/2(所得分布が均等($\lambda=0$)のときに描かれる直角2等辺三角形の面積，逆に言えば，集中面積が最大となって所得分布が完全集中($\lambda=1/2$)を示す場合)との比率 R，すなわち

$$R = \frac{\lambda}{\frac{1}{2}}$$

をもってジニ係数とする定義式から明らかなように，ローレンツ曲線が異なっていても，λ が同一の値をとることもあり，そのためにジニ係数の値は同じになる場合がある。ローレンツ曲線の形状の違いは，所得分布の内実が異なっていることを示す。この違いはジニ係数の計算だけからでは明確にはならず，ローレンツ曲線を実際に描くことによって所得分布の特徴が把捉できる。ローレンツ曲線の形成史を取り上げたのは，その曲線の重要性を再確認したいからでもある。なお，第5章を補うべく「補論」をおいた。

　第6章以降の各章では，ジニの1914年論文で取り上げられた主要な論点を，①「集中比」(後のジニ係数)の定義，②ローレンツ曲線と集中比との数学的関係，③集中比と平均差との数学的関係に分けて，それぞれを独立させて取り上げた。そして，ジニ理論の特質を解明しようと試みた。

　第6章では，集中比の定義式が $(p_i - q_i)/p_i$ の「平均」であることの含意を明らかにした(ここに，p は世帯の累積相対度数，q は所得の累積相対度数と考えてもよい)。それとともに，ジニは，集中比が所得分布に限定されるのではなく，関数関係にない度数分布一般にかんする集中の度量たりうると考えたことを述べた。ここで疑問が生ずる。それは，集中指数によってパレート指数の難

点を克服しえたと考えたジニは、なぜ集中比の研究に着手したのかということである。ローレンツ曲線では、2本の曲線が近接する場合、集中度の比較が困難である。また、2本のローレンツ曲線が交差する場合、集中度の違いをどのように判定するのかという問題に十分な解答があたえられない。ここにローレンツ曲線にたいする「改良」の余地を見出したジニは、集中の度合いを数値的に特定するために集中比(ジニ係数)を考案した。このことは1914年論文に明記され、そしてつとに知られている事柄に属す。しかし、1914年論文には、これまでジニが研究してきた集中指数では分布について何らかの関数関係を前提としているが、関数関係にない分布にかんする集中度の計測指標については未検討であって、そのためにこの問題を考察するという趣旨の叙述も見られる。さりげないこの叙述は、所得分布がジニ・モデルと適合的でない場合、集中指数は試算的意味すら失うとジニが考えたことの表れである。第6章では、所得分布の集中分析との関連で取り上げられるジニ係数が、当初は、関数関係にない度数分布一般の集中の計測指標として構想されたことを述べた。そして、ジニ係数の最初の適用例が所得分布ではなくて、アメリカ先住民の心拍数の分布であることを述べた。それとともに、代表標本の選出に失敗した「あのイタリアの統計学者」(J. ネイマン)という烙印を押されているジニが、1914年論文で定式化された集中比を計測指標として標本の代表性を検討したことに言及した。この叙述をもって、旧著『標本調査法の生成と展開』(北海道大学図書刊行会、2001年)を補うことにする。

　ローレンツ曲線とジニ係数の数学的関係を取り上げた第7章では、アメリカやフランスでも、ローレンツに前後してグラフ法の研究が進んだことを述べた。それとともに、ジニがローレンツ曲線(集中面積λ)とジニ係数との間の数学的関係をどのように証明したかを1914年論文に即して跡づけた。この論文における証明の仕方に難はあるが、ジニ係数 R は $\lambda/(1/2)$ に等しいと述べている。しかしながら、今日ではジニ係数 R は集中面積の2倍である($R=2\lambda$)とも言われている。このような規定は、ジニの1914年論文が公表された翌年のガエターノ・ピエトラ論文のなかですでに指摘されている。ピエトラの規定では、集中の度合いを「比率(rapporto)」と規定したジニの真意から逸れることをこの章では指摘した。

第8章では，平均差による集中比(ジニ係数)の再定義を取り上げた。平均差によるジニ係数の定義は，教科書レベルにある。この章の目的は平均差によるジニ係数の定義そのものよりもむしろ，ジニの平均差概念とその先行研究との理論的紐帯にかんする文献考証にある。従来から，平均差は19世紀ドイツ誤差論に淵源する概念であり，ジニのオリジナリティをいぶかる見解が散見されるからである。このために，この章では，誤差論とジニ理論との理論的紐帯を解明することに重きをおいた。

2. ジニ係数のさまざまな計算式

(1) 計算式のバリアント

1914年論文では集中比(ジニ係数)がさまざまに定義されている。それらの数式の関連を一覧する目的で次頁に図9-1を掲げる。

(2) 計算式の誘導

図9-1の(5)式は集中比を定義するときの出発点に位置する。この式は，2つの累積相対度数 p，q を前提としている。(5)式は必ずしも所得分布に限定されるものではないが，p を世帯の累積相対度数，q を所得の累積相対度数と見なすことを排除するものではない。そこで以下ではそのように読み替えることにする。

さて，ジニは，全部で $(n-1)$ 本ある(5)式の「平均」が(6)式であると言う[1]。そして，この(6)式が集中比の定義式である。ここに言われる「平均」概念は独特である。しかし，計算的平均の代替(代表)機能にもとづけば，集中比がもつ平均としての性質が明らかになる[2]。

(6)式からは(3)式と(4)式が誘導される。(3)式から(1)式が誘導される。集中比の最初の応用例(アメリカ先住民の心拍数の分布)には(1)式が使用された。後にジニとガルバーニが標本の代表性を検討したときに用いた計算式も(1)式である。

さらに(6)式からは，あの有名な(7)式が誘導される。ピエトラは(7)式か

終　章　本書の要約と残された課題

$$R = \frac{1}{(n-1)A_n}\sum_{l=1}^{s}(i_{l-1}+i_l-1)x_l f_l - 1 \quad (1) \qquad R = \frac{\Delta}{2M_n} \quad (2)$$

$$R = \frac{2}{(n-1)A_n}\sum_{i=1}^{n-1}(i-1)a_i - 1 \quad (3) \qquad R = 1 - \frac{2}{(n-1)A_n}\sum_{i=1}^{n-1}A_i \quad (4)$$

$$R_i = \frac{p_i - q_i}{p_i} \quad (5) \longrightarrow R = \frac{\sum_{i=1}^{n-1}(p_i - q_i)}{\sum_{i=1}^{n-1}p_i} \quad (6) \longrightarrow R = \frac{\lambda}{\frac{1}{2}} \quad (7)$$

$$R = 2 \times \lambda \quad (8)$$

$$R = 1 - \sum_{i=0}^{n-1}(p_{i+1} - p_i)(q_{i+1} + q_i) \quad (9)$$

$$= \sum_{i=1}^{n-1} p_i \cdot q_{i+1} - \sum_{i=0}^{n-1} p_{i+1} \cdot q_i \quad (9)'$$

図 9-1　集中比（ジニ係数）にかんするさまざまな数式

(注) 記号 (i と n) は式によって意味が異なる。（　）内数字は式番号を示す。
　R：集中比（ジニ係数），理論上は $0 \leq R \leq 1$ だが，現実的には $0 < R < 1$
　R_i：「個別集中比」，$0 \leq R_i \leq 1$
　a：強度
　A：強度 a の和
　i：階級内強度の度数［(1)，(3)］
　i：A の一般項のサフィックス［(4)］
　i：p, q の一般項のサフィックス［(5)，(6)，(9)］
　n：個体の総数［(1)，(3)，(4)］
　n：p, q の総数［(6)，(9)］
　s：強度階級の総数
　l：強度階級の順位
　x_l：第 l 階級における個体の強度
　f_l：第 l 階級における個体の度数
　Δ：平均差
　M_n：強度の総平均
　p, q：累積相対度数(e.g. 世帯(p)，所得(q))［(5)，(6)，(9)，(9)′］
　λ：集中面積(所得均等直線とローレンツ曲線で囲まれた三日月形図形の面積)

ら(8)式を誘導し，これをもってジニ係数の定義式とした。

　後に，ジニは(7)式から(9)式を誘導した。この(9)式は所得階級別に世帯数が集計され，階級別の世帯数と所得額についてそれぞれ累積相対度数(p と q)が計算されれば，ジニ係数の値が得られることを陽表的に示している。データをこの(9)式に適合的なセットにとりまとめて，表計算ソフト Excel を活用すれば，ジニ係数の値はもとよりローレンツ曲線を描くことができる。(9)式から(9)′式への誘導は V. M. ラオによる[3]。

　また，(6)式から図 9-1 の右上に向かうと，(4)式を経て(2)式にいたる。

この(2)式の分子 $\varDelta$ は平均差である。分母に記載された M_n は総平均である。一方で、ローレンツ曲線を描き、他方で、(2)式を活用することにより、ジニ係数単独で所得分布を判断するよりも、内容的に立ち入った分析が可能となる場合がある。そこで(2)式の活用については以下に項を起こして、改めてジニ係数の数理的意味を考察する。

3. ジニ係数の数値そのものの数理的意味

(1) ジニ係数と平均差・総平均

所得階級を5区分として『家計調査年報』から2人以上全世帯のジニ係数を計算すれば、2003年のジニ係数は 0.276 であったが、2004年には 0.270 に下落したことになる。ジニ係数のこの軽微な減少は何を意味しているのであろうか。

これを考えるとき、平均差によるジニ係数の再定義式、すなわち(2)式(図9-1)が参考になる。(2)式にもとづけば、基準時点(0)と比較時点(t)におけるジニ係数は、それぞれ

$$^{0}R = \frac{^{0}\varDelta}{2\,^{0}M_n} \quad ; \quad ^{t}R = \frac{^{t}\varDelta}{2\,^{t}M_n}$$

と表記される。このとき、比較時点 t におけるジニ係数 ^{t}R は次のように変形できる。

$$^{t}R = \frac{^{t}\varDelta}{2\,^{t}M_n}$$

$$= \frac{^{t}\varDelta \cdot \frac{^{0}\varDelta}{^{0}\varDelta}}{2 \cdot ^{t}M_n \cdot \frac{^{0}M_n}{^{0}M_n}}$$

$$= \frac{\frac{^{t}\varDelta}{^{0}\varDelta} \cdot ^{0}\varDelta}{2 \cdot \frac{^{t}M_n}{^{0}M_n} \cdot ^{0}M_n} \qquad (2)'$$

この(2)′式で示されるジニ係数 ^{t}R の分子(平均差)の変化率($^{t}\varDelta/^{0}\varDelta$)を a と

表 9-1 平均差 Δ と総平均 M_n の変化に対応する
ジニ係数 R の変化

	$0<b<1$	$b=1$	$b>1$
$0<a<1$	↓ → ↑	↓	↓
$a=1$	↑	→	↓
$a>1$	↑	↑	↓ → ↑

(注) 1. a：平均差 Δ の変化率
   　　b：総平均 M_n の変化率
　 2. ↓：ジニ係数 R の減少
   　　→：R に変化なし
   　　↑：R の増大

おく。この変化率 a は減少するか，横ばいか，増大するかのいずれかである($0<a<1$, $a=1$, $a>1$)。(2)′式における分母(総平均)の変化率($^tM_n/^0M_n$)を b とおくと，これも同様の変化を示す($0<b<1$, $b=1$, $b>1$)。これら2つの変化率を(2)′式に代入して整理すれば，比較時点 t におけるジニ係数 ^tR は

$$^tR = \frac{1}{2} \cdot \frac{a \cdot {}^0\Delta}{b \cdot {}^0M_n} \qquad (2)''$$

となる。2つの変化率 a と b の大小関係をジニ係数 R の変動と関連づければ，

　①$a<b$ のとき，R は低下
　②$a=b$ のとき，R に変化なし(横ばい)
　③$a>b$ のとき，R は上昇

の3とおりになる。これをまとめたのが表9-1である[4]。

　表9-1をジニ係数 R の変化に着目してまとめれば，表9-2(次頁)を作成することができる。表9-2の備考欄に※印を付した箇所に着目する。この場合には平均差が縮小し，その限りでは所得分布の均等化が実現したと見ることができる。軽々な判断は慎まなければならないが，このケースでは所得の総平均が減少しているので，貧困化の進行も示唆される。このとき，ジニ係数は低下を示す。ところが，表9-2は，※印のときと同様に，平均差が縮小し，かつ所得の総平均も減少しているにもかかわらず，平均差と総平均が同じ割合で小さくなっているために，ジニ係数の値が変わらない場合もあることを示している。表9-2の備考欄に♯印を付した箇所がそうである。表9-2の備考欄における☆印は，平均差と総平均のいずれもが減少しているが，それら

表 9-2　ジニ係数 R の変化に対応する平均差 Δ と総平均 M_n の変化

ジニ係数の変化*	表 9-1**	平均差と総平均	備考
ジニ係数低下 ($a<b$)	(1, 1)の左	平均差：縮小；総平均：減少	※
	(1, 2)	平均差：縮小；総平均：不変	
	(1, 3)	平均差：縮小；総平均：増大	
	(2, 3)	平均差：不変；総平均：増大	
	(3, 3)の左	平均差：拡大；総平均：増大	
ジニ係数不変 ($a=b$)	(1, 1)の中	平均差：縮小；総平均：減少	#
	(2, 2)	平均差：不変；総平均：不変	
	(1, 3)の中	平均差：拡大；総平均：増大	
ジニ係数上昇 ($a>b$)	(1, 1)の右	平均差：縮小；総平均：減少	☆
	(2, 1)	平均差：不変；総平均：減少	
	(3, 1)	平均差：拡大；総平均：減少	
	(3, 2)	平均差：拡大；総平均：不変	
	(3, 3)の右	平均差：拡大；総平均：増大	

(注)　*a, b は(2)″式に対応する。
　　**（ ）内数字は表 9-1 の行と列に対応する。

の減少率の大小関係が※印の場合とは逆であるために，ジニ係数が増大するケースを示している。平均差と総平均がともに下落していても，ジニ係数の変動方向は一様ではない。

(2)　平均差と総平均によるジニ係数の解釈

以上に述べたように平均差と総平均の変動を参照すれば，ジニ係数だけでは検出できない所得分布の動向を探ることができる。所得分布の総平均は，「家計調査」や「国民生活基礎調査」，「全国消費実態調査」，あるいは「所得再分配調査」などの『報告書』で公表されている。それにたいして平均差は公表されていない。定義のうえでは，平均差を得るには，個々の所得の差をすべて計測し，その相加平均を計算しなければならない。2004 年「家計調査」の場合，集計世帯数は約 7700 世帯である。これらの世帯を 2 つずつ組み合わせて平均差を計算するとき，世帯の組み合わせは約 3000 万とおりある。また，「国民生活基礎調査」では，集計対象となる所得票の世帯数は約 2 万 5000 である。このために，世帯所得の差の個数は約 3 億 1000 万になる。さらに，5 年に 1 回実施される「全国消費実態調査」の『速報』(2004 年)では，2 人以上全世帯の集計世帯数は約 5 万 3000 世帯である。これらを 2 世帯ずつ組み合わせる場合の数は，約 14 億である。いずれの調査にあっても，直

表 9-3 ジニ係数，平均差，平均年収

	ジニ係数	平均差	平均年収
2003 年	0.276	363 万円	657 万円
2004 年	0.270	350 万円	648 万円

(注) 1. 全国 2 人以上全世帯
2. 平均差の変化率(a)＝350/363＝0.964＜1
3. 総平均の変化率(b)＝648/657＝0.986＜1
4. $a<b$
5. $R_{2004}<R_{2003}$

(出所) 平均年収については『家計調査年報(各年版)』による。

接2世帯を組み合わせて平均差を計算することは，個票を用いれば不可能ではない。

しかし，(2)式を変形して誘導した

$$\varDelta = 2\,M_n \cdot R \tag{2}'''$$

を活用すれば，ジニ係数 R を計算した後に，平均差 $\varDelta$ をもとめることができる。R を(9)式によって計算したとする。他方で，所得の総平均 M_n は表章されている。この M_n と R を(2)‴式に代入すれば，2003年と2004年の平均差がもとめられる。その結果をまとめれば表 9-3 となる。

このことから，表 9-3 は表 9-2 の備考欄に※印を付したケース(平均差と総平均が下落してジニ係数が小さくなる場合)に対応することが分かる。ジニ係数を平均差と総所得の相加平均に分解して定義し直した(2)式を活用すれば，ジニ係数だけによるよりも所得分布にたいする理解は深まるものと期待できる。

平均差と言い，総所得の相加平均と言い，いずれもが総平均であり，いわゆる「総平均の平板性」という限界から免れえないことに留意すべきであることは言うまでもない。しかし，たとえジニ係数の値が変化していない場合であっても，平均差が大きくなっていること(格差の拡大)もある。ジニ係数の上がり下がりを見ることは重要であるが，平均差や総平均の変動と組み合わせた判断も必要である。

4. ジニ係数の有効性——要因分解法によせて——

(1) 総合指標としてのジニ係数

ジニ係数は，①所得分布の集中を計測するための単一の数値をあたえ，ローレンツ曲線という分かりやすい説明手段をもっていること，②絶対数を累積相対度数に換算しているので，規模に違いがある場合にも比較可能であること，③負値となる経済量(たとえば正味資産の形態別構成要素(不動産，金融資産，借入)の1つである「借入」)であろうとも，データが大小の順に並べられていれば計測可能であること[5]，という特質をもっている。さらにまた，ジニ係数には次のような性質もある。前節末尾で述べたように，平均差と総平均の変動に注目すれば，ジニ係数の実質的意味内容をさらに明確にできる。しかし，平均差と総平均について別々にそのそれぞれの経年変化を比較的長期にわたって比較する場合には，名目値を実質化する必要がある。これにたいして，平均差と総平均(の2倍)の比率であると定義されるジニ係数の経年変化を比較する場合には，実質化は問題とならない。デフレータによって平均差と総平均は同率で変化するために，名目値によるジニ係数と実質値によるジニ係数とは同一の値となるからである。以上に述べたような特質をもつこともあって，ジニ係数は，今後とも所得分布にかんする1つの総合的計測指標として，その意義を失うことなく使用されると考えられる。

ところが，近年，ジニ係数は単独で用いられるだけでなく，要因分解法と併用されるようにもなってきた。この要因分解法にはさまざまな試みがある。その検討は，残された課題として別途取り上げるべき性質の事柄に属し，本書の本来的な目的からは逸脱している。しかし，要因分解法による寄与度分解が実証研究にも応用され，ジニ係数と言わばセットになって使用されている現状に鑑みて，以下では評価が安定している2つの要因分解法を取り上げて，その概要を述べる。要因分解法によって総合指標としてのジニ係数の含意が掘り下げられることの一例を述べ，もってジニ係数のもつ潜在的な分析能力を敷衍したいからである。

(2) 要因分解法

① V. M. ラオ

最初にラオによるジニ係数の要因分解を取り上げる[6]。ラオの方法によれば，ジニ係数 R は次のように分解される[7]。

$$R = \sum_{j=1}^{k} \left(\frac{^jA_n}{A_n} \cdot {}^jR \right)$$

$$= \frac{^1A_n}{A_n} \cdot {}^1R + \frac{^2A_n}{A_n} \cdot {}^2R + \cdots + \frac{^jA_n}{A_n} \cdot {}^jR + \cdots + \frac{^kA_n}{A_n} \cdot {}^kR \tag{10}$$

ここに，${}^jR$ は，全体集団を一定の分割基準——これを「要因」と言う——にもとづいて k 個の部分集団に分割したときに，そのそれぞれの部分集団(識別番号 j)について計測される特殊なジニ係数であり，「擬ジニ係数(準ジニ係数)」(pseudo Gini coefficient)[8]と言われている。このとき全体集団を分割する要因は，所得分布を例にすれば，手取り給与，給料・賞与，控除された税額などを指す。

他方で，A は全体集団ならびに部分集団において計られる数量的規定性の合計である。そして，${}^jA_n/A_n$ は，着目された数量的規定性にかんして部分集団の大きさ(${}^jA_n$)が全体集団の大きさ(A_n)のなかに占める割合を表している。

したがって，(10)式は，ジニ係数 R が，全体集団における第 j 番目の部分集団の大きさの構成比(${}^jA_n/A_n$)をウェイトとするとき，このウェイトと擬ジニ係数(${}^jR$)との積の合計(積和)に要因分解されることを示している。それぞれの積 $\frac{^jA_n}{A_n} \cdot {}^jR$ を「ジニ係数 R にたいする寄与度」と言う。この要因分解によって，ジニ係数 R にたいする各部分集団(要因)の寄与の程度が分かり，単一の数値であたえられるジニ係数の内実を解明する途が開かれる[9]。

② 関　彌三郎

以上に述べたジニ係数の要因分解法は，全体集団にかんする単一のジニ係数についての要因別寄与度を計測する方法である。これにたいして，関彌三郎は，比較時点(t)と基準時点(0)における2つのジニ係数の差にかんする寄与度分解法を展開した[10]。それによれば，擬ジニ係数の差は(11)式に示すよ

うに，2つの寄与度の差と同値である．擬ジニ係数の数値に変化がある場合には，この(11)式によって要因(j)ごとの寄与の程度が計測できる．

$$^j(^tR-{}^0R) = {}^t\left(\frac{^jA_n}{A_n}\cdot{}^jR\right) - {}^0\left(\frac{^jA_n}{A_n}\cdot{}^jR\right) \tag{11}$$

ただし，j：要因別部分集団の識別番号
　　　　0：基準時点
　　　　t：比較時点

さらにまた，(11)式は

$$^j(^tR-{}^0R) = {}^j\left[\left\{\varDelta A'\cdot\left(\frac{^tR+{}^0R}{2}\right)\right\} + \left\{\varDelta R\cdot\left(\frac{^tA'+{}^0A'}{2}\right)\right\}\right] \tag{12}$$

ただし，　R：擬ジニ係数
　　　　A'：寄与度のウェイト($^jA_n/A_n$)
　　　　$\varDelta R$：擬ジニ係数の増分
　　　　$\varDelta A'$：寄与度のウェイトの増分

に変形できる[11]．この(12)式は，擬ジニ係数の差の寄与度が，ウェイトの増分 $\varDelta A'$ と擬ジニ係数の増分 $\varDelta R$ に分解可能であることを示している．(12)式は，①2つの増分のうち擬ジニ係数の増分 $\varDelta R$ が十分小さい場合には，寄与度の差がウェイトの増分 $\varDelta A'$ として現象すること，②ウェイトの増分が十分小さいときには，寄与度の差が擬ジニ係数の増分に規定されることを示している．この(12)式を活用することによって，ジニ係数の変化にかんする内容的理解が深まると期待できる[12]．

(3) ジニ係数の限界

以上に述べたように，ジニ係数は，①平均差の活用(前節)と②要因分解法の応用(本節)を組み合わせることによって，ジニ係数を単独で用いるよりも分析対象についての内容的理解を深めると期待することができる．このこともあって，ジニ係数は分布尺度としての精彩を欠くことがない．

しかしながら，ジニ係数には限界がある．第1に，異なるローレンツ曲線が描かれても，ジニ係数がその違いを検出できるとは限らない．このことは，ローレンツ曲線をジニ係数にたいする説明的補助手段としてだけ活用するのではなくて，実際に描いてみることの必要性を示唆している[13]．

第2に，すべての構成員の所得が同率で変化するとき，ローレンツ曲線は

不平等度の変化を検出できない(本書第4章参照)。このことは，ジニ係数についてもあてはまる。したがって，ジニ係数の値に変化がない場合には，とくにジニ係数を平均差と総所得の相加平均に分解して，所得分布の変化を見極めることが必要である。

　第3に，ローレンツ曲線との数学的関係から明らかなように，ジニ係数は累積百分率(相対度数)を用いた分析であり，絶対額によるものではない。ローレンツ曲線も，絶対額を累積相対度数に変換して所得分布を表現する。このために，ローレンツ曲線が同一の形状(したがって同一の値のジニ係数)であろうとも，所得総額の絶対額が異なっている場合がある。ジニ係数が(ローレンツ曲線と同様に)この絶対額の違いを相対化するという特質は，それ自体でジニ係数の有効性を制約している。この制約は，ジニ係数が貧困指標として用いられるときの限界と結びついている。累積相対度数だけではQOLの内容的な判断にいたることが困難だからである。

　第4に，基礎データが大小の順に並べられていない場合[14]には，ジニ係数の計算は不可能とは言えないまでも，煩瑣である。

　第5に，ジニ係数は人口動態効果の検出において難がある。ここに人口動態効果とは，人口構成が果たす集中尺度の変化にたいする寄与のことである。このことをめぐって一連の論争があり，その最終段階で平均対数偏差が提起された(後述)[15]。

　ジニ係数は意義深い指標ではあるが，以上に述べたような限界があることを考えれば，ジニ係数以外にもさまざまな計測手法を開発・応用する必要性が提起される根拠が分かるし，また現実に諸手法が提起され利用されてきた事情も理解可能である。

5. 残された課題

　数量的な経済分析を考察するにあたっては，①基礎たるデータの正確性・信頼性の吟味・批判と並んで，②数理形式(分析手法そのもの)の有効性にかんする検討がもとめられる。このことはジニ係数の場合も同様である。

(1) データ

本書では本節冒頭に掲げた第1論点(基礎データ)にかんする検討がなされていない。ジニ係数を計算するときの基礎データには，さまざまな統計がある。どの統計を用いるかによってジニ係数の値は異なる[16]。このために，各種統計の特性にかんする検討が必要であるが，この点については今後の課題として残された。

データにかんしては「等価弾性値」[17]による所得調整の有効性についての検討も残されている。ここに，等価弾性値とは，

$$等価弾性値による調整値 = \frac{世帯所得}{世帯人員^{(等価弾性値)}} \qquad (13)$$

$$ただし，0 < 等価弾性値 \leq 1$$

によって，世帯所得から1人あたり所得(調整値)を算出するときに用いる右辺分母の「べき」である。この(13)式の等価弾性値には実勢に近い調整値をあたえるとして0.5が使用されている。果たしてそうであろうか。そこに言われる「実勢」はどのようにして把握されるのであろうか。

(2) 計測指標

数量的な経済分析を検討するときの第2の論点(手法そのもの)についても，本書は課題を今後に残している。

第1に，本書で取り上げた論者とほぼ同時期の研究者による理論展開，とりわけジブラや大陸数理派(エマヌエル・ツーバー，ラディスラウス・フォン・ボルトキヴィッツなど)の研究が本書では抜け落ちている。パレート理論だけでなくさまざまな理論が戦前期のこの国の学界にあたえた影響を勘案すると，田村市郎，汐見三郎，早川三代治などによる研究と関連させて，20世紀初頭の西欧諸国で展開された所得分布にかんする研究は別途検討する必要がある。

第2に，ジニ以降になされたジニ理論の精緻化にかんする考察が課題として残されている。この点についてまず挙げるべきは，田口時夫によるジニ理論の多次元化である[18]。ドイツ社会統計学に言う事物論理で構成された解析的集団を基礎とする田口理論については，先行研究[19]を手がかりにして咀

$$\begin{cases}
\text{ジニ係数(Gini's coefficient, ratio of concentration)}: G=\dfrac{\lambda}{\frac{1}{2}}=\dfrac{\Delta}{2M_n}\\[4pt]
\text{平均対数偏差(mean logarithmic deviation)}: MLD=\dfrac{1}{n}\sum_{i=1}^{n}(\log \bar{y}-\log y_i)\\[4pt]
\text{アトキンソン尺度(Atkinson Index)}: AI=1-\left\{\dfrac{1}{n}\sum_{i=1}^{n}\left(\dfrac{y_i}{\bar{y}}\right)^{1-\varepsilon}\right\}^{\frac{1}{1-\varepsilon}},\ \varepsilon\neq 1,\ \varepsilon>0\\[4pt]
\qquad\qquad\qquad\qquad\qquad\quad =1-\exp\left[\dfrac{1}{n}\sum_{i=1}^{n}\log\left(\dfrac{y_i}{\bar{y}}\right)\right],\ \varepsilon=1\\[4pt]
\text{タイル尺度(Theil Index)}: TI=\dfrac{1}{n}\sum_{i=1}^{n}\dfrac{y_i}{\bar{y}}(\log y_i-\log \bar{y})\\[4pt]
\text{平方変動係数(square of coefficient of variation)}: CV^2=\dfrac{\frac{1}{n}\sum_{i=1}^{n}(y_i-\bar{y})^2}{\bar{y}^2}\\[4pt]
\text{対数分散(logarithmic variance)}: LV=\dfrac{1}{n}\sum_{i=1}^{n}(\log y_i-\log \bar{y})^2\\[4pt]
\qquad\qquad\qquad\text{ただし,}\ \bar{y}=\dfrac{1}{n}\sum_{i=1}^{n}y_i\ \text{or}\ \ \bar{y}=\sqrt[n]{\prod_{i=1}^{n}y_i}\\[4pt]
\text{対数標準偏差(logarithmic standard deviation)}: LSD=\sqrt{LV}\\[4pt]
\qquad\qquad\qquad\qquad\qquad\qquad\qquad\qquad\qquad\qquad\qquad\text{など}
\end{cases}$$

図9-2 所得分布にかんするさまざまな統計的計測指標

(注記) y_i は所得, $\bar{y}$ はその平均。

嚼したい。そして，田口理論を含めた「その後のジニ係数」論を考察することによって，書物の上からだけでなく，直接田口理論に接する機会をもった1人として学恩に報いたいと願う。

さらにまた，ジニ以降の理論展開の検討という点から見れば，前節で述べたラオや関による以外にもジニ係数分解の試み[20]があって，「ジニ係数分解論」としてくくることができる研究領域が形成されている。本書は，その検討を今後に残している。

第3に，ジニ理論とは一定の距離をおいて考案された，ジニ係数以外の計測指標の有効性にかんする検討が残された(図9-2参照)[21]。これらの統計的計測指標の数値が計算され，所得格差の析出に供される。しかし，それにとどまらない利用法が開発されている指標もある。たとえば，平均対数偏差(MLD)や対数分散(LV)がそうである。これらの指標には，異なる2時点間の差，換言すれば2時点における数値(全変動)の増減(ΔMLD, ΔLV)を，①群内変動(年齢階級別の所得分布の場合には年齢階級内所得格差の変化の寄与分)，②群間変動(年齢階級間所得格差の変化の寄与分)，③単位数変動(人口構成変化の寄与分)に要因分解できるという数学的性質がある。『2006年版　経済財政白書』(内

閣府)は，この数学的性質を利用して ΔMLD の要因分解を行い，所得格差の変動にたいして人口構成の変化が果たす寄与(『白書』はこれを「人口動態効果」と言っている)を検出している[22]。いわゆる人口動態効果が「見かけ上」の所得格差をもたらすかどうかについては議論のあるところである。この点から見ても，平均対数偏差についてはその有効性が改めて問われている指標の1つとなっている。なお，前掲『白書』にはジニ係数の趨勢とともに，平均対数偏差，タイル尺度，アトキンソン尺度の趨勢を示す折れ線グラフ(1999～2004年)が掲載され，そのグラフには「ジニ係数以外の不平等指数でみても，長期的には所得格差は統計上緩やかに拡大」とのコメントが付記されている[23]。各種指標が同様の傾向を示すのは，各々の尺度に内在する固有の性質によるものか，データによるものか，あるいは両者の複合によるものか。異なる尺度が同様の傾向を検出する機能を果たすとすれば，そのとき，それらの尺度にはそれぞれの特殊性を越えた優劣があるのだろうか。本書では，この問題を含めて，ジニ係数以外の統計的計測指標(およびその要因分解)にかんする検討を今後に残している。

　なお，ジニ係数以外の計測指標のなかには，対数変換をほどこした所得額を用いるものがある。この種の指標は，下位の所得階層の所得変化に鋭敏であると言われ，そのことがその特長であると考えられている。しかし，500万円の所得額の常用対数は約6.7であり，1000万円の所得額の対数は7となるので，これについて変換前の所得を比較するとき，下位と上位には2倍の格差があるが，変換後にはその格差は1.04倍に圧縮されてしまう。それは，対数変換が上位の階層の所得変化にたいしては鋭敏性に欠けるデータ変換法だからである。対数変換に内在するこの特質をどのように評価するか[24]という問題も今後の課題である。

　いったい，社会科学的研究は，そのときどきの社会が解決をもとめる社会問題とそれにかんする先行研究との相互作用のなかで発展してきた。学説史(理論史)の研究は，その理論を生み出した社会問題と関連させて，いわば「社会史」として検討される必要があるのは，このような事情による。本書は，取り上げた理論の社会性を解明する点でも今後に課題を残している。

　高山憲之は次のように述べている。「[所得分布の不平等にかんする]実証的分

析に首尾よくつながる形での理論モデルは構築されている状態にはない。今後におけるいっそうの展開が期待されるゆえんである」[25]。これは四半世紀前の指摘であるが，残された課題への解答は，「今後における……展開」を吟味するものでもあることをもとめられている。

1) (5)式が$(n-1)$本あるとされるのは，R_nにおいては$p_n=q_n=1$であり，このとき$R_n=0$となって，n本のR_iにかんする平均を考えることに実質的意味がないからである。
2) 後に，Gini, *Le Medie*, Milano 1958 (in collaborazione con Gustavo Barbensi, Luigi Galvani, Stefania Gatti, Ernesto Pizzetti) においてジニは，計算的平均と位置上の平均の両方に適合する「平均」概念の定義を試みた。そこでは，「多数の諸量の平均とは，対象とした量のなかにあって，より小さい量とより大きい量の間にある新しい量のことである」というコーシーの考え方が踏襲されており，平均が満たすべきこの条件を「内部性の要請(il requisito dell'internalità)」と言っている(*op. cit.*, pp. 57ff.)。

　以下では，(5)式の「平均」とされる集中比((6)式)がこの「要請」を満たしていることを証明する。そのために，(5)式を

$$R_i = 1 - \frac{q_i}{p_i} \qquad (5)'$$

と変形する。$p_i=q_i$のとき，$q_i/p_i=1$となり，$R_i=0$である。また$p_i \to 1$かつ$q_i \to 0$のとき，$q_i/p_i \to 0$なので，このときには$R_i=1$となる。したがって，(5)式のとりうる範囲は$0 \leq R_i \leq 1$である。

　他方で，(5)式の「平均」としての(6)式は，(7)式と同値である。(7)式において$\lambda_{\min}=0$のとき$R=0$であり，$\lambda_{\max}=1/2$のとき$R=1$であるから，$0 \leq R \leq 1$となる。以上から，(5)式の「平均」としての(6)式(集中比)は「内部性の要請」を満たす。

q.e.d.

3) Rao, V. M., "Two Decomposition of Concentration Ratio," *JRSS*, Ser. A, Vol. 132, 1969, p. 419 [Rao(1969)]. 本書第7章注37参照。
4) 小西秀樹「所得格差とジニ係数」宮島 洋・連合総合生活開発研究所編著『日本の所得分配と格差』東洋経済新報社，2002年[小西(2002)]，第8章，p. 221以下参照。
5) アトキンソン尺度やタイル尺度は負値をとる経済量の分布尺度としては適格性に欠けるとして，大きさの順に並べられていない負値については平方変動係数の使用が推奨されている(浜田浩児『SNA家計勘定の分布統計の推計』ESRI(内閣府経済社会総合研究所)ディスカッション・ペーパー・シリーズ第20号，2002年[浜田(2002)]，p. 99以下参照)。なお，平方変動係数については後に取り上げる。
6) Rao (1969).
7) Rao (1969)ではベクトルを使用してジニ係数が分解されているが，ジニの定義式

((4)式)からも同様の分解が可能である。

$$R = 1 - \frac{2}{(n-1)A_n}\sum_{i=1}^{n-1} A_i \qquad (4) [再掲]$$

より，要因別のジニ係数は次のようになる。

$$\begin{cases} {}^1R = 1 - \dfrac{2}{(n-1)\cdot {}^1A_n}\sum_{i=1}^{n-1} {}^1A_i \\[4pt] {}^2R = 1 - \dfrac{2}{(n-1)\cdot {}^2A_n}\sum_{i=1}^{n-1} {}^2A_i \\[2pt] \vdots \\[2pt] {}^jR = 1 - \dfrac{2}{(n-1)\cdot {}^jA_n}\sum_{i=1}^{n-1} {}^jA_i \\[2pt] \vdots \\[2pt] {}^kR = 1 - \dfrac{2}{(n-1)\cdot {}^kA_n}\sum_{i=1}^{n-1} {}^kA_i \end{cases}$$

各式の両辺に $\dfrac{{}^jA_n}{A_n}$ を乗ずる $(j=1, 2, \cdots\cdots, k)$。

$$\begin{cases} \dfrac{{}^1A_n}{A_n}\cdot {}^1R = \dfrac{{}^1A_n}{A_n}\left\{1 - \dfrac{2}{(n-1)\cdot {}^1A_n}\sum_{i=1}^{n-1} {}^1A_i\right\} \\[4pt] \dfrac{{}^2A_n}{A_n}\cdot {}^2R = \dfrac{{}^2A_n}{A_n}\left\{1 - \dfrac{2}{(n-1)\cdot {}^2A_n}\sum_{i=1}^{n-1} {}^2A_i\right\} \\[2pt] \vdots \\[2pt] \dfrac{{}^jA_n}{A_n}\cdot {}^jR = \dfrac{{}^jA_n}{A_n}\left\{1 - \dfrac{2}{(n-1)\cdot {}^jA_n}\sum_{i=1}^{n-1} {}^jA_i\right\} \\[2pt] \vdots \\[2pt] \dfrac{{}^kA_n}{A_n}\cdot {}^kR = \dfrac{{}^kA_n}{A_n}\left\{1 - \dfrac{2}{(n-1)\cdot {}^kA_n}\sum_{i=1}^{n-1} {}^kA_i\right\} \end{cases}$$

上式の一般項に着目する。

$$\begin{aligned}\dfrac{{}^jA_n}{A_n}\cdot {}^jR &= \dfrac{{}^jA_n}{A_n}\left\{1 - \dfrac{2}{(n-1)\cdot {}^jA_n}\sum_{i=1}^{n-1} {}^jA_i\right\} \\ &= \dfrac{{}^jA_n}{A_n} - \dfrac{2}{(n-1)\cdot {}^jA_n}\cdot \dfrac{{}^jA_n}{A_n}\sum_{i=1}^{n-1} {}^jA_i \\ &= \dfrac{{}^jA_n}{A_n} - \dfrac{2}{(n-1)A_n}\sum_{i=1}^{n-1} {}^jA_i \end{aligned}$$

この一般項を参照して，各式の辺々を加える。

$$\begin{aligned}\sum_{j=1}^{k}\left(\dfrac{{}^jA_n}{A_n}\cdot {}^jR\right) &= \dfrac{{}^1A_n}{A_n} - \dfrac{2}{(n-1)A_n}\sum_{i=1}^{n-1}{}^1A_i + \dfrac{{}^2A_n}{A_n} - \dfrac{2}{(n-1)A_n}\sum_{i=1}^{n-1}{}^2A_i + \cdots \\ &\quad + \dfrac{{}^jA_n}{A_n} - \dfrac{2}{(n-1)A_n}\sum_{i=1}^{n-1}{}^jA_i + \cdots + \dfrac{{}^kA_n}{A_n} - \dfrac{2}{(n-1)A_n}\sum_{i=1}^{n-1}{}^kA_i \\ &= \sum_{j=1}^{k}\dfrac{{}^jA_n}{A_n} - \dfrac{2}{(n-1)A_n}\left(\sum_{i=1}^{n-1}{}^1A_i + \sum_{i=1}^{n-1}{}^2A_i + \cdots + \sum_{i=1}^{n-1}{}^kA_i\right) \\ &= 1 - \dfrac{2}{(n-1)A_n}\sum_{i=1}^{n-1}A_i \\ &= R \end{aligned}$$

q.e.d.

8)「この場合のデータは，所得者を総所得の大きさによって所得階級別に分類し，所得階級毎に総所得及び各要素所得の合計をもとめたものである。従って，各要素所得の分布は，総所得の大きさの順位によってグループ分けされており，要素所得そのものの大きさの順に並べられているとは限らないのである。ジニ係数は小さいものから始めて大きさの順に並べられた所得分布の不平等の尺度であるから，大きさの順位と一致するとは限らない所得分布から求めたジニ係数を擬ジニ係数と言って，$\tilde{G}$ で表わす」(関 彌三郎『寄与度・寄与率――増加率の寄与度分解法――』産業統計研究社，1992 年[関(1992)]，p. 189)。

9) 最近の応用例として，さしあたり浜田浩児「1990 年代における SNA ベースの所得・資産分布」『季刊 国民経済計算』第 131 号，2005 年[浜田(2005)]を挙げておく。

10) 関(1992)，第 7 章。

11) 以下の叙述は関(1992)第 7 章とは表記が若干異なっている。注 7 で証明したように，ジニ係数 R は

$$R = \sum_{j=1}^{k} \left(\frac{^jA_n}{A_n} \cdot {}^jR \right)$$
$$= \frac{^1A_n}{A_n} \cdot {}^1R + \frac{^2A_n}{A_n} \cdot {}^2R + \cdots + \frac{^jA_n}{A_n} \cdot {}^jR + \cdots \frac{^kA_n}{A_n} \cdot {}^kR \quad \text{①}$$

と分解される。この①式について基準時点を 0，比較時点を t とおいて，ジニ係数の差をとると次式を得る。

$$^tR - {}^0R = \left\{ {}^t\left(\frac{^1A_n}{A_n} \cdot {}^1R\right) - {}^0\left(\frac{^1A_n}{A_n} \cdot {}^1R\right) \right\} + \left\{ {}^t\left(\frac{^2A_n}{A_n} \cdot {}^2R\right) - {}^0\left(\frac{^2A_n}{A_n} \cdot {}^2R\right) \right\} + \cdots$$
$$+ \left\{ {}^t\left(\frac{^jA_n}{A_n} \cdot {}^jR\right) - {}^0\left(\frac{^jA_n}{A_n} \cdot {}^jR\right) \right\} + \cdots + \left\{ {}^t\left(\frac{^kA_n}{A_n} \cdot {}^kR\right) - {}^0\left(\frac{^kA_n}{A_n} \cdot {}^kR\right) \right\} \quad \text{②}$$

②式から要因(標識)ごとの寄与度の差をもとめれば，その一般項(第 j 標識の寄与度の差)は次のようになる。

$$^j({}^tR - {}^0R) = {}^t\left(\frac{^jA_n}{A_n} \cdot {}^jR\right) - {}^0\left(\frac{^jA_n}{A_n} \cdot {}^jR\right) \quad \text{③}$$

ここで

$$\frac{^jA_n}{A_n} = {}^jA'$$

とおくと，③式は次のようになる。

$$^j({}^tR - {}^0R) = {}^t\left(\frac{^jA_n}{A_n} \cdot {}^jR\right) - {}^0\left(\frac{^jA_n}{A_n} \cdot {}^jR\right)$$
$$= {}^t({}^jA' \cdot {}^jR) - {}^0({}^jA' \cdot {}^jR) \quad \text{④}$$

簡単化のために標識を識別する j を省略し，A' と R を次のように分解する。

$$^tA' = {}^0A' + \Delta {}^0A'$$
$$^tR = {}^0R + \Delta {}^0R$$

これを④式に代入すると次式を得る。

$$^j({}^tR - {}^0R) = {}^tA' \cdot {}^tR - {}^0A' \cdot {}^0R$$

$$= (^0A' + \Delta^0A')(^0R + \Delta^0R) - ^0A' \cdot ^0R$$
$$= ^0A' \cdot ^0R + ^0A' \cdot \Delta^0R + \Delta^0A' \cdot ^0R + \Delta^0A' \cdot \Delta^0R - ^0A' \cdot ^0R$$
$$= ^0A' \cdot \Delta^0R + \Delta^0A' \cdot ^0R + \Delta^0A' \cdot \Delta^0R$$
$$= ^0A' \cdot \Delta^0R + \Delta^0A' \cdot ^0R + \frac{1}{2}\Delta^0A' \cdot \Delta^0R + \frac{1}{2}\Delta^0A' \cdot \Delta^0R$$
$$= \Delta^0A'\left(^0R + \frac{1}{2}\Delta^0R\right) + \Delta^0R\left(^0A' + \frac{1}{2}\Delta^0A'\right)$$
$$= \Delta^0A'\left\{^0R + \frac{1}{2}(^tR - ^0R)\right\} + \Delta^0R\left\{^0A' + \frac{1}{2}(^tA' - ^0A')\right\}$$
$$= \Delta^0A'\left(\frac{^tR + ^0R}{2}\right) + \Delta^0R_n\left(\frac{^tA' + ^0A'}{2}\right) \qquad q.e.d.$$

12) 関彌三郎の寄与度分解論の応用としては，田中　力「1980年代以降の所得格差拡大における高齢化要因について」(吉田　忠・広岡博之・上藤一郎編著『生活空間の統計指標分析——人口・環境・食料——』産業統計研究社，2002年［田中(2002)］，第11章) がある。これは，人口構成の変化がもたらす所得の不平等を「みせかけ」と見なす大竹文雄の見解 (たとえば同『日本の不平等——格差社会の幻想と未来——』日本経済新聞社，2005年) を早い段階で検討した論文の１つである。

13) 「……xとyとの間に度数分布のような関係のない場合については，ローレンツ曲線は他の方法の代替しえない効用をもっている。そしてその場合の分配を測るには全くローレンツ曲線の与える測度によるほかはないのである。このような場合の統計解析はほとんど全面的にローレンツ曲線に依存するほかはないであろう」(米澤治文『經済統計學の展開』勁草書房，1955年，p.106以下)。

14) この欠陥を補う代替指標として平方変動係数が用いられることもある。次を参照。①浜田(2002)；②同「SNA家計勘定の分布統計——国民経済計算ベースの所得・資産分布——」『経済分析』(内閣府経済社会総合研究所)第167号，2003年［浜田(2003)］；③浜田(2005)。

15) ①船岡史雄「日本の所得格差についての検討」『経済研究』(一橋大学)第52巻，2001年；②梅溪健児「所得調査の特徴とジニ係数」『日本労働研究雑誌』2000年7月号；③米澤　香「統計調査別の所得分布の分析——雇用者世帯を用いて——」(『統計分析プロジェクト研究会報告書——平成17年度——』(統計情報研究開発センター) 2006年，第1章)；④山口秋義「所得格差拡大要因としての高齢化の検証」『経済統計学会第50回全国研究総会報告要旨集』2006年など。

『2006年度版　経済財政白書』(内閣府) には，経済的格差の計測を目的とした統計が不足している現状に鑑みて，「様々な格差の動向の最新状況まで，きめ細かな分析を可能とするような経済統計の一層の整備充実が望まれる」(p.281) とある。このようななかで，友寄英隆「所得格差の拡大をどう検証するか——「法人企業統計」による「階級・階層間の所得格差」の試算——」『経済』No.170，2006年7月号は「法人企業統計」が格差分析に果たすと期待される可能性を考察している。

16) Mookherjee, Dilip and Anthony Shorrocks, "A Decomposition Analysis of the Trend in UK Income Inequality," *The Economic Journal*, Vol. 92, 1982 [Mookher-

jee and Shorrocks (1982)］．この論文は Paglin, Morton, "The Measurement and Trend of Inequality: A Basic Revision," *The American Economic Review*, Vol. 75, 1975 に続く一連の論争の最終段階で提示された。この論争にかんする論文は *The American Economic Review*, Vol. 67, 1977 に掲載された。そのタイトルはすべて "The Measurement and Trend of Inequality: Comment" であり，執筆者は William R. Johnson (pp. 503ff.), Sheldon Danziger, Robert Haveman, and Eugene Smolensky (pp. 505ff.), Joseph J. Minarik (pp. 513ff.), C. John Kurien (pp. 517ff.) である。これらにたいしては Paglin, M., "The Measurement and Trend of Inequality: Reply," *op.cit*., pp. 520ff. がある。

17) 等価尺度 (equivalence scale) とも言う。これについては① Atkinson, A. B., L. Rainwater and T. M. Smeeding, "Income Distribution in OECD Countries," *Social Policy Studies*, No. 18, OECD, 1995；②浜田 (2002), p. 113；③浜田 (2003), p. 97；④浜田 (2005), p. 174 などを参照。

18) 田口時夫『経済分析と多次元解析──新しい計量空間の形式と展望──』東洋経済新報社，1984 年。

19) たとえば，吉田　忠「ジーニ統計学の数学的性質」『統計学』第 65 号，1993 年。

20) ① Pyatt, Graham, "On the Interpretation and Distribution of Gini Coefficients," *The Economic Journal*, Vol. 86, 1976；② Lerman, Robert I. and Shlomo Yizhaki, "Income Inequality Effects by Income Resource: A New Applications to the United States," *The Review of Economics and Statistics*, Vol. 67, 1985 (これについては，田中 (2002) p. 294，ならびに金子能宏「所得の不平等化要因と所得分配政策の課題」『季刊　社会保障研究』第 35 巻第 4 号，1999 年などを参照)；③小西 (2002), p. 231 以下など。

21) ①平均対数偏差とその要因分解については Mookherjee and Shorrocks (1982)；②アトキンソン尺度については Atkinson, A. B., "On the Measurement of Inequality," *Journal of Economic Theory*, Vol. 2, 1970，③タイル尺度については Theil, H., *Economics and Information Theory*, Amsterdam 1967，④平方変動係数については Shorrocks, A. F., "Inequality Decomposition by Factor Components," *Econometrica*, Vol. 50, 1982，⑤対数分散について Hart, P. E. and S. J. Prais, "The Analysis of Business Concentration," *JRSS*, Ser. A, Vol. 119, 1956; Bhattacharya, N. and B. Mahalanobis, "Regional Disparities in Household Consumption in India," *Journal of the American Statistical Association*, Vol. 62, 1967; Deaton, Angus and Christina Paxson, "Intertemporal Choice and Inequality," *Journal of Political Economy*, Vol. 102, 1994 などを参照。

22) 内閣府『2006 年版　経済財政白書──成長条件が復元し，新たな成長を目指す日本経済──』国立印刷局，2006 年，p. 260 (「第 3-3-4 図　各種指標による所得の各種不平等指数」)。「第 3-3-6　等価ベースでみた所得格差の動き」(p. 261) も参照。

23) このことについては，小塩隆士「所得格差の推移と再分配政策──「所得再分配調査」からみた 1980-90 年代の日本──」小塩隆士・田近栄治・府川哲夫『日本の所得

分配——格差拡大と政策の役割——』東京大学出版会，2006 年，第 1 章，p. 22 も参照。

24)「対数変換を行うことによって数値の乖離が減少するために，不平等を表現する際の強烈さが緩和されることになるが，他方ではそのために……最も低い水準の近傍における所得格差が相対的に目立つことになる」(Sen, Amartya, *On Economic Inequality*, Expanded Edn. with James E. Foster, Oxford 1997. ただし，引用は鈴村興太郎・須賀晃一訳『不平等の経済学』東洋経済新報社，2000 年，p. 36 以下による)。

25) 高山憲之「富と所得の分布」中山伊知郎編『経済学大辞典(第 2 版)』第 I 巻，東洋経済新報社，1980 年，p. 480。

初 出 一 覧

第1章 「所得分布とパレート指数」『開発論集』(北海学園大学開発研究所) 第75号, 2005年3月
第2章 「パレート指数とその数学的含意」『経済論集』(北海学園大学経済学部) 第52巻第4号, 2005年3月
第3章 「パレート指数にかんするベニーニの見解」『経済論集』(北海学園大学経済学部) 第52巻第2・3号, 2004年12月
第4章 「ジーニの集中指数」『開発論集』(北海学園大学開発研究所) 第74号, 2004年10月
第5章 「ローレンツ曲線の形成」『経済論集』(北海学園大学経済学部) 第51巻第3・4号 (地域経済学科開設記念号), 2004年3月
補 論 「等区分グラフ分析法とその応用――マハラノビスによるローレンツ曲線の多重化――」『経済論集』(北海学園大学経済学部) 第51巻第2号, 2003年9月
第6章 「ジーニの集中比」『経済論集』(北海学園大学経済学部) 第53巻第2号, 2005年9月
第7章 「ローレンツ曲線とジーニ係数」『開発論集』(北海学園大学開発研究所) 第76号, 2005年9月
第8章 「平均差とジーニ係数」『経済論集』(北海学園大学経済学部) 第53巻第4号 (故細見慎也教授追悼号), 2006年3月
終 章 「ジーニ係数について」(経済統計学会第50回全国研究総会セッションA2：共通論題「格差社会と統計(2)」における研究報告 (大阪経済大学 2006年9月17日)) に加筆。

［付記］
1．本文ではGiniの片仮名表記を慣行にあわせて「ジニ」とした。
2．パレートからジニにいたる理論的展開の素描を企図して執筆した「所得分布の統計的計測にかんする諸見解――パレートからジニまで――」『東経大学会誌』(東京経済大学) 第250号 (田中章義教授退職記念号), 2006年3月もご高覧くだされば望外の喜びである。

人名索引

あ 行

アダムズ（Adams, T. S.） 129
アトキンソン（Atkinson, A. B.） 100
アモン（Ammon, O.） 3
石田　望　292
猪間驥一　148
ウィリアムソン（Williamson, D.） 169
ヴォルフ（Wolf, J.） 1, 16, 113, 121, 215
宇野利雄　293
梅溪健児　318
エリー（Ely, R. T.） 107, 110
大竹文雄　318
大屋裕雪　153
小河原正巳　293
小倉金之助　16, 148
小塩隆士　319

か 行

ガウス（Gauss, C. F.） 268, 289
金子能宏　319
ガルバーニ（Galvani, L.） 194, 302
河上　肇　142
キエール（Kiaer, A. N.） 297
キング（King, W. I.） 142, 153, 227, 229
クラーク（Clark, C.） 134
呉　文聰　145
コクラン（Cochran, W. G.） 154
コーシー（Cauchy, A. L.） 6, 10, 45, 315
ゴッシェン（Goschen, G. J.） 105, 215
小西秀樹　315
近　昭夫　243

さ 行

サマー（Summer, H. L.） 129
シェイプス（Shapes, F. R.） 216
汐見三郎　141, 295, 312
ジニ（Gini, C.） 22, 27, 43, 60, 63, 66, 70, 76, 87, 88, 90, 99, 135, 181, 228, 247, 248, 266, 267, 271, 275, 278, 281–283, 285, 298, 302

ジブラ（Gibrat, R. P. L.） 59, 135
シャトラン（Chatelain, É.） 221, 225, 227, 241
ジュラン（Juran, J. M.） 100, 179
ジョージ（George, H.） 113
スパー（Spahr, C. B.） 111
セアーユ（Séailles, J.） 225, 227, 241
関　彌三郎　309, 317
セートビア（Soetbeer, A.） 118
セン（Sen, A.） 320

た 行

高山憲之　102, 103, 240, 245, 292, 320
田口時夫　312, 319
田中　力　318
田村市郎　312
ツーバー（Czuber, E.） 97, 262, 276, 312
デイヴィーズ（Davies, A. F.） 129
ディッキー（Dickie, H. F.） 100, 177
デイビッド（David, H. A.） 266, 267
デミング（Deming, W. E.） 175
友寄英隆　318
豊田　敬　143
トルストイ（Tolstoi, A. K.） 113

な 行

ネイマン（Neyman, J.） 301

は 行

ハインドマン（Hyndmann, H. M.） 106, 297
ハウエル（Howell, G.） 16
芳賀　寛　142
ハーゲン（Hagen, H.） 289
パーソンズ（Persons, W. M.） 218
バッタチャルジー（Bhattacharjee, N.） 160
浜田浩児　315, 317
早川三代治　3, 20, 312
パレート（Pareto, V.） 2, 19, 22, 35, 43, 44, 51, 56, 63, 66, 70, 88, 133, 177, 216, 240, 298

パンタレオーニ(Pantaleoni, M.) 178
ピアソン(Pearson, K.) 148
ピエトラ(Pietra, G.) 209, 242, 301
フォン・アンドレ(von Andrae, C. G.) 266, 269, 271, 274, 276, 281-283
ブース(Booth, C.) 106, 297
船岡史雄 318
フルラン(Furlan, V.) 267, 280
ブレシアーニ(Bresciani, C.) 1, 13, 58
ブレシアーニ=チュッローニ(Bresciani-Turroni, C.) 5, 17
ベニーニ(Benini, R.) 18, 20, 43, 44, 50, 54, 57, 63, 66, 76, 83, 88, 97, 299
ヘルクナー(Herkner, H.) 114
ヘルメルト(Hermelt, F. R.) 266, 275, 278, 281, 283, 284
ホグベン(Hogben, H.) 293
ポッルー(Porru, E.) 98
ボーマン(Bowman, M. J.) 213
ホームズ(Holmes, G. K.) 124, 215
ボルトキヴィッツ(von Bortkiewicz, L.) 295, 312
ボーレー(Bowley, A. L.) 129, 130, 148, 297

ま 行

マハラノビス(Mahalanobis, P. C.) 100, 153

美馬孝人 15, 144
ムーア(Moore, H. L.) 219
メイヨー=スミス(Mayo-Smith, R. M.) 145
森 数樹 148
森田優三 3, 20, 35, 78, 133

や 行

山口秋義 143, 318
吉田 忠 319
米澤 香 318
米澤治文 149, 318
ヨルダン(Jordan, W.) 250, 266, 268, 271, 275, 281, 283

ら 行

ラウントリー(Rowntree, B. S.) 297
ラオ(Rao, V. M.) 155, 303, 309
リッチ(Ricci, U.) 244, 267, 280
ローレンツ(Lorenz, M. O.) 37, 94, 101, 106, 112, 117, 121, 127, 136, 142, 153, 213, 215, 216, 220, 224, 227, 229, 241, 298

わ 行

ワトキンス(Watkins, G. R.) 215, 218
ワドリン(Wadlin, H. G.) 124
ワルラス(Walras, L.) 178

〈著者紹介〉
木村 和範（きむら かずのり）
- 1948年　北海道茅部郡森町生まれ
- 1970年　北海道大学経済学部卒業
- 1975年　同大学大学院経済学研究科博士課程単位取得満期退学
- 1975年　北海学園大学経済学部講師
- 1976年　同助教授
- 1986年　同教授，北海学園大学大学院経済学研究科教授併任，現在にいたる。
         博士（経済学）

［著書］『統計的推論とその応用』梓出版社，1992年
　　　　『標本調査法の生成と展開』北海道大学図書刊行会，2001年
　　　　『数量的経済分析の基礎理論』日本経済評論社，2003年
［訳書］ホグベン著『統計の理論』梓出版社，1986年

ジニ係数の形成
2008年3月10日　第1刷発行

著　者　　木　村　和　範
発行者　　吉　田　克　己

発行所　北海道大学出版会
札幌市北区北9条西8丁目 北海道大学構内（〒060-0809）
Tel. 011(747)2308・Fax. 011(736)8605・http://www.hup.gr.jp

アイワード／石田製本　　　　　　　　　Ⓒ 2008　木村和範

ISBN978-4-8329-6685-7

標本調査法の生成と展開	木村 和範 著	A5・334頁 定価3800円
統計と社会経済分析3 日本経済の分析と統計	近藤 昭夫 藤江 昌嗣 編著	A5・372頁 定価4400円
統計と社会経済分析4 現代の労働・生活と統計	岩井 浩 福島 利夫 藤岡 光男 編著	A5・394頁 定価4200円
現代イギリスの政治算術 統計は社会を変えるか	D.ドーリング S.シンプソン 著 岩井・金子 近・杉森 監訳	A5・622頁 定価6800円

〈定価は消費税を含まず〉

──北海道大学出版会──